追求成长

PURSUE GROWTH

华茂长期主义方法论

王丰 著

ZHEJIANG UNIVERSITY PRESS
浙江大学出版社

图书在版编目（CIP）数据

追求成长 ：华茂长期主义方法论 / 王丰著. — 杭州 ：浙江大学出版社，2022.1（2024.12重印）
ISBN 978-7-308-22055-2

Ⅰ. ①追… Ⅱ. ①王… Ⅲ. ①教具－制造工业－工业企业管理－经验－宁波 Ⅳ. ①F426.899

中国版本图书馆CIP数据核字(2021)第248354号

追求成长：华茂长期主义方法论
王　丰　著

图书策划　北京即刻知识科技有限公司・布克加
责任编辑　顾　翔
责任校对　陈　欣
封面设计　VIOLET
出版发行　浙江大学出版社
（杭州市天目山路148号　　邮政编码　310007）
（网址：http：//www.zjupress.com）
排　　版　杭州林智广告有限公司
印　　刷　杭州钱江彩色印务有限公司
开　　本　710mm×1000mm　1/16
印　　张　26.25
字　　数　400千
版 印 次　2022年1月第1版　2024年12月第2次印刷
书　　号　ISBN 978-7-308-22055-2
定　　价　78.00元

回首华茂过去的50年，华茂只有两句话：没有轰轰烈烈，只有踏踏实实；没有狂风暴雨，只有细水长流。

——徐万茂

目录 | CONTENTS

徐万茂序 | PREFACE

自从2015年时任《哈佛商业评论》（*Harvard Business Review*，简称HBR）中文版高级编辑的王丰先生来华茂集团（以下简称华茂）采访过一次之后，他始终保持着对华茂的关注。

华茂是一家低调的企业，绝少打广告，也不张扬，“不跟风、不眼红”，一直走自己的路，不知不觉，发展了整整50年。

我了解到，王丰近年来一直在研究长期主义商业思想和管理实践，他一直想弄明白华茂为什么能活这么久，他想从华茂的文化传承、经营模式、领导力建设、战略成长、家族企业传承等方面来研究、解读华茂的持续成长之迷。我们双方在两年前达成了共识，作为一家“奔五”的老牌民营企业，我们想通过第三方的视角客观地总结一下自己、审视一下自己，更重要的是，我们想把这些知识与社会分享，希望能给需要这些知识的人带来一些有价值的启示。

这本书完成之后，王丰请我做序，我很少为书做序，不过这次我想，这既然是一本解读华茂的书，我莫不如以创始人的身份开诚布公地简述一下经营华茂这50年的心路历程，可能更有利于读者理解本书的内容。

华茂的定位是做教育和实业。

华茂从1971年创办至今，已长达半个世纪，我带领着华茂人始终探索着一个主题——华茂可持续发展的路在何方?

迄今为止，华茂的发展有三个重要的时间节点，分别是：1971年、1981年、1998年。

一

1971年，也就是50年前，华茂从做工艺竹编起家。云洲乡竹编工艺品厂就是华茂的前身。四明山区毛竹多。当时我只是一个山区篾匠，和山民们一起靠山吃山，就地取材，勤劳致富。1978年，改革开放的大势为我们提供了一个国际工艺品需求的市场，凝结着祖先智慧的竹编工艺，一度在国际工艺品市场上让人目光一亮，这对我们而言是一个令人兴奋的信息。

但是和老外的生意并不好做，他们已经有成熟的商业运作规矩和潜规则，而我们只是一批从山沟沟出来闯世界的山民，我们凭什么把生意做下去？靠的就是“诚信”的祖训。

当时，云洲乡竹编工艺品厂总厂生产了一批当时价值10万元的工艺竹编产品——小苹果，外商来厂验货时提出部分产品质量有问题。我调查后了解到，原来是工厂的员工、各地的加工户没有按照标准生产，果篮的盖子和篮体合不上。

考虑到产品上贴的小小标签是“中华人民共和国制造”，国家信誉至高无上。而且，从做人、做生意的角度看，“人无信不立，业无信不兴”，为了表达对客户的诚信，我当机立断，当着外商的面，一把火烧掉了这批不合格产品。1978年的10万元，对于我们这样一家自负盈亏的小厂来说，可以说是天文数字，但是为了堂堂正正的商业信誉，我们豁出去了。

这把火烧出的“诚信”，让工厂的员工、各地的加工户都咬紧牙关抓起产品的质量来了，也烧出了工厂的金字招牌。没过多久，工厂就接到了500万元的新订单。1985年，浙江省工艺品进出口公司邀我赴澳大利亚考察，我成为宁波市第一个出国考察的农民企业家，这是一件无上光荣的事情。这也为华茂的进一步发展，树立了良好的社会声誉。

二

1981年，我们创办了鄞县（今宁波市鄞州区，2002年撤县设区）云洲乡文教科技器材厂，开始投身教学具产业，还注册了中国第一个教学具产品的“七色花”商标。“七色花”的商标由花朵、书本的图案与“七色花”文字组成，寓意是“让知识像花一样多彩绽放”。从工艺品生产转向教学具，这是华茂的第一次重要转型。

转型做教学具，其实不是我在国外考察时仅仅灵机一动这么简单，它主要基于两个原因：一是当时教学具在中国还是空白，市场潜力巨大；二是做教学具对中国的教育事业有益，可以提高中国学生的动手能力和创造能力，能产生良好的社会效益。尤其教育还是一件“功在当代，利在千秋”的大事，这比眼前赚几元外汇的意义大得多。虽然当时我们对教学具生产一窍不通，但我们坚定地相信，只有产品具有社会效益，具有千秋传承的意义，才可能长期做下去。

万事开头难。由于当时劳动技能教学还一直被忽视，且受到当时教育政策的限制，亏损与质疑声伴随着文教科技器材厂走过了8年。直到1989年，我们顶住各种内部风波和压力，从山区迁移到望春，并六上北京，求得中国教育最高管理层的理解。凭着对教育的一片痴情，我们这群山民终于得到了领导的关心与支持。教育部史无前例地为我们组织了将教学具作为教材辅助手段的审定流程工作，使我们成为中国课堂上手脑并进的素质教育的创始者，也使我们结束了长达8年的亏损。

1991年9月，我们生产的小学自然制作材料（教学具）通过了国家教委中小学教材审定委员会审查，产品通过教材进入了中国的教育系统，我们还成立了全国首家劳动技能教育器材研究所。此后，七色花教学具因为出色的功能性、创新性，获得了联合国教科文组织儿童智能开发金奖，填补了国家素质教育缺动手学具的空白，开了中国从应试教育向素质教育转轨过程中所需的教学具产品之先河。这以后，“七色花”这三个字伴随着华茂的教学产品名扬天下。可以说，当时中国70%以上的学校使用的都是七色花产品，华茂年产值近10亿元。这段时期，华茂在教学具产业生产方面积累了数千种产品。有人说，只有你想不到的，没有你生产不了的。

也正是这一次转型，让华茂真正开始与教育结缘，意识到“教育产业是一个可以深度开发、前景广阔的市场”，并为后来的“教育产业园”奠定了坚实的基础。

三

1998年，华茂以5亿元重资产兴办了宁波华茂外国语学校。这一年，华茂受邀参与鄞县的开发工作。面对这片500亩的土地，华茂董事局会议针对这块地的投资方向，有过一场激烈的讨论：投资地产还是投资教育？董事局大部分人对投资教育投了反对票，认为做教育吃力不讨好，投资房地产却能快速收获“热钱”，投资回报更加丰厚。最终，我力排众议，在教育与房地产之间，坚定地选择了教育。

从2000年起，根据华茂当时的产业结构，经多方论证，董事局一致认为华茂应该不忘初心，华茂以教育立家，应“取之于教育，用之于教育”，向教育行业发展。从企业经营的角度来说，办学校是赚不来大钱、快钱的，即使赚了钱也流转不到企业里去，但“百年大计，教育为本”，做教育是一件最有意义的事情，也体现了华茂“以教育回报社会”的初心。

宁波华茂外国语学校翻开了“教育博览园”的新篇章，不久后，华茂又联合浙西当地优质的教育资源，相继创办了衢州华茂外国语学校、龙游华茂外国语学校，并在2015年创办了宁波华茂国际学校。

在福布斯中国发布的“2021福布斯中国 · 国际化学校年度评选榜单”中，宁波华茂国际学校排名宁波市第一，全国第二十八，为来宁波创业的人才子女就学提供了良好的环境。

2004年，在象山黄金海岸大酒店，我们在集团发展战略研讨会上，首次提出了华茂“三三一”战略。为论证“三三一”战略的可行性，为进一步深化发展战略规划的有效性，我们进行了长达四年左右的深度探索与研究，到2006年正式形成“三三一”战略的实施意见，提交至董事局会议审议，与会董事一致通过了关于华茂“三三一”战略的报告，明确了“企业跟着教育走，以教育为终身使命”的发展方向。

“三三一”战略在当时的表述为——

（一）三个独特：

1.独特的经营理念——“以社会效益带动经济效益”；

2.独特的产业结构——“教育事业与实业互动”；

3.独特的管理法则——“制度大于总裁”。

（二）三个工程：

1.有规模的教育装备生产基地；

2.有特色的民办学校；

3.有影响力的教育论坛。

（三）一个愿景：商学求索，百年华茂。

“三三一”战略提纲挈领地回答了华茂人“想要什么，正在做什么，以及将要做什么”的问题，不仅为华茂未来的发展指明了方向，也成了华茂全体成员所认同和实践着的企业精神、共同价值取向和行为法则。对于华茂企业来说，“三三一”战略的确立，圈出了一个更大的持续发展的空间，建造起一条可以相互连接、相互补充、相互推动的价值链，使华茂可以坚定不移地走自己的特色道路，并且拥有源源不断的后劲。

综上，我把华茂所经历的这半个世纪总结为三个阶段：

第一阶段就是刚刚讲过的20世纪七八十年代靠工艺竹编的“起家阶段”；

第二阶段是20世纪80年代末至21世纪初的“教育实业立家阶段”；

第三阶段是21世纪初至今的“教育事业持家阶段”。

四

起家难，立家难，持家更难。

2006年，我正式宣布“弃商从教”，自此离开总部，去宁波华茂外国语学校上班。

在过去的15年，有两个渐渐形成的大问题一直刺激着我的神经，让我的思维始终能像年轻人那样活跃而无惧挑战。

第一个大问题关乎华茂教育的发展。隔行如隔山，我自知才疏学浅，又从未上过三尺讲台，于是抱着对教育的敬畏之心与学校团队相处共事。在这个过程中，既面对着曲折人生，又努力抓住来自各方面新的机遇。随着教育实践的不断深入，我领悟到“独木不成林”的道理。教育不是孤立的，教育对于各行各业来说都是重要的，教育如何真正有效地融入各行各业当中去呢？

第二个大问题关乎华茂的发展。伴随华茂规模的不断增长，产业板块也越来越多元化，这些看似毫不相关的产业应该拥有怎样的共同的底层逻辑呢？这是第二个大问题。

从某种意义上讲，我过去15年的探索与实践的过程，就是发现这两大问题，然后又回答这两大问题的过程。

我是左手握着华茂“三三一”战略，右手握着宁波华茂外国语学校十六字办学理念，心里揣着“为民育英才、为国储精英”的教育使命，在华茂教育这一全新的土壤中开始了全新的探索与实践。

2021年7月19日至2021年7月28日，我率领董事局成员对集团下属企业进行调研，我们结合过去15年来华茂在“三三一”战略实践过程中的经验和教训，提出了主题为“企业跟着教育走”的“三个三”规划，这也可以说是我针对上述“两大问题”给出的解题思路。

首先，什么是“企业跟着教育走”？

“企业”指的是华茂旗下所有的实业企业；

“跟着教育走”的意思是——用华茂做教育的基本法则去做其他实业型企业。

那么华茂做教育的基本法则可以被简单概括为：教育是使命，艺术是核心，美育是信仰。具体来说：“教育”的核心内涵是培养人才和长期责任；“艺术”的核心内涵是精品化和特色化；“美育”的核心内涵是真善美——就是做好人、做好事，不要做坏事。

上述核心内涵加在一起，就是“企业跟着教育走”的基本法则，在“三个三”规划下，这些基本法则就是华茂发展所有实业型企业所共同遵循的。

其次，何谓“三个三”规划呢？

第一个“三”是指“工艺竹编起家、教育实业立家和教育事业持家”。

“起家”和“立家”揭示了华茂是从哪里来的，“教育事业持家”实质上是把教育事业定义为华茂旗下所有产业的底盘。

第二个“三”是指教育产业园、教育博览园和教育研究园。

以“三园”为中心，华茂对旗下的产业、事业做出全面规划，目的是全面提升核心竞争力，为产、事业系统性发展奠定基础，为面向市场、迎接新时代的机遇与挑战进行整体布局。

华茂在不断推动“三园”联动的过程中，低调、务实、有条不紊地成就着“产学研一体化、数字化、国际化”的内涵式发展战略。

第三个“三”是指立足大教育、扎根大艺术、创造大美育。

我为什么在教育、艺术、美育的前面分别加上一个“大”呢？

要义有二：第一，“大”在于“拥抱和包容”，华茂做教育不唱独角戏，而是搭平台、建生态，打破专业领域之间的界限；第二，“大”在于使升华之后的华茂做教育的基本法则赋能并引领华茂旗下其他产业的发展，实现企业精神、价值观和方法论的统一。

最后，在“三个三”规划中，隐藏了一个“一”，这个“一”与“三三一”战略里的独特的经营理念相同，指的是“以社会效益带动经济效益”的经营理念。之所以将其再次体现在“三个三”规划当中，意在强调其在华茂发展战略当中的“吾道一以贯之”的地位。

“三个三”规划是我离开华茂总部去学校上班的这15年里，边探索、边实践、边总结的产物，它是慢慢形成的。15年前，我们提出“企业跟着教育走”，到底怎么“跟”呢？“三个三”规划就是解决方案。从更高的层面上讲，如果说“三三一”战略是百年华茂的战略部署，那么“三个三”规划则是百年华茂的战术规划，它们一前一后，一脉相承。“一脉”就是“以社会效益带动经济效益”这一经营理念，这是华茂的特色，我们用了整整50年时间，可以说基本上让这个被很多人认为是“奇怪”的经营理念落地了、做实了，企业也在这个过程中发展壮大了，我将其视为华茂在50周年时所做的一份历史性的答卷。

回首华茂过去的50年，华茂只有两句话：没有轰轰烈烈，只有踏踏实实；没有狂风暴雨，只有细水长流。

华茂的持续成长之路，始终在这两句话当中若隐若现。做企业永远没有现成的公式，“吾将上下而求索”。

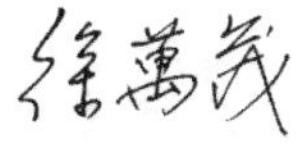

华茂集团董事局主席、华茂教育集团董事长

作者的话 | PREFACE

成长是成功的序曲，成功是成长的大敌。这是商业世界充满挑战性、戏剧性以及能够生生不息的主因，也是本书之所以叫《追求成长：华茂长期主义方法论》的原因。

首先，华茂是谁？

在中国拥有50年历史的企业可谓凤毛麟角，华茂就是其中一家。

从宁波四明山上的一家小小竹编厂，发展为传承两代、选择以教育为核心产业的中国500强企业，华茂不是中国最赚钱、最有名气、最受追捧的企业，但其追求的“以社会效益带动经济效益”的经营理念和长期主义的价值观实践，却让其成为中国社会当下最有价值、最应该被提倡、尊重和需要的社会企业之一。

其次，什么是长期主义？

牛津词典网站对长期主义者（long-termist）给出的定义是：基于长期的目标或结果而行动或制定决策的人。基于这个定义，我将“长期主义”定义为基于长期目标或结果而行动或制定决策的思想、思路和原则。

本人在《哈佛商业评论》中文版担任高级编辑时期，成为国内最早研究长期主义方法论的学者之一。研究长期主义，缘于我在当时偶然发现的一个现象——如果非要从与我们合作进行管理思想研究的企业家身上找出一个共同点的话，那就是——他们普遍是长期主义者。

再次，什么是企业方法论？

企业方法论揭示的是企业用什么样的方式、方法来经营、领导、管理企业，它是范式、原则、方法和手段的总和。

整体而言，本书聚焦于三个核心问题：华茂为什么能够实现持续成长？华茂是怎样成长的？华茂的哪些核心实践和管理经验值得其他企业借鉴？

我与华茂的合作，从头到尾遵循着“三个不设限”：采访不设限，研究不设限，写作不设限。

有一些企业向研究者开放研究，主要目的是传播企业形象。这不是华茂的主要目的。

对于此次合作的目的，华茂提出了两个原则和两个问题，希望与我共同找到结论。

两个原则是：

第一，要对历史负责。徐万茂说，书是写给后人看的，不是表功的，要实事求是，你们提炼出来的观点、理念、感悟，既要让别人感到有收获、有启发、有探索意义，又必须是真正属于华茂的沉淀下来的有价值的东西；

第二，不要在功劳上进行分配。徐万茂说，不要把这个功劳加在我一个人身上，我特别想知道的是建立默契的过程。

两个问题是：

第一，是什么因素造就了今天的华茂？

第二，华茂在经营和管理上的探索对于社会到底有什么贡献和价值？

当分别聆听了华茂创领者表述上述原则和问题的时候，我预感到这次合作值得投入热情、时间和精神，因为我们的初衷是一致的，我们共同的追求是提炼、萃取企业持续成长的方法论。

从成果上看，本书基于如下问题为读者带来启示：

如何建立并传承家族文化？

平民家庭如何培养未来的领导者？

职场菜鸟如何成长为CEO？

CEO如何成长为企业家？

企业家如何在“第一增长曲线”处于高点时，打造出“第二增长曲线”？

企业创始人如何培养接班人？

接班人如何在与交班人的互动中真正实现成长？
追求持续成长的企业如何进行战略生成？
家族企业如何在传承中成长，在成长中传承？
企业如何真正成为社会的器官，与社会相融共生、共同成长？
……

基于上述问题，本书不但比较全面地总结了华茂长期主义方法论，而且从华茂创领者和华茂企业的成长历程中，提炼、萃取到了大量的具有实用性和指导性的思维流程、人际技能流程和作业流程。

美国哲学家亨利·戴维·梭罗（Henry David Thoreau）说，许多人钓了一辈子的鱼，却不知道他们钓鱼并不是为了鱼。

套用梭罗的逻辑，我想说的是，许多人看了一辈子的书，却不知道他们看书的目的并不是书本身。

亲爱的读者，读书是为了改变，为了成长。

衷心地祝愿您阅读有收获，阅读有成长。

华茂小传 | FOREWORD

华茂诞生于1971年，但“华茂”作为正式的公司名号，则是从1996年才开始的。经过50年的持续成长，华茂目前已成为一家以教育为本的综合性产业集团，旗下主要涵盖了以产、学、研一体化为特色的教育板块以及以长、中、短线为特征的产业投资、金融投资等板块。

进化

企业持续成长的过程，实际上就是生存竞赛的过程，为了赢得生存竞赛，企业必须进化，从1971年到2021年，50年大浪淘沙，能够持续成长到现在的企业是凤毛麟角，其间绝大多数企业由于没有进化，渐渐退出了赛场，到目前为止，华茂的进化取得了可验证的成功。

从这个角度来看，这本书写的就是华茂进化方法论。在您开始体验华茂的“进化之旅”之前，了解并理解华茂的以下三条进化轨迹，将更加有助于您对本书具体内容的理解。

转制

华茂是中国农村经济改革的产物，也是中国企业发展和改革的缩影，她发端于中国农村的社队企业。社队企业是一种集体所有制的经济形式，此后，华茂先后经历了三次所有制改革。

第一次所有制改革：1983年从最初的社队企业转制为乡镇企业。

第二次所有制改革：1993年从乡镇企业转制为股份合作制企业。

第三次所有制改革：1995年从股份合作制企业转制为股份有限公司。

纵观整个转制过程，每一次转制，其实都是在国家有关“企业所有制改革”的政策牵引之下完成的。通常国家出台相关政策的目的是不断催生出企业家精神，不断激活企业的发展潜力，促进企业的持续成长。华茂抓住了每一次转制带来的发展机会，并把机会落实为成果，做强做大了企业。

战略转型

企业的每一次战略转型，都是一次脱胎换骨。1971年成立的云洲乡竹编工艺品厂是华茂的创业项目，华茂实现了工艺竹编起家，此后，华茂经历了四次战略转型。

第一次战略转型，从1981年至1991年宣告成功，华茂从生产竹编工艺品转型为中国第一家也是最大的教学具供应商。其间，公司名号经历了从“云洲乡文教科技器材厂”到“宁波文教科技器材厂”转变。通过这次转型，华茂实现了教育实业立家，这些转型目前处于战略迭代进程中。

第二次战略转型，从1995年左右到1997年左右，华茂选择多元发展，投资了节能灯项目、教育软件公司、酒店等项目，这次转型以失败告终。

第三次战略转型，从1998年开始，相继投资了三所华茂外国语学校和一所华茂国际学校，目前处于战略迭代进程中，华茂进入了教育持家阶段。

第四次战略转型，从2002年开始投资东钱湖教育论坛项目，直到2020年首届东钱湖教育论坛在宁波东钱湖畔召开，这次战略转型耗时长达18年。

三重血统

华茂具有“跨时代”血统和“家族”血统，这造就了华茂的独特基因。

所谓“跨时代”血统，是指她生命中的头7年处于计划经济时代，这决定了她自带计划经济的血统。1978年中国改革开放之后，她身上又更新了中国特色的市场经济的血统。很少有企业能够同时兼容这两种看起来是“相互冲突”的血统，这催生出华茂独特的企业事业化思想和业务架构。

所谓“家族”血统，是指她把创始人徐万茂先生的家族对于生生不息的追求和文化积淀有效移植到了企业文化当中，成了支持企业持续成长的思想源头和理论实证。

好吧，让我们一起走进华茂50年成长的进化之旅，学习华茂50年进化之道。

前 言 | INTRODUCTION

2022年1月，低调的华茂将举办50周年庆典。由于新冠肺炎疫情，这场庆典被一拖再拖，从2021年拖到了2022年。

据统计，中国有5000多万家企业，其平均寿命仅3年，美国有3000多万家企业，其平均寿命也仅有7年，像华茂这样有机会举办50周年庆的规模化民营企业极少。

华茂为什么能够实现持续成长？

2015年，我开始研究华茂。这项研究力求“纵向更深入，横向更广泛”：纵向，我深入地采访了绝大部分徐氏直系家族成员、全部的华茂高管、部分中层管理者、部分普通员工以及部分利益相关方；横向，从2012年至2020年，我对全球70余家领先企业进行了研究，对这些企业的100余位创始人和高管进行了专访。在本书中，您所看到的我对于华茂的理解和认知，是建立在上述工作原则和基础之上的，它有助于我从纷繁复杂的特殊性中，更有效地提炼出普遍性，再用普遍性指导我更深入地理解特殊性。

在华茂50年的成长历程中，我发现了一个神秘的“成长三角形”的存在。华茂“成长三角形”的三个顶点分别是“家族文化传承”“企业永续经营”“企业与社会相融共生”，三个顶点相互连接，构成了一个稳定的等边三角形结构，它就像一个成长基因组，内在地包含于华茂的企业行为、组织行为以及员工行为当中，时刻主导着企业的进化与发展。

首先来看家族文化传承。

文化是什么呢？文化就是一群人共有的心理程序，体现为统一的思维方式和行为习惯。

华茂是一家以徐万茂为代表的徐氏家族控股的企业集团。家族文化与企业文化在底层是相通的，家族文化传承体现为祖训、家规、家风的代际传承，它决定了创领者（企业集团创始人和继任领导者）的资质（精神和道德）和核心才能，决定了创领者在家族内部的凝聚力和外部公信力。

本书第一篇详细地记叙、分析了来自家族的精神启蒙、道德熏化、才能的实践对于华茂创始人徐万茂的人生与事业产生的基础而长期的影响。本书的第四篇也包含了家族文化传承对于家族企业传承所产生的决定性影响的内容。

其次来看企业永续经营。

企业的本质是一个通过创造顾客来实现自身成长的机制，也是一个从外部筹集人力、物力、资金并向顾客提供满意商品的组织体系。这意味着，如果企业持续实现有效能、有效率、有特色的经营，就可以实现永续经营。这也意味着，如果有效能、有效率、有特色中的哪一点出了问题，就会导致企业衰落甚至失败。

50年来，华茂在效能管理、效率管理、特色管理上极具创造力，中西结合，各取所长，互补其短。[1]

对于一个领袖周期内企业的持续成长而言，效能和效率就像两个形影不离的“兄弟”：效能是“大哥”，负责“做正确的事”；效率是“小弟”，负责“正确地做事”。“做正确的事”，就是围绕企业的使命、愿景、价值观做事情。决策时，效能管理强调整体、责任、优势和平衡。对于规模化企业来说，效率上的问题，通常不会致命，且容易迅速纠正；而效能涉及方向、组织甚至是文化，效能一旦出问题，很难纠错，轻则伤筋动骨，重则致命。

华茂通过三项原创“武功”，实现了效能与效率的统一：首先，用“三

1　在彼得·德鲁克管理思想中，效能管理（management by effectiveness）即组织效能管理，它追求做正确的事情（to get the right done），“正确的事情”就是符合本企业使命、愿景、价值观，且处于本企业核心竞争优势之内的机会；效率管理（management by efficiency）包括个人效率管理和协作效率管理，它追求正确地做事（to do things right），持续成长的企业以及卓有成效的管理者，既能保证组织效能，同时保证个人效率和团队协作效率。

个行动守则”（诚信是生存之本；品牌是发展之本；教育是立业之本），把使命、愿景、价值观扎实地贯彻到企业日常活动当中去；其次，以“制度大于总裁”为管理总纲领，实行公司治理上的“家族体制下的现代企业制度”，把企业长期利益和短期绩效在体制、制度层面上有机地结合在一起，使公司决策避免急功近利和好高骛远；最后，实行用人上的“高度信任下的现代契约制度”和公司管控上的“充分授权下的全面预算管理制度”，把“财务”上的中央集权与“用人”上的充分授权有机地结合在一起，既保证了集团总部的控制力，又充分调动了前线业务板块的发展动能。

再次来看特色管理。“特色”就是“领先于同行的差异性”。特色是创新和时间的果实：企业要想持续存在和成长，必须持续追求创新，在持续创新的基础之上，企业传承得好，特色就会持续得到积累和强化。

在传承管理上，华茂整个交接班过程可以被大致分为两大阶段：第一阶段是渐进式的职权交接；第二阶段是换位共同成长。华茂的传承在第二阶段特别具有创造性，体现为交班人徐万茂与接班人徐立勋转换角色：徐万茂埋下身子进入宁波华茂外国语学校领导变革创新；徐立勋则操盘全局担当守成责任，并在守成中不断创新。正是在这一阶段，父子二人在工作上越来越默契，越来越相互理解，最终成就了华茂“在守成中创新，在创新中守成”的稳健的发展态势。

最后来看企业与社会相融共生。

企业是社会的器官，它不以占有财富为目的而存在，而以“为社会创造什么价值”为目的而存在，因此企业要想持续成长，必须与社会相融共生。

徐氏家族与社会的关系以及华茂与社会的关系，已经超越了简单的慈善以及企业社会责任的范畴，进而实现了从经营理念、产业结构到资产继承，再到企业社会责任与社会全方位的深度嵌入、相融共生。

在经营理念方面，华茂的经营理念是“以社会效益带动经济效益”，产业结构是教育产业与实业互动，上述经营理念和产业结构，共同催生了华茂企业事业化的发展模式，用事业思维发展企业，用企业思维发展事业。

在资产继承方面，徐氏家族通过《徐氏家族共同协议》确立了“分家不分产，所有的资产不为任何家族成员所有”的原则，实质上由此实现了家族资产的“准社会化”。

在企业社会责任方面，华茂正在朝着“人、财、物、能力”全方位地融合于社会的方向发展，比如华茂·彩虹计划、家基金等公益项目，已经深深地根植于社会土壤之中并不断成长。

现代管理学之父彼得·德鲁克曾说，一家公司能否长久生存和成功运营，主要取决于三个互相依存的问题——领导问题、基本政策问题以及行动和决策的标准问题。

按照德鲁克给出的上述逻辑，在华茂的“成长三角形”中，“家族文化传承”主要解决了“领导问题”，“企业永续经营”“企业与社会相融共生”则主要解决了“基本政策问题”以及“行动和决策的标准问题”。华茂“成长三角形”看起来朴实无华，但它没有停留在表面的概念元素上，而是深刻地演化为企业基因，不间断地向企业、组织、人员发号施令，有效控制着企业行为、组织行为以及员工行为，支持并保证华茂的持续成长。

华茂是怎样成长的？

本书的第一篇至第四篇无时无刻不在探索并回答着这个问题。总的来说，在华茂50年的成长逻辑中，我发现了一条根本线索——创领者的成长与企业的成长要并行，而且创领者的成长要先于企业的成长。

华茂的哪些核心实践和核心知识值得其他企业借鉴？

除了华茂“成长三角形”之外，我认为最值得借鉴的是华茂在“企业事业化”和“传承无形资产”上的探索和实践，华茂在这两种经营思想上的探索、实践的深入性、持续性和系统性，极具时代性、开创性和引领意义。

这本书是给谁看的？

徐万茂先生说，之所以愿意开放华茂供我采访调研，首要的初衷是，把这本书献给华茂人、徐氏后代以及社会，告诉他们华茂是从哪里来的以及怎样来的。他特别强调了一点：既然是写给后人看，就要实事求是，客观分析，不要刻意拔高，要对历史负责。

这本书因此有了“实事求是”的基因，这是华茂的价值根基。从这个价值根基出发，这本书的内容涉及家族的持续成长与管理、人的持续成长与自我管理、企业的持续成长与管理，其中的大量内容，是领导力、组织、变革与创新、家族企业传承等课题的真实而鲜活案例。

因此，这本书应是下列读者的优先选择：有志于培养优秀孩子、建设卓越家族的家长，站在社会起跑线上的大学生，职场菜鸟，中高层管理者，家族企业管理者以及家族成员、商学院教授，等等。

第一篇

创领者持续成长三要素

追求成长：华茂长期主义方法论

成长与创领者

在开始“华茂成长之旅”之前，要界定两个概念。第一个概念是“成长”。首先，成长与成功是不同的：成功是“完成时”，把一件事做成了，把一个想法实现了，就是成功；而成长追求的是持续成功，成长没有“完成时”，只有“进行时”。

其次，成长涉及“人的成长”和“企业的成长”。“人的成长”的核心是一个人在社会心理意义上的成长。美国社会心理学家亚伯拉罕·马斯洛提出了“需求层次理论”。他认为人类价值体系存在两类不同的需求：一类是本能，包括生理和安全，是低层次需求，沿着生物谱系的上升方向逐渐变弱；另一类是潜能，是高层次需求，包括爱与归属、尊重、自我实现，这类需求一般以建立在价值观之上的理想、信念、道德等形式表现出来。

在马斯洛需求层次理论下，人的社会意义上的成长过程，就是需求层次不断由本能向潜能提升的过程，体现为人的内在核心驱动力的转换。古今中外卓越人物的一个共性是，其需求层次提升得很早、很快，就拿本书的主人公之一徐万茂先生来说，他30多岁就开始追求教育梦想并且矢志不渝，以“咬定青山不放松”的精神，不断超越自我，释放潜能，做出了自己在早年难以想象的成就。相反，很多人之所以发展到一定阶段就难以继续成长，根本原因不是起点不高或条件不足，而是过多地追求物质享受等低层次需求，从而限制了高层次需求的发展。

第二个概念是企业创领者。企业创领者就是企业创始人和继任领导者的总称。我基于“企业传承”的范畴发明了这个概念。创业企业的成长本质上是由创始人的成长推动的，而企业的成长不会超越创始人的成长。随着创始人年龄的增长以及企业规模的增大，创始人必须把CEO宝座交给接班人。谁来做接班人呢？一种做法是，广泛地从市场中选拔职业经理人；还有一种做法是，在家族内部提早培养接班人。华茂采用了后一种做法。我从华茂成功的企业传承中发现：在漫长的交接班过程中，创始人和接班人实际上是一个整体，他们不可能泾渭分明地实现分工，他们要在矛盾中相互理解，培养默契，互相补位，共同成长，直到接班人、组织、文化顺利实现传承，接班人完全担负起责任。

由此我发明了“企业创领者”这个概念，目的是将企业创始人和企业继任领导视为一个整体来研究，研究他们各自的成长以及他们之间如何互动。

华茂创领者持续成长三要素

要了解和理解华茂的成长，首先要了解和理解华茂创领者的成长，本篇的目的是探索华茂创始人徐万茂先生的成长基因（公司接班人徐立勋先生的成长将在第四篇呈现）。徐万茂先生的成长基因本质上就是徐氏家族的文化基因。

在徐万茂的成长旅程中，有三个最具基础性和长期性的要素——精神、道德和才能——起着决定性作用：“精神”定义了他与世界相处的方式；“道德”定义了他与世界相处的原则；“才能”则定义了他与世界相处的深度和广度。无论是对于生活还是对于事业，三要素决定着徐万茂的思维结构和行动逻辑，它们是徐万茂的成长基因。

三要素之间又有着怎样的结构关系呢？我同样用“等边三角形”来表示它们之间的关系：这意味着三要素彼此之间不是加法关系，而是乘法关系；意味着如果任意一个要素归零，整体也将归零，就停止成长；意味着如果任意一个要素出现弱化，成长也将面临挑战。

接下来的问题是，三要素又是如何在华茂创领者之间实现传承的？我的发现是，华茂创领者持续成长三要素的传承并不是简单的拷贝，而是实现着基因的进化——在继承精神和道德的基础上，在才能方面实现了响应时代需求的进化。

第一章　精神的启蒙

本章聚焦于“华茂创领者持续成长三要素”之“精神”。什么是精神？它是一个人最基础的意识、思维和心态。不同于知识和手艺，“精神”不能从教学中得来，也不从管束中得来，精神需要启蒙。徐万茂的精神启蒙来自奶奶和父亲，奶奶和父亲启蒙了徐万茂的三大精神——责任精神、和合精神和淡泊精神。

第一节　责任精神

责任的本质是一个人该做的和不该做的事情。那些具有强大责任精神的人，只需要一点点实权，就可以承担相当大的责任，就可以持续快速地成长。相反，没有责任精神的人则很难获得持续的成长。

天之骄子不是徐万茂的剧本

1945年8月15日，日本宣告投降，二战结束。

这一天对中国人来说，还有更深一层的意义，它意味着“近代以来中国人取得了抗击外敌入侵的第一次完全胜利”，百余年来一直在苦寻出路的古老而伟大的中华民族的历史就要彻底地翻开新的一页。

五天之后，浙江省宁波市鄞县横街镇大雷乡马联村（新中国成立后，大雷乡改称云洲乡，马联村现隶属于海曙区）的徐家降生了一个男孩儿，胖乎乎的脸蛋，倒八形眉，两只眼睛不大不小，很亮，端正的鼻子，菩萨耳，嘴巴肉嘟嘟的，开口便笑出双下巴，一副可爱的模样。

这个男孩儿是徐家长子徐根甫的长子，按照传统的“长子继承制”，他将成为徐家未来的主事人。这叫天赋异“责”，意味着这个男孩打生下来起，就要被家长有意地培养和训练，期望有朝一日长大成才，光宗耀祖。

说到长子继承制，最早要追溯到3000多年前周公发明的“嫡长子继承制”。漫漫历史长河奔腾演进，嫡长子继承制的内容在民间经过不断扬弃之后，慢慢进化成了一种有效的家族传承方式——既能保证家族香火不断，又能避免家族传承过程中的权力、财产纷争，还有更重要一点，由于可以从小培养接班人，接班人在精神、道德等方面就能更为扎实可靠。

就这样，在距新中国成立还有四年的时候，徐万茂诞生在了一幢竹结构的两层茅草屋，里面床用稻草铺，桌用竹子拼。天之骄子不是这个小生命的剧本。徐万茂小的时候，吃过树皮，一年四季只有一双鞋子，雨雪天，怕泡坏鞋，便脱下来揣在怀里，光脚走山路。山民靠山吃山，没有“金饭碗”，没有“铁饭碗”，连农民的“泥饭碗”也没有，迎接他的只有贫穷、爱、希望和长子长孙之责。

责任精神的启蒙

奶奶和父亲是对徐万茂的一生影响最大的两个人，是徐万茂的精神启蒙者。

五岁，徐万茂记事了，那年冬天的一个晚上，奶奶把他搂在怀里讲故事，这次讲的是父亲和奶奶的亲身经历。当时父亲在国民党统治时期当村里的保长，职能类似于现在的村主任。有一次，国民党军队上山来征粮，山民的米、面可珍贵了，都是用砍竹子、卖竹子的钱买来的，一年到头也攒不了多少粮食，若交出去，全家都得饿肚子，于是家家户户都把粮食藏了起来。国民党的征粮官找不到粮食，非常恼火，就让父亲下山，亲自向国民党杨大队长说清楚。这个杨大队长专门负责在这一带追杀共产党员，杀人如麻，父亲担心把他惹火了，对村民不利，于是二话没说，下山去见他。

接待父亲的是杨的太太，杨太太对父亲说：“杨队长今天不在，要是在，你的麻烦就大了，这样吧，你只要回去筹措10担谷交给我，我帮你说说好话，让他别计较这件事了。”听完这番话，父亲暗想，原来他们是想敲竹杠，私吞村民的粮食。回到村里，父亲召集大家讲了这件事，村民们担心父亲的安全，纷纷表示愿意凑足这10担谷。这个时候，奶奶站出来说：“这个粮，就算我向大家借的，日后还给大家！”村民们都知道奶奶是说一不二、说到做到的人，就很快凑足10担谷平息了此事。后来，徐家为了坚守借粮的承诺，用了很长时间才还完了这笔粮债。

这个故事讲了“勇气”“忠诚”“智慧”“说到做到”，但归根结底是两个字：责任。徐万茂从小就从父亲那里得到了一个影响他一生的启蒙：人要对自己的所作所为负责。

从现代管理学的角度来看，责任是领导力的核心。现代管理学之父德鲁克认为，领导力不是头衔、特权、职位或者金钱，而且领导力首先不是品质、不是技能、不是魅力、不是影响力，那领导力究竟是什么呢？领导力是责任，而且首先就是责任。

奶奶当然不知道现代管理学中领导力的概念，但这个真实的故事深深地刻在了徐万茂的童心当中，时时告诫他：好男儿首先要具备担当责任的精神。从此，责任成为徐万茂最基本的意识、思维和心态之一。

心理学的研究表明，人是一个复杂体，有善恶两面，人心需要一个“主人”，而责任就是一个严厉的主人，它既包括“该干什么”，也包括“不该干什么”，从这个意义上讲，责任意识的启蒙在徐家还体现为家规。

父亲为徐家制定了“四不一靠”的家规：不撒谎，不欺辱弱小，不和别人吵架，不占别人便宜，靠自己。

在徐家，“四不一靠”就是戒律，是每一位家庭成员的家庭责任。父亲总是自己先做到，再以此为标尺，严格地要求孩子们，他还常对孩子们说：“凡事要靠自己，不能想什么就要什么。”

当时全村村民都是一个生产队的，集体生产，统一分配，东西都是集体的。村里的小孩子有时候偷偷地把生产队种的地瓜、土豆、竹笋拿点儿回家吃。有的孩子拿了以后，父母认为这是孩子懂事顾家，但徐万茂和父亲把这一条看得最重，严令不许贪便宜，集体的东西绝对不能拿，你从什么地方拿的，马上放到什么地方去，你的就是你的，不是你的一分也不能拿。

虽然在传统观念中，长辈对长子、长孙要保护，尤其是奶奶对长孙保护得最厉害，但徐万茂从未恃宠而骄，他从小就深知奶奶、父亲的期待，以及自己的责任，他总是自觉地观察长辈们的言行，按照他们的标准来要求自己，久而久之，徐万茂从小就养成了高度自律的品质，令其受用一生。

第二节　和合精神

地和生百草，人和万事好，家和万事兴。

和合精神是一分为二的，之于家内是“家和万事兴”，之于家外是“与社会融合共生”。

家和万事兴

先说家内的家和万事兴。

徐家在徐万茂这一代，育有三子一女，年龄相差非常大，万茂大二弟万平9岁，大三妹10岁，更是比四弟万康大了足足19岁。

徐氏四兄妹从小生活在三代同堂的家庭结构中，这个大家庭做到了夫妻和睦，兄弟团结，充满无言之爱，这也给邻居们带来了很好的影响，左邻右舍之间也都很和睦。

如何做到家和万事兴？徐家有三条法则：其一，长辈以身作则；其二，孝道治家；其三，女主内。

其一，以身作则就是做“躬行君子”。

长辈以身作则是一切家教的大前提。“其身正，不令而行；其身不正，虽令不从。”如果孩子整天看见大人们计较、争吵，兄弟姐妹又怎能做到和睦呢？

詹姆斯·库泽斯和理查德·波斯纳是美国的两位领导力大师，他们用了30年对5000多位卓越领导者进行了深入研究，提炼出卓越领导者的五种共同习惯行为，其中第一项就是“以身作则”（model the way），可见其普世性和重要性。

以色列有一位退伍军人叫武戴维（中文名），他70岁的时候开始了他的一个梦想——重走长征路。在长征路上，他问当年的一位老红军：“这个路这么难走，你的战士为什么听你的？”老红军说：“我始终走在最前面。”

在家里，徐万茂从来没看到过长辈争吵，长辈们从未教育他要“家和万事兴”以及如何做到“家和万事兴”，而徐万茂在奶奶、爷爷、父亲、母亲的一言一行中慢慢悟出了一个方法论：对家庭忠诚是中心，不吵架、不红脸是两个基本点，只要做到了“一个中心，两个基本点”，就会家和万事兴！

并不是说父亲、母亲，爷爷、奶奶都是圣人般的存在，相反，他们都是普通的山民，读书都很少，也有着不同的个性，比如奶奶、父亲是外向的性格，爷爷、母亲就相对内向些。但他们懂得相互配合，两对夫妻形成了很好的搭档。整个家庭是奶奶说了算，爷爷总是笑呵呵、不作声地配合奶奶行事。在父母这一层，对待孩子又是母慈父严，大家有着共同的目的和行事准则，那就是把家庭的和睦和平安放在第一位，“家和”是徐家至高无上的价值观，没有什么可以动摇这个铁打的价值尺度。

当时村子里的风气是，孩子们在外面打了架，吃了亏的孩子的家长会跑到对方的院子里理论一番。在徐家万平、万康也惹过这样的事，父亲反而严格管教自己的孩子。母亲则会私下安抚孩子，在徐家，父严母慈都是爱，只是爱的方式不一样。但有一点，父亲、母亲从不会因为管教孩子、宠爱孩子的事情而争论争吵。从小到大，徐万茂四兄妹在这种充满着和睦、恩爱和尊重的氛围中成长了起来。

其二，孝道治家。

西方社会以个人为基本单元，中国社会则以家为基本单元，从古至今，莫不如此。也就是说，家是中国人第一个、最重要的一个、要终身相伴的一个特殊的组织，而中国传统的孝道文化，解决的就是这个特殊的组织的基本伦理秩序的问题。

200余年来，徐家用孝道治家。孝道包含两个方面，分别是孝和悌：孝解决的是孩子如何与长辈相处的问题；悌解决的是兄弟姐妹之间如何相处的问题。

6岁时，父亲给徐万茂讲过一段往事。父亲20多岁的时候，得知宁波人在上海滩已经风生水起，也想去闯一闯，于是把这个想法说给奶奶，奶奶答应了，父亲和几个要好的朋友兴高采烈地出发了。在宁波同乡的帮衬下，凭着淳朴、正直和坚韧，他们很快在上海站住了脚跟。正当大家摩拳擦掌、憧憬着要大干一场的时候，奶奶托人捎来口信：速归！父亲以为家里发生了大事，连夜往家赶，到家后，奶奶对他说：“这次回来，就不要再去了，上海世道乱。”这盆冷水把父亲一下子浇懵了，上海十里洋场、广阔天地、花花绿绿的生活，对于当时还很年轻的父亲来说是充满吸引力的。然而尽管内心不舍，但父亲还是放弃了闯上海的机会。

父亲是想通过这个故事告诉徐万茂要学会服从。一个人要先学会服从，才能学会领导。在那个年代，家里家外，没有人怀疑父亲的领导力，而父亲首先是一位远近闻名的大孝子。徐万茂的领导力根基，也是从小在孝道文化的土壤中发育、成长、壮大起来的。

而面对时代的日新月异，徐万茂始终在思考新时代的家庭环境中如何理解和建设孝道。在徐万茂的字典里，乍一听起来，孝道好像更加简单易懂。“孝就是让父母开心”，他说。其实，也许这更难做到了，越简单的才是越难的。

其三，女主内。

母亲在哪里，家就在哪里。这是徐家子孙的一个基本理念，这个理念没有挂在墙上，而是挂在每一个人的心里。

徐家是“母系社会”，内务全由女人说了算，徐家女人都很强大，且富有个性，男人对女人忠诚而尊重。

有人说，男人到一定境界是哲学家，女人到一定境界是群体之灵魂。这句话是对的，在徐家就是这样：奶奶在的时候，奶奶是徐家的灵魂，爷爷是哲学家；母亲是孩子们的灵魂，父亲是孩子们的哲学家；到了徐万茂这一代同样如此，父系哲学家与母系灵魂彼此尊重、相互成就，沉淀出来“家和万事兴”的家庭底蕴。

与社会融合共生

如前所述，和合精神分为两部分：一部分是刚刚表述的家内的“家和万事兴”，一部分是之于家外的“与社会融合共生”。

中国传统社会有一个很小众的家族群体，叫“平民望族”，指的是那些身份普通但又在一定社会范围内具有影响力的家族。在马联村里，徐家就是这样的人家，奶奶和父亲就是村里的自然领袖。

奶奶天生是一个豁达、开朗、热情的人，与人相处起来慷慨、大方，乡里乡亲都愿意和她交往，当官的、做生意的、卖艺的等等，只要到了家里，奶奶总是热情地招待他们。爷爷话少，通常只是乐呵呵地陪客人喝酒聊天。

徐万茂8岁那年，村里来了个逃荒要饭的。连登了几家的门，他连一口水都没喝到。到了中午，要饭的来到了徐家，徐家人正在吃饭。

奶奶马上冲身边的万茂说："快去拿副碗筷来！"

徐万茂立马起身去了厨房，站在门口的要饭的却愣住了，奶奶见状，调高了嗓门，用浓重的四明山口味儿的宁波话说："过来呀，趁热一起吃口饭！"

话音未落，万茂已经拿来了碗筷，要饭的也缓过了神儿，满怀感激地坐到了位置上，饱餐了一顿。

徐万茂从小看到家里人来人往，要么请奶奶、父亲帮忙张罗事情，要么请他们做公正裁断，看到奶奶、父亲受到如此尊敬和信任，他朦朦胧胧地琢磨起一个问题："我们家很穷，也不是当大官的，奶奶和父亲又没有念过多少书，但他们为什么会有这么高的威信？"

追根溯源，这就是一种与社会融合共生的家族精神。融合共生，就是打开门过日子，不是关着门过日子，不是自扫门前雪，而是用忠恕之道与社会相处。忠就是做什么的准则，即"己欲立而立人，己欲达而达人"；恕就是不做什么的标准，即"己所不欲，勿施于人"。忠恕合起来的意思就是将心比心、推己及人地为人处世。

显然，无论是之于内部的家和万事兴的精神，还是之于外部的与社会融合共生的精神，二者共同根植于儒家文化的精髓——和合文化，徐家将和合文化以一种极为朴素而有效的方式落实为家族精神，并以此持家，成为中国社会平民望族的典范之一。

第三节　淡泊精神

淡泊是徐氏家族世代相传的共同的性情。

2019年仲秋的一个深夜，徐家四明山老宅，74岁的徐万茂躺在床上翻来覆去，似乎在构思着什么。大约深夜两点，他起身走向书房，天花板上的声控LED灯知趣地发出晕黄的微亮，徐万茂走到书桌前，利落地打开那台白天不离手的12.9英寸iPad，认认真真地写了起来。

原来，徐万茂当晚创作了一首24句七言诗，用来总结自己一生创业求索的心路历程。

“悟画”人生

悟学先祖四明坡，根生土长淡如水。
一间茅屋三代住，跋山涉水赶集市。
父母品行乡邻赞，乞丐客入桌上夸。
祖上积德心灵美，儿女孝道善缘报。
贤惠爱妻内当家，诚信勤俭传家风。
天地人和百事兴，阴阳八卦凡人悟。
来了救星共产党，贫苦山民得解放。
追求理想出大山，千辛万苦闯江湖。
远播重洋工艺品，能为国家挣外汇。
素质教育填空白，智能开发七色花。
深以为然教育梦，坚持理念创特色。
因材施教挖潜能，立足本土国际化。
学海无涯乐作舟，多才多艺英才生。
牢记使命教育情，桃李芬芳天下香。
跨界平台论教育，大咖云集钱湖畔。
艺术教育博物馆，美育之光四海扬。
伤痕累累常反思，善待挫折护法神。
言出不实非君子，谦诚敬业莫忘本。
一流企业做当前，上流企业做未来。
入木三分知真相，求精务实夯基石。
月明竹青庭院深，日出云中金鸡鸣。
耕读造林栋梁材，华茂教育代代传。
咬定青山不跟风，生存何惧夹缝中。
淡泊宁静不眼红，自得其乐画人生。

此后的半个月时间里，只要一有空，徐万茂就逐句修改，最终将这首诗定名为《“悟画”人生》。其中，头两句（“悟学先祖四明坡，根生土长淡如水”）和最后两句（“淡泊宁静不眼红，自得其乐画人生”）都提到了

“淡”字，足见他对淡泊精神的看重。

做事上的淡泊精神

徐家的淡泊精神体现为两个方面：做事上的和做人上的。首先来看做事上的淡泊精神。

山里的生活穷，徐家的人口多，徐万茂10岁上小学，16岁小学毕业，边上学边做副业。副业就三种——干农活，做竹编，赶集。

父亲的严格很有“学问”，不是“让你去做的事情，你必须做到”，而是“不该让你去做的事，你坚决不能做”。

有一次，徐万茂准备挑上刚刚挖来的冬笋，去余姚赶集。赶集队伍中，万茂年纪最小，身材也不是很壮。农村有攀比的风气，加上年轻气盛，好争个面子，他看别人能挑150斤的担子，父亲却只让他挑120斤，心想这次也要挑上150斤，向大家证明自己十分强壮！正要出发时，父亲发现万茂的担子超重了，坚决制止了他，此后，每次出发前，他都要亲自检查一下万茂的担子。父亲要他记住：做事要量力而行，要懂得保护自己，不能为了面子，把背压驼了。

还有一次，徐万茂听小伙伴说，到宁波横街镇割稻子很赚钱，也想去，就找父亲商量，又遭到了父亲的拒绝。父亲的理由是：万茂这个年纪还在长身体，不能去干割稻子这种重体力活儿。

徐家在做事上的淡泊精神，除了体现在不该做的事坚决不做之外，还体现为，对该做的事要追求不断做到完美，而不是优先追求物质、功名上的满足。

徐万茂边上小学边做副业那会儿，父亲担任村主任。当时村里搞生产队，统一集体生产，统一按劳分配。父亲领着村民砍竹子、种番薯、种菜，按人头计工分。那个时候工分就是钱，挣满工分就能吃饱肚子，否则就要饿肚子。

徐万茂和一些年龄相仿的小伙伴们也与生产队一起出工，按规定，干一天计10分，徐万茂力求每次都用尽全力，尽可能地干得更多一点、更好一点。但后来他发现，父亲永远给他计9.5分！徐万茂把委屈憋在肚子里，力求每次都用尽全力，尽可能地干得更多一点、更好一点。很久之后，他才体会到父亲的用意，父亲是想告诉他：要不断追求把事情做得更好，更重要的是，要戒贪念，有时候还要情愿吃亏，这样才能赢得大家的认可，才更有机会把事情做下去，以至于做到最好，也只有这样，自己才能真正得到成长。

为什么只有戒掉贪念才能把事情做到完美呢?

《礼记》曰："君子淡以成。"人们之所以产生焦虑、紧张、计较、贪婪等这些负能量，都是因为内心不够淡泊。正所谓"非淡泊无以明志"，也就是说，一个人只有内心做到了淡泊，志向才有实现的可能。事实上，但凡志向的实现，都是一个远征的过程，途中一定会遇到各种诱惑和苦难，"只有怀揣一颗淡泊之心，才能站得高一点，想得宽一点，看得远一点"，徐万茂后来说。相反，如果没有或失去淡泊之心，就像一根"实心"的竹子，大风一来，可能就折断了，根本做不到"咬定青山不放松"。6岁的时候，父亲教徐万茂做竹编，父亲经常对他说：可别小看做竹编，这是"一脚不去，一脚不来"（宁波俗语）的活儿，不要总想着这个东西在集市上能卖多少钱，要静下心来，只有保持踏实和专注，才能做出人家喜欢的最好的竹编。

做人上的淡泊精神

一个人只有超脱于物质和功名之外，只有"治生不求富，读书不求官，修德不求报，能文不求名"，才能在与人相处时，真正做到简单、公道和宽容。

父亲只要空闲，就会坐在门口看书，如《三国演义》《东周列国志》《水浒传》，有时会问万茂："为什么那些英雄人物说话能够让人服气、能够平息事端呢？"

小万茂也会带着这个问题，观察身边的事，当时，乡村邻家之间只要出现纷争，都会来找父亲或奶奶，只要父亲或奶奶出面，纷争就会平息。为什么呢?

无欲则刚，无论是小说里的那些英雄人物，还是现实生活中近在眼前的父亲，都有一颗淡泊之心。他们不倚老卖老，不恃强凌弱，他们的内心是淡泊的，不把自己的利益得失放在前头，只有这样才会断事公道。公道才会服人、容人，服人、容人就有威望。所以曾国藩说，胸怀广大，须从“平淡”二字用功。

徐家以孝道持家，晚辈对长辈的尊重是必需的，但无论是父亲还是徐万茂，从没有说过长辈说的话一定是对的，“如果为了维护自身的家长权威，倚老卖老，唯我独尊，搞一言堂，孩子的个性就会被消灭掉，心智就成长不起来”，徐万茂说。2002年，徐万茂的长孙徐钰程出生了。一次，全家外出旅游，在一件小事上，徐钰程和爷爷的想法不太一样，奶奶正好听到了，就说孙子的想法对，然后就不停地数落起徐万茂来。早已是华茂董事局主席的徐万茂，此时就像小孩儿一样乖乖地听太太的唠叨。徐万茂就是这样，在家庭生活中，有理也不争，只会谦让。当然有时会冲身边的儿子徐立勋、儿媳陈京波使个眼色，好像在说：“你婆婆说的话，可不要当真噢！”有时也会在背地里对他们说：“听太太唠叨，就像听小曲一样。”

父亲在做人上的淡泊，还直接体现为不让长子从政，这也与他的一次政治遭遇有关。前文提到，在国民党统治时期，担任保长的父亲曾被国民党杨大队长敲了竹杠，为了保护村民安危，父亲自己扛起了一大笔粮债。这件事在后来的“文化大革命”时期，被定性为“叛党”行为，父亲被打成“反革命”，徐家人也都被关起来了。当时徐万茂19岁，同样成为这场政治运动的受害者。长子在人生的关键期被关进牛棚，这对徐家尤其是对父亲心灵的打击是巨大的，对于父亲来说，这比他自己遭受的委屈和苦痛更令他难过！

虽然不出半年徐家得到平反，恢复了正常的生活，但从那以后，父亲给徐家后代长子立下了“不从政、不当官”的训条。当时，父亲当年所在中共游击队的老领导在宁波做官，经常来家里看父亲，看到青年时期的徐万茂聪明刚毅、忠厚笃实，起了爱才之心，与父亲商量，想把徐万茂带到宁波城里发展，父亲断然拒绝了。父亲说：家人平平安安是第一位的，不做官，也能做事业。后来，父亲离世之前还说：你要去做教育，让更多的人可以读书，只有读书，才能做更多的事，更大的事。这是后话，按下不表。

显然，在徐万茂及其家人的字典里，淡泊不是灯红酒绿之后的闲情雅致，而是一种超越自我的入世精神，他们不是“拥有了”才去“淡泊”，他们是始终淡泊地建设着、拥有着、分享着、奉献着，他们因此实现了终身成长，这正是淡泊的精髓。

在华茂创领者持续成长三要素的精神体系中，淡泊精神最为关键：没有了淡泊精神，无论多么愿意扛起责任，也很难扛到底；无论“和合”做得多么彻底，也顶多就做成了一个老好人。老好人谁都不得罪，但干不成事，创造不出价值，无法实现成长。

第二章　道德的熏化

本章聚焦“华茂创领者持续成长三要素”之“道德”。什么是道德?道德就是能够激发人的善意和潜能的行为习惯和品德。如果说精神构建了一个人最基础的意识、思维和心态，那么道德则规定了精神的运作方式。道德首先得益于熏化。徐家历代传承下来的祖训、家规、家风熏化出了徐万茂的三大道德品质：勤奋、俭朴、诚信——这三个看起来平实、普通的词，在徐万茂的成长实践中，内容既揭示本质又内涵丰富。

第一节　勤奋的本质

业精于勤荒于嬉。在徐家，“勤”字有两层含义，人生成长大方向上的以终为始和日常生活上的勤劳。

飞起来的小鸟儿

人们通常把勤奋理解为“认认真真，努力干好一件事情”，但如果从词源、本义上去理解，勤奋还有更深层次的内涵——认准目标，一直做到底。

8岁，到了上学的年龄，马联村没有学校，要走一公里的山路，到大坪地去上。万茂早年体格弱小，奶奶决定推迟上学。

一天，吃罢午饭，父亲在地上画了一只鸟儿，叫万茂过来。

父亲：“你看这是什么？”

万茂：“一只小鸟儿呀！”

沿着一条直线，父亲又在前面画了两只相同的鸟儿，只是动作不太一样。

父亲接着问：“它在干什么呢？”

近看看，远看看，万茂恍然大悟，答道：“在跑呢！”

父亲点了点头。接着，他沿着小鸟儿的奔跑路线，画了好多省略号，最后，在正前方的上头，画了一只展开了翅膀的鸟儿。

没等父亲发问，万茂脱口而出："小鸟儿终于飞起来了！"

"对。"父亲收起了笑容，认真地说，"万茂啊，你可知道，鸟儿不是生下来就能飞的，但它生下来就有飞起来的愿望。带着这个愿望，它一次又一次奔跑，一开始飞不起来的，它不放弃，慢慢地，偶尔能飞起来了，又摔下来了，摔得很痛，它不怕，站起来，重新奔跑，再飞，直到会飞了为止。我们看到天上飞的那些鸟儿，都要经历这个过程啊！"

万茂听得入了神，不知不觉地发现：父亲已经在地上写下了两个大字：勤奋。

其实，中国古人创造"勤奋"这两个汉字，就是在描述小鸟学习起飞的过程：勤的本义是"用力奔跑、坚持不懈地努力"，"奋"的本义是"最后起飞"。

徐氏祖训是勤俭、诚信，但在孩子们眼中，祖训其实是很抽象的东西，如果只是挂在祠堂上，就只能表面化地去理解。父亲读书不多，但总会想方设法地让孩子们真正地去理解祖训背后的真正内涵，真正用祖训的本质启发孩子们智慧地成长。

叔本华说："学者是在书本里做学问的人，而思想家和天才则是径直深入自然之书的人，他们启迪世界，发展人性。"

在徐万茂四兄妹的眼中，父亲就是这样的思想家和天才。

以终为始的定位思想

父亲从来不是先有理想中的模子，然后将其扣在每个孩子身上。他会努力去发现每一个孩子的秉性，帮助他们选择合适的定位，目的是把他们的本性和特长发展出来。他不是用家长意志去强制和控制，而是启发和激发。

二弟徐万平1954年出生，读中学时，碰上了"文革"，学校不开放，没地方念书，便跟着父亲的生产队到舟山去烘锄头柄。

当时的生产力极端落后，连劳动工具都是就地取材自己造，当时的锄头柄都是竹板制作品，竹骨一个接一个的，不直，需用火烧直。用这样的锄头挖地基，不但劳动效率低，还会伤手。

父亲一边烘锄头柄，一边对万平说：“学校上不了，你要在劳动中学技术、学本事，以后才有饭吃。”

万平认真地听着。父亲又说：“记得昨天一起干活的那两夫妻吗？那位叔叔跟我说，你这个小孩不简单，话不多，坐得住，干活儿够仔细。”

十几岁的男孩子，好胜且爱脸面，父亲此番通过别人的话夸赞他，万平被激发出无限斗志，顿时一点儿也不觉得手上的伤口痛了。过了很久他才慢慢懂得，父亲那是在循循善诱地帮助他建立正确的价值观，潜移默化地启发、激励他朝着正确的方向去努力。

从舟山回来之后，父亲专门送万平去学了手艺。

1972年，“文革”中期，徐万茂27岁，万平生日小，实质上只有17岁。

极少专制的父亲，这回像变了一个人，非逼着万平去东北边境当兵。

东北天寒地冻，母亲怎么舍得，但父亲的态度，如东北零下30摄氏度结的冰。

私下里，父亲对万平说：“你17岁了，对自己的未来要有个定位，上不了学，生产队又没活儿可干，未来怎么生活呢？现在加入部队，是好的机会。而且你一人当兵，全家光荣，你是在给家里争光。”

万平理解了父亲的深谋远虑，母亲最后也答应了。

万平去东北当兵，到了才发现，当兵的生活比想象的更艰苦，伙食、身体都不适应，最冷的日子，两手的指甲缝冻得裂开，每写一个字都疼。他给父亲写信，详细地描述了当兵的艰苦程度。那次，父亲回了一封最短的信：“坚持住，好好干！”

有时候，最短的信，也是最长的信。秉持着父亲给他的“勤奋”和“靠自己”的信念和理念，万平熬过了最艰苦的初期。1982年母亲过世，为了让万平安心地当好兵，父亲不让徐万茂告诉他，怕影响他工作。徐万平一口气在东北度过了16年的军旅生涯，他说，我只有入了党，提了干，才有脸面回家。

1987年，他以一名优秀军官的身份，转业回到宁波，从航运管理所所长做起，坚持自己的选择，最终成为一名廉洁、自律的公务员。2014年，徐万平在运输管理处处长任上光荣退休之后，在徐万茂的一再说服下，他同意到华茂教育集团做些后勤服务工作，但是执意不在办公大楼里办公，而是选择了一处十分简陋的小办公室，保持着军人的务实的本色。

父亲当初对万茂四兄妹都有不同的定位。他教万茂竹编技术，万茂正是靠着这门手艺，于1971年进入云洲乡竹编工艺品厂做设计员兼业务员（销售员）；女儿和女婿则学了裁缝手艺，开了裁缝店；少子万康则学了理发技术，开了理发店。在父亲的指导下，四兄妹各自选择了不同的领域，坚持靠自己，求生存，谋发展。

1969年，美国的一位叫特劳特的广告人，创建了定位理论，此后，他用这个理论先后帮助IBM、美国航空等大公司走出困境，实现了新生。

几乎与此同时，在中国宁波的四明山里，这位叫徐根甫的父亲，同样运用着最朴素的定位思想，帮助孩子们谋求生存和飞翔。

勤奋是美德，在徐家的道德实践中，他们用勤奋美德催生出“定位思想”来指导后辈生存和发展。后来的事实证明，以终为始的定位思想，成了徐万茂经营华茂的核心管理思想之一。宁波商界，恐怕没几个人不知道徐万茂做事的风格，轻易不做选择，一旦选定目标，坚决做到底，直到做好。

家庭日常上的勤劳

对于徐家来说，成长要勤奋，生活要勤劳。如曾国藩所说，绝大学问即在家庭日用之间。

1967年，徐万茂与比他小四岁的周菊芬结为夫妇，1968年大女儿徐双飞出生，1970年二女儿出生，1971年三女儿出生，1974年独子徐立勋出生。

其间，徐万茂母亲身患重病，父亲也日渐衰老，二弟万平去了东北参军，三妹外出学缝纫手艺，四弟则还小。为了养活这一大家子，徐万茂整天在外边跑，家里的担子全部落在妻子周菊芬身上：她要拉扯孩子，还要照顾长辈，两个小叔和小姑的婚事，也都由她一手操办。但无论多苦、多累、多难，周菊芬从没有一点怨气。

周菊芬不是任劳任怨的老黄牛般的旧式妇女，而是如女将军般举重若轻，她不但能勤劳地操持家务，还能把各种关系协调到位，把家族内部治理得井井有条，家族成员们对她的评价，综合起来包括：无私、慈爱、宽大、包容、和气、忍耐、肯吃亏、有气度。

徐家有一个特点，即每个阶段，都会出现一名伟大的母亲：他们不但是整个家族的勤劳榜样，还是整个家族的道德表率，她们对整个家族的影响非常深刻，徐万茂的奶奶是这样的母亲，妻子也是这样的母亲。

徐万茂在《“悟画”人生》中写道：“贤惠爱妻内当家，诚信勤俭传家风。”足见他对妻子的挚爱，以及对妻子在家风传承上起到的核心作用的认可。

在勤劳上，徐万茂同样给孩子们做表率。徐家有一个世代相传的规矩，必须脱掉鞋子才能上楼。20世纪70年代，他们住的是二层竹木结构的房子：一层是泥地，做饭、吃饭都在一层，下雨天，脚上都是泥巴；二层是卧室，铺了老式木板。

徐万茂爱干净，总要把地板擦得锃亮锃亮的，只要发现衣服上有一点点脏，都要洗掉。

有一次，他让徐双飞帮他洗衬衫，徐双飞知道父亲要求高，认认真真地洗，觉得够干净了，才拿给父亲看。徐万茂打量了几眼，说：“还是不够干净啊。”徐双飞的个性很强，不服气地说：“明明很干净了嘛。”她在心里委屈地想：“村子里哪有像爸爸这么爱干净的人呢，也没看见谁家让七八岁的孩子洗衣服，还要求这么高！”徐万茂似乎读懂了女儿的心思。10分钟的工夫，徐万茂把重新洗好的衬衫拿给徐双飞看，确实干净多了！

徐万茂是在通过洗衬衫这种小事情，培养孩子做事情“高标准，严要求”的品质。

宋代诗人陆游诗云：“汝果欲学诗，工夫在诗外。”徐家就是这样通过代代相传的勤劳、勤奋的祖训，在日常生活中磨炼、积累了后辈的成长本领、智慧、品格和心性。勤劳使他们永远不离地气，勤奋使他们始终看到远方的使命和目标，然后“咬定青山不放松”地去追求，生生不息。

第二节　俭朴的本质

俭朴的本质是物质上的节制，心态上的淳朴。

寒门家风

1974年，徐家独子徐立勋出生了。徐立勋的出生，是那段时间马联村最大的新闻，按村里的风俗，喜得贵子，须挨家挨户送上喜烟，徐万茂特地到横街镇买了几盒好烟，让徐双飞给乡亲们发烟，还特地嘱咐："不能要人家钱。"

乡亲们能猜得出来，徐万茂买烟用的是吃饭的钱，徐万茂上有老，下有小，人口多，当时处于"文革"后期，这么一大家子要吃饭，生活很苦，用吃饭的钱买了烟就得饿肚子了，有的乡亲便塞钱给徐双飞。

徐双飞回家把钱给父亲，徐万茂生气地说："请大家抽喜烟，不能拿钱的，马上去还掉！"父亲很少对孩子动怒。

徐双飞立刻回去退了钱。

自家生活，能省则省，但对乡亲朋友该怎样就怎样，绝不占半点便宜。徐万茂通过这些小事，一点一滴地为孩子灌输做事原则。

"历尽天华成此景，人间万事出艰辛。"

到了20世纪80年代，整个国家呈现出生机勃勃的状态，由徐万茂担任厂长的云洲乡竹编工艺品厂经营得越来越红火，徐家的日子也随之好转。到20世纪90年代中后期，徐家成为中国改革开放以来首批富豪家族之一，孩子们也成为中国首批富二代。

徐家的寒门苦日渐渐被春风吹散了，但寒门家风没有被吹散。

随着家庭情况的变化，徐万茂在四字祖训——诚信勤俭——后面又加了两字家训——不贪。他对孩子们说，不能眼里只望着钱，不要太贪，太贪的话，钱就是祸害了。

徐万茂经常告诫孩子们，有钱不能花得太多，要节约一点，不能乱花，要勤俭持家！

徐家成员有一个传统，每周都要抽一天在一起吃饭，徐万茂很少在外面应酬，晚上基本上在家吃饭，最喜欢吃夫人做的煲腌冬瓜——这是宁波特色“三臭”之一臭冬瓜改良后的一种传统菜，另外就是边笋豆瓣汤，都很清淡。

但徐万茂不走极端，既“入世”又“出世”。

他有一双普拉达的鞋子，上万元一双，但只此一双，通常是正式场合才拿出来穿。他对孩子们说，我们讲究节俭，也不是不要好的东西，只是不用太多，有几个就够了，不要欲望太大，不要不知足。

大女儿徐双飞有几年在加拿大陪儿子读书，家常日用都是和当地人一样去买打折的商品。

徐万茂深知，俭以养德，成由勤俭败由奢。他鼓励每一个孩子建立独立人格，自己去选择未来，自己去创造未来。“俭故能广”，只有养成节俭的品德，才能获得广大的生存空间，才能保持长久的生命力，因此必须牢记祖训，保持勤俭家风。

但徐万茂该慷慨时，也从毫不含糊，而且会在慷慨当中，渗透服人的管理智慧。

近些年，每到春节，他都会给家里四姐妹（三个女儿和一个儿媳）每人50万元红包，同时给每位成年男性（包括女婿）5万元红包。

使用这个红包有个原则：女性的50万元，用来私用；男性的5万元，只能作为家用。为什么呢？徐万茂认为，男人用钱，要自己挣。

俭者，德之母也。在日常生活中养成的物质上的节约思维，被自然而然地传导到徐万茂的经营思维当中，使徐万茂形成了积极而稳健的经营风格。

徐万茂对自己的教育梦想定位很高，无论是因材施教理念、英才教育战略还是美堉，都可以说是教育界共同追求的理想。徐万茂一方面喜欢迎接这些大挑战，同时他又擅于控制自己的脚步。如果一个想法放到实际执行过程中，他觉得无法控制结果，就会尽量先放置起来，沿着同样方向往回推，思考当下能控制什么，能做什么。

正确处理好当下与未来的关系，这就是徐万茂在经营上的节制，也就是经营上的“俭”。

山民本色

山民本色是淳朴。徐万茂1989年带领华茂走出大山，他说，我只带了两样儿东西下山：第一样，“大山的淳朴”；第二样，“咬定青山不放松”的竹子精神。

徐万茂依然保持着山民本色，对生活没什么特别要求，座驾也不是豪车。

华茂办学之初，有一次，二弟徐万平在校园里遇到徐万茂的司机正从车子里拿被子，随便问了一句：“拿被子干什么呀？”“是老徐总要的。”司机答道。徐万平顺眼一看，是一张很老旧的棉花被子，就说：“这个太旧了吧，换一张蚕丝被吧，又轻又暖和。”司机马上一脸委屈地说：“是啊，这棉花被徐总用了十几年了，但我不敢给他买新的，买了会被骂！”徐万平从来没去过哥哥的办公室，“这回索性随司机去看一眼”，他想。

二人来到徐万茂位于华茂教育集团办公大楼五楼的办公室，里头只放了一套办公桌椅和一张两米长的沙发。徐万茂有每天午睡15分钟的习惯，司机说，老徐总通常就是在这个沙发上午睡，刚搬进来时，他本来给布置了一张单人床，但老徐总让人移走了。徐万平问司机：“为什么不找个有套间的办公室？”司机说：“徐总坚决不要啊。”徐万平看到办公椅后面还有一个空间比较隐蔽，应该可以放一张小一点的单人床，便把徐万茂之孙徐钰程小时候用过的一张木板床搬了过来，徐万茂破例接受了。

徐万茂不改山民本色，徐太太更是如此。在外界眼中，周菊芬应该是徐家的阔太，实际上她的生活依旧朴素，贵妇的生活方式与她无关。“我妈过去是怎样，现在依然怎样，总是不辞辛苦地做好各种家务，做到一切井井有条。”徐双飞说。

徐立勋结婚之后，徐万茂夫妇与儿子、儿媳、孙子住在一起，她始终不做甩手掌柜，家务琐事仍然亲力亲为，亲手给徐万茂做他最喜欢吃的煲腌冬瓜，为儿媳烹制她最喜欢吃的油焖笋。在儿媳陈京波眼中，婆婆简直是一个完人，民主、勤劳、善良、淳朴、淡泊。徐万茂老是背地里嘱咐孩子们：“母亲苦了一辈子，你们可不要惹母亲生气！”

“道生一，一生二，二生三，三生万物。”徐家人的淳朴，自然而然地也成为华茂以及华茂大家族的文化底色之一。

华茂这么一个老牌企业，非常重视品牌，但绝少打广告，因为徐万茂认为，品牌是通过华茂人自身的一言一行做出来的，不是通过广告做出来的。

华茂人也有种骨子里的淳朴。曾经有记者问华茂文教行政副总张红波："从一个普通的质检员做到高管，你觉得你对华茂最大的贡献是什么？"面对这个问题，张红波非常努力地回想了半天，最后说道："华茂的经营风格低调、务实，我们一直在做很实在的事情，华茂给了我们这么好的发展平台，从个人来说，真的谈不上贡献，华茂不讲究个人英雄主义，我们取得的所有成果，都是大家紧密合作的结果。"

这也是淳朴，每个人把自己视作一块不必要修饰的原木，谦逊而自信，本真而实在，"朴"字，字源本义即是如此。

最后，大而化之一下：什么是淳朴？其实就是性本善。

中国传统文化认为，"含德之厚，比于赤子"，"常德乃足，复归于朴"。在古代先哲的朴素思想中，婴儿是至淳至朴的，成人要始终追求保有一颗"赤子之心"，只有这样，一个人才能控制住随着年龄增长而被不断放大的贪婪、恐惧、虚荣、懒惰、自私、自大、嫉妒等这些人性弱点，真正健康成长。

第三节　诚信的本质

徐家的诚信祖训有三个原则：实实在在做人，实事求是做事，说到做到。

徐家诚信三原则，把诚信的本质表达得简单而实际。

实实在在地做人

徐万茂从小就和奶奶睡一张床，奶奶给他讲的太太公的故事，他一辈子都忘不了。

晚清，国运衰颓，民不聊生。徐家在当地颇有名望，早在200多年前，徐家祖先就从北方迁居到此，到了徐万茂的太太公时代，村子已经繁衍至二三十户，全村只有两姓，一户姓徐，另一户姓毛。有一天，发生了这样一件事。徐氏家族的一位太公（当时还很小）饿得不行了，晚上偷偷溜进一户毛姓人家，偷吃了几口冷饭，出来的时候，被毛姓人家的邻居看见了。那个时候，饭就是命，你偷吃人家一口，人家就少吃一口。

第二天，毛姓人家找太太公告状，太太公是徐氏族长，向来痛恨偷盗之事，斥责道："徐氏祖训——诚信勤俭，再饿也不能偷，饿死就饿死，绝不能偷！"

太太公当众把太公狠狠地打了一顿。太公本来就体弱多病，挨了一顿暴打，没扛住，不久就病死了。

村里很快传开了：徐氏族长打死了自家孩子。

虽然很多人也说，太太公对孩子的惩戒太过严重了，但奇怪的是，有如辕门立木，徐家的声望从此建立了起来。

太太公没有把这位太公从族谱中除名，把坟也安在祖坟区域中，错是错，亲是亲。大家钦佩太太公公正严明，自此，诚信勤俭有如明镜高悬，家族内部空前团结，自觉捍卫家族的荣誉和尊严。

诚于中，形于外。奶奶讲的是一个"实实在在做人"的诚信原则，"实实在做人"就是"与人不欺，与己不诈"，不欺骗别人，也不欺骗自己，徐氏家族200余年，就这样始终传承着诚信准则。

落花流水，春去无踪，转眼几多秋。

徐家对徐钰程的培养，可谓煞费苦心。徐钰程6岁到加拿大读学前班，小学一年级到三年级，每年有半年在加拿大，有半年回宁波华茂外国语学校就读，以此集中西教育之所长，补中西教育之所短。

关于祖训家训的教育，陈京波在孩子5岁时就开始了，她平时对徐钰程强调最多的就是诚实，她认为，孩提时代的诚实，铸就了成人之后在社会上的诚信。对孩子撒谎，她是零容忍。

徐钰程在加拿大读学前班期间，发生了这样一件事。他爱吃薯条，一天中午，陈京波看他吃了整整一大袋，就告诉他："今天就不要再吃薯条了，吃多了不利于健康！"徐钰程说："好的！"陈京波轻捏了一下儿子肉嘟嘟的小脸蛋，转身出门。

下午陈京波回来，看见徐钰程在书桌前专注地写着英文，暖色灯光下，儿子的嘴角还挂着一抹番茄酱。陈京波收起了笑容，问："是不是又吃薯条了？"徐钰程突然怔了一下，抬起头来，眨了两下眼睛，答道："没吃！"

陈京波面露愠色，说："母亲和你说过，不许撒谎，这样吧，母亲再给你一次机会，到底有没有吃过薯条？"徐钰程下意识地看了一眼旁人，壮了壮胆，又说："没吃！"

陈京波马上去了厨房，看到垃圾桶里果真有薯条袋："今天晚饭，你在一边罚站，不许吃了！"

经过这次惩戒，徐钰程意识到，诚实是底线，绝对不能突破。自此，在诚实方面，徐钰程再也没发生过任何问题。无论发生了什么事，碰到了怎样的困难，他都不会跟母亲隐瞒，总会在第一时间和父母沟通，正面面对问题，然后一起设法解决。

实事求是地做事

实事求是地做事，是徐家在做事方面的诚信准则。

什么是实事求是？毛泽东在《改造我们的学习》中这样说："实事"就是客观存在着的一切事物；"是"就是客观事物的内部联系即规律性；"求"就是我们去研究。

研究表明，企业80%的战略失误缘于没有实事求是，在没有实事求是的情况中，又有80%缘于没有切实地感知、认知环境。

2018年的一天，华茂堂美术馆举办画展，浙江华茂航天科技股份有限公司负责人周永江去看展。周永江是国家级航天技术专家，2017年加盟华茂之前，曾任国防科技大学国防科技重点实验室隐身功能研究室主任。

看着看着，周永江突然感觉站在身旁的这个人的身形轮廓似曾相识，正脸一看，原来是董事长！这是他来华茂后第一次近距离接触徐万茂。随后二人聊了起来，越聊越投机。徐万茂对周永江说："华茂把信誉看成第一重要的东西，信誉在华茂不是虚的，信誉是实的。有些事情，可能很赚钱，但如果我们做不好，就宁愿不做；而我们一旦决定了要做的事情，就不要着急，慢慢做，一定要把事情做扎实、做好。尤其你们做的是军品，对质量更要特别注意。"

“董事长是在很清晰地向我传达华茂要什么以及怎么要：华茂要的是信誉，要通过实事求是做事，不跟风、不眼红，把产品做好，就能得到信誉。”周永江回忆道。

临别，徐万茂说了一句周永江至今印象深刻的一句话：“现在很多人办企业，都是以年来计算——今年要比去年好，明年要比今年好——华茂不是这样的。华茂要做百年企业，华茂做企业以代来计算，我们追求把一件事情非做好不可，我做不好，就交给儿子去做，儿子做不好，就交给孙子去做。华茂宁愿用几代人去做好一件事。”

说到做到

“信”字的本义就是，人随其言，言随其人，说到做到。

徐万茂从来不跟儿子徐立勋、孙子徐钰程讲大道理，他只是说到做到，用实际的行为，潜移默化地影响儿孙树立牢固的诚信观念。

1989年，徐立勋15岁，有一件事让他至今仍感觉震撼。那年，父亲决定把企业从山上搬下来，在山下建厂房需要大量资金，就先与一家银行商定了一笔贷款。没想到的是，厂房开始建设了，银行却停止放贷了。情况十万火急，徐万茂跑去上海，几经周折，终于从一家国营企业那里借了一笔钱，利息很高，承诺三年之后连本带息一起还。没想到，只过了一年，这家国营企业就由于经营出现问题，提前来催款。尽管双方的合同上，清清楚楚地写明借款期限为三年，徐万茂仍二话没说，想尽一切办法，把钱按人家的要求提前还上了。徐万茂说：“人家一定是遇到了什么困难，既然张口了，我们说什么也得把钱还给人家。”对方拿到钱之后，钦佩地说：“以后凭着徐万茂这三个字，你任何事情我都会帮你。”

正如德鲁克所说，诚信就是忠实于自己的价值观和信仰，面对压力仍能够坚守信念，给予他人应得的荣誉，接受自己所经历的一切。徐万茂此番言行，自然地诠释了德鲁克诚信理论的全部含义。

在华茂的经营管理方面，徐万茂更是创造性地将诚信与生存并列在一起，将诚信视为企业生死线，他提出“诚信是生存之本”，把诚信贯穿到企业经营的每一个角落。华茂还用诚信准则来评价员工的成长性，那些做事情从不“虎头蛇尾”的、说到做到并且坚持到底的员工，同等条件下，会得到优先提拔。

50年来，华茂的银行贷款，从来没有逾期过一天。在宁波金融界，华茂树立起极高的口碑，银行信用等级也是最高评级，贷款通常能够以最快速度达成。

很多无法持续成长的企业，往往死于危急时刻的资金链断裂。华茂在发展过程中，也曾遭遇过突发事件的冲击，但银行从未“袖手旁观”或“落井下石”，彰显出诚信经营对于企业生存与成长的关键意义。

《中庸》曰：“诚者，物之终始，不诚无物，是故君子诚之为贵。”在徐万茂的字典里，诚信不仅仅是指市场经济里的信守合同的游戏规则，也不仅仅是待人接物上的说话算话，徐万茂将其升华成为一种生存哲学和发展哲学，进而用这种诚信哲学指导着后辈、家族以及华茂共同成长。

在华茂创领者持续成长三要素当中的道德体系中，诚信最为关键，失去了诚信的勤奋和俭朴就成了无源之水、无本之木，一个没有诚信的人顶多可以做一个独自安生的孤家寡人，而无法在组织、社会中实现持续成长。

第三章　才能的实践

本章聚焦“华茂创领者持续成长三要素”之“才能”。什么是才能？才能就是实现使命、愿景、目标的能力，才能可以与精神财富、道德财富合作，最终催生出物质财富。才能首先是一种实践活动。在徐万茂的成长实践中，我发现了三大才能特质，统称“三力”：专注力、觉悟力和领导力。

第一节　专注力的实践

专注是一种惊人的力量，高手相逢，最后较量的往往就是谁更专注。而在徐万茂的字典里，专注不仅是一种心态和行为状态，更成了一种系统的工作方式——以市场为靠山的“深入”五法则。

赶集的意义

对于少年徐万茂来说，余姚陆埠老街就是他的商业圣地，让他读到了商业的精髓。

2019年国庆节，徐立勋发了这样一条微信朋友圈：“我爸一直念叨着赶集的地方，10月5号，我特地开车带着我父亲母亲、我姐姐、我夫人跟我家的小家伙，一起去了他念念不忘的这个集市——余姚陆埠老街，还在。”

四明山有丰富的毛竹资源，靠山吃山，竹编是四明山山民的一项基本技能。据相关志书的记载，宋代余姚竹编就渐成规模，至清代已闻名全国，竹编匠人用毛竹编制成各种生活用具和农具，有竹椅、竹床、扫帚、淘箩、饭篮等粗竹竹编，还有笼、箱、篮、筐、席等细竹竹编。

从十二三岁起，徐万茂就开始学习竹编手艺，大约用了一年时间，徐万茂的竹编基本功就练得差不多了。通常，一般初学者学会之后，唯一的想法就是，尽量快、尽量多地照着样品做产品，多做一个，多赚一点钱。

徐万茂不一样，他练好了基本功之后，整天不着家，除了上学，不是待在竹林，就是往余姚陆埠老街的集市跑。正所谓“知之真切笃实处即是行，行之明觉精察处即是知”，徐万茂总是到竹林里研究竹子：多大的竹子最适合做竹椅？什么季节砍的竹子做竹箱最好？哪片区域的竹子最适合做竹席？诸如此类，他总是给自己提出更细、更具体的问题，不仅去问父亲，还去问其他的老师傅，不仅向村里的师傅请教，还向村外的师傅请教，人家看这个后生虚心好学，也都愿意传授经验给他。徐万茂还不满足于此，他会自己泡在竹林里，真正做实地研究，心想：“竹编，竹编，先把竹子搞透才行！”

他到陆埠老街研究市场：每种竹编的顾客都是谁？顾客购买的到底是什么？他们愿意以什么样的价格购买？要买多少？他们为什么要买这家的而不是那家的？为什么有的卖家赚得多，有的赚得少？为什么有的卖家的竹编很快就卖光了，而有的卖了一整天还卖不掉？随着他对市场的观察和体会越来越深入，徐万茂朦朦胧胧地确立了一个影响他一生的商业认知：市场是最重要的，市场是唯一的靠山，而在市场中，最关键的问题是如何满足顾客的需求，这个问题是最实的，不解决这个问题，说的就是空谈，做的就是无用功。

如是观之，尽管徐万茂26岁才真正进入企业，其实早在十几年前就开始持续地磨炼商业才能了，他的商业思维在很小的时候就形成了，那就是“对谁，做什么，怎样做”，而不只是单纯的“怎样做”。

“深入”五法则

在此后企业实践中，徐万茂逐渐形成了以“市场是靠山”为出发点和落脚点的商业思想体系：企业最好的靠山是市场，市场是企业的根本。

徐万茂认为，市场是企业的根本，企业最好的靠山就是市场，而市场有两种：第一种是理论上的市场，它呈现的是概念上的需求；第二种是自己真正“懂”的市场。什么是“懂”？“就是我不但知道这是一种需求，还知道如何让这种需求落地。”他说。

换句话说，第一种市场是投资思维下的市场，第二种市场是产业思维下的市场。华茂用产业思维做企业，就必须真正懂市场，这成为徐万茂的基本的市场逻辑。接下来的问题是，如何懂呢？答案是“深入”。

由此，在“市场是靠山”的思想下，徐万茂形成了自己的“深入”管理哲学，概括起来有以下五条法则。

第一，定位法则。把资源集中在能够发挥自身核心竞争优势的机遇上，做自己真正懂的事儿。你可能暂时还不懂如何做这个产品，但一定要懂这个市场。你懂的市场，对你来说，才是对的市场，选择一个对的市场是一切工作的大前提。

第二，定力法则。在朦胧处入手，并保持定力。也就是说，用产业思维做企业，就要在产业机会朦胧出现时出手，用定力去决胜。“任何事物都有一个从无到有的发展轨迹，刚一开始，这个事物总是朦朦胧胧的。你只有在朦胧阶段就开始介入并持续深入，你在这个过程中探索到的并积累起来的知识（产品、市场、技术等）才可能持续构建出你的优势，帮助你赢得终局的机会才更大。”徐万茂认为，保持定力也绝不是一条道跑到黑，保持定力不是基于战略、战术层面讲的，而是基于使命、目的、方向的层面讲的，需要在既定方向下，不断摸索，不断调整，不断梳理，不断总结，不断克服困难，直到目的实现。

1981年华茂开始做教学具，由此进入教育领域。在不断深入教育的过程中，华茂朦朦胧胧看到了未来的中小学教育市场，而且当时还远远不知道未来要做的是英才教育；到了1998年华茂开始办学，当时同样不知道未来要做英才教育。那现在为什么走向英才教育、走向美堉呢？就是因为从做教学具开始，华茂就给自己的使命做了定位，这个使命就是“帮助孩子更好地成长”，它就像一个高高的灯塔，指引着华茂不断深入地探索，不断调整，不断梳理，不断总结，不断克服困难，最终引导着华茂走上了英才教育之路。

第三，兼顾全局与细节。全局与细节的关系，是互为保证、相互成就、不可偏废的。

2006年，徐万茂把办公室从华茂搬到华茂教育集团，每天早上7点半，他都会准时出现在学校，校园成了他的“第二办公室”。他经常一个人在校园里四处转，有的学生们看到他，会老远地打招呼，他会开心得不得了，然后随机到各个职能部门与大家聊天。

徐万茂说："我是对华茂教育的全局理解得最透彻、最全面的那个人，这个全局需要怎样的细节支撑，最有发言权和检视权的同样是我，我必须深入。我们提出，要建设国际一流校园，那校园就是我们的办公室；要关心学生们的饮食健康，餐厅就是我们的办公室。"

真正深入下去，掌握全局，并兼顾细节，这便是徐万茂"深入"理论的精髓，也是产业思维下的诸多知名企业家共同遵守的法则。《乔布斯传》作者沃尔特·艾萨克森就曾专门为《哈佛商业评论》撰写了一篇文章，题目是"乔布斯领导力十四堂课"，其中就有关于"know both the big picture and the details"（兼顾全局与细节）的内容，文中提到"在设计这些伟大战略的同时，他还在为iMac内部螺丝的颜色和形状绞尽脑汁"。同样的道理，徐万茂在设计英才教育战略的同时，他还在为学校教学楼采用什么质地的外墙砖、实验室设计怎样的灯光组合、配备怎样的学生座椅而冥思苦想。

第四，保持开放，终身学习。

如果不首先抱有开放的态度，如果不能克服自我认知上的偏见，终身学习就会成为空话。

在华茂，徐万茂是终身学习的表率，现在，他用四个主要工具来实现终身学习：一是日记，二是会议，三是书，四是iPad。

徐万茂坚持每天写日记，写日记就是总结经验。禅宗有句话："借来的火点不亮自己的心灵。"经验就是"实践之火"，理论只是别人经验的总结，自己总结出来的经验才是真正最有用的。

在各种场合的会议沟通中，徐万茂对大家提出的各种新观念、新技术、新方法、新工具保持着高度敏感性，他擅于将各种新想法、新知识与自身的经验和知识结合起来，产生新的认知，再分享给大家。

徐万茂非常爱书，每天吃完晚饭，独自回到房间，写完日记，就翻书。他与书打交道的方式很特别，他认为自己不是在读书，而是在翻书，带着目的、带着问题去翻书。

在会议上，徐万茂习惯自己做记录。徐万茂"玩"iPad，比很多80后、90后都熟练，iPad真正吸引他的不是潮流的外观，而是层出不穷的各种功能软件，他喜欢用那些又实用又酷的软件工具，来改善学习和工作的效率和质量。每天晚上，他在家里，吃完饭就进书房，晚上10点多睡觉，早上起得很早。无论身在何方，徐万茂只要想起一点事情，有一点感悟，就会记在iPad上。感觉有必要与部属分享的，无论是洛杉矶的早上四点、宁波的早上四点还是什么地方的早上四点，都会与员工分享。员工的手机响了，八成这是“董事长在敲门”：“我刚刚想了个事，给你发来看看。”这对于华外管理团队来说，也带来了某种“挑战”。

第五，拥抱反对。人要承认自己的经验是有限的，知识理性是有限的，逻辑未必是那么缜密的，每个人都要承认自己时时处于偏见之中，而正如爱因斯坦所说：“要打破人的偏见，比分解一个原子还难。”

如何打破自身的偏见并汇聚团队的知识和智慧呢？徐万茂的秘诀是“拥抱反对”。徐万茂把“反对”变成实现目的的盟军，而不是阻力。他还提出了“拥抱反对四步法”：尊重反对，理解反对，包容反对，利用反对。

“我专注于做事，就没必要想太多面子上的事，我的一生都是从一波又一波的反对声中走过来的，也是从一波又一波的反对声中发展起来的。

“正是反对声，磨炼了我的意志，激发了我不断深入实践和学习的动力。没有反对声，我就少了很多强大的动力。

“你越反对，我越要向你证明我是正确的，越会不断地去学习、研究和探索，我始终认为，是反对成就了我的事业，成就了我的独特。反对有时候会伤害到我，但是我从反对声中得到的更多，所以我常说要善待挫折。反过来想，一个事情，如果人家都说好，那我做这个事情还有意义吗？”

人们都说，江山易改，禀性难移。关于徐万茂的性格，有一种说法，徐万茂的性格只有一点与父亲不同，父亲是“内刚外刚”，徐万茂则是“内刚外柔”。其实，单从性格方面来说，他和父亲别无二致，内外都是很刚烈的，只是全新的社会环境和工作使命，渐渐打磨掉了他的“外刚”，而使其变成了“外柔”，以此帮助他克服自身的偏见、汇聚大家的知识和智慧，共同朝着一个方向去努力，只要方向不变，徐万茂都能够基于现实情况做出适当妥协。

2018年，徐万茂重建了四明山老宅，同年，小孙子出生了。他特地在老宅的池塘里放养了100条锦鲤，随后放养了两只鸭子。鸭子刚入池塘的头几天，锦鲤看见鸭子的脚在水里头划水，以为是吃的，就去咬鸭脚，鸭子虽然受委屈了，但它们没以牙还牙，与锦鲤恶斗一番，而是不当一回事。

几天之后，鱼开始知道鸭子的脚不能吃也不好吃，等着人投喂食物下去，鸭子和鱼便开始共同享用，它们的关系慢慢变得融洽了。徐万茂用这种方式启发后辈，要像池塘里的鸭子那样拥抱反对。

1991 年，巴菲特和比尔·盖茨同时被问到一个问题：你的一生中最宝贵的是什么能力？他们给出了相同的答案——“focus”（专注）。盖茨说，专注是一种能力，它决定了专业能力，决定了效率，还决定了成果。

“深入”五法则实际上是徐万茂发明的一种基于如何实现专注的心智思维流程，徐万茂正是通过以市场为靠山的“深入”五法则，把专注力发展成为一种集专业能力、效率、成果于一体的创领者才能。在工作中，徐万茂式专注力还有“三个不考虑”：不考虑太多功利因素；不考虑太多人际关系因素；不考虑下属责任范围内的事。徐万茂信任下属，充分授权：一方面强调自身要懂市场、懂行业、深入行业、深入企业；另一方面对下属负责的事情很少过问，专注于自己该做的事，进而打造出华茂强大的组织能力和企业核心竞争力。

第二节　觉悟力的实践

“悟”字的本义，是指“能够理解事物本质的心理状态”。关于“悟”的实现机制，《颜氏家训》中就有提到：“潜移暗化，自然似之。”意思是，思维由于不知不觉地受到影响和感染而形成了新的信念，进而导致行为习惯发生了变化。

觉悟力是一种与万事万物互动和觉思、感悟的力量，它贯穿了徐万茂的成长。前文提到过徐万茂夜半起身写的那首24句七言诗《“悟画”人生》，这首诗第一句第一个字就是“悟”字。徐万茂认为，悟出来的东西能成为知识、成为力量、成为信念，成了信念的东西，就会成为思维方式、成为行为、成为习惯。

徐万茂的觉悟力体现在三个方面：个人学习方面的“悟学”；经营人生和企业方面的“悟画”；教子、育才、培养团队方面的“悟教”。

“悟学”

徐万茂只念过6年书，“悟”是他获得知识和智慧的主要方式。他说：“我的人生很简单，没有波澜壮阔的传奇。很多人通过博览群书，通过学习来画自己的人生，我才疏学浅，我的人生没有机会把‘学’放在前面，我是通过悟，把‘悟’字放在最前面，在体验中悟，在感觉中悟。我一辈子都在求得‘自知之明’，一辈子都努力做到有‘自知之明’。”

如何“悟学”呢？徐万茂有四种“悟学”方式：在大自然中悟，在社会生活中悟，在奶奶、父亲等长辈的行为中悟，在古语中悟。

第一，在大自然中悟。比如徐万茂从竹子身上就悟出来很多道理。“当你对某样东西有一定情感的时候，就总会去想它，了解它，理解它，然后就会不断产生新的灵感和新的想法。”徐万茂很小的时候就发现，竹子不是单独生长，而是成片、成林地生长，一大片竹林，经常同属于同一株竹子，每根竹子都通过埋在地下的竹鞭连在了一起，然后竹鞭上又长出竹笋，竹笋又生出了新的竹子，如此这般，从最初的一株开始，竹子用这种方式不断地扩大竹林范围。

徐万茂从中悟到“独木不成林”的道理，他从小就意识到，只有把人团结起来，有足够的力量，才能干大事。除此之外，诸如谦虚、柔韧等这些优良品质，他也是从竹子身上得到启示。

第二，在社会生活中悟。比如打麻将，一副牌，自己是清一色，下家的牌也很大。问题来了，你是只顾自己做清一色而不管下家呢，还是管下家而自己不做清一色呢？“这里头的学问很大，关键是心态问题，如果你贪清一色，其实很容易输，如果你不贪，绕一圈过来，清一色很可能还是你的。”从打麻将中，徐万茂领悟到：不能光顾自己，要顾三家，要舍小家顾大家。

第三，在长辈的行为中去悟。父亲当年非常有威望，在十里八乡都是响当当的一条汉子。徐万茂到现在都认为，父亲在很多方面强于自己。父亲的胸怀不是一般人的胸怀，“文革”时期，一帮人斗他，“文革”结束后，父亲不但不恨这些人，还对这些人都很好，他们来到家里，父亲仍然会以礼相待。父亲的这种举动，让徐万茂从小就体悟到什么叫境界和胸怀。

父亲晚年，一直想去北京天安门看看。当时徐万茂已经做了厂长，经常在全国各地跑，有好几次，徐万茂说自己出费用陪父亲圆北京梦，每次都被父亲拒绝了。直到父亲去世，他也没有圆这个看北京天安门的梦。这听起来有些不合情理，但父亲更多的是考虑这件事带来的影响——儿子做厂长，出差工作的时候，时间和精神就都应该花在“公”的方面，而不应该花在“私”的方面，这让徐万茂更深刻地领悟到什么是“公私分明”。

1993年，父亲在最后的日子极度虚弱，临终前，他想解一次手，家人争着去扶他起身，父亲却不肯，他坚持自己颤颤悠悠地起身去解手。当时家人都在，那个情形所有的人都忘不了，父亲回到床上，人就走了，父亲是用最后的气力为孩子们做出表率：做人要靠自己。

第四，在古语中悟。徐万茂偏爱老人们口口相传的古语。“这些古语之所以能够流传下来，肯定自有道理，没有道理是流传不下来的。”他说。徐万茂会结合自己的经验和实践，去体会这些古语里头的内涵，甚至赋予其新意，使这些古语指导他做决策。

比如，古话说的“人财两旺”，是什么意思呢？“财气跟着人气走，也就是说，要想有财气，先得有人气。如何有人气呢？要通过你的眼光和胆略，你先人一步，做了一件事，人气来了，就是机遇来了。下一步你要把人气变成财气，这一步就要看你的本事了。”

在这个思维流程下，徐万茂还得出一个推论：“能通过数据算出来的项目，往往是夸夸其谈，是假话，肯定不是好项目，好项目是算不出来的。那些能事先算出来还能成功的项目，只是凑巧碰上了机遇，而不是靠智慧捕捉到的机遇。”

“悟画”力

悟是虚的，画是实的。

徐万茂觉得人生就是一幅画，企业也是一幅画，人生与企业一样，要边悟边画。至于能悟到什么程度，画到什么层次，则决定了每个人生和每个企业的不同。

从一家山里生产竹编的村办企业，到生产教学具的集体企业，到生产学具的股份制企业，直到“三三一”战略、“三个三”规划下的华茂，也是徐万茂边悟边画，并带领华茂人努力奋斗的结果，而本书第二、三、四篇，要展现的其实就是华茂人50年是如何边悟边画的旅程。在这里，简单举个例子，徐万茂进入云洲乡竹编工艺品厂之前，跟着父亲赶集、搞副业，实际上是提前进入了市场经济。市场经济中，卖方要跟着需求走，需求、诚信、质量，是市场经济的铁三角，这是徐万茂在赶集过程中边悟边画出来的一个底层思维系统。当时是计划经济时代，企业不用跟着需求走，只需跟着计划走，不需要市场经济的铁三角，因此徐万茂在进入企业之前，通过“悟画”，提前储备了市场思维及知识，进了企业之后，他的每一次关键飞跃，实际上都与铁三角有着紧密的联系。

事实上，铁三角也不是一下子就悟出来的，而是经历了从实践到思想再到实践的反复“悟画”的过程。“如果不从实践中悟到思想，接下来的实践就会缺乏指导；如果不把思想再投入实践，思想就无法继续发展。”徐万茂说。

就这样，铁三角思维系统，最终演化为徐万茂的“企业只有一个靠山”的思想：“企业只有一个靠山，那就是市场，就是人民群众，企业不能做任何违背这个靠山利益的事，企业只要满足这个靠山的利益，就能生存和发展。”

事实上，中国改革开放40多年以来，曾经风光一时，却又铩羽而归的企业不计其数，绝大部分企业的败因皆是失去了市场这个靠山。

总的来说，无论是经营人生还是经营企业，“悟画”的结果最终体现为一种洞察力和创造力，它要求当事人像徐万茂那样——既能埋头苦干，又能抬头看天，还能心有灵犀，在经历长期积累并不断发生化学反应的同时，实现人生和企业的持续成长。

“悟教”

“悟教”，就是我“示范给你看，给你‘交学费’，让你边悟边画，而不是只给你讲道理，或只给你一堆知识，要求你照做”。

“说出只需一秒，做到需要一生”，正因为做到比说到难，无论是培养人才，还是培养徐立勋做接班人，抑或是日常教育子女，徐万茂采取的都是前一种方式，也就是“悟教”方式。

徐万茂对员工的基本假设是，每个人都具有不同方面的潜质，一个员工的自驱力越强，工作的跨度越大，其领悟性就会越强，绩效就会越好。

基于这个基本假设，徐万茂乐于培养人才，为华茂搭建的也是一个高度信任下的、能充分授权的管理体系。培养人才，他从来不耳提面命地传授管理之道，更多的是为下属搭一个立“战功”的平台，让其在“战争”中学习“战争”。徐万茂与下属谈工作，通常也像聊天一样，多是循循善诱式地提几个问题，至于具体做法，你自己去摸索，自己去悟，边悟边画边提高。

身边的人都知道，徐万茂早年唯一的娱乐就是打几圈麻将，其实也是在用打麻将来“悟教”干部。宁波本来就有着浓厚的麻将文化，麻将博物馆就设在宁波著名的天一阁里。在华茂早期，徐万茂把家搬到厂子里，一下班，就支起麻将桌，在大家玩好吃好、酒足饭饱、开心放松的同时，不但培养感情和团队精神，还让大家潜移默化地觉悟到组织意识、整体意识的重要性。从这个角度看，如果要寻找华茂团队高执行力与合作精神的源头，的确要给麻将记上一功。

在对接班人徐立勋以及其他子女的培养上，徐万茂同样采取了“悟教”方式，他只是做给孩子看，不跟他们讲应该怎么做：“只有自己悟出来的东西，才真正是自己的，你悟不出来，我教了也没用。”

第三节　领导力的实践

领导者的起点远在拥有职权之前。青少年时期的徐万茂，在家族中得到了精神的启蒙、道德的熏化以及才能的实践，这使他在26岁正式进入企业组织之前，业已完成极为扎实、深厚的领导力奠基。

什么是领导者？

徐万茂认为，做领导首先要肯吃亏。“我人生悟出来的第一个道理就是吃亏是福，你想要人家尊重你，但你如果占人家便宜，谁来尊重你？”其次，领导者要指出一个正确的方向和愿景，并据此制定出目标，组织、激励大家一起朝这个方向努力，一起去实现目标。

徐万茂说：“做一个企业领导者，就是出思想，用好人。别人能做好的，放手支持别人去做。对那些必须由自己做的事，要把一些简单的道理落实到这件事的方方面面、角角落落，一件一件地去落实，不是一次性的，而是持续性地、永久性地坚持做下去。做一次是不难的，永久性地保持这种思想是非常难的。我感恩祖宗，他们没给我们什么钱物，但给了我们思想上的无形的财富。”

2012年，宁波市委有关部门拟邀请华茂总裁徐立勋担任宁波市创二代联谊会会长，徐立勋收到通知后，心想：“我从未在社会组织里面做过一把手，在学校的时候也没有做过班长，有点吃不准。”徐立勋去问父亲该不该接这个差事。

徐万茂对徐立勋说了三条：第一，如果想得到一些好处和便利，你就不要去当，当老大只有吃亏，只有付出，这与穷富无关；第二，你要想明白，当了会长，就必须担当责任，不能占别人便宜，要保护别人，给别人提供方便和帮助，不然你就没有资格当老大；第三，除非你不答应，你要是答应了，就要把这个事情做好。

想明白了之后，徐立勋接下了这个担子，结果，没用几年工夫，就把这个地方性社团组织做得有声有色，在全国都有了名气。

正如现代管理学之父德鲁克所说，领导者不意味着头衔、特权、职位、金钱，领导者也不首先意味着品质、技能、魅力、影响力，领导者首先意味着责任。

徐立勋之所以出色地履行了会长的使命，核心原因就是他做好了父亲给予他的三条建议——肯吃亏；愿意奉献，承担责任；努力做到最好，从而取得了广泛的信任和拥护。

什么是领导力？

领导力是权力的一种，它是一种软权力，即向他人施加影响的能力。另一种权力是硬权力，即职权，它是赋予某个正式职位的合法权力。卓越创领者的一个共性是，他们持续造就以领导力为核心的权力，并最大化地弱化以职权为核心的权力。

徐万茂说，“权”可以被授予，但“力”要靠自己去利用和构建，“威”要靠自己去树立。如果有“权”没有“力”，自然就没有“威”了，而“力”和“威”需要领导者有智慧和领导艺术。

如何构建领导力呢？德鲁克曾提出过一个“领导力行动纲领”：把一个人的视野提到更高的境界，把一个人的成就提到更高的标准，锤炼其人格，使之超越通常的局限，激发出潜能和自驱力，实现自己以前想都不敢想的那种成就。

1972年，二弟徐万平远赴东北当兵，徐万茂深知弟弟面临的挑战是巨大的，一个土生土长的南方人，去天寒地冻的东北边境去当兵，其艰苦程度是难以想象的。斯时，徐万茂的三个女儿相继出生，母亲得了重病，父亲也上了岁数，徐万茂正处于生活压力最大的时期。但他坚持每个月定期给弟弟写信，鼓励弟弟坚持下去，其中有一封信这样写道：“自从咱们家在‘文革’中受到冲击，政治待遇都没有了，你当兵去了之后，政治待遇好了一点。你要好好工作，家里人的脸上也有光的。你要坚持下去，不能当了三年兵就想着回家，短短三年，干不出什么名堂，做不了多少贡献，要闯就要闯出点儿名堂再回来！”

3年后，与徐万平一起去当兵的40多个同乡中，绝大多数都选择转业回乡，只有徐万平和另一个人坚持了下来。后来徐万平说：“哥哥的目光长远，16年来，他一直在鼓励我坚持，如果我没有坚持，就不会有今天。”

徐万茂与弟弟的上述互动，就是一次标准的德鲁克式领导力的构建过程：首先，徐万茂肯定了弟弟对全家的付出，以此激励弟弟；其次，他帮助弟弟提升成就的标准——把当兵的目的，从通常的“服役”提升到“为军队做出贡献”“为家里争光”的层面上，激发出弟弟的雄心和潜能。结果是，弟弟“实现了自己以前想都不敢想的那种成就”并由此改变了命运。

领导者如何领导？

卓有成效的领导者靠使命、愿景和价值观去领导。其中，使命是一切的根本，愿景把使命转变为真正富有意义的预期结果，价值观是以什么样的方式和行动去实现结果。

具体来说，领导者的核心工作是做好三件事：第一，把人领导到什么方向上，为此要“悟画”出理想的蓝图；第二，为蓝图聚集人才；第三，把“人才”和“机会”正确地匹配起来，能让优秀人才在擅长的领域发挥领导作用，做到人尽其才，“机”尽其用。

2015年6月16日，徐万茂邀请到了日本著名建筑大师伊东丰雄来到华茂堂美术馆，讨论国际图书馆的设计问题。

在了解到华茂教育“为了孩子更好地成长”的使命，“英才教育”的愿景和“因材施教”的价值观之后，伊东丰雄甚是兴奋，进一步问道：“您的教育理念和实践都很有挑战性，那么对于国际图书馆的功能布局，您有什么预设？”

徐万茂说：“我只知道它不是什么，以及它要回答什么：这个图书馆不是传统的图书馆，也不是时下的青少年宫；它只要回答好一个问题——未来的教育需要什么，回答好了，就成功了。您是世界级建筑设计大师，又来自教育发达的日本，我相信您能回答好这些问题。另外，从商业原则来看，就是要人气旺，人气旺了，财气就会旺！”

谈话结束之后，徐万茂和伊东丰雄成了非常知心的朋友。伊东丰雄说：我们的很多理念都是相通的，包括教育理念、艺术理念、做事的一些理念等，他非常尊重和信任设计师，这是我在中国接的第一个项目，我非常看重这个项目，我会全力以赴把这个项目做好。

近年来围绕着东钱湖教育论坛的筹建，一大批世界级艺术大师、教育大师、建筑大师以及各界知名人士集结在徐万茂的身边，他们当中，有葡萄牙建筑大师阿尔瓦罗·西扎、日本建筑大师坂本一成、麻省理工学院建筑系主任张永和，以及伊东丰雄和王澍，等等。“我对他们讲，我创造一个平台让你们来发挥，他们很激动，他们的确是冲着东钱湖教育论坛来的。以前我们是不熟悉的，现在我们彼此非常信任，大家语言不通，但追求是一致的，在精神上形成了一种默契。”徐万茂说。

为什么这么多的国际级大师愿意团结在一个只读了6年书的70多岁的老人身边？因为徐万茂没有把自己定位为一个单纯的雇主，他把自己首先定位为英才教育使命的责任人，尽管徐万茂说普通话都需要一个助手做翻译，但完全不妨碍大师们被他的责任精神、和合精神、淡泊精神所感染，被他的诚信和勤俭所折服，被他的领导力所激发，这正是领导力的精髓。

在华茂创领者持续成长三要素的才能体系中，领导力也最为关键，它可以整合其他才能共同聚焦于目标，它是精神与道德的外化，它的发展也会反哺精神、道德以及其他才能的成长，无往不复地实现一个人的持续成长。

结 语

为什么在解读华茂追求成长之前，我要花了这么大笔墨来解读华茂创始人徐万茂的成长？

通常而言，有三个核心因素直接影响公司的经营状况：第一，做什么——也就是战略；第二，怎样做——也就是机制；第三，战略贯彻到什么程度——也就是运营。而企业文化决定了“战略贯彻到什么程度”。在上述三个核心因素中，战略最容易趋同，机制次之，只有企业文化真正决定了企业的与众不同，区别了企业的成长能力、成长质量以及寿命的长短。

接下来的问题是，又是什么决定了企业文化呢？是创始人的精神、道德以及由此衍生出的价值观决定了企业文化。创始人的精神、道德又是从哪儿来的？主要是从原生态家庭而来。尤其对于家族企业来说，家族文化是企业文化的总根源，这意味着家族文化在代际的有效传承，决定了企业文化的生生不息，进而决定了企业的生命力。

这就是我不惜笔墨、努力探索徐万茂早年成长历程并从中提炼出“华茂创领者持续成长三要素”的根本原因，因为华茂持续成长的基因就是从“三要素”里头慢慢孕育出来的。

任正非说，资源是会枯竭的，唯有文化生生不息。

徐氏族谱是家族文化的承载，但徐氏族谱在“文革”期间遗失，长孙徐钰程出生之后，徐万茂花了十几年时间复原族谱，现在已经复原到了十代以前。每复原一段，他都会兴冲冲给孙子讲一段。不知不觉，徐钰程如今已上了大学。这么多年，除了在国外的时间，他都会跟爷爷在一起，他时时能感受到爷爷把家族精神、道德以及教育事业世代相传的强烈愿望。“我想爷爷最大的期待就是让徐氏家族成为中国大家族的典范。”徐钰程说。

2020年秋季一个周末的早晨，徐家四明山老宅，早已是百亿级富豪的徐万茂，习惯性地打开窗帘向下望，然后目光停留在池塘里的那对野鸭子身上，看着它们悠闲自在地游动，徐万茂的脸上微微露出一丝轻松的笑意。

辜鸿铭在《中国人的精神》中曾这样写道："中国人最美妙的特质是：作为一个有悠久历史的民族，它既有成年人的智慧，又能够过着孩子般的生活——一种心灵的生活。"这正是徐万茂先生当下状态的写照。

少顷，他突然想到一个问题："我比奶奶、父亲更富有、更有能力吗？"

这是一个深刻的问题，从这个问题出发，他的大脑迅速地做出如下演算：

"我一生当中谁来教我啊？我主要靠悟，悟出上一代是怎么做人做事的，又是怎么将其传承给下一代的。

"上一代给我的是精神，给我的是榜样，我要在这个层面去悟出为人处世和如何做事的道理。不要觉得上一代很穷，没有钱，我现在钱多了，就是超过他们了。错了，是时代不一样了，父亲如果生活在今天的时代，会做得比我还要好。

"父亲是出类拔萃的，如果用钱、用事业来衡量，我现在的确超过他太多了，那在精神上呢？父亲他们在那么贫穷的家境下，还能坚守祖训，以身作则，弘扬家风并贡献社会，很多事情看起来是平常小事，实际上是伟大壮举，我只有自叹惭愧。"

徐万茂最后斩钉截铁地说道："他们留给我的是巨大的精神财富，精神财富在好的时代就可以创造出物质财富，我不过是赶上了创造物质财富的时代而已！"

很显然，徐万茂把精神财富和物质财富看作一个整体，并揭示出了二者的因果联系，这种认知方式可以帮助我们从更高的维度去理解华茂究竟从何而来、华茂在持续成长的过程中最需要继承的应该是什么以及该如何继承。

第二篇

职场菜鸟如何炼成企业家

追求成长：华茂长期主义方法论

本篇的目的是探索华茂创业期的成长法则，本篇包括第四章“从菜鸟到厂长：三条成长法则”和第五章“从厂长到企业家：必须翻越的三座大山”。

第四章解读了徐万茂自身如何从职场菜鸟成长为厂长，回答了两个问题：一个普通员工需要建立怎样的思维方式和行为方式，才可以最终成为主导组织命运的那个人？一个能够成长起来的企业需要提拔怎样的员工？

第五章用来解读徐万茂如何领导华茂第一次转型，可以告诉我们，企业持续成长的首要条件是企业家精神。之所以绝大部分企业无法持续成长，首要原因是领导者丧失了企业家精神，或者企业选择了一位缺乏企业家精神的领导者。

第四章　从菜鸟到厂长：三条成长法则

1971年，中美关系解冻，中国恢复了联合国常任理事国地位，美国总统尼克松于1972年主动访华之后，英国、加拿大、日本、澳大利亚、意大利、新西兰、德国等40多个西方国家纷纷和中国建立了外交关系，中国彻底打破了西方的经济技术封锁。此时，距中国推行改革开放政策还有7年，国民经济仍然处于“文革”带来的阵痛当中，但商业机遇的大门正在徐徐拉开。

1971年6月，华茂的前身——云洲乡竹编工艺品厂（以下简称竹编厂）诞生了，这是一家由云洲公社兴办的、以自负盈亏和平均分配为核心特征的村办企业，历史上将这种集体所有制形式的企业称为“社队企业”，它们是乡镇企业的前身。竹编厂依托当地资源优势，生产竹编工艺品，既做内销业务，也有资格面向宁波市鄞县进出口公司承接出口订单，为国家换取宝贵的外汇。竹编厂总厂设在海拔位置比马联村低几十米的上兆坑村，云洲公社下面的各个生产大队都设有竹编厂分厂。

机会眷顾那些做好了准备的人。竹编厂急需手艺好的人，徐万茂不但手艺好，还会赶集做竹编生意。1971年，26岁的徐万茂进入竹编厂马联分厂担任设计员，试用期一年。自此，徐万茂从一名菜鸟起步，开启了具有全新意义的成长——在企业组织中的成长。到1978年被任命为厂长，徐万茂只用了7年时间。

纵观全程，有三条成长法则贯穿始终。

第一节　外部思维法则

外部思维就是以外部需要为导向的工作思维，外部思维不是首先想到“我要做什么”和“我想做什么”，而是首先想到“需要我做什么”和“我应该做什么”。外部思维有两个层次：第一个层次，是基于“企业外部”的外部思维；第二个层次，是基于“企业内部”的外部思维。

基于企业外部的外部思维

从成长的角度来看，企业是一个以外部为导向的、向顾客提供满意商品的组织体系，资源和顾客都在企业外部。而“企业存在的唯一目的就是创造顾客”（德鲁克语）。

问题是，科层体制下的企业，一些非营销类的职能部门越来越“内部导向化”，导致这些部门的员工在思维和行动上离顾客越来越远。

徐万茂进入竹编厂担任设计员，那个年代的设计员，通常是关起门来搞设计。有的设计员是“什么难，我设计什么”，有的设计员是“领导让我设计什么，我就设计什么”，也有的是“市场流行什么，我就跟风设计什么”。总之，设计员就是只须为设计负责，不用为销路负责的人。

对此，德鲁克有一个著名的发问：键盘供应商日思夜想的应该是采购经理还是弹奏者？他给出的答案——应该是弹奏者，而不该是钢琴厂的采购经理。当时竹编厂的外销业务类似于键盘供应商。从流程上看，竹编厂只需要按照县进出口公司的想法和要求做好产品，交给县进出口公司去卖，不需要操心产品最终卖给谁，更不用去研究顾客喜欢的到底是什么。

徐万茂当时没有条件读德鲁克的书，思想却是与德鲁克一致的。十余年的赶集生涯让他深刻地体悟到外部导向的重要性。他认为业务员与设计员不应该分家，要为了“卖得出去”并且“能赚得到钱”而设计，不能关起门来按自己的喜好或者模仿别人搞设计。

当时徐万茂的长辈们都上了年纪，三个女儿的相继降生，更加重了他和妻子的生活压力。相对于之前的赶集做副业，他现在做设计员了，本可以顺理成章地多花些时间照顾家人，但他没有这样做，家庭的重担由妻子一个人担了起来。徐万茂抱着“只要决定做，就要做出名堂”的信念，全力以赴地投入工作中。进厂之后，他花在外面的时间比之前赶集花的还多，目的是广泛地了解市场真正需要什么。他经常不着家，不但做设计，还兼任业务员，连续设计出了多款销路大开的产品。这引起了领导的注意，不到一年他就被调往总厂，不到一年就顺利转正了。

事实上，外部思维的建立并非讲起来这么容易，要想把外部思维最终落实为成果，需要很多硬功夫来支撑。徐万茂不仅脚勤、手勤、嘴勤、心勤，还非常谦虚，非常擅长与别人打交道，这使得他能够更敏锐地感知、洞察到那些已经发生但还不是很明显的市场信号。而上述每一项“硬功夫”，徐万茂已经在进厂之前完成了磨炼。也就是说，虽然从资历来看，试用期的徐万茂只是个菜鸟，但从思想意识、社会心理、技能上看，他已经不是菜鸟了，在家里、在生产队、在余姚赶集的路上，他已经把自己从内到外地磨炼成了一只“雏鹰”。

基于企业内部的外部思维

“基于企业内部的外部思维”是与企业内部的“部门本位”相对而言的。在传统科层体制的组织体系下，有一种潜规则：一个菜鸟能迅速地得到重用，首要的条件，要么有关系，要么会搞关系，要八面玲珑，既能讨上司喜欢，还要谁都不得罪。

徐万茂不这样想，他从不去乡里、社里跑关系，除了跑市场、跑销路、跑进出口公司，就是与总厂、分厂的同事们打成一片。徐万茂与同事相处，不是特意地去讨好谁，他就是乐于助人，同时对自己要求严格。他把“四不一靠”的家规很自然地延伸到组织场景当中，不撒谎，不欺辱弱小，不吵架，不占他人和公家的便宜，担当责任，说到做到。没过多久，徐万茂就与同事们建立起非常畅通的沟通与合作的关系。诸如哪个分厂能做什么，擅长做什么，能做多快，有多少技术能手，都是谁，性格是怎样的……这些情况，徐万茂都做到了心中有数。

徐万茂当时只是一个设计员兼业务员而已，为什么要了解这些？因为他没有把设计工作作为一项单独的工作来看待，他认为分工是为了更好地合作，他追求的是把设计融入其他所有工作环节当中。在这个思维流程下，只有真正了解到整体的情况，才能更好地做出设计，这就是徐万茂的基于企业内部的外部思维。它帮助徐万茂首先在自我意识上打破了部门本位主义的限制，为高质量、高效率的创新创造了条件。

第二节 创新思维法则

创新思维就是以创造新价值为导向的思维。经济学家约瑟夫·熊彼特在《经济发展理论》中将“创新”定义为“创新者将资源以不同的方式进行组合之后创造出新的价值”，德鲁克给“创新”下的定义更为简单，他认为创新是“一切产生新的经济成果的行为的总称”。熊彼特与德鲁克对创新的本质具有相同的认知，即创新就是创造出新的价值。

徐万茂在早期的赶集实践中，就悟出了这些道理，并且慢慢养成了一种以创造新价值为导向的思维方式和行动方式。

竹编厂起步期，国内市场消费水平极低，对于竹制工艺品的需求，只限于日常生活中的功能型产品，比如针线盒、手提篮等，而四明山竹林区的家家户户，世世代代吃这碗饭，主要依靠祖传手艺，产品大同小异，卖不上价钱，利润也不高。

相比于内需市场，徐万茂更看中县进出口公司手里的海外市场，外国人购买的首先是“中国特色”和“中国手艺”，其次才是功能，他们愿意出更高的价格。但当时的惯例是，县进出口公司提供样品，除了竹编厂之外，还有两家竹编厂一起竞争，哪家价格低，订单就给谁，这导致工厂的利润也很低，而利润低，工厂就无法得到发展。

徐万茂心想，只有做出别人没有的、外国人又喜欢又愿意掏钱购买的新产品，这个生意才能越做越好。他更加频繁地往县进出口公司跑，只要看到有关外国人日常生活的资料，就想方设法借回来仔细阅读。

有一次，他在一篇文章中读到，外国男人普遍喜欢鹰，外国女人普遍喜欢小动物，这个信息令他脑洞大开。他灵机一动，有了主意，他要为外国男人设计一款展翅欲飞的雄鹰摆件，为外国女人设计一款食品盒，盒盖儿上面是一只母鸡带领一群小鸡在觅食。徐万茂仔细查阅了县进出口公司的产品目录，还没有相同设计的产品！于是他画了张草图，给县进出口公司的人看，对方看了一眼，不以为意地说：“这么复杂的东西，你们能做出来吗？”徐万茂一听，心里反倒有底了：“只有难的事，才有机会！”

他立马在厂子里找了几位各方面的技术能手，包括擅长选材的、擅长配料的、擅长着色的、擅长工艺开发的，徐万茂则专注于制作流程和工艺标准的开发。短短两周时间，样品出来了，这可是市场上从未见过的竹编工艺产品啊！徐万茂马不停蹄又心怀忐忑地把它们交给了县进出口公司，连他自己都没想到，两个月后，订单就来了：雄鹰摆件3万件，鸡母亲食品盒3万件。采购量飙升了数倍，价格也有了大幅提升！

世界上有两种创新：第一种是改善，追求把现有的事情做得更好；第二种是革新，追求做出不同以往的，又能成为爆款的东西。企业要想永续经营，从根本上要靠革新，持续地、阶段性地做出特色产品。雄鹰摆件和鸡母亲食品盒，让徐万茂和同事们第一次品尝到了特色创新带来的巨大回报。大订单的消息迅速传遍了整个鄞县的竹编圈，人们都知道竹编厂出了一个叫徐万茂的设计高手，为企业赚了一大笔钱。

徐万茂是一个特别擅于总结经验的人，他始终强调的“悟学”，实质就是不断实践、不断总结、不断思考——直到产生智慧升华的一种学习方式。从这次创新实践中，他悟出了两条创新法则：第一，创新是从顾客中来，再回到顾客中去，再好的想法，再妙的手艺，再漂亮的样品，如果脱离顾客，或者不能落实为顾客的订单，都不是创新；第二，创新需要协作，不仅是企业内部的协作，还涉及内外部整个价值体系的协作。

第三节　诚信思维法则

如果说商业只有一条顶级法则，那就是“诚信”。对于徐万茂来说，诚信作为一个基本道德，承传于祖训，在日常生活和社会活动中实践。进入企业之后，他又将自己对于诚信的实践贯穿到一切企业行为当中，其深度与高度远超日常生活中人们对于诚信的理解，具体包括两个方面：“做什么”以及“怎么做”。

首先是“做什么”。要选择自己熟悉的、具有优势的事情去做，如果选择不熟悉、不具有优势的事情，就很难把诚信原则贯彻始终。这要求一个人在选择做一件事之前，必须先想清楚自己能做什么、不能做什么，做好自己的定位。他后来总结道：“我这一辈子都在求得一个自知之明。”可见，徐万茂对于定位思想的理解是与诚信这条顶级商业法则紧密关联的。

其次是“怎么做”。诚信不仅仅体现为契约精神，还包括三个方向上的“说到做到”：第一，对顾客说到做到，用以确保保质保量地做好产品；第二，对同事说到做到，用以建立企业内部的信誉，面对压力和困难，要能够坚守信念，得到同事的帮助，要懂得给予他人应得的荣誉，面对失败，要学会接受所经历的一切；第三，对合作伙伴以及其他利益相关者说到做到，意味着建立企业外部的信誉。“不能耍小聪明，只要糊弄人家一次，也许就会失去在商场上做大事的机遇。”

徐万茂去竹编厂工作，根本原因是他对竹编生意从头到尾都很熟悉，只有具备这个优势，进入企业之后，在与各个方向的合作中，徐万茂才有贯彻诚信原则的“本钱”。他后来总结道：“一个人在企业中实现成长，必须取得成果，要想取得成果，最关键的是信誉，有了信誉，才能实现好的合作，实现好的合作才能产出好的成果。”

个人如何在组织当中构建信誉呢？往往需要经历相信、信任、信赖三个阶段。徐万茂刚刚加入竹编厂时，尽管已经有了十多年的竹编经验，但这也只能说明他未来或许能够做出成绩。

接下来，从相信到信任，这中间其实有很长的距离，需要他一件又一件地把事情做成，当成果累积到一定程度时，领导、同事以及外部合作伙伴对他的信任才会形成，然后领导才愿意把更有挑战的事情交给他，同事才更愿意和他一起合作，外部合作伙伴也才更愿意把订单交给他做。

再接下来，从信任到信赖，又是一次伟大的飞跃。如果说信任是“把这件事交给你，领导放心”，那么信赖则进入了更高层面的合作阶段：你要做的事，领导愿意支持你，因为相信你能做成。从创新的角度来说，徐万茂进入竹编厂初期，先做改善类创新，一个一个地做成，累积各个方向的信任，信任达到一定的程度之后，信赖便形成了。这时，当徐万茂想到雄鹰摆件、鸡母亲食品盒的设计时，领导才愿意放手让他干，县进出口公司才愿意给他机会，随后找来的各个工种的技术高手才愿意毫无保留地与他合作，只有这样，才可以做出不同以往的创新。反过来讲，假如徐万茂没有持续地、一如既往地累积自己的信誉，就不能与各个方面的合作者建立起信赖关系，像雄鹰摆件、鸡母亲食品盒这样的优质创意，又怎能最终落实为巨大的创新成果呢？一定是不能的。创新尤其是特色化创新之所以难，就因为它是整个合作体系密切合作的结果，只有达成密切合作，才能最大化地分散、规避创新风险，降低创新成本，最大限度地创造出新价值。

经雄鹰摆件、鸡母亲食品盒一战成名之后，领导、同事对徐万茂更加信赖。大家都知道，徐万茂说过的话、要做的事，从来不打折扣，于是哪儿有问题，就让他去哪儿。几年下来，徐万茂几乎干遍了所有岗位。与之相伴的是，竹编厂的经营蒸蒸日上，在与鄞县另外两家竹编厂的竞争中遥遥领先。尽管为竹编厂做的贡献有目共睹，但徐万茂从里到外没有滋生一丝傲气，赢得了广泛认同。

桃李不言，下自成蹊。转瞬间五年过去。1976年春季的一个上午，鄞县进出口公司的一位领导突然来竹编厂找徐万茂谈话，说县进出口公司有意向乡里推举徐万茂做竹编厂厂长，先征求一下他个人的意见。徐万茂当时还只是一个业务员，一下子被上面点名当厂长，这简直是天大的好事啊，但徐万茂却冷静地对这位领导说："我不能做主，要回家问问父亲的意见。"

徐万茂担忧的是："'文革'期间我们全家被打倒过，我自己还不是党员，与乡里、镇里的干部们也不熟，厂长的担子未必担得起来。"当晚，徐万茂把这件事告诉了父亲，父亲想了片刻，说："做业务员也一样能做事。"次日一早，徐万茂把父亲的意思反馈给了鄞县进出口公司的那位领导，理由很简单："自身条件不成熟。"

本以为这件事就这么过去了，没想到几天之后，这位领导突然直接来到徐万茂家里，请求徐根甫支持儿子当这个厂长。双方推心置腹、入情入理地交流了一番之后，徐根甫说："万茂对进出口贸易还是不太懂的，这个担子还是太重了，但既然你这么信任他，那就给他一些时间，帮助他提升一下自己，再担这个担子也不迟。"就这样，在接下来两年中，徐万茂成为重点培养干部，入了党，提了干，1978年春季，正式被任命为竹编厂厂长。

徐万茂后来总结道："我的一生中，有两件改变了命运的事，一件是娶了我太太，一件是做了竹编厂厂长，这两件事都是稀里糊涂地就来了，我讲不清楚它们为什么来。我太太各方面条件比我好得多，但缘分这事躲也躲不开。做这个厂长也是，当时很多人都在争这个位置，我推也推不掉。既然推不掉，那就要担起责任。我和太太这辈子都没红过脸，华茂是有限责任公司，但徐氏家族对华茂要承担的是无限责任。"

新官上任一把火

早起的鸟儿有食吃。在距中共十一届三中全会宣布中国实施改革开放政策还有2个月零13天的时候，四明山发生了一件大事。

1978年10月5日，天刚蒙蒙亮，竹编厂总厂厂区后勤部的小李奉命在大门口拉起了一张横幅，上面用仿宋体写着10个大字——“讲信誉、保质量誓师大会”，小李也不知道徐万茂到底要干什么。大院里，另一组工友正在从仓库里用手推车一车一车地往外拉货，卸在厂区大院中间，一会儿工夫，就堆起了一座一人多高的“小山包”。

从上午9点开始，陆陆续续地人多了起来，到了10点，整个厂区大院密密麻麻地围挤了两三百个人，有外商客户代表、鄞县进出口公司领导、竹编厂全体员工，还有来自竹编厂外围加工户的篾匠，再加上一些来看热闹的群众。

话说徐万茂甫一上任，正赶上春季广交会，便带上几个精兵强将南下参会去了，结果没几天工夫，竟然签下了一个破全国竹编单件出口量纪录的大订单——120万只竹编海棠果香料罐，价值88万元！

接下来的挑战是如何按期交付产品。当时整个竹编厂不到60人，按照当时的政策，工厂不能自主招工，那么按照年底交货期推算，即便全员上阵，每人每天至少要完成100个，这意味着一个人不吃不睡，24小时当72小时用，都无法做到。恶补一下常识，竹编工艺品的整套工序，一无流水线，二无标准模具，剖竹，劈篾，编制，从头到尾，都是纯手工活儿。

有问题不可怕，可怕的是惰于创新。惰于创新的人有一个通病，就是总觉得客观条件不足。徐万茂给自己立了三条规矩：第一，勇于从主观上找原因；第二，善于从问题和困难中找答案；第三，敢于在逆境之中找机遇。

徐万茂之所以敢接下这个“天量订单”，靠的就是这三条规矩！生产用工严重不足，怎么办？他想出一个办法，用现在的话讲，就是“实现新的组织形式和管理模式”。他从小在四明山的竹林里长大，知道在这个庞大的山区里，生活着难以计数的靠竹编吃饭的能工巧匠，如果发明一种新的机制，把他们组织起来，既让他们多了一份收入，又解决了竹编厂用工不足的问题，岂不是一举两得？

这就是华茂“外围加工厂”的起源，当时还叫“外围加工户”。竹编厂对他们进行统一培训，规划统一生产流程，按统一标准验收产品，就这样，通过组织模式的创新，四明山竹编的生产力被迅速动员起来。看起来，这次签下的120万只竹编海棠果香料罐订单有望按期交货！

到了9月下旬，已经有过半的产品验收入库，但此时徐万茂却发现，有价值10万元的产品不符合标准，它们绝大部分来自外围加工户。这些加工厂为了多赚点儿，“萝卜快了不洗泥”，他们的动作变了形，导致产品质量出现了瑕疵。如何处置不合格产品呢？通常有两种办法，降价或者蒙混过关。

这两种办法徐万茂一个都不想要，这是一个艰难的决定，他想了一整夜：“我们不能等到客户验收不合格才改正我们的错误，等到那个时候就晚了，就会给客户留下质量不过关、做生意不诚信的印象，我们只有自律，只有靠提前发现问题、提前主动改正，才能求得未来的生存机会！”想到此，徐万茂下了决心，他要采取第三种办法。

这便有了大家齐聚厂区大院的这一幕。徐万茂是一个内刚外柔的性格，平常与人相处时，总是“和若春风”，极少发脾气，但此时大家看到却是一个“肃若秋霜”的厂长。大约10时许，徐万茂开门见山地高声说道：“我们讲的是信誉，靠的是质量，你们说这批不合格产品怎么办？”

现场鸦雀无声。人们暗自思忖：这可是10万元的货啊，如果彻底损失了，意味着这个大订单不但没钱赚，还要赔上一年的人力成本，竹编厂能吃得消吗？

徐万茂稍微顿了一下，继续说道：“今天请大家来，就是要一起烧掉这些不合格产品，损失的钱，不要大家赔，由厂里出钱来贴。这把火为什么而烧？第一，这虽然是一个小产品，但背后贴的是‘中华人民共和国制造’的标签，我们是为维护国家声誉而烧！第二，做生意靠的就是诚信，没有了诚信，就是自断生路，我们是为了企业的诚信而烧！我们只是一家小小的集体企业，但我们也愿意拼上身家性命，我们拼的是做人的信誉，我们搏的是堂堂正正的商业人格！现在距交货期还有两个月了，我相信，大家一定会保质、保量、按时地把合格产品赶出来！”

随后，徐万茂亲手点燃了眼前的这座“小山包”，大院鸦雀无声，每个人都在安静地注视着那一个个精美的海棠果香料罐在火焰中燃烧，听着它们发出噼啪噼啪的声响。对于竹编厂员工及外围加工户来说，他们仿佛正在进行一次关于某种信念的洗礼；对于外商代表、县进出口公司的领导来说，又仿佛是竹编厂全体人员面向他们进行的某种宣誓。多么昂贵的洗礼与宣誓！要知道，10万元在当时是什么概念，当时整个中国还没有“万元户”这个词，工人月工资28元左右，国家公职人员月工资20元左右，北京一套四合院的价格只有5000元，而整整7年之后震动全中国的青岛海尔冰箱厂厂长张瑞敏砸冰箱事件，损失的货值也仅仅只有6万元。

这把火烧完了之后，很多人是担心的，一下子亏了这么多钱，这家自负盈亏的小工厂还能干下去吗？这是很自然的想法，山民们祖祖辈辈干竹编，谁也没经历过这样的事。

这种将信将疑的日子没过多久，神奇的事情就发生了，神奇到连徐万茂自己都想不到，一张更大的海外订单“飞”来了，500万元的订单！紧接着，日本的订单来了，英国的订单来了，澳大利亚等几十个国家和地区的订单相继而来。

这一年，竹编厂员工的心情经历了过山车式的大起大落，从创纪录的88万元订单带来的“喜”，到一把火烧掉“10万元不合格产品”带来的“悲”，再到500万元超大订单带来的“大喜”，这个从喜到悲又从悲到大喜的过程，让竹编厂全体员工深刻悟到了一个道理：诚信是企业生存之本，坚持诚信可能要付出很多代价，但却是值得的。

此后，诚信至上、质量第一的观念，就像刻在全体员工及外围加工户的脑子里一样牢固，观念改变了，言语改变了，行为改变了，习惯改变了，整个工厂的文化得以焕然一新，竹编厂出现了本质上的变化，开始朝着以契约精神和诚信文化为基础的现代企业方向快速地发展了起来。

诚信是领导力的基石。对于徐万茂来说，新官上任的第一把火，为他烧出了“威”，烧出了“信”，烧出来了一个响亮的品牌。中国有句俗话，“早起的鸟儿有食吃”，这句话对于华茂的成长而言，还有更深一层意义，那就是在中国正式实施改革开放政策的前夜，华茂已经提前融入现代经济的基础规则当中。

多年之后，徐万茂在一篇题为“传承百年华茂：敢问路在何方”的讲话中谈及此事，这样总结道：“生意并没有那么好做，尤其是生意场上的外商，他们已经有成熟的商业运作规矩和潜规则，也有居高临下的挑剔目光和怀疑态度，而我们初涉人家经营多年的领地，绝对是弱势群体。从一个山沟小天地，一下闯入陌生的大世界，面临的一切都是全新的问题。我们凭什么把生意做下去？想到的只有一条，那就是‘诚信’的祖训。”

总的来说，在徐万茂从菜鸟到厂长的三条成长法则中，首先，诚信法则最为关键。如果不能坚守诚信，外部思维就成了无源之水、无本之木，创新也就无从谈起。现代社会是一个“有机团结”的社会，信任他人和被他人信任决定了商业运作的效能和效率，由于坚持诚信而具有良好声誉的人或企业，更容易从社会、合作伙伴和他人那里得到助力，从而持续获得成长。

其次，三条成长法则具有“一体两面”的属性：一方面，需要员工愿意用三条成长思维法则来提升自己的思想和绩效；另一方面，领导也要接受、认同并激励员工这样做，只有这样，才能最终落实员工的成长和企业的成长。

徐万茂从菜鸟到厂长的每一步成长过程，其实也是不断被领导选拔和重用的过程，如果领导不接受、不认同他这样做，就不会给他机会，他也就成长不起来。徐万茂最终当上了厂长，是由鄞县进出口公司的领导主导的，这个决定最终成就了竹编厂，这也说明了一个能够持续成长的企业需要提拔怎样的员工。

第五章　从厂长到企业家：必须翻越的三座大山

厂长是负责生产和运营的人，企业家则是冒险事业的经营者或组织者。华茂持续成长50年，首要的因素是徐万茂从厂长“进化”成了企业家。这个过程，本质上是一个通过自我超越最终带动企业完成超越的过程。而对于企业领导者而言，自我超越远比超越市场、超越竞争的难度大得多。而放弃自我超越或者自我超越失败，正是导致绝大多数企业不能够持续成长的首要原因。

从1981年至1991年，是华茂实施第一次转型的10年，徐万茂通过翻越使命、责任、价值三座大山，成功实现了自我超越，进而领导华茂完成了第一次转型，最终带领华茂走出大山，彻底打开了企业未来的成长空间。

第一节　使命的超越

使命明确了“企业为谁做出什么贡献”，它是领导者的“领导”，是引领企业走向未来的指路明灯。企业的使命并非——也不可能——一成不变，当企业家洞察到“正在发生的未来”的时候，就应敢于超越现有使命的限制，实现对新使命的追求，而新使命往往意味着企业要展开“从0到1”式的革新，即集技术、价值、系统于一体的“三位一体式的创新”。

“我们的事业将会是什么？”

1977年之前是竹编厂的创业阶段，当时国家处于计划经济时期，竹编厂的使命可以被概括为“生产自救并为国家创造外汇”，还不是“为哪些顾客做出怎样的贡献”的市场层面的使命。

1978年徐万茂“火烧竹编”之后，竹编厂声誉鹊起，在中国改革开放和乡镇企业步入黄金发展期的大浪潮烘托下，竹编厂迅速打开了国际市场。到1981年，短短几年工夫，竹编厂带领周边绝大部分山民告别了苦日子，使他们的腰包渐渐地鼓了起来。竹编厂职工每月可以拿到三四十元的工资，五六元的奖金，已经接近当时上海工人的平均工资水平。

在经营红火的背后，徐万茂却意识到了竹编厂未来的发展瓶颈。首先，竹编工艺品是一项纯手工业务，企业未来的发展，将越来越受到工匠数量的制约，工匠不足，质量就难以保证。虽然徐万茂通过外围加工户的组织模式把上兆坑村周边地区的竹编工匠资源越来越多地动员起来了，可大山里的工匠资源终究是有限的。其次，存量的工匠资源逐渐老龄化之后，难道要鼓励他们的子子孙孙还在大山里做竹编吗？这是不可能的，竹编手艺往往通过家传获得，学习周期长而且艰苦，需要相当长的经验积累才能达到一定水平。徐万茂想起父亲跟他说过的一句话："山里的生活太艰苦了，山里的孩子要想走出大山，只有靠读书，读书才能改变命运。"

此时，一个大大的问号浮现在他的脑海里——我们的事业将会是什么呢？其实这是一个著名的问题，在西方商界，它被称为"德鲁克之问"。徐万茂意识到，他需要为竹编厂创建一个新的发展方向，以此回答这个问题。事实上，单从厂长的职责来看，他并不是非得考虑这个问题，这并非他的职责：首先，竹编厂是公社兴办的集体所有制企业，厂长不必为企业的未来担当职责；其次，竹编厂在利益分配上的主导原则是平均分配，企业赚多赚少，对个人收益的影响不是很大，厂长与普通工人的工资都差不多。那么为什么徐万茂在竹编厂刚刚进入产销两旺的时候就开始为更远的未来而冥思苦想呢？根本原因就是他的意识已经开始从厂长意识向企业家意识进化了，而没有企业家精神的厂长，在责任和动力机制不匹配的情况下，专心把眼前的事情做好，一样可以被当作好厂长。

徐万茂之所以能够使意识实现从厂长意识到企业家意识的进化，关键原因是他在内心深处解决了责任和动力的问题。打小得到的三大精神启蒙，他在做事的时候，有一种天然的内在担当和自驱力，有一种"向前一步是幸福"的进取心，敢于超越现有职责去担当责任，既关心眼下打出粮食，又能着眼于为未来播下种子。

这可以解释为什么华茂的一位高级职业经理人会对徐万茂做这样一个评价："老徐总这种人很少有，当华茂还是集体所有制企业的时候，他是'公事私做'，像经营自家企业一样经营华茂，不计较个人得失。当华茂后来改制为以徐万茂为代表的徐氏家族控股的企业集团以后，他又是‘私事公做’，把华茂当成了一项社会事业来做，全方位地担当社会责任。”正是这种“公事私做”的心智流程，驱动着徐万茂在1980年年底的时候，就开始为创建竹编厂的新使命而左思右想。

帮助孩子更好地成长

徐万茂说过，自己的人生和事业就是“边悟边画”出来的——有了想法，就求得觉悟，有了觉悟，就要付诸“笔画”（行动），一笔一笔地画下去，直到下一个想法出现。

1980年深秋的一天，徐万茂突然想到小时候父亲曾教过他做竹蜻蜓，只须准备好竹片和铅笔刀，就可以做出来，而竹蜻蜓的飞行原理与直升机的飞行原理是一样的！他想：“应用教材上的一些原理，我们是不是可以为学生们分别设计出类似竹蜻蜓的手工制作材料呢？”他继续往下想：“我们根据中小学生教材，设计出劳技课的方案，然后制作、配备相应的材料。这个市场足够大，既发挥了竹编厂的传统优势，又能规避未来工匠资源的匮乏，这不就是我们要寻找的新方向吗？”

新方向就是新使命，徐万茂为竹编厂建立的新使命是帮助孩子更好地成长。

在这个新使命下，徐万茂要成为中国第一家劳技课手工材料（教学具）供应商，看起来只是设计、生产各种各样小的手工材料，却是一个不同以往、前所未有的新行业，是一个从0到1式的革新，也就是一个集技术、价值、系统于一体的创新。

三位一体式的创新

徐万茂做事讲究“三到”，“说到，做到，心到”。他说过：“做事情，同样的想法，花同样的力气，用心和不用心，结果会不一样。”回到四明山，徐万茂很快便精心地做出了一个竹蜻蜓，然后又准备了好几套做竹蜻蜓的材料，他要去鄞县中心小学了解一下需求。找到校长之后，徐万茂拿出了他亲自制作的竹蜻蜓样本。校长觉得挺有意思，领着他到了一个教室，向老师说明来意后，徐万茂现场给孩子们演示手工制作竹蜻蜓的过程，学生跃跃欲试，纷纷想一试身手！

第一次市场调研就取得了不同凡响的效果，徐万茂的心里稍微有了点儿底，回到厂里，他选拔几个得力助手，成立了一个小组，雄心勃勃地制订了一个扩展到省内学校的走访计划。

哈佛商学院创业研究领域的教父级教授霍华德·史蒂文森（Howard Stevenson）曾对创业家下过一个定义，即“超越现有资源的限制，去实现对机会的追求”。此时徐万茂的状态，更像是史蒂文森眼中的“创业家”，而不仅仅是厂长了。

他把竹编厂的工作交给一位副厂长打理，自己花更多的时间开始第二轮调研，徐万茂知道，师生的需求是所有工作的大前提，调研的过程也就是市场推广的过程，当年他第一次参加广交会推销竹编工艺品，与老外无法用语言沟通，就通过现场制作打开了市场，现在，他要把每个学校都当作一次广交会。

转眼两个月过去，表面上看，这次走访所得到的反馈与之前一样积极，徐万茂也渐渐发现了一个至关重要的问题：这个市场的买单者和消费者是分离的，买单方是教育管理部门，消费者是师生。也就是说，即便学校师生对劳技课存在需求，但教育管理部门如果不出钱，这个市场就无法成立。虽然20世纪80年代初期的中国处于浓烈的改革氛围当中，但基础教育所涉及的大纲规范、课程设置、教材要求、师资配备、考核评估等环节皆由国家教育相关部委严格把控，决策流程非常漫长。国家在教育政策的方向上虽然也强调进行素质教育，但当时基础教育面临的主要任务是“普及义务教育”。也就是说，属于素质教育范畴内的劳技课程在政策优先级排序是靠后的。

无论如何，徐万茂对于劳技课手工材料这个创新项目基本有了谱儿：技术上，要紧贴教材进行研发；价值上，创新项目的发展依托于“劳技用品纳入中小学课堂”，必须等待教育部门出台相关政策进行课程改革才能催生出这个市场；系统上，需要与学校紧密合作，共同研发劳技手工课程。总之，这个项目有利于素质教育，老师和学生是欢迎的，但受制于国家教育经费的短缺，这个市场暂时并没有形成，虽然未来一定会成为一个大市场，但眼下赚不到钱。

眼下赚不到钱，很快就成了一个大问题。乡里面开始有了闲言碎语："竹编生意红火了没几天，又要折腾什么劳技材料，他（徐万茂）都没读几年书，怎能做得了学校的生意？"面对这些议论，徐万茂跟没听见一样。他还为劳动技能手工材料发明了一个新词——教学具，他决心成为中国开拓教学具用品的第一个"吃螃蟹"的人。

1981年春节一过，徐万茂开始第三轮走访，目标从各地的学校调整为各地的教委，他要让各地教育研究部门和决策者知道他正在做一件有利于教育的事。由于很多出差当天不能赶回，孩子还小，那段时间他要照顾大女儿徐双飞的日常生活，便经常带着徐双飞一起出差。徐双飞说，永远都忘不了跟父亲一起出差的日子，父亲一手提着旅行包，一手拉着她，出去要下山，回来要上山。那个时候全是山路、土路，没有水泥路，遇到实在难走的路段，父亲就背起她，有时候太累了，他们就在山沟路旁休息一会儿，经常是不知不觉就睡着了。冬季四明山雪大，碰到大雪封山，他们只能露宿野外。"无论遇到多大的困难，父亲总是乐观的，坚定的，从来没有慌张的时候。"徐双飞说。

徐万茂不是一个完全的理想主义者，也不是一个完全的现实主义者，而是一个理想主义的现实主义者。他深知，对于他们这样的山民来说，要想干成一件事情：一方面必须要有理想主义，敢想敢干；另一方面也必须立足现实，否则就无法生存。对于这段时间的工作，徐万茂回忆道："我们是大山里的人，没念过多少书，我们靠什么呢？只能靠四样东西：一靠勤——手勤，脚勤，嘴勤，心勤；二靠诚信；三靠市场——只要是符合国家利益和人民利益的产品，就一定会有市场；四靠定力。"

中国是一个体量巨大的、改革开放型的经济体，政策对商业机会的影响非常大，但政策方向归方向，具体什么时候能下来，往往要看时机。确定方向与时机成熟之间的时间差，有时很短，有时又很漫长，基于这个情况，有的企业家讲究"提前半步"入局，既要抢占先机，又不想投入太多的机会成本。徐万茂则认为："同样的机会，我只有比别人更早地介入，从朦胧处入手，保持定力，更多地付出，更长时间地探索，做更好的准备，等到机会真正来的时候，这个机会才能属于我，否则我凭什么能抓住这个机会呢？"

1981年是徐万茂进入竹编厂的第十个年头，当年阳春三月，云洲文教科技器材厂（以下简称文教）挂牌成立了，这是全国第一家专门生产教学具的工厂。徐万茂专门注册了“七色花”品牌商标。七色花是传说中的一种植物，象征着开拓创新的勇气和落地生根、永不言弃的奋斗精神。

文教的成立在华茂发展史上具有极其重要的意义，从整体上看，它意味着两件事：第一，使命的超越。华茂人抬头看到的不再仅限于大山竹林之上的那片“天空”，而是拓展到更为广阔的中国教育事业的“天空”，只有视野打开了，头上的天空才能打开，翅膀才能展开；第二，华茂历史上的第一次转型由此拉开序幕。

信赖性是关键

但凡新使命，无不立足于更高远的目的。而更高远的目的，无不依赖于一连串具有革新性质的愿景和目标的实现。革新即技术、价值、系统——三位一体式的创新，革新从来没有一蹴而就的，它是一个风险高、成本高、失败率高的事情。对于教学具项目来说，技术不是它的核心挑战，它的核心挑战在于价值与系统，而价值与系统的实现，打造信赖性尤为关键。徐万茂和团队用了整整8年时间，连续过了三道大关，最终打造出了高度的信赖性。

信赖性，是衡量合作伙伴相互信赖程度的标尺。徐万茂在组织中的成长，遵循了信赖三部曲——从被相信，到被信任，直到被信赖，而在“三位一体式的创新”的挑战下，他需要用同样的方式，以“教学具”为中心，锻造出整个“系统”，也就是价值网络对文教的信赖性。

第一关是扛得住亏损。

文教成立之后，徐万茂担任厂长，下面两位副厂长，一位主管竹编厂，一位主管文教，两位副厂长，与徐万茂从小就生活在一个院子里，吃饭在一起，打麻将也在一起，徐万茂充分信任他们，很少干预他们负责的具体业务。

文教的商业模式

华茂当时基于学生教材，为学校设计劳技课的内容方案，再基于这个内容方案，提供手工材料。但问题是，当时中国没有教学具的概念，同样也没有教学具市场，而教学具的研发设计极其关键，需要不断“烧钱”，徐万茂就把竹编厂赚来的钱，拿到文教来“烧”。从1981年至1988年，文教持续亏损了8年，平均每年亏损20万元左右。在那个年代，文教的亏损方式与后来的互联网公司的“烧钱”是类似的。

由于没有政策和预算支持学校增设劳技课，大部分学校的态度是，上级主管部门没有安排这个预算，所以无法购买，但免费试用是可以的，通过学生的课外活动课来安排。销售人员又把主攻方向转向各地教育局，力求通过教育局向学校推荐自主购买。但由于当时学校的自主教育经费普遍不足，所以尽管少数学校愿意购买少量教学具，从几十套到几百套不等，采购最多的一次也就是500多套，无法形成批量。按当时每套价格0.3元来算，总计150元余元，连差旅费都不够。即便如此，回款也常常被拖欠。

第二关是顶得住压力。

革新的成功，往往是天时、地利、人和经过持续的互动直到齐备之后的结果。对于斯时的文教来说，“天时”主要是政策，“地利”主要是区域优势，“人和”则主要是团队。

在文教持续亏损的8年中，“天时”没来，“地利”未显，这意味着“人和”一定要守住，否则就会前功尽弃。事实上，在文教持续亏损的第三年，也就是1983年，团队内积压的不满情绪就多了起来，一些负面情绪，先由竹编厂传染到文教，又由文教传染到乡里，再由乡里传染回文教。“一边是红红火火的竹编生意，一边是冷冷清清的教学具生意，与其老用赚钱的生意补贴亏损的生意，不如砍掉文教的生意算了！”类似的风言风语越来越多，音量越来越大，有人甚至直接跑到乡里告徐万茂的状：宁愿做赔本买卖，还死不回头，这个厂长是怎么当的？不如早点儿把文教关了！

徐万茂管理压力有两个办法：面向自己，他是压力越大，动力越强；面向团队，他会为大家讲明道理，算清楚账。一次会议上，他对大家讲道理：

“这个项目是好的，我们做的也是好的，只是时间没到，市场还没有形成，市场要是现成的，还会轮到我们吗？

“我们这些山里人，从小没有条件读书，但为什么我们的生活开始好转了呢？不就是因为从小学习竹编手工嘛，这就是最简单实用的素质教育。我们的产品，对于城里的孩子来说，有利于提升他们的动手能力、创造能力、生活能力和协作能力。现在国家已经意识到素质教育的重要性，我们现在所做的一切，就是冲着填补手工劳技课材料这个市场空白去的。”

看到大家没有质疑，徐万茂继续说道：“我们要做的就是，在教学具市场真正形成之前，让更多的学校和教委相信我们，信任我们，直到信赖我们。这样我们才会拿下这个新市场。我们一定会成功！”

1985年，浙江省工艺品进出口公司邀请徐万茂赴澳大利亚进行商业考察，徐万茂也因此成为宁波市第一个受邀出国考察的农民企业家。

航班杂志上的一篇文章吸引了徐万茂，文章标题是——“中国学生的劣势在哪儿？”这是他感兴趣的话题，他迫不及待地往下读。

文章先是列举一系列现象，如中国学生擅长考试、走出校门的中国学生擅长做规范动作、中国运动员擅长中间用网隔开的项目等，随后作者便提出了一个尖锐的问题——在这些擅长项目的背后，中国学生的弱点又是什么呢？答案是动手能力、创造能力、生活能力、协作能力。国内偏重应试教育，分数决定了前途，这使得中国学生在整个基础教育阶段忽视了对上述四项能力的培养，那么如何解决这个问题呢？

作者提出一个设想：在中小学开设劳动技能课，让学生们动手制作手工作品，比如纸飞机、小风车等，既寓教于乐，又弥补了应试教育的不足，潜移默化地培养学生们的动手能力、创造能力、生活能力和协作能力。

读到此处，徐万茂仿佛一下子找到了梦想的“支点”，他向空姐借了支铅笔，在“劳动技能课”下面画了一条粗粗的波浪线，怕不够清晰，又在旁边打了一个大大的惊叹号：“在我最需要精神支持的时候，这篇文章坚定了我的信心，在中小学开设劳动技能课，是多么有意义的一件事啊，可以帮助孩子更好地成长！”

一下飞机，他就向当地华人打听到哪里去买教育器材，得知当地有专门的“教育器材超市”，他就专门安排时间去看。超市里品类繁多的教具、学具让他在大开眼界的同时，更加信心倍增：“区区3000万人口的国家，就有这么大规模的教学具市场，更何况一向重视教育的中国呢？”

徐万茂向超市工作人员说明了来意并得到同意之后，抄起手中的海鸥牌相机，咔嚓、咔嚓地按下了快门，痛快地拍了多张照片，回来贴在办公室的墙上。他给大家算了一笔账："中国有3亿多中小学和幼儿园学生，文教只要占上10%的份额，就意味着有3000万学生的市场，这是多么大的一个市场啊！"

第三关是禁得住诱惑。

诱惑比困难更加考验人心。1986年年初的一天，香港某大公司主动找上门来，拿出100万美元要与徐万茂合资开办竹制卫生筷工厂，对方开宗明义地说：我们看中了两样东西：第一样是四明山丰富的毛竹资源；第二样是徐万茂和竹编厂的信誉。当时竹制卫生筷的市场行情看好，又是香港公司投资，100万美元的额度在当时也属于大投资，乡里的态度非常积极，一些人认为，正好利用这次机会，把亏损的文教关门大吉，岂不一举两得？但徐万茂最终拒绝了这家公司，理由很简单："一旦开办了合资企业，搞教育产品的人心就会散了，我们既然选择了，就一定要做下去。"

8年时间，徐万茂和团队一起过了三道大关，扛住了亏损，顶住了压力，禁住了诱惑。

而在这个过程中，他们不断地探索并打造适合教学具的营销系统。1985年仲夏的一天，徐万茂在查看销售业绩报表的时候发现，有一个叫汪乐平的业务员表现不俗，此人刚到岗不久，所负责的几个省的营业收入芝麻开花节节高。

徐万茂问汪乐平是怎么做的，原来，汪乐平在原来渠道的基础上，加上了新华书店这个环节。当时，文教在全国各地推行"教育局推荐+学校自主购买"的渠道模式，汪乐平则构建了"新华书店大流通+教育局推荐+学校自主购买"三位一体的渠道系统。

汪乐平为什么这么做呢？汪乐平介绍说，新华书店是各级、各类学校的教材供应商，其教材发行网络早已深耕到全国所有学校，并且面向教材供应商提供全国统一的物流、收款、结算等服务。教学具本质上也是教材，通过新华书店进行大流通，就可以解决文教由于分散销售、分散结算造成的运营效率低、运营成本高的老大难问题。

徐万茂迅速在全公司推广汪乐平发明的这种渠道模式，大幅度提高了运营效率，降低了运营成本。

1988年3月，文教研制出了全国首套小学生手工制作材料，并通过了浙江省教育科研所的鉴定，鉴定结果是："基本符合国家教委1987年颁发的《全日制小学劳动课教学大纲》（试行中）有关手工劳动的要求，有利于学生的全面发展，特别是对于帮助学生掌握劳动知识和技能、培养他们的动手能力、劳动观念、劳动习惯和创造意识等方面具有积极的作用。"

基于这个鉴定结果，1988年7月，宁波市教委在全国首开先河地做出决定，面向市内所有学校推广劳技教育及相关的教学具，这意味着文教的七色花教学具终于打开了本地市场，更意味着全国教学具产业的黎明到了。

当时有人问徐万茂："文教整整8年亏损，你是怎么过来的？"徐万茂说："眼前黑着，心里亮着，就是死心塌地干、老老实实地干，我们相信天总会亮的。"

表面上看，8年亏损是没有办法的事情，是艰苦求生，是傻傻地"打呆仗"；但从更深的层面上去看，"信赖性"就是通过这种方式熬出来的。

首先，对于学校、教委来说，通过这样的过程，他们相信了文教的能力，信任了文教的团队，信赖了徐万茂这个厂长。教育无小事，如果没有可靠、可信赖的合作伙伴，宁波市教委是断然不会开全国之先河推出劳技课的。

其次，对于文教来说，通过熬这8年时间，文教积累了技术和能力，铸造出了一个有信念、有韧性、有耐性、可信赖的团队，这是任何一项革新所必需的支撑。

最后，对于徐万茂本人来说，通过熬这8年时间，他也将自身的领导力提升到一个全新的层次。德鲁克说，士兵们最希望看到的领导力素质是打胜仗的能力，领导者就是要让员工看到，他能带领他们取得一个又一个的成功。徐万茂1978年上任厂长，当年拿下88万元的订单，火烧竹编之后，又拿下了500万元的订单，顺势打开了20多个国家的市场，一个个"胜仗"，积累着他的领导力，没有这些做基础，在长达8年的亏损中，即便他自己肯吃亏，愿意熬，乡里领导也很难一直支持他，团队也未必一直愿意追随他。8年之后，当第一缕曙光照进文教的那一刻，人们相信，徐万茂不但可以为他们带来订单，还可以把他们带到更广阔的"天空"。由此可见，徐万茂从厂长到企业家的跃升，本就是利益相关者对他投注的信赖性的跃升，本就是他的领导力的跃升。

使命的超越，是徐万茂从厂长跃升到企业家之路上翻过的第一座大山，徐万茂通过三个步骤完成了这个过程：第一步，超越了厂长的职责，为企业建立了一个新使命——帮助孩子更好地成长；第二步，基于新使命，确立了一个新愿景——成为中国第一家教学具供应商；第三步，不惜持续亏损，熬出信赖性。上述的每一步，都贯穿着徐万茂作为企业家的眼光、胆魄和决心。

第二节　责任的超越

责任，可以使人思考和行动集中一致地、自愿地、高效能地为企业做出贡献，使命与责任是一对“孪生兄弟”。企业家超越了现有使命之后，也要超越责任。由于领导“三位一体式的创新”是一个漫长而风险重重的旅程，如果企业家不能超越现有的责任，并肩负起与新使命相匹配的更大、更长远的责任，新使命将难以落实为成果。

因此，衡量一个企业领导者是否从CEO进化为企业家的一个最基本的标尺是，他是否愿意为企业的长期绩效担负起长期责任。

问计高人

徐万茂在企业经营上的“悟画”，强调深入一线，独立思考，每当环境发生显著变化时，他也会请教“高人”指点迷津，防止“新瓶装旧酒”，错失机遇。

1988年，宁波市教委在全国率先支持中小学开设劳技手工课，徐万茂敏锐地觉察到，文教的春天要来了，他要为即将到来的快速成长做出准备。

当时竹编厂已是宁波知名的乡镇企业，年收入持续保持在100万元以上，正式员工150多名，外围加工户达到了上千人。

11月的一天，徐万茂想到了一位高人，此人在浙江省教育厅工作，当年徐万茂拿着竹蜻蜓跑教委的时候与他偶然结识。徐万茂在与官员交往的过程中，一直有这样的理念：“官员是为人民服务的，做企业也是为人民服务的，大家的志向是相同的。”

与当年在深圳倒腾玉米的王石一样，他们习惯用这种“正向设定”的思维方式与领导相处，神奇的是，他们确定能够得到很多领导的指点迷津和热情帮助。

徐万茂到了这位高人的办公室，递上资料，开门见山地问道：“领导，我们连续亏损了8年，怎样才能扭亏呢？”

高人凝神须臾，提了三点：“第一，文教需要大量人才，你们在山上，人才引不进来；第二，交通不便，信息不灵，也因为你们在山上；第三，渠道仍然没有对准。教学具是一种特殊的商品，既要低价，还要质量有保证，必须把规模搞上去。渠道不应该是一个个的学校，也不应该是一个个的教委，而应该是整个教育体系，你应该多往北京跑跑。”

听高人这么一说，徐万茂马上有种“不识庐山真面目，只缘身在此山中”的感觉。一直以来，他们在山上办竹编厂，就地取材，就地招工，以单一的国有进出口公司作为渠道，基本不用外面的资源，在这种情况下，企业设在山上是合理的；而做教学具就不同了，所需要的资源大多在外面，山上的资源支持不了企业的发展，于是，以前办竹编厂的优势，现在反倒成了办文教的劣势。

对于高人指出的三点，徐万茂深有体会：第一，交通方面，进货和出货都要走陡峭的山路，效率低，还非常不安全，不久前，文教的一个司机，就在运货途中出了车祸失去了生命；第二，产品方面，教学具是时间性很强的产品，必须在学生开学之前把产品送到，在山上，碰到雨雪天气就不能行车，产品就运不出去；第三，竞争方面，教学具市场一旦形成，其他企业势必加入，文教在山上，交通不便，信息不灵，人才不来，无异于等死。

上述三条，涉及员工、用户、竞争，条条是要害，“企业不下山，就没有未来”。徐万茂暗自做了一个大胆的决定——把文教搬出大山。

三把尺子过三关

此时的竹编厂和文教占了云洲乡产值和财政收入的三分之一，员工涉及了云洲乡三分之一的家庭，如此一来，文教下山就不是一件容易的事了。

徐万茂盘算了一下，大致要过“三关”：首先是“乡亲关”，下山涉及这么多家庭，眼前的日子过得挺好，为什么要背井离乡？背井离乡是万不得已才做的事情；其次是“婆婆关”，“婆婆”就是乡政府，乡里的财税大户要搬走，乡政府肯定是不高兴的；其三是“资金关”，下山需要找地、建厂房，这是很大一笔钱。

问题识别出来之后，一个一个解决吧。企业经营上的问题，无论多难，也是难不住徐万茂的，但眼下的三关，除了资金关之外，其他两关都不属于企业经营上的问题，这两关对于徐万茂来说，是易识不易过的两关。

徐万茂是一个简单的人，他不会把事情想得很复杂，他善于直接地抓住事物的本质去判断。但凡要做大的决定，他习惯用三把尺子量一量：第一把，是不是对国家和社会有益；第二把，是不是对客户有益；第三把，是不是对员工有益。

文教下山，对这三者都是有益的，想到大家跟着他，熬了整整8年，如今守得云开见月明，他需要为大家的付出负责，需要为企业的未来负责，而市场就是这样残酷，机会稍纵即逝，一旦错过，就前功尽弃，必须抓住时机，有所行动。

1989年年初的一天，徐万茂向全体员工传达了文教下山的决定。讲清楚这个决定的来龙去脉之后，他特别强调说：一方面，我们下山是为了抓住机遇，当然也是有风险的；另一方面，这不叫背井离乡，这叫“离土不离乡”，中央也有这个提法和相关政策支持的。大家自愿做出选择：跟我下山的，我对你们负责到底；想留下的，我尊重你们的选择，但以后你们只能自谋生路了。

最后举手表决，70%左右的人愿意跟徐万茂下山，至于为什么，这些人并没有过多的理由，只是一个简单的想法：“跟着你（徐万茂）走，总归不会吃亏的。”

其余不想下山的，各有各的原因，总的来说，“乡亲关”似乎过得并无波澜。

随后，经多方考察，徐万茂看中了山下的西乡望春工业区。西乡与云洲乡当时同属于鄞县，基础设施齐全，交通便利，初步有了工厂集聚效应，产品配套能就地解决，易于招工。望春工业区愿意拿出100亩（1亩约为667平方米）地给文教，算下来，文教需要600万元资金搞土建工程和厂房建设，企业自有资金只能解决一小部分，信用社贷款加上本地四处拆借来的资金，最后一算，还差50万元，怎么办呢？徐万茂听说上海有一些公司对外拆借资金，他决定跑一趟上海！”

看起来一切还算顺利，接下来是最后一关。徐万茂详细地写了一份搬迁报告，把不搬迁的风险、搬迁带来的好处、搬迁需要多少钱、如何搬迁、员工如何安置等问题讲得一清二楚，然后亲手把报告交到乡政府某领导手里。

进入办公室那一刻，徐万茂感觉到乡领导是有准备的。当着徐万茂的面，乡领导似乎是强忍着愤怒，把报告看了一遍，然后一字一句地说道：“你是不是想逃避乡政府的领导和管理？怎么能说走就走？你这一走，对云洲乡来说，就是飞来横祸，那怎么成？”

领导的话风不同以往，分量很重，想必也是承受了不小的压力。文教下山，从某种程度上讲，也是一场改革，改革就是打破既得利益格局，但既得利益格局哪里是那么容易打破的呢？于公来说，文教始终是乡里的摇钱树；于私来说，村干部、乡干部经常会安排他们的亲属到厂里当工人，现在要搬出去，意味着这个利益机制就没有了。他们也知道徐万茂这个人说到做到，这更让他们感到“失落”，进而演变成“愤怒”，看来，一场硬碰硬的较量在所难免了。

客观上讲，对于山民来说，一个乡就像一片林，一个村就像一棵树，枝连着枝，叶连着叶，人们的宗族意识很强，亲缘、地缘情结也很重。在山民的文化传统中，也确有“穷不搬家”之说，当传统意识在特定事件的催化下，只要稍微受到既得利益的加持，就很容易变异成为一场道德攻击。

文教似乎正在被一场酝酿中的风暴所裹胁，处于风暴中心的就是徐万茂，他成为少数人攻击的目标。无风不起浪，从某种程度上来讲，1989年的中国，也处于类似的状态，“下山”还是“不下山”？继续改革开放，还是不搞改革开放？

乡领导对徐万茂进行了“官方表态”之后，事态急转直下。以前人们心目中的致富能人徐万茂，仿佛一夜之间，就成了一个“十恶不赦的恶人”：有人说他“忘本”，有人说他“背叛”，还有人说他是个“败家子”——花600万元跑到山下去建厂，败光厂子的积蓄不说，还要背上巨额债务，一定是自己留了“小金库”！

借此势头，乡领导对徐万茂下了最后通牒：如果要坚持搬迁，要么卸任，要么到乡工业办公室工作，还要接受乡政府的审计调查。

徐氏家族在此地深耕200余年，对内道德自律，对外相融共生，越是这样，越可以想见道德攻击对于徐万茂以及徐家人的情感伤害之深，这恐怕是旁人无法完全体会得到的。

父亲徐根甫向来胸有经纬、心定如山，徐万茂进入竹编厂以来，他从来没有强求过徐万茂做什么事，现在谣言满天飞，他竟然有些坐不住了。有一天，父亲突然对徐万茂说：“下山的事，就算了吧，何必要违背众愿、离乡别土？过过太平日子算了，你下山了，原来工厂的人员怎么办？”

徐万茂面对面地看着父亲，父亲老了，只是一个为儿担忧的老父亲了。

徐万茂强忍着眼泪，对父亲说：“我留在山上，也许只能为一部分人的现在负责；我下山，才是为了他们的未来负责。父亲，我已经坐在虎背上了，骑虎难下了。”

知子莫若父，父亲深知徐万茂有着说一不二的个性：反对他的人越多，他就越坚持，反对声只会起到促进他的作用，自己是拦不住这个儿子的。父亲便默不作声了，他知道，儿子讲出去的话要算数的，再苦、再委屈，儿子都得自己承受了。

徐根甫是一个伟大的父亲，他从小给徐万茂讲自己“母命难违”的故事，却从不要求自己的长子要听命于他。他知道孝道具有时代性：他的祖辈眼中的孝道，更多的是晚辈对长辈的服从；而他眼中的孝道，更多的是晚辈对长辈的尊重。正因为此，徐万茂对自己的后代说，晚辈对长辈的尊重是必要的，但我从没有说过长辈说的话一定是对的。

这是徐万茂此生唯一的一次没听父亲的话，他坚持要带文教下山。他坚信，拥抱未来才是自己的使命和责任。这个时候正巧有一笔外地的业务需要出差，次日他便风尘仆仆地下山去了。

十字路口上的指针

老子说，“受国之垢，是为社稷主”。意思是领导者要受得了天大的委屈。作为领导者，你要放眼更大的使命，承担更大的责任，但大家未必都能理解你，一直到你真正做出了成果并让大家看到之前，你都得受得住这份委屈。

1989年，徐万茂带领华茂走到了关乎命运的十字路口，这一年，整个国家也走在了关乎命运的十字路口，小到一个企业，大到一个国家，都在为选择未来的方向而激荡着智慧、勇气和责任——责任是指针，但是，在大抉择面前，如果缺乏智慧和勇气，责任的指针也走不动。

徐万茂万万没想到的是，出差回来时，他已经被上级停职了。乡里专门成立了一个检查组，对徐万茂进行审计，一连串的行动表明：乡里采取了强硬的方式阻止文教搬下山。

检查组把徐万茂担任厂长11年以来的账目统统查了一遍，终于发现了一个他们看不懂的“问题”，以为这里头有玄机，便质问徐万茂：“你为什么有三种签字方式？一种是‘按合同支付’，一种是‘原则上同意某某人意见’，一种是‘同意’。”

徐万茂回答：“不同的签字方式，对应着不同的责任归属。‘按合同支付’，就是遵照合同办，对于我没有亲自经手但有合同的事情，就尊重合同，这是诚信；对于那些我授权给下属办的事情，我用‘原则上同意某某人意见’这样的签名，如果出了问题，我承担领导责任，下属承担直接责任；但凡我的签字是‘同意’的事情，都是我亲自经手的，这类事情如果出了问题，我承担全部责任。”

组长不解地嘀咕：“其他当头儿的，签字就是‘同意’，你的签字为啥有这么多的名堂？”

徐万茂淡定地回答：“什么事情都签‘同意’，意味着我这个当头儿的什么事情都要管，那下属还怎么发挥？我放权给下属，不同的事情，有不同的签字，这会让他们知道，给你多少权，你要分担多少责任，他们才会既有动力，又有纪律。”

本来是想查问题，结果一点儿问题都没查到，不存在谣言中的“小金库”，倒查出了徐万茂的“管理之道”。

检查组还有一个“收获”，他们查出了一个会计存在渎职的问题，组长便问徐万茂该怎么处理这个人，徐万茂说：“会计是乡里任命的，由乡里处理吧，总之我要负领导责任的，请尽快派人来接手我的工作。”一听徐万茂说要辞职，组长瞬间脸色大变，徐万茂接着说：“你们放心，正式卸任前，我不会撒手不管！你们已经还我清白了，我非常感谢你们！”

检查组也没多说什么，他们知道眼前这个人的个性，绝不是危言耸听，掉头回乡里汇报去了。要知道，整个20世纪80年代，中国经济最大的亮点就是乡镇企业的发展，竹编厂和文教可以说是亮点中的亮点。徐万茂一手把两个厂子做大，使两个厂子成为乡里的利税大户、省里的创汇大户，徐万茂本人也成为省内外知名的农民企业家。

果不其然，徐万茂请辞一事，就像投进湖里的石头，一层层地掀起涟漪，很快就惊动到了省市高层领导。宁波市某领导随即要求望春区（1993年撤区）区委书记务必留住徐万茂。区委书记亲自上门找到徐万茂，待区委书记说明来意后，徐万茂说：“我知道你是来做思想工作的，我很感激组织上的好意，但如果你是真正关心我，还是尽早派人来接任吧。”

书记不解地问：“我今天专程来和你谈话，还不算是关心吗？”徐万茂摇摇头：“这只是你的常规工作，这不是关心我，你真正关心我的话，应该想想该搭一个什么样的台子，才有利于我继续工作，否则，就请尽快派人接我的班吧。”

区委书记好像一下子明白了什么，寒暄了几句，打道回府了。

徐万茂的请辞不是意气用事，他脑子里已经积压了不止一个问号了，形势比人强，徐万茂所做的下山的决定，只是基于企业经营的逻辑而做的决策，那么上面到底是怎样想的？其实他不知道，他觉得需要知道之后才能再往前走，他是铁了心地想离开了。“这些年企业红火了，做这个厂长表面上风风光光，是让人羡慕的，检查组这次突袭行动，可能表明这里的环境已经不太好了，不如现在就离开，日后大家再碰面，还是和气的。”

没过几天，一件出乎所有人意料的事情发生了。竹编厂总厂大院来了位“新人”——云洲乡党委书记。这位领导没跟任何人招呼，径直住进了徐万茂办公室的隔壁——那个房间通常是用来招待外来客人的。从此，云洲乡党委书记每日定点来文教“上班”，中午和大家一起吃大锅食堂，晚上徐万茂下班回家，他也跟到家里，到了睡觉时间，他就扭头走人。二人心照不宣，谁都不主动和对方说话。

就这样过了一个礼拜，徐万茂实在忍不住了，说："书记啊，你这究竟是为了什么呀？"书记扑哧一下乐了："我想嘛，你总会心动的，这个厂长，还得你干！"徐万茂毫不迟疑地回答："我已经下决心辞掉了，你还是回去吧，我是不会改变主意的。"

乡党委书记见状，实在不好再说什么，这么多年了，谁不了解徐万茂这个人呢？他无奈地摇了摇头，打道回府了。

新厂长人选未定，徐万茂没撂挑子，随后他便带着几个人去北京出差了。

出差回到四明山没几天，鄞县县委的一位副书记又打来了电话："老徐啊，我马上过来一趟，你等我，别出去啊。"

徐万茂一听是他，心想："这回换成老朋友来当说客了！"于是更不客套，直言道："我知道你要来干什么，还是不来的好。"

对方也没应声，电话便挂掉了。在乡以上干部、官员当中，这位县委副书记与徐万茂的私交最好，上头这次派他上阵，看来真是下了功夫。

半个钟过后，县委副书记如约来找徐万茂，老友见老友，就不用任何铺垫了："老徐，第一个，我对不住你，之前听有些人讲，你已经办好了'农转非'，想一走了之了，这纯属谣言，没这回事；第二个，现在你坚决要走，我是理解的，外面的政策可能比我们这儿优惠，山下的生活条件比山上也好得多！"

徐万茂有些明白了，调查组来查账，很可能与这件事有关。

不久前，宁波郊区有个位置很好的村，这个村的村委书记来找徐万茂，想请他去做厂长，开出了3个诱人的条件：年薪10万元以上；拿出20亩土地给徐万茂造住房；给徐万茂一家五口办"农转非"（把农村户口转成城市户口）。

徐万茂问："你们究竟是要我的产品还是要我这个人？如果是要我的产品，我是绝对不会带出来的，产品是原来的企业的，我带出来了，那批人怎么办？"

对方不死心："产品留下了，恐怕他们也做不好，你还是连人带产品一起过来吧。"

徐万茂毫不含糊地回答："他们做好或者做不好，那是他们的事，产品是他们的，我是不能带出来的。”

其实即便对方只要人、不要产品，徐万茂当时也没有去的意思，他很早就清楚自己要的究竟是什么，以及自己不要的是什么。这件事也就此打住了。

此时徐万茂暗忖，县委副书记应该是从哪里知道了这件事。他直截了当地说：“请你放心，我即便去了那里，也不会带走一点东西。”

副书记马上说：“我了解你，从个人的角度，我当然放心，但我现在是代表组织来的，是代表鄞县县党委来的啊！”徐万茂听出了一些味道，反问道：“那你要我怎么办？”

副书记继续说：“老徐，组织上派我来做你的工作，就表示是支持你的，你就吃我一回面孔（给我一个面子），留下嘛！”

副书记顿了一下，加重了语气：“我知道你是因为查账的事，怕以后的工作得不到支持，不好做了。不会的，县里会和过去一样支持你！”

县委副书记这些话的用意是再明白不过了，上面特地派他的老友上司来，目的就是打消他的顾虑。话都说到这个份上了，徐万茂表了态：“看来我不答应你是不行了，这点面子都不给，就算不上老朋友了。”

就这样，文教下山的第二关——也就是“婆婆关”——最终以一种惊心动魄的方式在“原则上”是通过了。之所以说是“在原则上通过了”，是因为审计风波对徐万茂以及文教造成的负面影响是不那么容易过去的。

总而言之，从1978年至1989年，竹编厂和文教可以说是在“婆婆”们放心、放手的支持下一路发展起来的，但在文教下山的这个节骨眼儿，由于大家解放思想的程度不同导致的认识上的不同，再加之既得利益群体的梗阻，是这场审计风波的根本原因。

工作恢复正常之后，徐万茂了解到，那个渎职的会计是被别人利用了，为了诬陷他而故意在账上做了手脚。徐万茂并没处理这位会计，他对会计说，“你只是一时糊涂”。这位会计本来觉得真相大白之后自己已无容身之地，没想到徐万茂的度量这么大。

此后每年过年，会计都会上门给徐万茂拜年，总说：“始终是我对不起你。”徐万茂对他说：“这件事不要再讲了，过去的事情是讲不清楚的，过去就过去了，还是面向未来吧。”

超越契约精神

1989年秋，耗时三季的文教下山，终于迈出了第一步——徐万茂带着愿意追随他下山的老员工，一起把企业搬下了四明山下，他们心怀大梦，即使眼前仍然一片荒芜——当时望春工业区的新厂址还只是一片白地。他们先得找一处容身之地，附近西城村有一个废弃的猪厩，便宜又够大，徐万茂便租了下来，简单粉刷之后，集体宿舍就算有了，每个房间能住上20多人，再支起大锅，算是落了脚。

为了建设新厂区，徐万茂的首要任务是为建设新厂房筹最后一笔50万元的资金。当时钱很金贵，从1988年到1989年，中国经历了一次新中国成立以来最严重的通货膨胀，致使乡镇企业和个体私营经济大面积破产关闭，从22万家迅速减少至13万家。在这种大势之下，筹钱非常难，徐万茂决定只身前往上海试一试。

在上海市七浦路的一家小旅馆里，徐万茂一待就是两周。每天早上，徐万茂都会去街边吃早点。大饼是上海早餐四大金刚之首，他喜欢有葱油味的，再夹上一根油条，外脆内韧，配上豆浆，3角吃饱，然后是一整天在外面筹钱。两周之后，终于有一家企业愿意拆借50万元，3年期，2分利（月利息2分），这在当时已经算是"便宜"的钱了。合同签好，资金到手，徐万茂搬"兵"回"朝"。

从1990年年初到1991年年底大约两年的时间里，是华茂财务最吃紧的时期，为建设新厂区投入了600万元，不但掏空了家底儿，一大半还是刚背上的新债，而大规模的厂区设计还没有现实的市场和订单作为保证，每一天都要靠着对目标的憧憬和艰苦奋斗的意志撑着。

就是在这种情况下，1990年年底的一天，上海那家给文教拆借资金的公司老板突然上门找徐万茂，提出要提前收款。这对于当年每个月的现金流都是进项小、出项多的文教而言，简直是雪上加霜。在场的财务急得脸通红，趁谈话期间对方上厕所之际，轻声对徐万茂说："是对方违约在先，我们没有义务提前还贷！"徐万茂镇定地说："现在全国叫停了很多半拉子工程，人家看我们建了这么大一片厂区，心里没有底，应该理解人家，毕竟一年前是人家帮了我们。"话音刚落，对方就回来了，徐万茂笑呵呵地说："想必你也看得出来，我现在手头上没这个钱，但现在你要这个钱，我就一定还上，给我一个月时间怎么样？"对方说："好。"

用了不到一个月，徐万茂就凑足了50万元借款和一年的利息，对方喜悦之余，脸上挂着一丝钦佩之情，说："是我违约在先，利息就不要了。"

自此之后，双方不但都没有因为这次事情而产生积怨，关系反而更加紧密。1991年年底，文教新厂区办公楼落成之际，这位上海老板专程从上海带着一支装修队，免费为徐万茂精装了最大的那间会议室，足见二人关系的融洽。

这件事真切地揭示了徐万茂打天下的秘诀之一——徐万茂式的诚信准则，这并不是单纯的西方式契约精神，而是西方契约精神和中国传统的忠恕之道的合体。契约精神强调遵守合同、信守约定，忠恕之道则强调人与人进行商业交往过程中的将心比心、互谅互助。对于华茂而言，这种诚信准则有利于保持商业合作的长期性和信赖性；而对于徐万茂来说，则是老朋友遍天下。比如指引他下山的那位"高人"，虽然早已退休，到现在他们仍然保持着密切的交往。徐万茂与这位上海老板也是如此。

六上京城的逻辑

徐万茂和团队在猪厩住了大约两年，其间他们做了两件对于华茂的成长来说具有奠基意义的大事。一件是上面所提到的大手笔建设了占地100亩的现代化新厂区。另一件就是把文教产品打入全国教材市场。这两件事对于当时华茂的体量来说，都类似于"蛇吞象"，居然一起给做成了。这体现了徐万茂作为一位战略型企业家的眼光、才能与魄力，也体现了这支创业团队经过各种磨炼之后所爆发出来的强大组织能力。

一上京城——摸着石头进教委

1989年7月，审计风波正值胶着之际，但徐万茂满脑子想得更多的，还是教学具业务在全国的发展问题。

一天早上，徐万茂找到销售员小李（化名）："你去买四张最快去北京的火车票，我们要一起去认一认国家教委（1998年后更名为教育部）的大门！"

约两个小时后，小李从火车站打过电话来："厂长，只剩下一张坐票了，其他三张都是站票，我都买下了。”徐万茂很满意，说：“好，一个座位四个人，轮流坐！”

放下电话，徐万茂又拉了两个技术员，四个人登上了从宁波开往北京的普快绿皮车。

到了座位旁，徐万茂笑着说：“我们就先让小李坐这个位置吧，小李很棒，只剩一个位置，他果断地买了下来，而不是先汇报或买明天的，做事情就应该这样，始终知道自己的目的。”

小李不好意思地坐到了位置上，徐万茂接着问大家：“你们知道我们去国家教委的目的是什么吗？小李你先说。”

搞销售的小李不假思索地回答：“寻求国家教委的支持，把七色花产品推向全国呗。”

技术员小张似乎也早有思考，脱口而出：“帮助我们梳理出产品体系，提升产品标准。”另一位技术员点头表示认同。

徐万茂接着说：“要我说呀，来北京本质上是责任驱动。教育产品不是一般的产品，我们要去请最权威的机构为我们把关！”

仲夏时节，车厢里弥漫着一种特有的味道，伴随着车轮行进时发出的有节奏的“哐当当”的声音，四人偶尔说笑，偶尔打牌，30多个小时，一晃儿就过去了，北京站到了。

他们提着行李，直接找到了位于长安街北侧的国家教委大楼。

接待人员听明白来意后，指引他们去中央教育科学研究所（以下简称教科所）做了信息登记。让他们没想到的是，7天之后，教科所3位专家组团到小旅馆找他们。

会谈之后，专家们仔细地把玩着丰富多样、精巧细致的教学具样品，小水车、小风车、小飞机、小蝴蝶……这些东西看起来虽小，却涉及纸工、竹工、木工、泥工、金工、缝纫工等多种工艺，专家们时而称赞，时而也提出各种意见。徐万茂拿着小本子，把专家们提出的每一条意见都记得清清楚楚。

两个钟头很快过去了，最后，领头的专家说：“国家教委在劳技教材的审定方面还没有先例，这是一个具有开创性的项目，要走多方面的流程，要经过严格的审查，你们得有思想准备。”

徐万茂坚定地说："没问题！"送走专家，徐万茂回头对大家说："大家注意了，专家们能给我们提意见，我们就成功了第一步，专家们的意见甚至是批评，都是我们要拿回去的宝贝！"

实际上，教科所的专家们也一直有通过开设劳技课提升学生想象力和创造力的想法，但要找到一个负责任的、可靠的企业合作伙伴并不容易。大块头的国有企业是不做这些小玩意儿的，也没有这些手工工艺，正所谓"踏破铁鞋无觅处，得来全不费功夫"，当看到文教来访的信息，他们便一心想上门看个究竟。

一上京城，徐万茂没想到收获这么大，在他看来，小本子上密密麻麻记下的那些专家意见，就是专家们给文教留的"作业"，这些"作业"就是下一次进京城的敲门砖。二上京城又一次让徐万茂体会到"摸着石头前进"和"向前一步是幸福"的滋味，他对大家说："我们靠什么，一个是勤快，一个诚信，我们没有别的。"

二上京城——"十二字会计导航"

回到宁波，文教团队把教科所专家的所有意见，全面覆盖到总计四五百种产品上面，逐一落实，逐一解决。半年后的1990年1月，四人小组再次赴京，向教科所专家交上了"作业"。

专家看后，不由得对这支团队心生喜爱，破例地直接把徐万茂推荐给了国家教委基础教育司（简称基教司）的一位副司长，该副司长是一个改革派，一向提倡加强学生的素质教育。基教司是管什么的呢？打个比方，如果说教科所是学生教材的"总参谋部"，基教司就是"司令部"。

副司长见到徐万茂，好奇地问："你们千里迢迢，来这儿干什么？"

徐万茂回答："我们是做教学具的，希望教委把我们管起来。"

副司长笑了笑，说道："主动来请我们管，我还是第一次见到，地方上做乡土教材的有不少，都是躲着我们，怕我们管，你为啥拼命地要我们管？"

徐万茂答："教育产品不是一般的产品，由最权威的部门来把关，让我们减轻压力，也有利于市场推广。"

副司长是山东人，讲话的山东味道很重，徐万茂讲的又是不容易听懂的四明山味道的宁波话，二人一边比画一边说，旁人都要竖起耳朵听，一场谈话下来，都累得要命，但这两个人倒看不出一点儿疲倦，越谈越投机。

最后，副司长原则上接受了文教提出的审定请求，并为文教的教学具产品提出了“十二字方针”——“知识性、趣味性、安全性、标准性”。

徐万茂如获至宝，“十二字方针”是什么？是国家教委为七色花产品设定的“导航”！二上京城，徐万茂团队仿佛看到他们距离远处的那个明亮的目标又近了一步。回到宁波后，为了推进国家教委对于文教的了解，徐万茂向教委直属的两家智囊机构——教科所和中国教学仪器研究所发出邀请，请求他们派出专家考察团到文教考察，并圆满实现。

三上京城——“红地毯”

随后的几个月，在“十二字方针”的指导下，文教研发团队再次对产品进行迭代。1990年6月，徐万茂决定三上京城交“作业”。这次，他组建了更大规模的团队，还在国家教委附近的一家旅馆租了一间大房间作为展厅。此时文教的产品种类已经增加到500多种，有旋转的风车、吃食的小公鸡、行驶中汽车……每一件产品都内在体现着“知识性、趣味性、安全性、标准性”。除了基教司领导、教科所和教学仪器研究所的专家前来观展，国家教委中小学教材审定委员会的领导也莅临现场，文教的影响力进一步扩大了。

某领导在展位前表示：“推广七色花教学具产品意义重大，希望在产品设计方面再进一步努力。”短短两句话，头一句是“红地毯”，后一句就是“新作业”！三上京城，徐万茂再一次拿到了“新作业”。

四上京城——产品中试

回来之后，徐万茂进一步充实了设计团队，对全部产品进行了精细化的设计提升。1991年3月，徐万茂组织团队第四次进京，向国家教委领导和专家做一次全面的总结汇报。文教一步一步的努力清晰可鉴，领导和专家对徐万茂不知不觉地由相信演变为信任。

四上京城，徐万茂拿回了第三份“作业”。基教司和中小学教材审定委员会的专家为徐万茂指明了下一步的工作重点——产品中试。重点是两个方向：第一，广泛收集产品使用后的反馈信息，并在此基础上进一步改进；第二，促进产品的规范化使用。

五上京城——“含苞待放”

早起的鸟儿有食吃。回到宁波不久，又传来了好消息。宁波市教委对七色花教学具在当地进行了先期推广，已经积累了大量的应用反馈，文教得以与浙江教育出版社联手编写、出版了《劳技课教学参考》，实现了材料制作与学科教材安排顺序的相互吻合，解决了教学具在课堂上应用的规范问题。

1991年6月，带着国家教委给文教指派的第四份“作业”，徐万茂带领团队第五次进京。两年来持续的互动，一次比一次漂亮的“作业”，让国家教委的领导与专家感受到了徐万茂团队对教育产品的赤诚之心，这一次，国家教委正式组织了所有相关机构的专家对七色花产品进行评审验收。结果是，顺利通过！七色花产品由此获准参加当年的中国劳动劳技产品展览会。这是一次最高规格的大检阅，七色花终于含苞待放，离绽放全国的日子不远了。

六上京城——通过国家教委中小学教材审定委员会的审查

1991年9月初，中国劳动劳技产品展览会在坐落于北京长安街的民族文化宫盛大开展了，七色花教育产品在七色花展览厅的首要位置展出。展览开幕当日，时任中共中央政治局委员李铁映、国家教委主任何东昌等高层领导亲临现场，领导们仔细查看七色花产品，并明确表示：“这一系列产品，对培养孩子动手、动脑具有不可替代的作用，值得向全国中小学推广。”

1991年9月中旬，七色花品牌的小学自然制作材料率先通过了国家教委中小学教材审定委员会的审查。

至此，六上京城，终得正果。从1989年7月到1991年9月，徐万茂带着研发小组六赴国家教委，最终使七色花品牌的小学自然制作材料通过了国家教委中小学教材审定委员会的会审，文教产品正式进入国家认定的“教材”产品品类。此后，七色花品牌的教学具系列产品陆续进入《中小学教学用书及教辅用书推荐目录》，获得了行销全国的通行证，文教成了一个草根逆袭的传奇与典范。

1991年10月28日至11月1日，国家教委主办的全国劳动课、劳技课工作会议专门在宁波召开，文教也进驻了望春工业区的新厂区，来自全国教育界、科技界、企业界的代表惊诧于文教新厂的高标准和现代化。

自此，七色花教学具产品在全国绽放，市场全面打开，结束了自1981

年至1991年期间长达10年的亏损，标志着华茂第一次转型取得了完全成功。

巩固信赖性

没有六上京城就没有现在的华茂。

总结六上京城的底层逻辑，打造信赖性是关键。但凡使命，贵在坚持，坚持就是一个“熬”字，“熬”的究竟是什么？就是信赖性，要熬出整个系统对革新的信赖性。文教做到了。系统凭什么给文教信赖？从根上讲，是因为文教愿意切实担负起创造价值的责任，在这个过程中，徐万茂团队如果不是抓铁有痕、一步一桩地拿出实打实的让人满意的产品，如果不是反反复复拿“作业”、交“作业”，断然打造不出信赖性。

如果说徐万茂团队“一上京城”，目的是种下一颗“责任的种子”，那么“六上京城”之后，收获的则是一颗“信赖的果实”。

1992年，文教开始赢利，国家教委基教司副司长游铭钧对徐万茂说：“老徐，我送你10个字——取之于教育，用之于教育。”徐万茂说：“这10个字说得太好了，您给我写一幅字吧！”

到现在，这幅字挂在华茂总部办公室大堂电梯门口的墙壁上已经19年了，字幅不大，笔力隽永，裱糊精致，在大理石的墙壁上非常醒目。投之以桃，报之以李。徐万茂说：“这10个字对奠定华茂的事业来说是举足轻重的，我们始终没有偏离过。”

目前，华茂文教仍然是国家教委审定过的唯一一家教学具企业。这听起来有些不可思议，却是政商基于共同使命和责任而成功合作的一个经典案例。

与国家教委合作的三原则

如何清清朗朗、切实有效地实现政商合作，一直是让很多中国企业家挠头的问题。徐万茂在这方面为华茂定下的三个原则值得借鉴。

第一，对单位不对个人。文教和国家教委建立的是基于共同使命和责任的相互信赖、相互支持的关系，本质上是机构对机构的关系，不是个人对个人的关系，这是最基本原则和心态。

第二，追求价值创造。文教与国家教委合作的根本目的是价值创造，双方合作的出发点和落脚点都是如何把某件事做好。在合作过程中，文教形成了一种基本的思维流程：首先，对这个事教委认同吗？其次，如果认同的话，我们如何能做得更好？再次，如果不认同，而我们又坚信这个事情是有价值的，那我们愿意等待，直到这个事情被认同。

第三，反哺赋能。企业要换位思考——人家给我们机会，我们能帮人家解决什么问题？

比如，首届全国教育工作者大会，文教就曾慷慨地为主办方国家教委师范司赞助了120万元。在20世纪90年代初，这可是一笔巨额赞助费。有人问徐万茂：文教与国家教委师范司日常基本没有业务上的合作，为什么拿这么多钱赞助呢？徐万茂答道："文教是为教育服务的，并不是说，哪个部门管我们，我们就赞助哪个部门。我们拿出钱来赞助教育活动，目的是支持整个教育。"不久后，徐万茂又为基教司相关的教育项目捐助了300万元，有人不理解，问："老徐啊，你们亏了10年，刚开始挣点钱不容易，捐这么多给国家教委干吗呢？"

徐万茂答："正因为我们不是通过与个别官员搞好关系来赚钱，所以我们才捐这个钱，国家教育经费一直很紧张，国家教委给了我机会为教育服务，我们赚了钱，通过这种方式反哺国家教育事业，这是我们的责任。"

与官员打交道的三原则

官员是官方的代表，企业与官方合作，如何恰当地与官员打交道呢？徐万茂认为自己并不是一个很善于交际的人，他给自己定下了与官员打交道的三个原则。

首先是"正向设定"。

正向设定就是相信对方是为政清廉、追求造福一方的官员，相信对方以"为人民服务"为首要追求并拒绝贪赃枉法。从正向设定出发，与官员基于共同使命和责任展开积极互动。

其次是建立"事缘"，而非"位缘"。

中国人讲缘份。徐万茂眼中的"事缘"，就是人与人之间基于共同追求的事业进行交往而形成的一种关系；而"位缘"则是基于对方手中的职权进行交往而形成的关系。徐万茂与官员交往，有着很强的选择性，他是基于共同的事业和理念与官员交往，目的是把事情做好，而不是基于对方的地位与对方交往。

徐万茂奉行的“事缘”理念下的政商关系，具有以下几个鲜明特点。

第一，以诚信为准则。如徐万茂所说：“游铭钧副司长给我提的唯一条件就是‘取之于教育，用之于教育’，就为了他这一句话，我们的捐赠都集中在教育领域，尽管游副司长早已经退休了。”

第二，长期交往。“以后你不当官了，我们依然是朋友”，徐万茂说。

第三，不会过于亲密，“君子之交淡如水”，这种友谊非常长久和清新。

第四，长期合作。即便一个阶段的合作终止，未来一旦碰到事业的新契机，这种关系会一下子像烈火一样燃烧起来。

第五，不为私事开口。徐万茂从来没有为自己的孩子或朋友的孩子向教委官员们开口托办过任何事，官员们与他合作，不会感到任何压力，这也是促成文教与国家教委相互信赖的重要因素。

汉堡包逻辑

回看华茂这段成长史，“六上京城”是最著名的桥段之一，但很多人只是将其视为一个关于“市场突破”方面的经典案例。事实上，六上京城之所以最终确立了文教创业的成功，其底层逻辑远不止于市场层面的突破，反过来说，如果单从市场层面去理解和学习华茂的六上京城，顶多是在照猫画虎。

我们将文教创业成功的底层逻辑称为“汉堡包逻辑”，它是一个三重价值逻辑：上面一层是市场突破，下面一层是使命和责任驱动，中间层则是价值创造。

之所以称之为“汉堡包逻辑”有三个原因。

首先，三重价值缺一不可。缺一层，就不是汉堡包了。

其次，底层是使命和责任驱动，而非短期利益驱动。在一个企业组织中，企业家是最孤独的人，是企业内部没人能管得了的人，但有两样东西可以管得了企业家：一样是抬头可见的“使命”，一样是埋头苦干的“责任”。

最后，价值创造是根本。从价值创造的视角去看，就不只能看到六上京城帮助文教获取了全国市场通行证，一举打开了市场，还能看到是什么成就了六上京城：没有山上的8年亏损，文教就打造不出一个基础运营系统，并获得“宁波本地学校通行证”；没有文教下山，就没有这支具有超强凝聚力和执行力的创业团队；没有蛇吞象的气魄举债建新厂区，也就没有令国家教委信赖并让全国同行望尘莫及的望春生产基地。

现在，我们用汉堡包逻辑来总结一下文教创业成功的故事。

1981年，徐万茂为华茂确立了新使命，然后将其落实为三块巨大的责任里程碑：8年亏损，拿到全国第一张教学具产品通行证；下山建设全国超一流教学具生产基地；六上京城，最终把华茂带入了快速成长的车道。

正是在这个为了担负责任而进行的艰苦卓绝的过程中，徐万茂从一名乡镇企业厂长进化为一名以价值创造为追求的战略企业家。

第三节　价值的超越

价值的超越就是企业家价值追求的提升，它决定了企业家领导力的成长。而企业家领导力的成长则决定了企业使命和责任落实为成果的效能。

“我要什么”背后的成长逻辑

前文提到，美国社会心理学家马斯洛认为人类价值体系存在两类不同的需求：一类是低级需求，包括生理和安全，一般以金钱和物质财富为体现形式，低级需求会沿着生物谱系的上升方向逐渐变弱；另一类是高级需求，包括爱与归属、尊重、自我实现，高级需求一般以理想、信念、伦理道德为体现形式，高级需求会沿着生物谱系的上升方向逐渐变强。

进一步说，每个人在特定阶段都有相对稳定的价值体系，而价值体系就是一组关于“我要什么”（包括低级需求和高级需求）的优先级排序，“价值的超越”本质上是高级需求相对于低级需求的优先级的提升。

能够持续成功的企业领导者，一生都离不开对“我要什么”的持续而深入的思考，并在此过程中不断地提升高级需求的优先级，从而实现自身的成长。

而那些不能持续成功的企业领导者，往往会把价值体系的重心固定在“低级需求”上，不知不觉地停止了自身的成长，结果是自己不知不觉地成为企业持续成长的瓶颈。

那么，价值超越的源动力是什么呢？

有的来自老师的启蒙，有的来自导师的指导，有的来自高人的点拨，有的来自博览群书之后的开悟，有的来自失败挫折之后的顿悟，也有的来自深入实践过程中的领悟。

徐万茂的价值超越，首先来自原生家庭给予他的精神与道德的启蒙以及他作为家族继承人的责任伦理。这使得徐万茂在进入竹编厂之前，在他的价值体系当中，“高级需求”诸如伦理、道德已成为优先选项。

1981年文教的兴办，意味着他把家族及个人的教育“理想”——这一自身的“高级需求”与企业的新使命紧紧地捆绑到了一起，由此催生并完成了华茂的第一次转型。

三面镜子

原因是力量的源泉，而内在的价值体系就是行为之因，内在价值体系会外化为认知方式和行为方式，从而支配着人的行为。反过来向内推，具体而言，一个人如何面对名利、如何为人处世、如何做事，则是显现其内在价值体系的三面镜子，也可以映射出企业领导者价值超越的状态。

第一面镜子是“名利”基本观。

企业领导者的名利观，决定了他如何与名利相处。名和利对人的影响之大，在人还没有拥有它的时候，是无法想象的。企业领导者在拥有名利之前实现价值超越，会更有利于企业领导者和企业的持续成长。

徐万茂的名利基本观是以淡泊精神为“底座”的，他对名利的淡泊是自然而然的，不需要通过“吾日三省吾身”、打坐、冥想或者别的方式，他认为追逐名利本身就是一种贪欲，而淡泊名利本身则是一种境界。

从这个角度上讲，徐万茂是一位幸运儿，他的价值超越，几乎完全是因潜移默化地受到爷爷、奶奶、父亲、母亲的熏陶而实现的。“我奶奶就像过去京剧里的阿庆嫂一样，什么东西都会分享给别人，乐善好施，广结人缘，完全是土生土长的‘淡如水’，不需要后天的所谓修炼与自律。”徐万茂说。

徐万茂的名利基本观具体体现在三个方面。首先是“没有太多功利心”。徐万茂从加入竹编厂的第一天开始，更多的是以一种责任心在做事，追求为企业创造出价值。比如，人家都争着想做厂长，徐万茂却是在县进出口公司领导三顾茅庐之后，“被逼着”做了厂长。在这个过程中，无论是“进”还是“退”，都是淡泊名利的结果。

其次是坚守“公私分明”。徐万茂说，自己的一生中，有三个最大的遗憾。第一个就是自己总去北京出差，竟一次都没有陪父亲到北京，去看看他最想看的天安门，“到现在为止，这是我刻骨铭心的遗憾”。第二个是母亲苦了一世，没有让母亲享过福。徐万茂的母亲是1982年去世的，享年56岁，徐万茂1978年就做了厂长，在这之前又一直是竹编厂最好的设计员和业务员，如果不是严格地遵守“公私分明”，就谈不上让母亲“苦了一世”。第三个是对子女的读书教育上面没有尽到责任。三个女儿只读到了初中。1981年做了厂长后，竹编厂生意好，不等于家里的经济条件好。当时徐万茂的工资是36元一个月，妻子每天要带着锄头到山上干活，两个人收入加到一起，养4个孩子也挺吃力。但家规刻在脑子里，绝不偷人家的东西，绝不占公家的便宜。

在当时遍布全国的集体企业中，在收入平均化的分配制度下，厂长用私设小金库的方式提取招待费用或者提高个人收入是一个极其普遍的事情，但徐万茂从来都没有碰这根“几乎消失了的红线”，以至于在审计风波中，当检查组没有查出小金库的时候，人人都感到不可思议。

最后是“公事私做”，意思是把公家的事当作自己的私事一样去做。公事私做实际上是由徐家“三大精神”（责任精神、和合精神、淡泊精神）催生、外化出来的一种职业精神，而当一种做事的方式，一旦内化为你的精神，结果就是，别人觉得你很特别，你自己倒觉得这很正常。

基于这种“公事私做”的职业精神，徐万茂很早就延伸出这样一个关于企业领导者与企业之间的关系的认知：无论产权形式怎样，华茂本质上是属于社会的，不是属于他个人或者家族的。他真正希望的是，华茂能够通过一代又一代的人持续地做下去，而他自己或者他这一代人的任务只是把华茂的基础打实，然后把它交给下一代。

基于上述认知，徐万茂又悟出三个观念，其一是关于企业领导者自身的定位。他把自己、继承人乃至徐氏家族定位为华茂的服务者和承担无限责任的人。这实质上是一种“生而不有，为而不恃，长而不宰”的领导力思想，是一种生生不息的发展观，而且与徐万茂后来延伸出来的“打造百年华茂”的发展愿景在逻辑上是自洽的，也是匹配的。

其二是关于贡献。徐万茂认为华茂的成长是大家一起做贡献的结果，不要太突出他一个人所做的贡献，“在这个过程中，我是当家人，别人不会抹杀我的功绩，但华茂绝不是我一个人的功绩，我只是华茂的一个代表而已”。

其三是关于功名。徐万茂认为，华茂为社会创造出价值，社会记住华茂，这是正常的，对于个人来讲，如果一个人的名声是社会主动给你的，这样的名是有价值的。但“如果我去吹嘘自己的名，这样做就是自私的，而这样得来的名也是虚的，是过眼云烟、昙花一现的，我不需要这样的虚名。现在社会上对我有了点记忆，很多宁波人知道这个城市有我这么一个人，这是大家实实在在地给我的名声，我觉得这已经很不错了。”

第二面镜子是“为人处世”基本观。

企业领导者为人处世的基本观，决定了如何与人相处。徐万茂为人处世的基本观念，可以被概括为两条法则：其一，严以律己，宽以待人；其二，成人之美。

首先来看“严以律己，宽以待人”。这句话人人都会说，但要想真正做到是非常难的。

在家族中，徐万茂的家庭责任心极强，底线意识极强，自律意识极强。“他的家族责任心是底线意识和自律意识的源头，他知道自己对家族负有责任，要为家族成员做出表率，这就需要严格的底线意识和自律意识，如果不自律，子女可能也就走偏了。”二弟徐万平说。

在企业里，徐万茂很早就掌握了职权，但他只是把职权当成责任，当成承担责任、实现使命的工具。

回忆起父亲在这方面给自己的启蒙，徐万茂说：“在为人处世上，我父亲一生都情愿自己吃亏，吃一次、两次亏是容易的，但要培养出这样的品质是不容易的，只有靠内心的淡泊才行。”徐万茂认为，要想在为人处世方面“严以律己，宽以待人”，就需要培养淡泊精神；也只有拥有了淡泊精神，才可以帮助人从根本上戒除贪念，不把吃亏当吃亏，结果自然是“严以律己，宽以待人”了。

其次来看“成人之美”。“成人之美”，就是乐于帮助他人实现愿望。

“成人之美”出自《论语》“君子成人之美”，若将其放在现代组织管理的语境中看，其内涵可以被这样理解：使个人目标和组织目标相一致，通过激发人的善意和潜能实现目标，它需要企业领导者的领导风格从控制型向赋能型转变，要更开放、更民主、更富有“爱商”和人情味儿。

作为企业领导者，如果能够将“成人之美”作为管理的出发点和落脚点，员工就会感受到“你是在帮助我，而不是在命令我”，自驱力便得以激发，从“我能干”“我不得不干”转变为“我想干”“我愿意干”。

无论是和家人相处还是和员工相处，徐万茂都把“成人之美”的管理思想贯彻其中。和家人相处，正如儿媳陈京波所说：“我们这个大家庭三代同堂，如果用两个词来概括就是‘阳光’和‘民主’，这使我们感到幸福，孩子也能更自主地成长。”她说：“公公有三个特点：第一是慈，在家里是一个完完全全的慈父，对孩子百般呵护，从未听到他的呵斥；第二是民主，他尊重所有人的意见，从不把自己的想法强加于家人，也不会逼迫家人去做自己不愿意做的事情；第三是担当，公公的家庭责任感非常强，无时无刻不影响着大家庭当中的每一个人。”

和员工相处，从之前提到的“打麻将”“一张坐票四人轮流坐”等案例，就能看到徐万茂的民主型领导风格。他的一个基本的组织观念是，职务有别，身份平等。对于下属，他首先是尊重每一个人。其次，身教重于言教。他很少直接告诉下属哪儿做对了、哪儿做错了，或者应该怎样、不应该怎样。他说：“身教重于言传。只有你悟出来的东西才真正是你的。如果你不会悟，教你也没用的；如果你会悟，也就不用我教你了。”

德鲁克说，每个人都有遵循自己的价值观、发挥长处、贡献社会的责任并由此获得幸福。

这是德鲁克基于人的“劳动属性”的理论假设。而徐万茂的这种“悟式领导”，恰恰是从这一假设出发的，其核心在于通过企业领导者自身的以身作则，循循善诱地激发出下属的自驱力，包括自主学习、自主工作、自主成长的能力。员工在这样一种平等、包容的组织氛围中工作，就会是坦率的、忠诚的、勤奋的、创新的，也会形成这样的组织氛围，所谓赋能型组织才能被构建起来。

需要画重点的是，在“成人之美”的管理思想下，徐万茂对人和对事是不一样的，对人要宽厚，对事则极其严格，事情做不好，人终究无法成长起来，所以一旦进入工作场景，之前那个“宽容温柔”的徐万茂就不见了，一个“齐庄中正”“文理密察”的徐万茂便出现了。

第三面镜子是“做事”基本观。

企业领导者做事的基本观决定了战略方式（包括战略生成方式和战略执行方式）。徐万茂做事的基本观强调点面线结合，“点”就是文教等产业实体，“面”就是大教育，“线”就是学校、论坛等事业条线：在“点”上，强调抓住本质，注重细节，追求极致；在“面”上，做整体布局，强调耐性和韧性；在“线”上，强调创造力，不断推动由“点”及“面”的整合。

这种点面线结合的战略生成方式，在本质上与加拿大管理学大师亨利·明茨伯格提出的“雕琢战略”相似，都强调长期战略的刚性与中短期战略的柔性和创造性共济相生。

文教自1981年到1991年的成长过程，就是点面线式的战略成长。后来华茂推出的“三三一”战略，同样是由点线面战略成长催生出来的。

具体而言，文教来自徐万茂在航班杂志上看到的那篇文章所展开的“面”，这个“面”就是中国学生的素质教育。徐万茂随即抓到一个“点”——教学具的研发与生产，素质教育也就是教学具产品的本质。接下来从这个本质出发，文教开始了技术、价值、系统“三位一体式的创新”，不断地进行“连线”：先是连接学校这条线，然后连接新华书店，当然也包括百货商场这种错误的连接，直到拿下宁波学校的“通行证”之后，又通过六上京城，直接与国家教委进行了连线。文教最终以此做成了以教学具为圆心的素质教育的面。

点面线式的战略成长，对企业领导者和组织文化要求极高，尤其是专注力、耐性与韧性，而上述三种素质，正是由徐万茂团队从山上带下来的两样东西所发散出来的。徐万茂曾说过：“文教团队下山，只带出来两样东西：一是大山的淳朴，二是‘咬定青山不放松’的竹子精神。”

“非淡泊无以明志”，只有淡泊，才能保持专注，才能经受住各种诱惑。在坚守过程中保持乐观，直到把点做成面。“做事业就是长期坚持一件事情，不断地提高完善它。”他说。

点面线式战略成长还催生出了徐万茂独特的经营法则——钱从哪儿来，钱就到哪儿去。这条经营原则是从文教“取之于教育，用之于教育”的理念中总结出来的，本质上是一种企业生态经营思想，也可以被称作企业社会化的经营观，这成为后来华茂“三三一”战略中所定义的独特的经营理念（即以社会效益带动经济效益）和独特的产业结构（即教育事业与实业互动）的思想铺垫。

价值超越是领导力提升的必经之路

“领导者”就是有追随者的人，企业领导者靠什么来领导？不是靠职权来领导，而是靠领导力来领导，从而动员、组织、激励团队持续聚焦于目标。

徐万茂曾说，华茂的成长靠的就是群体奋斗。问题来了：为什么有的企业可以实现群体奋斗，有的企业就实现不了群体奋斗呢？深层次的区别就在于企业领导者的领导力水平。

从德鲁克管理思想中，可以提炼出这样的一个公式：领导力=资质×系统的学习×经验。德鲁克领导力三要素之间是乘法关系，任何一个要素为零，领导力就是零。其中，资质包括诚信和道德。总体而言，领导力价值超越之后所成就的个人品格与素质，也就是德鲁克领导力公式中的资质水平。

3000多年前，中国古代思想家老子提出了最为经典的领导力解决方案——“以其无私[1]，故能成其私。”意思是，领导者追求的不是小私，领导者追求的是大私，大私就是高级需求。在这个逻辑下，领导者要弱化低级需求，成就高级需求。香港一位著名企业家的座右铭是“建立自我，超越自我”，这8个字实际上说的就是，一个人要想成长，首先要建立自己的价值体系，然后再一步步地超越并提升原有的价值体系。

1　先秦时代的“无”字，并不是“没有”的意思，此处可以理解为“弱化”。

回过头来再看徐万茂的成长旅程：徐万茂从菜鸟成长为厂长，又从厂长成长为企业家的过程，同样是一个“以其无私，故能成其私”以及“建立自我，超越自我”的过程。徐万茂曾说过一段让人乍一听匪夷所思的话：“我一生成就的三件最大的事，都是‘稀里糊涂’地就有了——稀里糊涂得到了挚爱周菊芬，稀里糊涂地进了竹编厂，稀里糊涂地被任命为厂长。”

徐万茂讲不清楚到底自己为什么“被选择”，是因为早在家庭成长阶段，他就得益于“三大精神”“三大道德”的熏陶，“习惯成自然”地实现了价值追求的超越。而在别人眼中，他却有着独特的魅力，让妻子觉得值得伴随，让领导觉得值得托付。

1800年，法国经济学家理查德·坎蒂隆（Richard Cantillon）发明了“企业家”（entrepreneur）这个词，并将那些“冒险事业的组织和经营者”定义为企业家。紧随其后，“企业家精神”（entrepreneurship）这个词又被发明了出来，经济学家用它来描述“企业家所具有的独特性”。

使命的超越，责任的超越，价值的超越，就是我基于华茂1981年至1991年这段成长史，所提炼出来的徐万茂的企业家精神，它是华茂所拥有的“重要而特殊的无形生产要素”。“三个超越”又是怎样的关系呢？它们是“拧成一股绳”的关系。其中，价值超越最为关键，它成就的是领导力，领导力则将这三股绳拧成一股绳，最终保证了华茂第一次转型的成功。

结　语

徐万茂先生的大女儿徐双飞女士对我说的第一句话就是："我爸不是传奇，华茂也不是神话，他的经营管理智慧，是一点点积累起来的，华茂也是一点点长大的。"

这句话包含了华茂能够持续成长的秘密：不追求传奇，不追求神话，但追求使命，追求土生土长地——也就是不脱离现实地、不丢弃淳朴本性地——一点一点地去成长，去超越，去实现使命。

这显然是一个枯燥之旅，它是所有成功之路中最难走的路，却也是实现持续成长的捷径。

我们已经看到了，本篇讲述的并不是一个令人咋舌的励志故事，而是一个普通人如何通过不断地成长来领导企业获取不断的成功。

本篇所揭示的第一条成长逻辑是：企业领导者的成长拒绝跳跃，它是一个连续的过程。

"从菜鸟到厂长"的过程，告诉我们，要想成为一名职业经理人，你只须证明一件事——你就是那个能够带领团队把经济资源变成新价值并由此获得合理利润的人。

"从厂长到企业家"的过程，则告诉我们，企业领导者要想证明自己是企业家，必须亲自领导一次企业转型——你不但要为企业今天的绩效负责，还要愿意并且能够为企业明天的绩效负责，你要勇于超越现有资源的限制去实现对机会的追求。

如果一个人的梦想是从菜鸟直接成长为企业家，的确需要加倍小心，在徐万茂成长为厂长的过程中，伴随并积累的是基础能力和管理技能的成长，没有这些能力作为基础，要完成企业家式的"三大超越"，那将是一次风险莫测的旅行。

本篇所揭示的第二条成长逻辑是：企业领导者的成长不能脱离企业的成长，反之亦如是。

企业的成长，最难之处是转型。转型的本质是系统性创新，成功率只有10%左右[1]，如何完成这个“九死一生”的过程？

华茂历时10年的第一次转型为我们揭示的答案是：企业领导者实现“三大超越”的同时，一步一个脚印地推动企业往前走——从建立一个新使命开始，到三位一体地创新、打造信赖性，再到三把尺子过三关、大胆举债建新厂、超越契约精神去还债，直到六上京城获得全国教学具市场通行证，最终成为新市场的最大赢家。由此可见，企业的成长与企业领导者的成长，是相辅相成的。

1　引自Frost & Sullivan公司2004年的数据。

第三篇

教育战略三部曲

追求成长：华茂长期主义方法论

华茂的成长是主产业教育板块的成长和兼营板块、投资板块的成长的总和，各个板块之间又不是割裂的关系，而是一个整体的、相互强化的关系，三大板块在“以投资为纽带、以人才为根本、以制度作保证，一切服从于华茂事业的整体发展”的管理理念下，有机地成长。

本篇将解读华茂主产业教育板块的战略成长，战略成长就是在既定使命之下进行阶段性的以战略升级为目的的愿景开发和战略转型。

企业一旦过了创业期，战略成长就成为决定企业能否持续成长的关键因素，而绝大部分的失败也都是战略失败——要么是战略本身错了，走错了路；要么是战略没有得到有效执行。所以徐万茂总说：“我一辈子都在追求自知之明。”因为对于华茂来说，领导力和执行力从来都不是问题，就怕一时兴起“走错了路”。

华茂教育的战略成长，从“成为中国第一家教学具供应商”这一创业期的愿景起步，先后确立了三个里程碑式的愿景，分别是——做有规模的教育装备生产基地，做有特色的民办学校，做有影响力的教育论坛（东钱湖教育论坛，即DEF）。这三个愿景步步升级，既相互强化，又各自独立地进行着战略演进，最终的目的是构建一个以教育产业园（产业板块）、教育博览园（学校板块）、教育研究园（研究发展板块）为三大载体的教育生态。

本篇第六章“文教的逻辑”、第七章“华外的逻辑”、第八章“DEF的逻辑”将分别解读产、学、研三大教育板块基于各自愿景进行的战略演进，它们又共同构建起了华茂教育的战略成长逻辑，即产、学、研一体化的教育生态，而华茂教育持续进行着的阶段性战略转型的过程，也就是华茂教育生态不断成长直至走向成熟的过程。

第六章 文教的逻辑

1992年邓小平“南方谈话”之后，中国的改革开放进入了全新的阶段。

此时的文教，业已熬过山上的8年亏损和山下的2年亏损，产品通过国家教委中小学教材审定委员会的审查之后，进入了各个省份的《中小学教学用书及教辅用书推荐目录》。其意义非同小可，这意味着七色花品牌的教学具获得了中小学生教辅用书的资格，意味着一举打开了全国市场，意味着文教商业模式形成了闭环，意味着文教完成了创业期且站到了快速成长的起跑线上，意味着接下来的核心挑战从“活下来”转变为“如何把握住快速成长的机遇”。

快速成长期是创业企业梦寐以求的新境界，却也是一个风险重重的新阶段，顺利完成它，前方风光无限，否则就有可能前途渺茫甚至前功尽弃。有着近百年历史的美国科尔尼管理咨询公司（A.T. Kearney）曾做过一项经典的研究：企业到底是创业期的死亡风险大，还是成长期、成熟期的死亡风险大？答案不同于绝大多数人的主观感受——成长期的死亡风险最大。

本章总计四节：

第一节“黄金十年”探索文教赢得快速成长期的成功秘诀；

第二节“教训的密语”总结文教连续三次投资失败的教训；

第三节“拥抱磨难”反思华茂连续两次遭受重大冲击而没有倒下的根本原因；

第四节“火种与野地”解读近20年来文教的转型以及文教之于整个华茂的底层价值。

第一节 黄金十年

1992年至2001年是文教发展史上的“黄金十年”，文教成功完成了快速发展期，持续引领了行业发展，市场份额最高达到了80%左右，这个成绩放在国内各行各业当中都是罕见的，同时，文教与整个价值链乃至社会处于一种相融共生的状态，也同样罕见。

能够同时实现“两个罕见”是难上加难的，秘诀并不复杂，总结下来是“一个中心、两次转制、三个基本点”：“一个中心”就是以使命为中心，“两次转制”就是从乡镇企业转制为股份合作制企业，又从股份合作制企业进一步转制为股份有限公司；“三个基本点”就是做到企业活动三要素——产品、市场、渠道——的高度统一。用徐万茂的话讲：“我们没有什么特别的，只是坚持了常识，把常识贯穿到经营管理的方方面面、角角落落。”

以使命为中心

使命决定了企业“要为谁做出什么贡献”，以使命为中心的本质其实就是以顾客为中心。

创业期的企业，团队规模小，埋头做产品，文化高度统一，以使命为中心地做事并不难。到了快速成长期，团队规模迅速变大，职能分工细化，绩效考核与职能挂钩得越来越紧，如果企业领导者忽视了使命意识，员工的行为就很有可能与使命脱钩，不知不觉，使企业患上“小企业病”，出现急功近利、什么赚钱做什么、缺乏长远眼光、舍不得分享、创新动能降低等症状，结果是成长停滞。

1991年9月，七色花品牌的小学自然制作材料通过了国家教委中小学教材审定委员会的审查之后，让当时的国家教委基教司副司长游铭钧没有想到的是，徐万茂又向他提出一个请求：“我想请基教司支持我们成立一个劳动技能教育器材研究所，专门研究这个产品。”

“你们的产品通过了审定，这证明你们已经有了研究开发能力了啊。”游铭钧不解地问。

徐万茂说：“我不满足于现在的水平，不要国家一分钱，只需要给我们一个正式的名头，这样我们就能在全国范围内召集教育专家和优秀的人才一起来做这件事了。”

对眼前这位老徐，此时游副司长已经不仅仅是肯定，还有一丝钦佩了，他继续说道：“你们亏损了这么多年，刚有起色，又想办研究所，这么大的胃口！”

“我们既然成了全国第一家通过审定的教学具企业，就有责任搞一个高规格的劳动技能教育器材研究所，便于更有效地衔接国家教委的评审与监管。更重要的是，能保证我们不断地为学生们开发出符合国家标准的教学具，这是我们的使命！”徐万茂信心满满地说。

提出这个请求，徐万茂是经过深思熟虑的，七色花产品表面上看只是一套小小的手工材料，背后则需要系统的教育研究作为支撑。

游副司长终于被徐万茂的诚意打动，同意了徐万茂的请求，支持文教在宁波建立一个劳技技能教育器材研究所，并以国家教委基础教育教材中心的名义下发了正式批文。按规定，对企业办研究所应实施属地化管理，徐万茂接下来的工作是，拿着这个批文，回去具体落实。

徐万茂是中国改革开放以来的第一代企业家，那个年代的企业家，每向前迈一步，往往就意味着要突破禁区，但这也造就了他们敢想敢为、敢于挑战传统体制束缚的时代个性，虽然大地需要时间缓慢复苏，但好在春风已拂面。

回到宁波，徐万茂发觉，尽管手里握着北京的批文，劳动技能教育器材研究所仍然很难落地，原因很简单，研究所属于事业单位，要办研究所，首先要有事业单位的用人编制。文教是企业，去哪里弄事业编制呢？于是他反复去宁波市编制办去申请编制，对方皆以尚无先例为由拒绝了他。

正在困顿之时，中国改革开放以来的那个“最著名”的春天来了，1992年1月17日，88岁的邓小平乘专列从北京出发，开始了南方之行，从1月18日到2月21日，邓小平先后视察了武汉、深圳、珠海、上海等地，其间发表了一系列重要谈话，为中国走上有中国特色社会主义市场经济发展道路奠定了思想基础，强有力地为当时的中国拨正了航向。

四明山里经常下雪，徐万茂从小就知道，冰雪是从上面开始消融的，他以人大代表的身份，直接找到了时任宁波市委书记叶承垣。他把事情的前因后果向书记做了汇报，书记当即决定去文教调研。1992年5月4日，叶承垣率队来到文教实地了解了情况，得出的结论是，文教未来的发展，离不开专家、学者、设计师们的创造。

不久，由徐万茂亲自担任所长的宁波市劳动技能教育器材研究所（以下简称研究所）由宁波市委书记特批成立，这是全国唯一一家国家级的专门研究中小学教学具的研究所。国家教委随即向研究所推荐了一大批教育专家和高级教学具设计师，包括由80多位教育专家组成的顾问队伍。在此基础上，徐万茂亲自从应届大学毕业生中选拔了一支富有创新精神、热爱教育事业及擅长教学具设计的团队。后来的事情证明，在文教接下来的黄金十年成长期，研究所总计研制出了十大系列2000多个品种的七色花产品，成了文教成长的发动机。其间，七色花教学具凭借出色的功能性和创新性，获得了“联合国教科文组织儿童智能开发金奖”，至目前为止，文教仍然是唯一收获此奖项的中国企业。除了为文教创造经济效益之外，研究所创造了大量社会效益：比如承担了国家教委的许多重点攻关项目、国家级研究课题，其中数篇论文获得国家教委奖；又比如面向学校举办各种培训。

回头看去，建立研究所堪称文教发展史上一个极其关键的战略决策，但一个更有价值的追问是，徐万茂做这个决策的底层逻辑到底是什么呢？这显然不是一个以竞争为导向的逻辑，也不是一个以短期利益为导向的逻辑，而是超越竞争、超越短期利益得失的“使命逻辑”（贡献）和“责任逻辑”（责任）。只有“贡献”和“责任”才可以让人不计较短期得失，勇于去做正确的事，从而持续创造价值，最终获得长期利益。

“以使命为中心”，不仅仅体现在文教战略决策层面，还更多地贯穿到了日常决策的优先级中，久而久之，就形成了一种文化。

1995年夏天，辽宁、吉林两省发生了严重的洪涝灾害，沿途铁路不少路段被洪水冲毁，从宁波发往东北的一批七色花卡在途中，开学在即，“孩子、老师们如果不能按时拿到教学具，那就是文教最大的失职和耻辱”。徐万茂得知后，当即拍板，不计成本，临时租用汽车进行转运，及时地把这批产品送到了学校。

“这就是文教的文化——在赢利与帮助学生之间，优先考虑的是帮助学生，这远比赢利更为重要。我们几乎不会拒绝不赢利的订单，不管运费有多贵，不管是不是赔钱，我们都会把产品运过去，我们做到了，并为此而自豪。”徐万茂说，“最主要的是，员工们也在这种文化中感受到了赢利之外的更大的意义。”

从乡镇企业到股份合作制企业

企业的成长，需要不断应对不确定性和不断地创新，为了持续地做好这两件事，企业需要一个相对确定的体制和机制条件作为保障，改制就是为企业在市场环境中实现自主的持续成长创造最基本的体制、机制条件。

1992 年邓小平发表“南方谈话”后，国家出台了两个里程碑式的文件——《有限责任公司规范意见》和《股份有限公司规范意见》，标志着中国开始实质性地建立现代企业制度。1992 年10月中共十四大召开，大会报告明确提出了建立社会主义市场经济体制的目标，首次强调非公有制经济要与公有制经济共同发展，而不再是过去所提及的“补充”，同时，还将“有中国特色社会主义理论和党的基本路线”写入了党章，上述一连串基础性的制度安排，为中国民营企业的大发展铺平了道路。

鄞县乡镇企业发达，在宁波市率先启动改制，1993年7月，文教被确定为首批试点企业，整个改制计划是“两年两步走”：第一步，由乡镇企业改成股份合作制企业，先把分配方式的问题解决了，但属性仍然是公有制下的集体经济体制形式；第二步，由股份合作制企业再改制为集团型的股份有限公司，实现产权明晰。

没想到的是，第一步就差点“迈不开步”。

首先要了解一下什么是股份合作制。它是按劳分配、按股分红相结合的一种集体经济形式的制度安排，由企业职工共同出资入股，并吸收一定比例的社会资产投资组建，实行自主经营、自负盈亏、共同劳动、民主管理。优点是劳资紧密结合，能够调动员工的工作积极性，缺点是重要决策需要由全体股东表决，决策效率低，人才、资本等要素的开放性不足，流动性差。

其次，尽管当时企业已经红火了，但一听说要把挣到手里的钱再拿出去认购股份，而且还不能退股，许多人就担心股本金收不回来，其实徐万茂对于股份合作制、股份公司制完全不懂，都是被政策牵引着往前摸索，一边学习一边研究。

“我很简单，只要能促进企业顺利发展就行，一听说这种制度可以把劳资紧密结合，调动大家工作的积极性，这对文教的发展是有利的，我就带头认购了。”徐万茂说，“当时政策导向很好，我从1978年做厂长，一手把企业做大，自己的收入始终和大家差不多，大家想让我多认购一些股份，分红就多嘛，但我不想拿太多，最后只要了30%左右。”

文教这支队伍，是徐万茂从山上一路带下来的，都是跟着他10年以上的老员工，大家目睹竹编厂、文教不断取得突破，每遇到关键选择，一开始经常是徐万茂一个人在坚持，而后来的结果都证明他是对的，慢慢地，大家对他建立了某种“盲信”——无条件的相信，看到徐万茂认购了股份，其他厂级领导、中层干部、职工也都不再犹豫，纷纷按比例认购了股份。

1993年12月，宁波文教科技器材厂改制为股份合作制企业，徐万茂当选董事长兼任厂长，改制第一步胜利完成。文教当年的销售收入也实现了翻番，年底，大家都拿到了远超于往年的分红，尝到了改制的甜头，当然，大家看到的主要是登记在个人名下的分红数字。“我一直认为，钱多分了没什么好处，拿着钱都去吃喝玩乐了，不是好事情，不如用这些钱不断地扩大再生产，抓住机遇，赚更多的钱。”徐万茂说。

推动组织变革

在徐万茂眼中，股改同时也为组织变革带来了需求，文教有必要基于未来10年的成长需要，让新的思想进入管理层，让有新思想的年轻人得到更大的空间，否则，动力机制建起来了，组织能力跟不上也是不行的。

但这就需要让一些老干部退下来，这些人都是和他一起“打天下”的老搭档，对企业感情很深，谁愿意退下来呢？徐万茂首先想到的是夫人周菊芬。当时周是负责生产质量的副总，还在产品检验、车间主任等关键岗位上做过，威信很高，虽然只有45岁，但思来想去，徐万茂还是下了决心。

一天吃过晚饭，他对夫人说：“这次企业改革，事关未来的发展，需要把年轻干部提拔到关键岗位上来。你要是不退，怎么好让别人退下来呢？”夫人听罢，并没有感到吃惊，她知道的，但凡难事，徐万茂总要自己带头，而且只要是他想办的事，是必须要做到的。“好吧，我退。”夫人二话没说，第二天就告别了岗位，就这样，徐万茂推动的这次企业改革，把自己的夫人第一个调下了岗。

多年之后，徐万茂回忆道："夫人威信和能力都是具备的，从我内心上讲，是不想让她离开，但如果她不离职，就无法调换其他人。"

从股份合作制企业到股份有限公司

如果股份合作制的改制主要解决的是"动力机制"的问题，那么进一步改制为股份有限公司，核心要解决的则是"决策机制"的问题。随着企业的规模越来越大，成长速度越来越快，决策的效率和质量越来越成了文教成长的瓶颈。"对一个企业来说，没有一个人说了算，大家都说了算，企业就没法干好，拿主张的只能是个别人，利益则可以分享。"

1994年4月，文教又向宁波市有关部门提出申请，由文教、研究所、竹编厂等8家企业组成宁波华茂集团股份有限公司。

为此，宁波市有关部门还专门组建调研班子，对华茂进行资产核实和考察研究，最后形成调研报告，其中特别强调了两点：第一，华茂的前身是竹编厂，是村民们为了摆脱贫困，生产自救而组织起来的，国家没有投资一分钱；第二，宁波文教科技器材厂，更是由徐万茂带领员工白手起家干起来的企业，是民办企业性质。

随后，在讨论股权分配比例时，县领导认为徐万茂应该认购51%股份，当时华茂净资产是1050万元，他需要拿出500多万元现金认购股份。从1992年到1994年，文教经营业绩非常好，连年翻番，徐万茂个人的分红款一直放在公司未动，大约有200万元，但还差300多万元，家里又没有多余的钱，怎么办呢？县里为了鼓励徐万茂带头推进改制，特别推出了两项政策：法人代表的股权认购款可以分期付款；同时外加一笔专项奖励资金。就这样，徐万茂完成了股权认购，大家也都相继完成了认购。

改制还需要为股份有限公司起一个新的名号，徐万茂专程到北京，请国家教委的几个好朋友帮忙起名字：先是有人提议叫"四明山"，理由是企业来自四明山；还有人提议叫"万茂"，取自创始人徐万茂的名字。徐万茂说，"四明山"这个名字太区域化了，不够大气；"万茂"用作企业名号更不行，名字是爹妈给起的，万一企业经营不好，人家会说"万茂倒了"，父母和祖上太失面子，无论如何都不能用。大家又接着往下想，最后突然有人说出了“华茂”这个名号，徐万茂一听，果断地说：“成功了，就用这个名号！”

1995年4月，宁波市政府批准成立宁波华茂集团股份有限公司，徐万茂担任董事长，股东包括鄞县横街镇资产经营投资公司和徐万茂等84位自然人。自此，华茂史上第二次、第三次改制宣告完成，“华茂”作为公司名号也正式启动，取“风华正茂，香飘神州”之意。

经过两次改制，当时正处于快速发展期的文教可谓是如有神助。文教净资产在1989年几乎为零，第二次改制完成后的1993年，股本金迅速增长到1050万元，第三次改制完成后的1995年，注册资金激增到5250万元，此后更是一路高歌猛进，1995年年底公司制定的来年经营目标是，5000万元营收和1000万元利润，结果1996年单是利润就实现了6000万元。改制促进了企业的成长，符合包括政府在内的各方的利益。

徐万茂专门请了当地有名的石匠在文教东大门的横桁石上雕刻了四个大字——“与日俱进”，表达了企业上下同心、争分夺秒的干劲儿。1995年，华茂被国家农业部评为“全国最佳经济效益企业”。

三个基本点

不同于一般产品，2001年之前，由国家对教学具产品实施管理，由各地新华书店出版发行《中小学教学用书及教辅用书推荐目录》（以下简称《目录》），文教与各地出版社联合设计、出版教学具，生产、定价由文教负责，学校则按照《目录》选购教学具。

企业生产经营活动最基本的三要素是市场、渠道和产品。就文教来说。市场是全国的中小学校师生，核心渠道是新华书店，市场与渠道相对固定——主要是教育部门和事业单位。对此，文教的自我定位很明确——做好“勤务兵”，为政府、学校、新华书店做好服务。

服务好市场和渠道之后，产品就成为决定性因素，产品包括研发、设计、出版和生产，其中研发以研究所为平台，设计、出版则与各地出版社合作，这些资源都是一流的并且是成熟的，那么剩下的问题中，生产就是关键：教学具产品非常复杂，它不是单一标准化的产品，涵盖了从小学一年级到六年级的自然、劳技、美工、物理等多科目、多品类、多品种的教学具和教学仪器，产品总计达到数千种，每个品种都要紧扣国家教委制定的教学大纲并结合课本内容进行设计。对于这样一个庞大的产品体系和系统工程，在迅速增长的市场环境中，要如何打造一个高效而又灵活的生产体系呢？

凡此过往，皆为序幕，总结当年竹编厂发展外围加工户的经验和火烧竹编的教训，徐万茂带领团队发明了一种新的生产组织形式——“文教总厂+车间联合体”。

在这一生产体系下，车间联合体主要负责生产半成品，车间联合体交付的半成品经文教总厂验收通过后，后者会按合同价格按时付款，并完成其余工序，生产出成品。车间联合体由一个个独立核算、自负盈亏的“卫星车间”组成，卫星车间与文教总厂没有上下级关系，只有签约关系，卫星车间将文教总厂当作客户来对待。每个车间设一名主任，由文教任命，属于文教在编员工，其余成员则不是文教员工，由车间主任自行招工、用工并负责相关管理。

文教总厂的职能人员会按规定到卫星车间检查生产进度和产品质量，具体来说，质量检验有三个核心环节：第一是封样，对于任何一个品种，车间都要向文教提交样品（交样），经文教验收合格后，进行封样（样品封存），以后车间陆续交付的产品的各项质量指标，皆以封样为标准进行验收，经文教抽检合格后才能入库；第二是过程监督，文教会派出专职质检员不定期、随机地到车间进行流程检查和产品抽查；第三是生产全程可追溯，每个车间的员工工号和产品编号一一对应，每个批次的产品都实现了生产过程可追溯和质量可追查，如果产品抽检后不合格，整个批次的产品都要返工。

张红波（现任华茂文教股份有限公司行政副总）2002年进入文教做质检员，主要工作就是对卫星车间的产品进行质检，当时有21个卫星车间，每个月每家检查一次，对每个车间的每个订单的首批产品她都要进行封样，生产过程还要不定期地巡检、抽查。

“车间联合体”是一种特定历史阶段的生产组织体系的创新，它最大化地保证了卫星车间的自主性，它不是纯粹以利益为纽带的商业联盟，而是一个兼具效率、信赖与忠诚的生产合作体系。车间主任都是当年跟着徐总一起下山的一代员工，他们从普通工人做到车间主任。随着企业迅速成长，徐万茂发展出这套合作体系，一方面是企业需要生产更具灵捷性，一方面也是出于为华茂“老兵”提供舞台的责任心。年轻的时候，这些人把青春献给了华茂，到了中年，要给他们创造独当一面的成长机会。于是卫星车间诞生了，慢慢地发展成为小加工厂，注册成为法人，从卫星车间发展成为卫星企业，一路走下来，他们对华茂文教极其忠诚，与华茂成为紧密的联合体，保证了华茂整体的竞争力。

其实，广泛发展车间联合体，也是出自徐万茂反哺四明山乡亲的初心，当年徐万茂率领文教下山，很多人骂他是“败家子”，如今事业做大，徐万茂完全不顾及这些乡亲对他的误解，回过头帮助大家赚钱，此等胸怀和气魄，令乡亲叹服。对此，徐万茂只过说一句话：“尽点绵薄之力，略表初心。”

20世纪90年代中后期，这些四处分布的卫星车间（很多位于四明山上）有效地支撑了华茂文教生产规模的扩张，文教凭借这套强大的生产体系，确保了教学具特有的“小批量、多品种、柔性生产、及时交付、低成本”的产业特性。在文教黄金十年发展期，累计开发了数千种产品，渐渐地，在教学具界流行了一句话：“只有你想不到的，没有华茂生产不了的。”

文教黄金十年间，华茂在中国教育装备行业中创造了多个“第一”和“唯一”：具有中国第一大教辅产品品牌的企业，中国第一个提出素质教育教学具概念的企业，中国第一个获得国家驰名商标的教仪企业，中国第一个实现产、学、研一体化的教仪企业，中国第一个通过ISO9000认证的教仪企业，拥有中国教仪行业唯一的驰名商标七色花，中国唯一获联合国教科文组织儿童智能开发金奖的企业，中国唯一创办产品应用实验学校的教仪企业，等等。

独特的红利

有必要追问的是——这样一支没读过多少书的山民队伍，凭什么能够在短短10年间在中国知识分子扎堆的教育领域取得如此之大的商业成就？它一定是利用了某些独特的资源并激发出了某些独特的红利。

20世纪90年代是中国人口红利最为充沛的年代，适逢发达国家和地区以降低成本为目的展开“去工业化”和产业转移，中国本土的民营企业、外资企业一起把中国打造成了世界工厂。但是，在这个过程中，只有极少数企业不但利用了人口红利，还看到并利用了另外两个极少被媒体提及的红利，即乡土文化红利和自主文化红利，它们是中国民营企业在特定的历史阶段所拥有的独特的管理红利。

乡土文化红利指的是由于利用乡土文化的凝聚力而产生的红利，这在江浙、福建等地尤甚；自主文化红利指的是中华传统文化中的“自助者，天助之”“自求多福”的生存理念，包括徐家家规中的“靠自己”，也是源于自主文化。

华茂正是20世纪90年代充分利用了上述三种红利的企业之一。人口红利自不必说，徐万茂从山下带来的文教队伍，短短几年就把教学具产品覆盖到全国。以这支队伍为核心的乡土人才队伍，其特点是文化认同感极强（比如勤奋、诚信等），忠诚，自律，具有高度执行力。对于整个华茂，徐万茂采取的是“以信任为基础的充分授权”式的管理方式，这种管理模式建立在“乡土文化”和“自主文化”的基础之上，华茂由此获得了乡土文化红利和自主文化红利。

需要指出的是，相对于人口红利，乡土文化红利和自主文化红利并不容易被激发和利用，它需要企业领导者拥有强大的领导力才行。首先，乡土文化红利具有一定的历史局限性，它在企业迅速成长期最为适用；其次，乡土文化与企业使命有时也会发生冲突，此时，基于使命所下的决策要成为优先选项；最后，企业进入成熟期之前，需要把乡土文化占主导地位的用人模式转变为开放性的用人模式，并在此过程中做强企业文化，否则企业将难以进入成熟期。

“一个中心、两次转制、三个基本点”是我基于华茂文教从1992年至2001年这黄金十年所提炼出来的、华茂完成快速成长期的成功秘诀，三者是相辅相成、缺一不可的关系。其中，坚持“以使命为中心”，帮助华茂解决了迅速成长过程之中随时可能出现的、可能致命的“小企业病”，打造出一个以客户为中心的长期价值体系；两次转制，帮助华茂解决了支撑持续成长所必备的动力机制问题和决策机制问题，也为企业领导者进一步发挥企业家精神创造了必需的体制环境；三个基本点，则帮助华茂解决了主要矛盾，使华茂最终赢得了竞赛。

第二节　教训的密语

企业面对失败，通常有三种态度：第一种是保密，怕泄露出去有损企业形象；第二种是到处说，总归是别人的不对；第三种是充分检讨，以免重蹈覆辙。

华茂属于第三种，徐万茂认为，不能老是说自己好，否则下一代怎么会知道成功来之不易。失败是财富，究竟败在哪里，是要教给下一代的，不失败是不可能的，关键是在同一地方不犯第二次错误。

不仅如此，华茂的"失败学"又向前迈了一步——将从自身的角度总结失败教训上升到从领导者职业资质的层面上来看待失败，徐万茂说："我们要勇于从主观中找原因，一个主要领导最可怕的是只找客观原因，把责任推给别人，如果不从主观上去找原因，永远认为自己是正确的、人家是错的，那么大家就都讲奉承话、不讲真话了，结果就是身边无将，成了光杆司令一个。"

在华茂文教黄金十年的后半段——从1995年到2003年，华茂先后遭遇了三个重大项目的投资失败和三次意外冲击，谈到这一阶段的体会，徐万茂用了四个字——"伤痕累累"，但他马上又追加了四个字——"善待挫折"，意在为失败和磨难确立一个原则：汲取教训，反求诸己，莫归咎于人。

本节对三个失败项目的解读，就是建立在上述原则之上。

节能灯项目：为何没有复制文教神话？

20世纪90年代的后五年，是华茂教学具业务的鼎盛时期，华茂积累起庞大的资金，与雅戈尔、杉杉并称"鄞县民企三驾马车"，带动了整个鄞县的经济发展，前两者在全国名气很大，但要论哪家最赚钱，当数华茂。

华茂内部资料显示，1996年实现净利润6000万元，1997年利润超过1亿元，此后每年递增，直到2000年达到2亿元净利润，此时华茂文教已经占据了全国70%以上的市场份额。

华茂主管财务的副总裁叶永庆，当时还是宁波农行直属分行的一名普通会计，据他回忆："华茂在农行一直有存款业务，存款量非常大，大家都知道这家公司很有钱。"

这一时期，也是中国商业跑马圈地的时期，面对大量投资机会的出现，徐万茂着手进行新兴产业的投资布局。

他首先感知到的是节能环保产业的发展脉搏，这是一个巨大的产业，在中国的发展尚处于朦胧阶段，加上国家正在推行"绿色环保"和"节能降耗"，相关配套政策也很好。

1995年10月，宁波华茂光电有限公司在文教大院成立了，主营业务是自主研发节能灯，徐万茂把它交给某副总Z全权负责，这是他一贯的用人方式：只要建立了信任，就充分授权，共担责任，充分放手让下属发挥才干，这就是以信任为基础的充分授权制。文教的成功，说明这种组织管理方式非常奏效。

Z于1993年加入华茂，是华茂股改之后引进的首批新生力量，知识层次高、有国际视野、口才好、志向高，徐万茂一直将他留在身边工作，很是信任。

Z接手节能灯业务之后，描绘出了一个"高举高打，内通外达"的战略蓝图：高举高打，即自主研发核心部件，创建品牌，不搞组装加工；内通外达，即国内外两个市场统筹兼顾。

蓝图画起来很美，落地却困难重重。首先是研发，节能灯关键部件是节能灯管，当时没有国家标准，就遵循国际标准，样品开发还算顺利，到了中试环节却卡住了，废品率居高不下，导致成本过高，只能拔高产品售价。以7瓦节能灯为例（相当于60瓦白炽灯），单价高达20元左右，是当时60瓦白炽灯单价的10倍以上，无法形成替代市场。

其次是国际市场开发，1996年到1997年，团队埋头于国际技术认证，先后通过了欧盟CE认证、欧共体EMC认证、德国GS认证、美国UL认证等十几个国际认证，但产品开发和市场开发没有跟上，耗费了大量的时间成本，直到1997年年底，样品通过了美国GE公司的检验，有望为GE做代工，但终因价格问题而未能达成合作。

两年过去，华茂光电的"高举高打，内通外达"战略落地效果不佳，市场却已今非昔比，譬如7瓦节能灯，广东市价已经降至8元左右，意味着华茂光电在国内市场已处劣势。

华茂整体上的兴旺在很大程度上掩盖了华茂光电的困窘，文教又何尝不是经历了8年亏损才走过来的呢？

而且当时的华茂正在落实更大的扩张计划：1996年，华茂在美国洛杉矶设立“华源控股公司”，走出了国际化的第一步；1997年，华茂成立北京华茂计算机软件开发有限公司，同时，宁波凯洲酒店项目也进入筹备期。

在这种情况下，华茂总部没有帮助华茂光电检讨战略的适宜性，华茂光电也基本没有调整，沿着惯性又往前推进了两年。在这个过程中，华茂光电做了两件事：一是1999年4月，把“华茂光电”更名为“华茂照明”，原因是“光电”的谐音是“光垫”，不吉利；二是拿下了巴西市场的一个价值200万元的大订单。团队如久旱逢甘霖，节能灯车间干劲冲天，可发完货柜十余天后，竟发现采购商失踪了！

这件事让徐万茂意识到了问题的严重性，决定走马换将，由时任华茂办公室主任的项丽君（现任华茂教育集团董事兼总裁）接替Z，项于1993年8月加入华茂任办公室主任，她上任的“第一把火”，就是把文教财务部从人工记账时代带入了财务信息化管理时代，徐万茂当时这样评价她：就如一条鲶鱼，带来先进的思想和外部力量，搅动了原来平静的湖水，加快了公司的改革。

从此以后，徐万茂经常委派项丽君做“救火队长”。

项丽君接管华茂照明一段时间后，向徐万茂汇报了两件事：“第一，经查，骗货200万元的采购商是Z的弟弟；第二，华茂照明的问题，不是局部的问题，是整体的问题，团队、战略、运作模式都存在问题，已经跟不上市场的节奏，再做下去，有可能成为一个无底洞。”

徐万茂是不轻易说放弃的人，但考虑了一阵子之后，他下了决定——放弃节能灯项目。

在持续亏损了7年之后，华茂照明于2002年6月30日完成了注销清算。华茂照明虽然与当年文教一样持续亏损多年，但最终命运却大相径庭，它没能复制文教的辉煌。

这次失败，表面是用人不当，实则揭示了华茂在公司管控方面的漏洞，传统的管理方式已经驾驭不了新的发展局面。

教育软件项目：相同使命之下，为何不能开花结果?

教育软件项目与节能灯项目不一样，它处于华茂既定使命范围之内，本质上是一次产业转型升级。

1997年，中国软件产业高速发展，计算机管理教学呼声渐高，徐万茂嗅到了产业升级的机会。

当年，华茂决定投资500万元，在北京设立华茂计算机软件开发有限公司（以下简称华茂软件），业务方向是开发教学管理软件。

借助华茂在教育界的丰富资源和社会影响力，华茂软件汇聚了上百名知名的计算机专家和教育专家，华茂将他们组成了顾问团，然后通过向社会公开招聘的方式，组建起职业经理人团队，总部充分授权，放手让他们干。

与当年文教团队一样，顾问团队和管理团队充满了改变中国教育的情怀，不同的是，他们拥有的资源多得多，条件也好得多。

1999年年底，华茂软件推出教育平台1.0版本，顺利通过了国家教育部的审定，也是国内最早通过这一审定的教育软件产品。通过审定的那一刻，华茂人想起了1991年秋天的七色花，他们开始憧憬着：华茂软件是不是也能像七色花一样在全国市场一炮打响?

结果却是销售不佳。

2000年9月，华茂软件换将，重新聘任了更擅长销售的D担任总经理，在D的领导下，一方面推出了教育平台2.0版本，一方面致力于山东、海南、河北等省的市场开拓。

在这个过程中，华茂软件暴露出致命的问题——产品开发与销售严重脱节，始终没有基于市场真实需要做好自身的定位，结果是，三年下来，既没有成为研发型公司，也没有成为市场型公司，既没有聚焦于核心技术的突破，也没有形成市场优势，处在了一种尴尬的境地。

2002年，持续亏损的华茂软件，无法实现资金再循环，支付危机出现了，D申请辞职，团队士气低落，华茂决定对其进行注销清算。

软件项目的失败，看起来比节能灯项目可惜，使华茂错过了一次产业升级的窗口期，如果仔细解读，它仿佛在陈述一条密语：即便在同一使命下，即便有了更丰厚的资源，企业领导者伏下身子深耕市场才是最重要的，这也是文教成功的根本。

凯洲酒店项目：骗局因何得手？

1997年，华茂决定在宁波投资5000万元，与A先生合作经营凯洲酒店（以下简称酒店），酒店由华茂控股，聘任A为总经理，徐万茂与A的商业交往已有数年，彼此间建立了信任。

酒店开业后，客流量超预期，徐万茂表示满意，但随着时间的推移，到1999年年初，徐万茂觉察出了问题：为什么生意明明很红火，A却总说酒店亏钱？

徐万茂决定一看究竟，看了一整天账本之后，他发现账上存在不明支出，要求A做出解释，A却闪烁其词。

徐万茂做厂长20余年，战略上大开大合，细节处同样明察秋毫，此时他感觉不妙，这件事已经触及了诚信底线。

回国后，徐万茂深思熟虑，最终与A摊牌，华茂决定撤资，A听罢，翻了脸，拒不认账。

5000万元在当时可是一笔巨资，华茂方面与A交涉多次，仍然未果，遂聘请律师，在宁波市中级人民法院对A实施起诉。“华茂一直靠诚信做生意，与公安、法院、检察院从未打过交道，朋友倒是有，一直觉得不会与他们有业务上的往来，这是第一次打官司。”徐万茂说。

有一天，徐万茂从宁波市人大开完会，正往回赶。办公室主任来了电话：“徐总，有一批记者来了，气势汹汹的样子，说是为了酒店的事，A向报社举报我们骗了他，你回避一下吧。”

徐万茂说：“这有什么好回避的，让他们等我，我一会儿就到！”

约20分钟后，徐万茂的车驶进了文教大院，下车后，同事们看到他气定神闲的样子，径直来到5楼办公室，七八个记者严阵以待，摄像机、照相机都架好了。

“关于该酒店的事，A先生到报社举报了，有这回事吗？”

“有的，看来你们比我更了解这个事情，对方没有错，错在我们。”

徐万茂的回答出乎记者们的意料，气氛瞬间缓和了下来，那个年代，外资商人在中国社会的地位很高，A是外商身份。

“那请具体说一说，你们错在哪里？”一位领头的记者问。

徐万茂微微一笑：“我们错在，活了这么多年，还不懂什么是社会，社会各种各样的人都有，有些人偷了东西，却贼喊捉贼，对这种人，我们了解得不够。”

徐万茂接着说：“这是明摆着的，在这个局里，只有华茂是真正把钱拿出去的，谁骗谁，谁坑谁，这里面到底有什么猫腻，请你们去调查清楚，相信你们最后会做出很好的判断。”

徐万茂的开诚布公和磊落气度，一时间震住在场所有的记者。

徐万茂继续说：“你们能来，我很欢迎，总算有新闻单位愿意公正地看待这个事情了，华茂的大门对你们完全开放，你们可以自由采访，我相信法院能给出公正的判决，我相信你们的报道会是公平、公正的，其他的我也没有什么好说的。”

记者们本以为徐万茂也会说一大通对方的不是，却没想到一丁点抱怨都没有，摄像机也收起来了，照相机也放下了。

后来，徐万茂了解到，A事先给那家报社投了10万元的赞助费，然后编造了事实，鼓动记者来采访，目的是向华茂施压。

后来该报记者做了进一步调查采访之后，还写了一则篇幅很大的报道宣传了华茂。A看到报道之后，气急败坏，去报社大闹了一场，自己花了10万元，却为华茂做了“广告”。

不过尽管如此，华茂仍然没有避免这次投资失败造成的巨额损失，由于没有锻炼出国际化能力，掉进了对方设计好的商业陷阱。

两条教训：价值 1 亿元

节能灯项目、软件项目、酒店项目，一连串的失败，历时8年，华茂累计亏掉近亿元。

每一次失败里头，都隐藏着成功的密语，如果说只有一条普世的成长哲学，那就是——成长=失败×成功×总结经验教训。“所有的事情都是关联在一起的，三次失败的投资也是华茂持续成长的一部分。”徐万茂说。

徐万茂总结了两点教训：第一，要解决制度问题；第二，不跟风，不眼红，想进入一个新行业，没有准备好合适的人才，坚决不做。

第一，徐万茂所说的“制度问题”，实质上指的是内部控制体系（简称内控体系）的缺位。所谓内控体系，即为合理保证单位经营活动的效益性、财务报告的可靠性和法律规定的遵循性，从而自行检查、制约和调整内部业务活动的自律系统。

华茂自1991年以来一路做大，在生产作业管理方面的制度上，不但做到了精细化，而且富有创造力，但在组织管理的制度方面，则更强调以信任为基础的充分授权，制度化的内控体系被忽视了。将这套办法用在文教团队上非常管用，但用在对三个投资项目的管控上，则无一例外地失灵了。因为这套管理模式的背后是乡土文化，如果失去了这个根基，又没有内控体系做保障，失败就成了大概率事件。“光讲信任是不够的，人是会变的，没有制度去监督、约束人的行为是不行的。”徐万茂说。

酒店项目的失败，核心原因就是内控体系的缺位，无论是最早的竹编厂还是文教，华茂一直靠着责任、眼光、勤奋和诚信打天下，在打有关酒店的官司之前，徐万茂甚至认为，华茂与公、检、法不会有来往，正是这场官司，使他加深了对商业的理解：这是一个“情理法”并用的商业社会，企业要想持续成长，必须重视“法”，不能光靠“情和理”。

第二，关于投资和人才储备的问题，徐万茂认为，坚持教育主业与面向其他产业的投资并不矛盾，投资是非常重要的经营行为，因为不用参与经营与管理，不会分散创领者经营主业的精力，就可以获得收益。

所以三个投资项目的失败原因，不在于该不该投资，而主要在于人才缺位和前面所提到的内控体系缺位。华茂在投资项目之前，没有相应的人才储备。这里所说的“人才”，是既能理解行业本质，又能深入到企业实践中去的管理人才——前台的管理团队，总部后台的管控体系，都要配备这样的人才，这样才能制定出正确的战略以及及时地进行战略纠错。

节能灯项目和软件项目，前台管理团队在战略上都出现了问题，节能灯项目的战略不够接地气，软件项目的前两年更是有“关起门来搞研发”的味道，不像当年文教那样，直接进入市场，在市场中不断发现问题，不断解决问题，最后才实现了“六上北京”的成功。

战略错了，团队、文化就会跟着错，而内控体系的缺位，又导致华茂总部无法掌握项目的发展进程，到最后只能壮士断腕，失去了挽救的价值和余地，节能灯项目与教育软件项目的失败，基本上是这个逻辑。

华茂走上了正确的方向

与1981年决定兴办文教、1989年决定下山一样，在华茂成长史上，1998年是另一个具有转折意义的一年，这一年，华茂决定投资5亿元创办宁波华茂外国语学校。

用如此巨大的投资体量来兴办一所民办中学，在当时的中国实属罕见。这是华茂在20世纪90年代后半期启动的一系列投资当中分量最重的，之前三个项目的投资，与这次投资的体量相比，完全不在一个水平上。

徐万茂是一个视野开阔、思想开放、不拘一格的战略家，四项投资，就像他相继投下的四颗棋子，他的目的是，让自己看见——同时也要让团队看见——究竟哪条路线更能引领华茂未来的方向。

随着前三项投资先后铩羽而归，华茂更加坚定地走向了产、学、研一体化的教育之路，这意味着，经历了中国改革开放以来所有商业机会的华茂，最终确认了一个真正属于自己的主业。

这对于任何一个追求持续成长的企业来说，都是极为关键的一步，很多企业在完成高速成长之后，就是因为不能在主业的问题上达成共识，导致企业偏离了重心，最终停止了成长的脚步。

此后，华茂停止了国际化战略，暂停了多元化投资，一方面专注于产、学、研一体化的教育产业、事业的发展，一方面基于投资失败的教训进行“补课”——要是没有那三次失败的投资，恐怕华茂很难清醒地意识到这些“课”必须“补”。

首先，在内控体系方面，华茂将“以信任为基础的充分授权”模式，进化为用人上的“高度信任下的现代契约制度”和公司管控上的“充分授权下的全面预算管理制度”。

其中，所谓的现代契约制度，是指当事人之间建立以意愿性为基础的、必须实施兑现的共同承诺，本质上是一种具有共同认可性、共同意愿性、必须兑现性的承诺。契约制度是西方法治社会的基础，那为什么华茂在用人方面要在契约制度前面加上“高度信任下”呢？这是在接上中华文化传统的地气，中国是一个人情社会，在中国用一个“情理法”并用的规则更为有效。

而全面预算管理制度是一种财务上的集权制，前面加上“充分授权下”，意味着项目团队在业务上获得足够的自主性，以此实现总部对于投资项目的风险可控性。

其次，在人才储备方面，华茂先后两个阶段大规模地从社会上引进大批青年骨干人才：第一个阶段是从1995年到2000年，第二个阶段是2000年至2006年的徐万茂与徐立勋交接班窗口期。这些人才大多来自大型国有企业、国家教育部门以及民营企业，为华茂带来“补课”所必需的管理经验与专业知识。持续成长的企业，首先是一代又一代人前仆后继、努力奋斗的结果。从1978年到1997年，徐万茂从四明山带下来的队伍渐渐变老，到了享受生活的时候了。“人会变老，企业不能老化，企业必须建立匹配新时代的新队伍，这是持续成长前提。”徐万茂说。

回首20世纪90年代后半期相继发生的这些刻骨铭心的失败，徐万茂说：“它们彻底地教会了我们，改变了我们，直接导致了后来的华茂‘三三一’战略的出台，让华茂不再重蹈覆辙。”

华茂创领者“论失败”

有些成功可以一笔带过，但失败必须得到重视，失败的教训往往比成功的经验对未来更有价值。

——徐立勋

若不是那三项投资的失败，华茂不可能如此坚定地走上了产、学、研一体化的教育之路。

——徐立勋

确实是由于我能力不够、智慧不够、考虑不当，或者修养不足，造成了这么一个阶段性的困境。

——徐万茂

失败是有原因的，这个原因是不能推脱的，要承认失败，要总结失败。

——徐万茂

创业肯定是伤痕累累的，你要善待失败，不要恨它，坏事会变成好事，要向失败学习。

——徐万茂

第三节　拥抱磨难

企业不可能摆脱与磨难相处，企业必须学会与磨难相处。磨难善于击垮不健康的企业，而对于健康的企业，磨难只能促进它们成长。磨难主要来自困难、挑战、误解和恶意：困难与挑战是企业日常经营管理中的常态；误解主要来自信息不对称，这是不可避免的；而企业为了追求生存与发展，对内需要严格执行制度，持续推动变革，对外要积极获取资源，争取顾客——所有这些企业行为，或者触动了既得利益者的奶酪，或者遭人羡忌而引发贪心，总之，来自不明方向、不确定时间的恶意攻击同样难以避免。

追求持续成长的企业，如何解决由误解、恶意带来的磨难呢？徐万茂用了一句古话——“君子爱财，取之有道”，意思是，我坚持我的“道”，就不怕这些磨难。这里的“道”指的是什么？就是一种“框架意识”，永远知道自己做什么、不做什么以及怎样去做，从而保证企业在健康的轨道上发展，坦然面对磨难。

徐万茂为华茂的决策和行动规定了一个“企业行动框架”：上，对得起天；下，对得起地；前，对得起祖宗；后，对得起靠山。

“天”就是国家和政府的法律、规定、大政方针；“地”就是土地、社区、社会；“祖宗”就是徐氏家族的列祖列宗；“靠山”就是市场。

所谓“对得起”，就是强调上下两条基准线：下线指的是“不作恶”；上线指的是“成人之美”。

本节记述了华茂从1998年至2006年期间遭受的数次突如其来的磨难——有的来自“误解”，有的来自“恶意”；有的惊动了省、市司法部门，有的惊动了国家司法部门和监管部门。

正是由于华茂始终秉持着“框架意识”去追求成长，才使得每一次意外的磨难，都是福缘，而不是企业的灾难。

国家审计署的审计通知

1998年的一天，华茂办公室突然接到国家审计署要来华茂审计的消息。

徐万茂亲自做了回复：“欢迎来华茂审计！”

中国社会的传统向来对此类事件异常敏感，消息一经传开，外界立刻开始从各个角度揣测华茂到底出了什么事。

很快，国家审计署的一位王姓特派员带着审计小组进驻华茂，文教大院立刻透出一种前所未有的神秘而威严的氛围。

原来，按照相关政策，华茂享受了国家对于“校办企业”的税收优惠，1995年华茂转制为股份有限公司，并没有相关政策明确表明应该要取消这项优惠，华茂也就一直按照优惠税率缴税。显然，这次审计风波的根本原因是相关政策前后衔接不到位。

审计小组明察秋毫地核查了不同时期的政策、文件以及公司财务数据，然后对此事做了定性：不属于偷逃税款的问题，而是相关政策、法规没有做好衔接所造成的问题，不宜由企业承担责任。

最终，国家审计署责成税务部门取消华茂所享受的校办企业的优惠税收政策，而对之前所享受的优惠税收则不予追缴。

事后，徐万茂风趣地对同事说：“这次请国家最权威、最专业的审计机构为我们做了一次体检，没发现任何问题，这证明华茂是一家阳光企业！”

在审计工作中，审计官也充分体验到了华茂的诚信文化和务实的作风，王特派员与徐万茂结下了友谊。

次年，宁波华茂外国语学校一期工程建成，徐万茂特地邀请王特派员前来参观指导，外界的疑虑至此全部散去。

湖北省纪检委突击审查

1999年的一天，时任华茂文教销售副经理张国民，突然接到湖北省纪检委的来电，要求他火速赶往武汉，配合一起教育官员腐败案的调查。

华茂在武汉的销售额非常大，出事的这名教育官员分管教材，而华茂方面负责湖北市场销售的业务经理，的确与这名教育官员有业务上的往来。

张国民按指定的时间来到武汉，找到湖北省纪检委，刚一进门，招待他的不是热茶，而“尽快交代他（该腐败官员）的问题”的指令。

张国民是徐万茂手下的一员“猛将”，一路追随徐万茂，从山上到山下，为华茂文教的发展立下了赫赫战功，也成为徐万茂的大女婿。他非常清楚徐万茂是一个什么样的人、华茂是一家什么样的企业，以及应该培养什么样的人，他相信自己的手下不会违背华茂的原则。

“这样吧，我们不如一起去趟华茂总部，账目都在那里，你想怎么查，就怎么查，我们毫无保留地配合，直到得出结论。”张国民淡定地说。

纪检委干部遂与张国民共赴宁波，途中不许他与总部联络，计划搞一次“突击审查”。

调查组顺利到达华茂总部，不过，调查了整整三天，核查了相关的所有账目，审查结果表明，华茂文教与这起腐败案没有任何关系，也未发现华茂文教存在任何违规的项目。

这个结果多少让纪检委干部感到吃惊。徐万茂坦诚说道：“对于华茂这样的在体制边缘求生存的乡镇企业来说，要一步步走到商业舞台的中间去，确实需要很多人包括政府官员的支持，但我们把这种关系定位为‘相互支持’的关系。”

基于这种定位，华茂力追通过要做的事，来满足双方的需求，从而达到相互支持的效果：官员都有“为民做主，为民服务”的美好意愿，他们追求“创造政绩、造福一方”，而华茂追求做产业、做事业，不追求短期套利，做事情要在“上对得起天，下对得起地，前面对得起祖宗，后面对得起靠山”的框架之内。

基于此，华茂在请求政府官员支持的时候，首先会让他们理解企业要做的事情是否对社会进步、地区繁荣有利；其次是让官员们放心，企业是行得正、立得直的，能够满足他们正当的政绩需求；其三是会通过实际行动让官员们相信，华茂能够成为他们的得力辅佐；其四，如果有的官员还不能理解或不够放心，华茂会耐心等待，直到他们理解或相信了，再展开合作。“我们不会因为着急，就用不正当的手段与官员们发展私人关系，这不是我们的定位和选项。”徐万茂说，“这也是多年来我们得到了很多官员的大力支持，却从未触犯法律底线的最关键原因。”

洛杉矶资产争夺战

2000年，西方社会称之为千禧年。2000年1月的某一天，美国西部最大的城市洛杉矶，新年的喜悦依然挂在行人们的脸上。

美国华源控股公司，项丽君坐在办公室里，紧张地盯着表针。下午3点，也就是宁波次日的早上6点，项拨通了徐万茂的电话：“徐总，你能马上来洛杉矶吗？”

“什么？”徐万茂刚起床，项丽君极少这样说话，徐万茂意识到，那边出事了。

项刚从澳大利亚赶到美国没几天。华茂不久前在洛杉矶开办了一所学校，作为宁波华茂外国语学校的海外交流窗口，业务多了，需要人手，项就被临时派过来，华源控股作为华茂在美国的窗口公司，一直由Y负责，Y是徐万茂的秘书。

项在经办业务时偶然发现，好几份文件，Y冒用了徐万茂的签名，细看下去，Y竟然伪造文件，把华茂的海外资产转移到自己的名下！

当时华茂没有内部审计体系，Y与徐万茂的翻译联手，轻易地完成了资产侵占，要不是项胆大心细、忠诚、外语好，还不知道华茂要被欺瞒到什么时候。

兵贵神速，徐万茂当即决定赶赴洛杉矶，并委托项在美国做前期准备，待他到达后，立即启动法律程序，同时，以华茂董事局的名义发函，要求Y回国。

总部一连串的行动，让Y意识到，阴谋败露了，但此时，Y早已把老婆、孩子带到了美国。

他拒绝回国，并进一步采取了两项行动，一下子把华茂和徐万茂推到了悬崖边上。

第一步，Y向中国中央政府多个部门发了举报信，诬告华茂及徐万茂，向境外非法转移3000万美元（按当时法律规定，转移超过500万美元就属于刑事犯罪），其真实目的是，希望中国政府启动对徐万茂的调查，令其无法到美国出庭。

第二步，Y继续用伪造的文件，在洛杉矶法院对华源控股提起反诉，申请自身的股权保全，同时要求巨额精神赔偿。按当地法律，如徐万茂不能如期出庭，可进行缺席判决，意味着Y一手炮制的骗局可以完美收官。

不过，Y没有想到的是，徐万茂当时已经赶到了美国，而且投入重金聘请了大律师，决心把这个官司打到底，打到赢。

而徐万茂没有想到的是，Y居然向中央政府诬蔑他，如此下作的手段，远远超乎了他的想象。

徐万茂在当时已是知名农民企业家，具有一定的政治影响力，某中央领导迅速做出批示，要求相关部门务必查明真相。

2000年1月的宁波，比往年冷。仿佛一夜之间，全城都在议论“中央在查华茂”“徐万茂卷款外逃”“华茂现金流断了”……

宁波市公安局很紧张，宁波华茂外国语学校已向外部招收了两期学生，家长们都在关注此事，不知事态会向哪个方向发展。

叶永庆时任华茂财务部副经理，在财务这块对接有关部门的调查。

叶是个新人，之前分别在农业银行和市水产供销公司等国有单位工作，1999年7月应聘进入华茂，他的最后一位面试官就是徐万茂。“老徐总当时对我说了两句话：第一句是‘做事之前先做人’，第二句是‘身正不怕影子歪’。”他回忆道，“尽管刚刚到岗不久，但潜意识中，老徐总这个人可信，我胆子也大，有什么事情，就首先顶在前面，为老徐总赢得更多时间，让他专心在美国打官司。”

与此同时，宁波市、鄞县四套班子已达成了共识，愿意为华茂做担保，地方政府为企业做担保极其少见，这是华茂坚持诚信经营的结果。

就这样，企业内、外两条线保证了华茂的稳定，由国家审计署高层领导亲自担任组长的审计小组来到宁波，对华茂开始了审计，结果证明，Y

的举报是诬告，华茂是清白的。

在华茂历史上，这次由“洛杉矶资产争夺战”引发的华茂史上最大的一场风波被称为“2000年春季风波”，最紧张的日子持续了三四个月，到了五一劳动节之后，基本上风平浪静了。

2000年7月某日下午，徐万茂乘坐的航班徐徐降落在宁波栎社机场，鄞县副县长亲自前来迎接：“祝贺我们鄞县的企业接受了一次国际法律的考验，同时也通过了一次国内重大审计的考验！”随行的鄞县电视台播放了领导接机的全部过程。

随行接机的华茂副总裁徐立勋站在稍远的地方，静静地看着久违了的父亲，在这次风波最惊险的时刻，年仅26岁的他被临时任命为副总裁并主持华茂日常工作。

“在机场看到我爸，我发现他有一个变化——头发白了。回到家，我发现还有一个变化，他戒烟了，以前抽得很凶。”徐立勋说。

美国的官司还在打。2001年8月，以华源控股律师Ricky为首的律师团一行三人来到宁波，对华茂进行实地调查取证，惊叹于华茂的规范管理，最后说：“来之前还是怀疑的，完成了调查取证后，我们有信心打赢这场官司。”

2001年10月5日上午10点30分，美国洛杉矶法院，大法官当庭宣布了法庭裁决：“Y不是美国华源控股公司股东。”

至此，2000年春季风波宣告结束，华茂了赢得了官司，保全了险些被Y阴谋侵占的资产。

这次打官司，华茂先后聘用了两批美国律师，其中包括一位大律师。律师费非常高昂，远超华源控股15万美元的注册资本。回国前，徐万茂对同事们说，这次我们是花高价买了一个大教训！

这次风波，是目前为止徐万茂一生中最大的危机，有的员工甚至感觉天要塌下来了，此后，再碰到危机事件时，华茂便有了一句经典的口头禅：天塌不下来——这是此次风波之中，徐万茂通过越洋电话与国内同事最常说的一句话。

不久后，国家审计署负责审计华茂的那位领导，在一次南下公办途中，特意取道宁波看望徐万茂，当面向这位正直、守法、大气又有口皆碑的企业家表达了钦佩之情。

没有企业喜欢风波和危机，但它的确是历练企业家尤其是企业家识人、识才能力的好机会。在这次风波中，不少员工显现出了强大的责任感和临危不乱的工作才干。

比如项丽君，此后她一路被重用，目前担任华茂教育集团总裁。

再比如叶永庆，从2002年起，他被先后任命为华茂控股股份有限公司财务处副处长、处长，集团财务总监，2018年又被提拔为分管财务工作的副总裁，成了一名没有任何家族背景的家族企业的财务负责人。

在中国企业尤其是家族企业，你首先要让大家感到可靠，然后才是能力，两样都有，你就会被重用。什么是可靠？就是你的大局观和责任感。

叶永庆说："在那个关键时刻，大家的思路很明确，必须尽量地把很多东西挡在财务这里，不要波及法定代表人。"

企业在发展过程之中，不可能不遇到危机，任何一家危机之中的企业，就像多米诺骨牌，法定代表人就是最前面的那块骨牌。如果第一块骨牌被风波吹倒，对企业的冲击就会被千倍、万倍地放大，对企业的社会声誉和商业声誉都会带来不可估量的负面影响。

"作为关键岗位上的员工，必须要挡在老板的前面，尤其在大事情上面，要敢于站出来，能够拼到底，把事情解决掉，日积月累，大家就会认为你可靠。"叶永庆说。

淬炼之路

2005年7月底的一天，又一个棘手的事件敲响了华茂文教大院的大门，河南省检察院一行四人，突然到访华茂，要求协助调查。

事件起因是，河南省教育厅一位副厅长被举报受贿，检察院在侦查中发现，该副厅长与华茂文教有来往。

一直以来，河南是华茂文教的最重要的核心市场之一，市场最旺的阶段，每年销售额达到1亿元以上，在河南文教少不了与教育官员打交道。

华茂文教出品的教学具，随着国家九年义务教育的教材发行，核心发行渠道是新华书店和各地教育局，而图书发行的行规是"码洋实洋制"，也就是说，用码洋减去实洋等于渠道费用。

举报者由于不了解图书发行的这一通用行规，误将“渠道费”理解为商业往来中的“回扣”。而对于教学具这个特种产业，检方并不了解，如果检方不将教学具认定为图书，将对华茂文教正常的经营带来重大影响。

华茂坦然面对。在此后一年多的时间里，该检察院的侦查小组总计来华茂调查了11次，每次来华茂都会热情地接待，有求必应，要什么数据，给什么数据，保持了高度透明的姿态。

河南省检察院最后认定，该副厅长与华茂的往来完全属于正常公务行为。

由电脑数据资料外泄而引发的税务举报事件

成长意味着，磨难有时会休息，但从不会停止。

2005年9月，宁波市税务局接到了一份实名举报材料，举报华茂税务存在严重问题，涉及金额高达数亿元！

原来，公司某一高管的一台笔记本电脑被盗，小偷将电脑在二手市场转卖，买家在电脑里看到一份“集团经营风险报告”的内部资料，其中谈到“作为教辅材料的文教产品存在税率政策调整风险”。

具体来说，由于文教产品一直与九年义务教育图书配套发行，采用的是义务教育图书类13%的增值税税率，不过，这一个惯例并没有明确的政策界定，因此“集团经营风险报告”将其定性为“具有政策调整风险”，一旦政策调整予以明确的话，按最坏的结果去考虑，文教可能总计要补缴数亿元的税款。

举报者看了这份“集团经营风险报告”之后，认为有利可图，为了获得举报奖金，将报告中的内容断章取义地打印出来，向宁波市税务局邮寄了举报材料。

由于金额巨大，又涉及有关图书发行的政策，以及国家税务总局对相关税率的界定，宁波市税务局要求企业必须拿出适用该项税率的明确依据来。

根据市税务局的要求，华茂财务团队最后只能上北京，到国家税务总局流转税司汇报、陈情，提出自己的观点。努力没有白费，最终，国家税务总局专门就此事发了一个文件，明确了教辅材料适用与中小学课本一样的13%的增值税税率。

这意味着，因电脑资料泄露引发的税务举报事件，最终由坏事变成了好事，反而帮助华茂文教解决了一个平时难以解决的历史遗留问题！结案时，宁波市税务局稽查工作人员感慨地说，税率问题本来是我们税务机关应该给予明确答复、予以解决的问题，而现在由你们一家民营企业上京求得“尚方宝剑”，才能解决问题，这在宁波税务历史上也很罕见！

相比于2000年春季风波，2005年发生的这两次接踵而至的事件持续时间更长，对业务影响更大，好在都得到了比较完满的处理。

如何面对意外危机？

回头来看华茂意外遭遇的这数次事件，有必要做出的第一个追问是：危机之中，企业需要什么样的员工？

在叶永庆的心得体会中，核心是两点：第一，用主人翁意识去面对，在内心中确立与企业、与创领者风雨同舟的信念；第二，敢于上前一步挡住风险，敢于献身。

听起来，这与西方企业的组织观念是完全不同的：西方企业与员工的关系，通常是纯粹的契约关系，而在中国企业——尤其是中国家族企业，企业与员工其实有内外两层关系，表层是契约关系，里层则是忠诚关系，这是由中华传统文化所决定的。所谓忠诚，并不是专制文化下言听计从式的愚忠，而是一种以共同使命、愿景、价值观为基础的、相互信赖的、致力于长期合作的关系。

有必要做出的第二个追问是：针对1998年至2006年发生的数次突发性事件，华茂为什么能够一次次地化“磨难”为“福缘”呢？

答案主要有两个。首先就是“身正”，只有身正才能不怕影子斜。如何保证身正呢？华茂用“企业行动框架”来保证：上，对得起天；下，对得起地；前面，对得起祖宗；后面，对得起靠山。框架中间有一个核心理念就是“诚信经营”。

“企业行动框架”的妙处在于，它把国家法律、政府法规、社会道德、家族荣誉和企业行为有机地结合成了一个框架，形成了以企业持续成长为目的的有效的自律机制，保证企业始终走在正确的道路上，由此才能“拥抱磨难”，把每一次外界对企业的质疑、审查，转化为对企业成长进步的推动而不是打击或颠覆。

其次由于华茂所拥有的独特的淳朴气质和诚信文化，这种中华传统文化的普世价值，具有极强的感染力和凝聚力，以至于政府每次对华茂的审查，最后都能促进大家对华茂进一步的了解和信任。

总体来说，这数次事件在特定的时间段，给企业和当事人带来的可能更多是委屈或难以忍受的磨难，但若把它们放到企业成长的历史长河中去审视的话，它们不过是企业与社会在共同成长过程中所必须经历的磨合。

第四节 火种与野地

古诗《红继木》有云：“花无三日红，继木日日新。”

这两句诗的引申意义是，荣耀总是暂时的，生命却要日进日新，不能因为暂时失去了荣耀，而放弃了进步。这是大自然给予人类的启迪。

华茂文教的高速发展期在2001年戛然而止，这并非由企业内部衰败造成，也不是由于更强大的对手突然崛起，或者是由于其他的什么原因，重点是政策变化了，但企业的对策跟不上。

从2001年到2021年，长达20年的时间里，华茂文教大致经历了收缩调整期、战略迭代期、深耕创新期三个阶段；华茂则平行展开了两条发展主线，一是教育主业的两次战略转型升级，二是成功投资宁波银行，基本完成了包括国元农业保险股份有限公司在内的30项产业投资。

虽然近10年，文教为集团贡献的净利润——平均每年维持在1000万元左右——在集团净利润占比中越来越小，但她依然是华茂创领者内心最关注的企业，依然处于华茂“三园”当中的“一哥”地位，究其根本，因为无论是从价值上，还是精神上，抑或是情感上，它都堪称华茂的“火种”。本节将分别解读华茂文教近20年来的收缩调整期、战略迭代期和深耕创新期，并回答“火种”级的企业应该具备哪些价值根基。

新政冲击波

从2001年到2005年，国家教育部推出了一系列政策变革（以下简称教育部新政），华茂文教面临着严峻的挑战。

首先是课程改革。2001年以前，全国义务教育统一采用人教版教材（人民教育出版社出版的教材），华茂抓住了这个机遇，产品、渠道、市场这三个关键环节都做得很好，成为教学具市场绝对的赢家。2001年1月，教育部基础教育司发布《关于启动国家基础教育课程改革实验工作的通知》，逐步实行“课程改革”：放开了教材编写权，各出版社都可以编写教材，各地自行选用教材。由于华茂文教出品的教学具要结合教材进行开发设计，课改后，每个科目的教材从一个版本增加到十几种版本，这对于华茂文教来说，意味着研发生产成本的剧增，以及单个版本销售规模的剧减，这是其一；其二，教学具产品定价低，具有一定的刚性，不能同步提价，文教的利润空间被大大压缩了。

其次是“减负一费制”。2001年11月，国家计委、财政部、教育部发出《关于坚决落实贫困地区农村义务教育阶段试行“一费制”收费制度的通知》。2004年3月，教育部、国家发改委、财政部印发《关于在全国义务教育阶段学校推行“一费制”收费办法的意见》，这项改革对文教的影响巨大，核心是两条：第一，地方政府自行决定是否将教学具产品列入本地区的“一费制”用品清单内，“一费制”清单内的教学具由财政买单，结果只有部分省份将教学具纳入“一费制”清单；第二，“一费制”清单以外的教学具，由学生及家长根据自身的意愿买单。上述两条导致文教市场的大面积“蒸发”。

再次，禁止额外收费。2005年，教育部下发文件（《关于2005年治理教育乱收费工作的实施意见》），不允许学校向学生额外收费，意味着自费市场也蒸发掉了。

总的来说，教育部新政导致教学具的需求、采购形式、资金出处全部变了。到了2005年，既有市场供应商增多，加之有关教学方面的信息化产品一下子上来了，学校的选择从以前没什么可以选择变成选项太多，同类产品的竞争与替代品的竞争叠加在一起，竞争变得异常激烈。

比如，教育部新政之前，河南是亿级市场，新政之后，文教团队只有一个念头——想方设法保持住市场，保持不住的话，就千方百计地使下滑的速度慢一点儿。

尽管如此，文教的营收仍然逐年下滑，以河南市场为例，2001年的营收是8000多万元，2002年6000多万元，2003年4000多万元，2004年2000多万元，到2019年，只有500多万元了。从整个文教的赢利情况来看，2000年实现了2亿元的利润，此后逐年下滑，直到2005年出现了首次亏损。

回望2001年到2005年这段文教历程，有必要追问的是：这是一个节节败退的过程吗？无论是从营收柱状图还是从净利润柱状图来看，确实是在节节走低。

但如果从企业生命力的角度去看，这段历程如长征一样，有着明确的目标和顽强的斗志。所谓明确的目标，即“不管有多难，也决不放弃”。

教育新政出台之后，行业里确实有很多唱衰的声音：“市场很快就没了，不如早点转行，其他行业的投资机会多得是，比如房地产！”

对于这种声音，徐万茂坚决反对：“一个企业的真正价值体现在什么地方？仅仅是营收吗？不是，更多的是体现在这个企业的价值网络、文化和这个企业长期积累下来的独特的能力上面，这些东西，才是文教真正的价值所在。这些价值不会因为营收的下降而下降，是它们在决定着华茂的未来。现在我要说两句话：第一，我们绝不能只顾眼前，‘只见树木，不见森林’；第二，只传承不创新，再好的企业也要被时代淘汰。”

徐万茂所说的“价值网络”，核心是文教长期奉行诚信经营所积累起来的社会资源和商业网络。价值网络外显为企业在业界的口碑，如果一家企业的价值网络扎实，不论局面怎么难，仍然会有很多合作伙信赖这家企业，愿意与这家企业合作。“在那几年调整期，我们尤其感受到了诚信经营是文教的生存法宝。”他说。

2007年，中国教育装备行业协会邀请33岁的徐立勋担任副会长，从根本上讲，这是因为协会相信华茂的品牌，这是华茂文教长期实行诚信经营的结果。

架构体系变革：从普通火车升级为动车组

“欲致其高，必丰其基，欲茂其枝，必深其根。”在自然界，树木要成长，需要阳光，还需要风，原因很简单，风越大，根越深。在人类社会，无论是人还是企业的成长，需要顺境，也需要逆境，逆境时，可以解决很多之前不容易解决的问题，可以通过变革来“深其根”，为接下来的成长打下坚实的基础。

追求持续成长的企业，无不追求打造出一个具有应变能力的体系。所谓具有应变能力的体系，就是具有柔性的体系，而不是经不起变革、结构一变就散架了的刚性体系。

2000年春季风波就像大风一样，意外地把华茂推进了企业传承包括权力交接的窗口期；2001年教育部新政也像大风一样，又一次意外地把华茂推进了战略结构变革期。这两次“意外”，一个涉及“经济基础”，一个涉及“上层建筑”，将二者连接起来的就是管控体系变革。由此，华茂为期8年的企业变革，立体地、多元地、全方位地拉开了大幕。

更多的内容将在第四篇呈现并解读，这里要呈现并解读的是文教管控体系的变革，它是华茂整体变革的一部分。

从2000年到2002年，徐万茂与接班人徐立勋合力将华茂从一个实业型公司重新构造成一个投资型公司，对于整个体系来说，这本质上是一次资本化、契约化、制度化的改造。各业务板块基于总部整体的战略结构规划，迅速成立了20余家子、分公司，集团以资本为纽带，把子、分公司之间连接了起来。子、分公司由此开始独立运营、自负盈亏，总部不再掌管具体业务，只进行资本层面的管控：对子、分公司的主要负责人，实施高度信任下的现代契约制度；对子、分公司的管控方式，实施充分授权下的全面预算管理制度。上述这套涉及华茂整体上层建筑的改造，主要由刚刚从国外学成归来并以金融思维见长的徐立勋主持并操刀。徐万茂在乐于看到并支持徐立勋发挥自己的长处的同时，从内心上讲，更希望徐立勋能够慢慢汲取华茂三项投资失败的教训：集团对旗下产业投资项目的管控，光靠制度仍然不够，要想最终产出实际成果，从根本上讲，领导者必须懂行。

“无论架构怎样，华茂的定位始终是实业，在这个定位下，总部管资本，子分公司管实体，总部领导者与子分公司领导者能否共同制定出双赢的政策，直接决定了资本与实体能否实现双赢的结果。”徐万茂说。

当时华茂文教是整个华茂的底盘——绝大部分收入、价值网络、固定资产以及无形资产，都来自文教这个底盘。而从客观上讲，徐立勋仍然缺乏对文教产业层面的深入实践，所以，在整个变革过程中，徐万茂并没有直接把文教交到徐立勋手上，而是先后由张国民（1997—2002年担任文教总经理，系徐万茂之大女婿）、徐万茂（2003年担任文教总经理）、翁国明（2004—2007年担任文教总经理，系徐万茂之妹夫）具体负责文教这个底盘。这是一个精心的安排，但凡变革，架构易变，磨合难，在这个漫长的变革期，必须稳住底盘，确保重构之后的华茂完成磨合期。

基于此，华茂对文教进行了管控体系的变革。以前，文教基本是单一的公司体制，只在北京设有一家分公司，目的是更好地服务教育改革；全国其他地区按大区分设办事处，职能是销售和市场服务。新的架构是：重新注册成立宁波华茂文教股份有限公司，是华茂旗下的全资子公司；将原来的北京分公司（1994年成立），重整为北京七色花教育科技发展有限公司（以下简称北京七色花），该公司由华茂控股70%，团队持股30%；此后，广东华新教育发展有限公司（2005年成立，以下简称广东华新）、上海明洲教学用品有限公司（2001年成立，以下简称上海明洲）、云南捷程教育科技有限公司（2011年成立，以下简称云南捷程）相继成立，其中，上海明洲、广东华新分别由华茂控股70%，团队持股30%，云南捷程则由文教控股70%，团队持股30%。

如果将老的架构比作普通火车——由一个火车头带动，那么新的架构就是动车组——由多个动力系统一起带动，形成了由一家全资公司和四家控股子公司构成的文教系。这不是形式上的变革，而是实质性的变革，尤其对于四家控股子公司来说，它们拥有了独立成长的空间和动力系统，从而能够基于本地客户需求及资源发展创新业务。

从企业传承的角度上看，华茂的这次架构体系变革，体现了徐万茂的管理艺术和华茂的文化凝聚力：文教之前的管理体系是一个守成的体系，由创业元老分别控制着关键职能和岗位；架构体系变革之后，创业元老们（当时基本处于壮年期）在保证文教底盘稳定的基础上，分别有序地退出文教这个侧重于守成的体系，进而进入各自的侧重于创新的体系当中。其中，张国民担任了广东华新董事长，俞明科担任了广东华新总经理，汪乐平担任浙江华茂置业有限公司（2002年成立）董事长，翁国明担任了上海明洲董事长，金军担任北京七色花总经理，陈行辉（原文教财务负责人）担任云南捷程总经理。

事实上，家族企业接班难，不仅仅难在交班者与接班者的匹配上，更难在交班团队与接班团队的匹配上。在创始团队处于壮年期的时候进行交接班，把守成体系交给下一代，为创始元老分别搭建创新平台，这是徐万茂在文教的传承实践中探索出来的一条智慧法则。

文教的战略转型：先分兵，后合围

文教的战略转型，是指从教学具产业到教育装备产业的战略转型。这次战略转型采取的方式是：先发展出由徐立勋担任董事长的四支“野战军”，做出一定成绩，且团队基本成熟之后，再将四支“野战军”统一收编进“中央军”（文教）。之所以这么做：一方面，符合战略转型的客观要求——宜在现行体制之外发展；另一方面，旨在积累华茂接班人徐立勋对文教的贡献——未来徐立勋需要全面领导文教，需要积累足够的贡献才行。

第一支“野战军”是成立于2003年的宁波华茂电子股份有限公司（以下简称华茂电子），主要从事高中理科实验所需要的新型数字化传感器设备、高端实验器材的研发和生产。2007年，该公司聘请宁波华茂外国语学校物理老师章澄担任总经理，同年开始显现竞争力，牢牢占据了福建市场。2010年华茂电子并入文教。

第二支“野战军”是宁波华茂科教仪器有限公司（以下简称华茂教仪），定位为中小学普教仪器的开发与生产，其前身是成立于2006年的文教普教仪器部，2007年年初从文教剥离。华茂教仪聘请了教育行业资深职业经理人担任总经理，时任文教办公室主任的张红波也被抽调入华茂教仪。整个团队边学边干，展现出二次创业的精神和劲头，2007年当年实现销售收入近2000万元。华茂教仪团队还到全国各地参加招投标。比如，2008年参加江苏省农村四项配备工程的招投标，在20天时间内，华茂教仪团队一口气参与了13个标项，每份投标文件达500多页，每份标书的每一页都要由投标代表逐页手写签名，投标授权代表光是签名就签了两个通宵，团队成员怀揣着一个共同的信念——二次创业，打好翻身仗！这次招投标战役中，华茂教仪团队接连中了4个标项。如此，华茂教仪团队用了3年时间，通过质量鉴定、政府采购、协会推荐等方式进入市场，为文教在中国教学仪器装备行业的发展奠定了基础。最终，华茂教仪于2011年并入文教。

第三支“野战军”是成立于2006年的华茂实验室设备公司（以下简称实验室设备公司），定位为学校装备——理化生实验室设备定制化解决方案供应商，同样聘请了教育行业资深职业经理人担任总经理。2007年至2008年，实验室设备公司配合广东华新参与广东省教育装备实验室设备改造项目，中标金额超千万元。2011年实验室设备公司并入文教。

第四支“野战军”是成立于2006年的华茂袖珍科技展品有限公司（以下简称袖珍科技），主要从事袖珍科技馆相关产品的开发与生产，由翁虎任总经理。2008年，袖珍科技获得中国第三届科普产品博览交易会颁发的“科技产品系列金奖”“科普动手产品铜奖”以及诸多“优秀科普展品奖”，获得了全行业的高度认可。袖珍科技先后在全国22个省市建成了500多个袖珍科技馆，产品出口到韩国、马来西亚等国家和地区。2011年，袖珍科技并入文教。

如是观之，四支“野战军”分别对应着教育装备业的四大主题——高端实验器材、普教仪器、实验室设备、科普科教这四大主题。四家公司，一家公司探索一条路。

这次战略转型，实质上是徐立勋与徐万茂共同操盘的，徐立勋主要负责“野战军”，徐万茂更多地致力于“中央军”——文教的排兵布阵。

在整个过程中，徐立勋体现出了他与父亲徐万茂一样的两个特点：第一，做事擅布局。四大“野战军”先分兵，后合围，这种布局非常高妙，对转型的成功起到了决定性作用；第二，用人有器量。在选将方面，徐立勋也体现出了超越年龄的老到，比如章澄本是一位卓有成就并带有几分清高和理想化色彩的物理老师，徐立勋放手让他操盘华茂电子，目的是在研发上做足功夫。

四大“野战军”各自征战五六年，各自的产品、市场、渠道、团队差不多成形了之后，至2011年年底，四支“野战军”完成了一统，相继并入文教。

2012年，徐立勋以华茂总裁的身份兼任了文教总经理一职，这标志着作为华茂底盘的文教终于完成了责任与职权上的传承，当然，这只是完整意义上的传承的开始。

2012年，在文教8000多万元的销售收入中，教学具收入和教育装备收入平分天下，各占50%，意味着文教历时6年的战略转型取得了里程碑意义上的成功，教学具与教育装备双轮驱动的业务结构终于形成，意味着文教成功地实现了第一阶段的转型目标。

2013年，文教前总经理陆久广获得了总裁特别奖提名，提名理由这样写道："2006年，正值华茂文教从教学具向教育仪器装备转型的起步之年。从文教副总经理到总经理再到产业顾问，6年多的风雨兼程，无论是数字化实验仪器还是理化生整体实验室，无论是袖珍科技展品还是科学探究实验室，每一步产品的升级换代，陆久广都是见证者，更是身体力行的推动者。"

文教接下来的目标是成为中国最大的教育装备基地，当时文教虽然在学具、传统教育装备方面已经领先，但在数据化、网络化、智能化教育装备方面还需要一个破土式发展。

8年过去，至目前来看，文教仍然挑战重重，尚未从根本上扭转战局，相对来说，北京七色花和上海明洲更加显现出勃勃生机，发展态势良好。

"四驾马车"的深耕之旅

之前提到，华茂旗下的文教系由一家全资子公司——文教和四家区域性的控股子公司构成，我姑且将四家区域性的控股子公司称为"四驾马车"。那么，与文教战略转型相并行的就是"四驾马车"在各地市场的深耕，目的是贴近本地市场，开拓出新的方向。

文教系的五家公司虽然共享老文教的品牌和价值网络，但是由于资源禀赋的不同，它们在华茂内部承担的责任仍然有所不同。文教继承了老文教的绝大部分核心资产，包括研发、生产体系以及宁波本地200余亩商业用地等，因此文教强调在守成中创新，为华茂的文化传承、长期战略赋能。"四驾马车"则更强调在创新中守成——通过不断地创新来巩固其所继承和共享的价值网络与品牌。

基于上述发展战略方针，北京七色花慢慢地发展成为中国玩教具行业领导者，并进一步将自身定位为"幼儿园教育资源服务商"。

广东华新首先深耕了本地教学具市场，做到了省内学生人手一册即全覆盖，这一战略非常奏效。2020年6月发布的《2019年教育统计数据》显示，中国小学在校生人数连续6年保持增长，河南省连续多年的全国小学在校生人数第一的座次易主，由广东省取而代之，广东省小学在校生人数达到约1033万，约占全国小学生人数的9.79%。显然，广东华新在本省教学具领域强力深耕，在全国市场具有市场化的指标意义。以此为基础，广东华新还向数据化、网络化、智能化的方向迈出了脚步，比如面向大、中、专院校图书馆提供图书配送及图书数据加工服务，再比如正在投入巨资发展电子白板项目。

上海明洲定位于各类专用活动室、整体校园的解决方案供应商，自主研发的产品超过5000个，将自身特色锁定在定制化、自主研发、整体解决方案、规模化生产等核心元素上。

云南捷程则依托于华茂整体的价值网络，定位于整个西南市场的教育用品整合服务商，以地面服务的精细化见长。比如针对同样一个学校，你需要什么，我就给你供应什么：你需要灯光解决方案，我就提供灯光解决方案；你需要门窗解决方案，我就提供门窗解决方案……完全跟着学校的需求去提供产品和服务。

总的来说，“四驾马车”在经营上是自主、开放的，华茂体系内已有的产品和服务，它们可以向总部采购，华茂体系内没有的东西，它们可以面向市场采购，各个公司直接向华茂总裁徐立勋汇报。

文教“一哥”地位难保

战场从来都是由野火烧旺的，对于成熟企业而来，既要保留火种，又要拓出野地，要让火种去烧野地。

如果说文教是一块“熟地”，“四驾马车”掌管的则是“半熟半野”的地：“半熟”，在于它们的老总们都是文教的创业元老，并且它们都由华茂控股；“半野”在于它们的使命是扎根于各地，征战于四方。

尽管如此，兄弟公司的业绩确实上来了。起步时，文教是“一股独大”，现在，“四驾马车”已经步步紧逼，文教一哥的位置，看起来有点地位难保。

徐立勋对文教的态度始终是：淡定，支持，信任和放权。华茂一年两次会议——半年度会议和年终会议，徐立勋照例让文教的翁虎代表文教第一个发言。集团也从未动用过文教每年给集团的利润分红，这些分红始终躺在文教的账上，偶尔在集团内部周转一下倒是有的，但调出去一段时间，很快又会原数返回。

对于文教这个华茂“长子”，徐立勋非常关注它身上的三项长期价值：第一是价值网络；第二是文化传承；第三是赋能。

第一是价值网络。价值网络即基于企业核心价值所创造并积累起来的社会合作系统。文教长期以来奉行诚信经营，注重研发，强调反哺，积累起了庞大的价值网络。比如，从2008年开始，文教学具部就承担了浙江省教育装备技术中心学具联盟的小学数学学具、小学科学学具等产品行业标准起草、修订工作，2017年还获得了“全国标准修订工作先进单位”荣誉称号，也就是说，虽然教学具市场由于政策变革而进入了调整期，但文教仍然在价值链的最高端持续深耕着。

文教始终把自己的命运与中国教育发展改革的脉搏紧密相扣，虽然由于市场完全放开而只在教学具市场保有个位数的市场份额占比，但文教参与着行业标准的制定，这恰恰是中国制造业企业所普遍缺乏的，这就是价值网络的价值，它所积累和催生的是一个企业的生命力、潜力以及领导力，其价值不能简单地用销售额和市场份额来衡量。

第二是文化传承。2019年3月初的一天，时任文教行政副总的张红波刚一上班，徐立勋就打来了电话：“这么好的事情，你怎么不告诉我？”张红波一愣，没反应过来，徐立勋接着说道：“市领导给我发来信息，祝贺我们学具部获得了中华全国总工会的‘全国五一巾帼标兵岗’，这么好的消息，上面领导都知道了，你还保密不告诉我，我要重奖她们！”

大约四个月之前，得知中华全国总工会举办先进女职工集体和个人评选活动，张红波便把学具部的事迹写成了材料报了上去，她自己也没想到，经过各级评审，居然给评上了。奖励大家什么呢？张红波突然想到了一个主意——旅游，徐立勋表示赞同：“好！这个想法好，以集团工会的名义重奖学具部全体员工出国游！”

张红波对此事颇有一番感慨：“在华茂，所有的付出、所有的努力一定会有回报。学具部的老员工其实是华茂文化的缔造者，她们就像活化石，与这个时代站在一线的年轻打工妹相比，她们显得那么奇怪，但这就是华茂的神奇之处，她们中有一种精神一直在传承。低调的她们，如今终于得到了国家级的荣誉！”

从数字上看，文教学具部的销售收入占集团收入的份额越来越小，但在文化意义上来看，它一直是整个华茂的榜样。2013年，学具部获得华茂总裁特别奖“先进集体”称号，2015年又获得“华茂文教公司先进集体”称号，这次又获得了全国五一巾帼标兵岗，这可是最高级别的荣誉。

第三是赋能，包括对兄弟公司的赋能以及对华茂长期发展战略的赋能。

一方面，对兄弟公司的赋能，除了价值网络、品牌、无形资产方面的赋能，还包括资金、技术、知识等方面的赋能。2018年，广东华新投巨资研发电子白板项目，现金流吃紧，就与文教商量能否把300万应付款改为“欠款”，这对于文教来说，等于压了一半的应收款，但文教仍然答应了，连利息都没要。

赋能，在华茂并不是一个时髦的概念和行为，而是一件自然而然的事，它成了华茂文化的一部分。家族体制下的家文化对华茂的影响已经非常深刻，在华茂体系内，公司与公司之间叫兄弟公司，部门与部门之间叫兄弟部门，在高层管理者的选拔任用上，徐立勋非常看重的一条标准就是：家庭是否和睦，是否对父母孝顺，对家庭是否忠诚。

另一方面，是对华茂主产业长期发展战略的赋能。华茂主产业的长期发展战略，从实体的角度上看，既不是“有规模的教育装备生产基地”，又不是“有特色的民办学校”，也不是“有影响力的教育论坛”，而是这三者的综合体。战略的本质就是与众不同，也就是说，在华茂的发展蓝图中，正是要通过这三者的相互赋能、相互强化，从而保证华茂始终在动态的发展过程中保持与众不同的特质。

还是那句老话：“凡此过往，皆为序幕。”“过往”是什么？是火种，是初心，是价值网络，是文化，如果不懂得保留“火种”，也就烧不出真正属于自己的未来之火，也难以照亮真正属于自己的前程。

2016年，华茂投资成立了宁波华茂优加科技有限公司（以下简称优加科技），致力于成为教育产业领域人工智能产品研发制造平台，主要研发人工智能化的教学具和教育装备。

事实上，优加科技是徐立勋经过深思熟虑之后投下的一步重棋，也是紧扣科技发展脉搏、在文教系之外开辟的一片“野地”，他没有把优加科技放到文教里头，而是用全新的团队、全新的制度去创造全新的产品。

通常，徐立勋与文教管理团队每年讨论一次文教的战略问题，自从2019年开始，徐立勋改变了自己与文教管理团队互动的节奏，与文教管理团队每个季度讨论一次。原因很简单，市场变化越来越快，华茂的产、学、研布局基本完成，优加科技也羽翼渐丰，文教的战略突围已经箭在弦上了。

以上就是本节的全部故事，你可以说它是一个困顿求生的老套故事，但我却把它看成文教最有魅力和最富价值的历史，是文教催生出了华茂，然后文教又变成了华茂的树根。

现在，请把掌声送给为“华茂之根”——文教做出贡献的所有人，正是这些人前仆后继的努力和精神积淀，才成就并滋养着今天的华茂教育产业园的活力与生机。

第七章　华外的逻辑

在“帮助孩子更好地成长”这一使命驱动下，华茂先后催生出了三个愿景，即三大工程：做有规模的教育装备生产基地，做有特色的民办学校，做有影响力的教育论坛。此前我已经解读了第一个愿景的战略演进过程，本章将解读第二个愿景的战略演进过程。

探索的旅程

中国的基础教育，虽然不断提升着素质教育方面的诉求，但仍然拥有一个以分数为指挥棒的选拔机制和体系。华茂要“做有特色的民办学校”，具体指什么“特色”呢？简单地说，就是“通过因材施教，把平凡的人育化为人才”——这本就是一个普世的教育理想，徐万茂想通过华茂的民办基础教育实践，将其落实为一个有效的育人机制和体系，这无疑是一个史无前例的探索过程，而对于整个华茂来说，则意味着第三次战略转型。

1999年8月31日，时任国家教育部副部长的张保庆、时任华东师范大学党委书记的陆炳炎分别从北京、上海赶到宁波，为宁波华茂外国语学校（以下简称宁波华外）的开学典礼剪彩，两位教育界重量级人物共同为一所民办学校剪彩，当时是绝无仅有的。

仅仅三个半月后的12月14日，教育部发布了《面向21世纪教育振兴行动计划》，该《计划》实质上给出了一个“时间表”——“今后三到五年内，基本形成以政府办学为主体，社会各界共同参与，公办学校和民办学校共同发展的办学体制。”

时者，势也。华茂办学显然踩在了政策演进过程之中的节骨眼儿上。

1993年，中共中央、国务院颁布了《中国教育改革和发展纲要》，首次提出发展“民办教育”，目标是“形成政府办学为主与社会各界参与办学相结合的新体制”。当时的背景是，国家教育经费不足，需要动员社会资本参与办学，解决适龄孩子上学问题。是谓“方向”。

1997年7月，国务院进一步发布了《社会力量办学条例》，这意味着民间投资办学自此有法可依。是谓“规矩”。

恰巧在1996年年底的时候，宁波市鄞县正在开发新城区，前期基础设施基本建完，鼓励规模企业在鄞县开发房地产或设立总部，希望华茂、雅戈尔、奥克斯等规模企业第一批过来办总部基地，地块随便选。

徐万茂选中了一块500亩的地，由鄞县大道、宁南路、贸城中路、天童路合围而成，一片农田，中间有条河，徐万茂喜欢这条河。

徐万茂说：“我不做房地产，只想办一所学校。”

他的“聪明”服务于他的“傻”

徐万茂不是心血来潮。

首先看市场。改革开放20年，浙江民营经济飞一样地发展，涌现出了一个庞大的新富阶层，浙江自古有重教传统，而新富阶层自己读书往往不多，但视野广阔，思想开放，希望子女能得到更好、更多元的教育。

其次看政策。国家相继明确了促进民办学校发展的“方向”和“规矩”，体现了强烈的决心和意志，这意味着民间资本参与教育事业的机会窗口期已经到来。

再次看初心。初心可以说是最开始的动机，如前所述，办教育也是徐万茂父亲徐根甫的遗愿。父亲在村里是一个有文化、有思想的人，父亲认为再穷也不能穷教育，1994年临终前，看到华茂教学具产业已经有了一定起色，他对徐万茂只交代了一句话：“你们下一代千万不要忘记教育，要力所能及地为教育做点事。”

显然，创办学校符合徐万茂定下的“企业行动框架”：上对得起天，下对得起地，前面对得起祖宗，后面对得起靠山——市场。

最终，华茂拿下了这块用于办学的土地。

1998年年初，华茂董事局通过了议案——独家投资5亿元创办宁波华外，分两期建设，一期是河西，二期是河东。徐万茂亲自定了建筑标准，交给承建商，然后说了两点：“我只要建筑质量，外墙砖要永不褪色。”

这是他一贯的行事风格：在方向上严格，在细节处严格。

由于徐万茂对材料和工程的极致苛求，二期工程又追加了1.5亿元投资，20世纪90年代，用6.5亿元兴建一所22万平方米建筑规模的学校，在国内难有其匹，用这么多钱投一所学校，无论在国内还是在国外都找不出一个商业模型来证明这是一笔赚钱的生意。

事实上，外界对徐万茂的认知，从来就没有清晰过，始终是模模糊糊的，人们看不懂他到底是“聪明”还是“傻”，他做的这几件大事，总是既具有“聪明”的一面，又具有“傻”的一面。

当年的教学具项目是如此，现在的办学是如此，后来的东钱湖教育论坛亦是如此。

来看这块神奇的500亩土地。2002年，鄞县撤县改区，宁波华外片区被规划为鄞州区CBD（中央商务区），区政府与宁波华外是“邻居”，地价飞涨，至2008年，地价已达近1000万元每亩，上涨了100余倍。这是聪明的一面。

但从另一个角度上看，宁波华外从1998年成立至今23年来，没有为华茂贡献一分钱利润，虽然收入减去支出，每年能有2000万元左右盈余，但如果把6.5亿元的财务成本、固定资产损耗折旧等摊进去，宁波华外实质上处于持续亏损的状态。这就是“傻”的一面。

徐万茂到底是“聪明”还是“傻”呢？其实，所谓“聪明”或“傻”，要看用怎样的“意志维度”去打量。前后两本账：一本账体现了巨额的资产增值，这是用“资本意志”的眼光和算法去打量；一本账持续亏损了23年，这是用“产品意志”的眼光和算法去打量。

徐万茂无论是做项目还是面对事情，总是先讲“定位”，他说：“我办学的目的是育人，只有把育人的事情探索好、做好，才能谈利润，在此之前，华茂不求赚钱，这是宁波华外与很多其他民办学校的根本差异，也是宁波华外的基本经营定位。”

徐万茂的这套经营逻辑，表明他是一位以产品意志为导向进行思维和行动的企业家，他的“资本意志”是为“产品意志”服务的，他把社会效益始终放在经济效益前面，也就是说，他的“聪明”服务于他的“傻”，这就是外界看不清楚徐万茂的根本原因：在徐万茂的商业智慧中，聪明和傻从来不是对立的，而是统一的，并相互补充的。只有理解了这一点，才能更准确地帮助我们解读宁波华外的逻辑、东钱湖教育论坛的逻辑，甚至整个华茂架构的成长逻辑。

三大发展阶段

1998年8月13日，宁波华外在500亩土地上打下了第一根桩，1999年3月25日，宁波华外成立董事会，决定于当年秋季正式招生，首先设立初中部、高中部，次年开设小学部，构建起了完整的12年基础教育体系。

到目前为止，宁波华外大致经历了三大发展阶段：差异化阶段（1999—2006年）、变革阶段（2006—2019年）和特色化阶段（2019年提出英才教育至今）。

本章总计四节：

第一节"'天'气与'地'气"用来解读宁波华外创业期的得失与经验；

第二节"摸着什么过海？"通过梳理华外（华茂教育教学业务，分宁波华外等不同学校）管理体制改革的前因后果，揭示徐万茂如何面对复杂矛盾以及在极端困难的情况下，为改革布局的方法和智慧；

第三节"三色灯塔"通过梳理华外的"学制一贯制"改革、"三课改革"、"三个坚持"以及它们之间的内在关系，来揭示徐万茂推动"刀尖上的变革"的艺术；

第四节"结构与战略的对白"用来解读华外自2016年开始的组织结构变革以及最终找到的英才教育战略。

第一节　"天"气与"地"气

1999年到2006年是华外的创业期，由于业务内在的发展规律、外部环境以及机遇都不相同，徐万茂没有像17年前文教的创业期那样——直接展开"三位一体式的创新"，而是先从差异化入手，追求渐进式的发展特色。

宁波华外的处境

如果不了解宁波在中国漫长历史当中的文化方位，就不能真正理解宁波华外初创期的处境。

宁波这座城市，既通内河，又可出海，得名“港通天下”，唐朝时，就成为三大对外贸易港口之一，因此，她骨子里最先形成的是商业基因，若论文化底蕴，则是后来居上。

从某种程度上讲，范钦是改变宁波这座商业重镇文化命运的标志性人物之一。

范钦（1506—1585年），明代嘉靖年间（1522—1566年）为官，任兵部右侍郎（未赴任），此人酷爱藏书，辞官退休后，在家乡宁波月湖西岸自家住宅的东侧，耗时五年(1561—1566年)，建造了私家藏书楼——天一阁。

古代书籍昂贵，喜欢藏书的文人雅士有很多，会管理藏书的则极少，不会管理导致古书后世流散。范钦不同，他家资丰厚，喜欢藏书，又懂管理。在世时，他为天一阁藏书制定了严密的管理制度，创立了“代不分书，书不出阁”的祖训，就是说，分家不书，书也不能拿出天一阁。这条组训最大可能地防止了藏书的流散，天一阁由此成为中国现存最古老的私家藏书楼、亚洲现存最古老的图书馆、全球现存最早的三大家族图书馆之一。

天一阁丰盈了宁波城的文化土壤，以至于书藏古今，学子云集，重教之风兴起，文化得以兴盛。

范钦由此成为宁波重学兴教之风的奠基人，宁波的科举成就随之一路“开挂”，史料统计，余姚产生了进士339人、鄞县250人、慈溪213人，这三县成为浙江省产生进士最多的县，如今三县都属宁波市管辖，宁波因此成为“进士之乡”。

而至近代，宁波成为首批开埠的城市，西风东渐，宁波学子率先实现从学习儒家典籍向学习近代科学的转变，从民国到新中国，宁波诞生了翁文灏、童第周、谈家桢、路甬祥等一大批著名科学家，院士总数110多名，居全国诸城第一位，宁波从古代中国的“进士之乡”进化成了现代中国的“院士之乡”。

在如此丰厚的历史文脉和文化土壤的孕育下，宁波的基础教育一直闻名于全国，知名高中更是强者如林：镇海中学、效实中学、宁波中学、慈溪中学、鄞州中学等，不胜枚举。

这就是宁波华外的处境：拥有绝好的教育市场，拥有丰硕的教育资源，也拥有强大的对手。

华外必须开辟一条属于自己的路。

但问题是，当时在基础教育这个大圈圈内，学生、家长、学校仍然只认知到一条路——那就是以分数作为人生进阶的高考之路。

结合自己的经历和多年的管理经验，徐万茂相信“人无全才，人人有才”，而他办学的目的，就是探索因材施教之道，激发出每个孩子独有的潜“才”。

但如果华外一起步就标新立异地走因材施教的路线，那么在市场认知度、可见度都极低的情况下，又如何保证学校的生存呢？

这看起来是一个两难的战略困境：“因材施教”是“天”，是未来的教育；拼高考分数是“地”，是当下各方接受的教育。华外只有既接“天”气，又接“地”气，方能成长，方能有未来。

顶“天”立“地”

企业要上接“天”气，下接“地”气，才能成长，光有理想却不能脚踏实地的企业，很难成长起来。

徐万茂是位老党员，在我党治国理政的智慧中，有一句邓小平留下的著名格言——“两手抓，两手都要硬”，意思是，同时开展具有对立统一关系的两方面工作，使之互相配合、互相促进。

受此启发，徐万茂采取了“顶天立地”策略。“顶天”就是要仰望星空，接上“天”气，由他负责制定基于愿景的长期战略方针；“立地”就是实事求是，脚踏实地，徐万茂坚持投资者与办学者分离，放手让校长治校，接上“地”气，实施差异化战略。

在“顶天立地”策略之下，徐万茂基本上只做三件事：搭架构，游历四方，定方针。

1999年8月，华茂独家投资设立了华茂教育集团（以下简称教育集团），将其作为教育事业及相关业务的管理平台。同年11月，教育集团出资2000万元，与浙江省衢州第二中学合作成立衢州华茂外国语学校（以下简称衢州华外），教育集团占股55%，后者以师资及无形资产入股，持股45%；2000年，教育集团以同样的模式再次出手，出资2000万元，与浙江省龙游中学合作成立龙游华茂外国语学校（以下简称龙游华外），教育集团占股

60%，龙游中学占股40%。

之所以如此布局，旨在为宁波华外搭建模式输出的样板，宁波华外是探索特色化教育的主阵地，衢州华外与龙游华外则是两个辅阵地，用来不断吸收宁波华外取得的成果，为宁波华外成熟之后的模式输出沉淀各方面的知识和经验。能从一开始就为20年之后的事情落子，足见徐万茂作为长期主义战略家的深谋远虑。

在华外的治理层面，华茂通过与华东师范大学的合作，搭建了一个面向全国乃至全球的教育专家及资源平台，华茂还与华东师范大学共同组建了华外校董会，在学校的日常管理方面，实施高度信任下的高度信任下的现代契约制度，不干预学校具体事务。

从2000年春季风波过后一直到2006年的这6多的时间里，徐万茂把一半的时间放在了国外，细致地了解、感受欧美名校的教育模式和治校方法，而剩下的时间则基本上被用来与专家、校长开务虚会，倾听各方的想法，分享自己的体会，实质上是与大家一起凝聚共识，而不是强推自己的理念。

这期间也是整个华茂交班的过渡期，徐万茂渐进式地把集团的日常管理交给长子徐立勋，但自己仍“三句话不离华外”。

战略共识：十六字办学理念

经过了三年多的讨论，到了2002年，徐万茂终于与大家达成了共识，为华外定下了十六字办学理念：承认差异，提供选择，开发潜能，多元发展。办学理念得到了大家一致的认同。这是一个以学生成长为中心的、包容性很强的教育方针，核心是强调以因材施教为核心的个性化育才，强调学生的全面发展，且兼容了以分数论英雄的高考“选拔赛”，没有把升学教育和素质教育对立起来进行非此即彼的选择。

“其实，十六字办学理念是对国家一直推崇的‘德智体美劳’教育方针的深化，或者说，前者更像是后者的解决方案，只是由于我们国家优质教育资源短缺等原因，以高考为导向的教育越来越强调考分，这在很大程度上造成了学生其他方面的不足——尤其是美育、劳育方面的不足。”徐万茂说。

十六字办学理念一经提出，便在民办教育圈产生极大的反响，很多民办学校稍加润色，便加以效仿，对此，徐万茂乐见其成："一花独放不是春嘛。"

史舟，现任宁波华外常务副校长，2000年从一家公办学校辞职加入宁波华外，从普通教师做起，历任总校办公室主任、义务教育部主任、初中部副校长等职，是伴随华外的成长而成长起来的一位教育管理者。

"董事长经常提醒我们，要发现并唤醒每位学生的天赋，因材施教，帮助每一个人都走上属于自己的成才之路。"史舟说。

规模与速度的诱惑

老子说："为无为，则无不治。"这句话的本意，并非"什么都不做，一切就都好了"，而是"只要遵循客观规律而不是违背客观规律去做事，万事皆可成"。

从1998年到2006年的8年里，徐万茂深知自己是个外行，于是给自己定了个规矩：只做自己该做的事，对于学校的具体事务绝不干预，实施专家治校、名师执教，放手让这个"新生儿"自主地成长。

在这一阶段，华茂和教育集团对华外只体现出其"公章"和"财务章"作用，其他各项管理职能，完全交给校长。在财务上，只要校长向徐万茂要钱，他基本上会毫不含糊地给钱；对于具体业务，则是站在一旁认真看，仔细听，"不深入了解就没有发言权，在自己没有真正搞懂之前，坚决不瞎指挥"，他把更多的时间和精力，用于海外学习以及企业传承等方面。

这种极大化的授权，成为华外初期快速成长的核心动力之一，在很大程度上激发了学校管理团队的事业心。另外两个核心动力就是高收入和国家政策：收入方面，华外教师的收入平均是公办学校的2倍至3倍，极具吸引力；政策方面，当时从中央政策到地方政府，都在千方百计地支持民间资本办学校，以至于整个社会氛围都非常支持民办学校的发展。再加上民办学校拥有更灵活的体制和机制，对优秀的中青年骨干教师形成了强大的吸引力，他们以进入民办学校为荣，家长也愿意掏钱把孩子送进民办学校。华外抓住了这个机会窗口，采取了小而精的策略，宁波华外高中从两个班做起，教学质量好，很快打出了名气。

不过，由于校长和管理团队都来自公办教育体系，师资也都出自各地公办学校，这使得他们的底层思维是在公办学校里养成的，加之华外办学之初的整个管理体系同样照抄了公办学校的管理体系，那么尽管校长和管理团队虽然都有很好的教育理想，也都高度认同华外十六字办学理念，但华外还是不知不觉地陷入了路径依赖，体现为：在办学方向上，与公办学校拼高考；在竞争手段上体现为“三拼”——拼好老师，拼生源，拼一本率。

如此一来，只要能从公办学校找来口碑好的教师，只要能找来擅长考高分的学生，高考一本率就能立竿见影地往上蹿，家长就会争先恐后地排着队把孩子送过来学习，在机会窗口期内，这似乎是一个可以闭环的合理的发展逻辑。

办学之初，宁波华外高中只招收两个班，从重点中学聘用了七八位刚刚退休的特级教师，又到浙江边远地区用免学费的方式吸引了一批优质生源，用“限定学生数量+优质老师+优质生源”的办法，提升一本率，与公办学校竞争生源。

高考成绩方面，随着品牌越来越响，华外为了优化生源，继续不计成本地开发了很多非常规的招生手段，比如分数高的学生免费入学、提供奖学金等。结果是，从2002年到2008年，宁波华外的高考成绩持续提高。

学生规模方面，宁波华外1999年秋季招收了500名学生，2001年在校生达到3000多名，至2006年则达到了5000多名，基本达到了目标规模。

窗口指导

徐万茂深知：在一个相对成熟的学历教育市场中，创业企业的规模和发展速度很重要，华外取得的成绩是来之不易的，与此同时，但也更多地感受到了忧虑。“我们的目的不是与公办学校比高考排行榜，如果我们把这个当作目的，就永远也比不过公办学校！”徐万茂说。

但出于对校长权威的尊重，徐万茂虽然对华外这种“民办学校公办化”的趋势看在眼里、急在心上，却并没有断然加以制止，代之以偶尔做一些“窗口指导”，希望潜移默化地影响管理团队的教育认知。

还记得一度家喻户晓的热播剧《甄嬛传》吗？剧中有一位心机深厚的

曹贵人，扮演者陈思斯就是宁波华外高中的毕业生，陈思斯与徐万茂还有一段逸事。

原来，陈思斯2000年考入了宁波华外读高中，读到高二时，班主任老师找校长来告状：陈思斯学习不认真，总出去参加各种活动，严重影响了学习成绩，给班级拖后腿，应该给予开除。

徐万茂听说了这件事，进一步了解到陈思斯的特长和兴趣在演艺方面，10岁的时候就成了童星，还参演了一部电视剧，然后徐万茂专门约请了陈思斯和她父亲吃饭，详细地了解她的情况。

随后，徐万茂找校领导开会，他说："陈思斯恰恰是真正适合做华外的学生，每个人的天赋不一样，我们要允许不同的学生走不同的路，如果华茂'开了'她，她小小年纪，未来将如何走向社会呢？"

华外不但没有开除陈思斯，还主动安排教师给她"开小灶"，2002年，陈思斯如愿以偿，考入中央戏剧学院表演系本科，走上了适合自身天赋和兴趣的事业之路。

得知此消息，徐万茂开心地和同事们击掌相庆："华外的目标不是培养整齐划一的毕业生，而是让每一个学生得到最优的发展！"

再比如高中生陈晓增（化名），他个性特别叛逆，上课捣乱、逃课是家常便饭，还经常到社会上与一些小青年混在一起，陈晓增原来所在的学校最后忍无可忍，劝退了他。

父母不甘心孩子辍学，访遍了宁波市所有的高中（包括宁波华外），统统被拒之门外，他们知道与徐万茂是同乡，便硬着头皮来找徐万茂，希望宁波华外能接受陈晓增。

徐万茂对学生有一个底线要求：调皮捣蛋不出格，门门功课要及格。

徐万茂最终说服了校长，接受了这个学生，依据也很简单："就是华外十六字办学理念啊。华外尊重学生的个性，承认学生的差异，应该根据学生的不同特点，为他们提供适宜的教育，帮助他进行未来的选择。"他说。

结果出乎所有人意料。陈晓增进入宁波华外后，徐万茂特别嘱咐相关老师，不要总是批评，要因势利导，因材施教，慢慢地，陈晓增发生了很大的转变，以前那个总爱惹是生非的他不见了，他成了一个自信、自主、自立的好学生，最终考上了心仪的大学。

“老路”上的反思

遗憾的是，在当时的情况下，类似上述生动的小型“教育实验”，并没有改变华外整体的航向。

在徐万茂的观念中，公办学校与民办学校是一个整体，共同服务于国家的教育事业，华外作为民办学校，定位为公办学校的补充，十六字办学理念的出发点和落脚点正是着眼于这个定位，意图发挥民办学校机制相对灵活的优势，实现了差异化发展。

总的来说，华外的第一个10年（1998年到2008年），虽然高举着十六字办学理念，但差异化发展的实际成果并不明显。

徐万茂深知，不是学校管理团队不愿意切实执行十六字办学理念，管理团队一开始也踌躇满志，虽然有很高的教育素养和很好的理念认知，但他们的知识、经验、视野、能力都来自公办学校，他们还有一个天生的缺陷——缺乏作为一个市场主体的经营观念和经营技能。

而徐万茂在华外创业期，把经营权力也一并授予了管理团队，管理团队希望尽快做出成绩，但又缺乏相应的技能，他们的管理很粗放，没有成本意识，结果是使华外回到“老路”上。也就是说，由于当时中国尚缺乏既懂教育又懂经营的教育管理人才，像华外这种“民办学校公办化”的现象，是一种历史性的阶段性的必然。

对于这种情况，一方面，徐万茂从整体上是有充分认知的，虽然在2008年之前，校长有过更换，但他从未因为意见分歧或者校长执行战略方针不力而换将。

另一方面，徐万茂确实越来越深刻地意识到：要真正实现教育变革，光有挂在墙上、写在文件里的教育方针以及自身作为企业家的经验仍然是不够的，还要有反面的教训、外在的压力和规范化管理才行，向管理团队充分授权是好的，但前提是管理团队能接得住这个“权”吗？“权力”与“责任”是一体的，他们还没有足够的准备来承担这个责任。

教训与压力之下

其实这并非华外独自面对的困境，这几乎是当时民办学校整体性面临的困境，而且，还有一个因素——“假民办”（学校）——加剧了这个困境。2005年，“名校办民校”迅猛增加，最终导致2006年纯民办学校出现倒闭潮，虽然名校倒闭的具体原因各异，但最底层的原因无外乎“三拼”失利，以至于生源萎缩，其中浙江省内震动最大的是民办学校杭州远东外国语学校的停办事件，由于该学校规模较大，只好由政府接管。

所谓“假民办”，指的是公办学校开办的民办学校，“假民办”往往由一个地区最好的几所公办学校兴办，在师资、学校场地等方面，与作为实质母体的公办学校能够共享，通常只有两个区别——学费不一样，同学不一样。

“名校办民校”是20世纪90年代的产物，初衷是缓解优质教育资源供不应求等问题，但这种“一套班子，两块牌子”的运营模式，渐渐被诟病为利用公办学校资产进行群体牟利的方式。据报道，从1996年开始，国家就开始规范和取缔以公办学校名义办的“校中校”“校内班”以及“一校两制”行为，2005年5月，央视《焦点访谈》还对南通市的“假民办”学校进行曝光，结果却总是上有政策，下有对策，核心原因就是两个字——利益：“名校办民校”将对学生收取的高额学费转化为学校利润，又将利润实行按比例、按人头等方式分红，分配给企业、学校等利益主体，以此形成一个关系紧密的利益集团。

一流公办学校纷纷开办“民办”学校，优秀老师既可以拿到高工资，又可以享受到体制内的待遇和福利，体制外的民办学校的优势迅速褪色，“三拼”战略难以为继，民办学校的优秀师资有了回流公办学校的趋势，生源随即开始萎缩。

无论如何，这是现实，民办学校作为独立的市场主体，是无法改变现实的。当华外管理团队真切地看到了民办学校倒闭的教训，并感受到了优秀师资断档、师资队伍不稳定、优质生源减少所带来的压力时，却发现学校的组织文化已经形成，组织越来越僵化，校长即便想改也改不动了。

此时，徐万茂的海外游学已告一段落，对教育的未来更加笃定，对教育的理解更加深刻，华茂传承也差不多水到渠成，面对处于战略困境中的华外，是时候由他站出来补位了。

回顾那段历史，徐万茂在一次书面回复中写道：“正确的方向，首先是持续试错的结果，然后才是在这个方向上的持续努力。感谢华外的历任校长，尤其要感谢创办之初的每一位校长，作为华外这所民办学校的创业者，他们发挥了中国教育事业一直缺少的企业家精神，他们当中的每一位都是华外通往成功的铺路石。”

第二节　摸着什么过海？

如是说创业是摸着“石头”过河，转型与变革就好比一艘驶向深海的船：要一边航行，一边拆旧船，一边建新船，同时要做好三件相互有些“矛盾”的事，弄不好就会“翻船”，或者被打回原形，而只有弄好了，才能驶达目的地，企业才能持续成长。

从2006年到2019年是华外的转型与变革期，这极有可能是中国民办教育领域前所未有的管理实践，摸不着“石头”怎么办？华外的实践告诉我们：摸不着“水下的石头”，就要找到“心中的压舱石”，也就是“正确的信念”，还要找到“正确的灯塔”，然后就是坚持不懈地变革，直到打造出“正确的团队”，以至于最终“悟画”出“我们应该是谁”。

办公室的隐喻

2006年4月1日，西方社会传统的愚人节，人们会在这一天无所顾忌地以各种方式相互欺骗和捉弄，但徐氏父子却在认认真真地翻开各自崭新的一页。

这天一大早，徐万茂和徐立勋一起走进了位于文教大院里的华茂总部五楼董事长办公室，后面只跟着一位司机，是帮徐万茂来搬东西的。

徐万茂对徐立勋说：“你喜欢哪些东西？”

董事长办公室是一个套间，不大，里面是办公室，外面是会议室。

徐立勋答：“就留下这张办公桌，还有外面会议室的书架吧。”

徐万茂办公室的布置本来就很简单，留下两个“大件”，也没什么东西可搬走的了。

自2000年以来，徐万茂和徐立勋就同在集团总部的五楼办公，徐万茂的董事长办公室在最东面，徐立勋的总裁办公室在最西面，现在，徐万茂要把办公室搬到位于宁波华外校园的教育集团行政楼去。

对于徐立勋来说，这意味着他向独立承担整个集团的责任又迈进了一大步，而对于徐万茂来说，则意味着他再次站到了一个新的起点之上。

徐万茂的命运，似乎与“8”这个数字有着不解之缘：从竹编厂的一名普通技术员，成长为厂长，他用了8年；竹编厂转型开发教学具，他用了8年；华外初创期，同样又用了8年。

如今，他把办公室搬到宁波华外的校园里，表明他的工作重心从此转移到华外，表明他将真正开始“深入”华外，领导华外。

8年间，中国的商业环境发生了剧变。

房地产行业一马当先，步入了黄金期，当年与华茂一起在鄞州新城区拿地的奥克斯、雅戈尔，如今皆已迁走，奥克斯在原址开发了盛世天城，雅戈尔开发了东湖花园，徐万茂则始终坚持初心办教育，从未动摇。

其间，前来游说徐万茂的各路人马，一直就没断过：“这一片地价涨得这么厉害，你不如把华外500亩土地卖掉，到其他地方买地办学，大赚一笔！”

徐万茂坚决反对：“我们不跟风，不眼红，得对得起这片土地。”

徐万茂为何选择这个时候把办公室搬到教育集团呢？原因有三。

第一，南洋教育集团事件爆发，从2005年年底到2006年年初，当时的中国民办教育“老大”——南洋教育集团，在全国各地的10所学校接连倒闭。

第二，徐万茂在管理上一直强调用人不疑，其实一直以来，从各种渠道反馈过来的关于华外内部管理上的负面消息持续存在，但他极少干预，他相信很多都是发展中的问题，也有管理团队在特定阶段的认识上的问题，这些问题都可以在发展过程中逐步得到解决和调整，但近一年来，徐万茂得到的一些反馈，却让他感到问题可能不那么简单了。

第三，华茂接班人徐立勋的领导力已经建立起来，在管理上日臻成熟，徐万茂得以基本放下集团的担子。

徐万茂和司机驱车驶离文教大院，径直前往教育集团行政楼。

此一时，彼一时也。

在来华外正式上班之前，徐万茂是有预感的：这个班不好上，但这个班必须成为华外发展史上的分水岭。

多年来，每到华茂成长的关键时刻，他必须用使命、信念和决心来驱动自己。

冰冻三尺

从2006年的4月到6月，徐万茂基本没什么动静，他需要深入实际，了解实情，每天就是到处走走看看，碰到人，聊上几句。开会时，他认真地听，极少表态，表面不急不缓，内心却波澜起伏，一波接着一波。

学校的真实情况，与他之前想象的反差太大了，他能感觉到，大家对他的到来是抵触的，甚至是拒绝的，“对我的防范心很足，好像总有什么事情，不想让我知道”。

随机走访式的谈话，深入不进去，徐万茂只好翻开通讯录，随机抽样，找人来座谈，这是他作为教育集团董事长应有的职权，在他的领导生涯中，他一向主张用威信去领导，而非用职权去领导，但他现在发现，在这500亩华外的土地上，他的威信似乎早已被高高挂起，落不了地了。

见到董事长，很多老师的第一反应不是兴奋，而是紧张、忐忑，说话闪烁其词，还有令徐万茂更焦灼的是，十六字办学理念在很多老师的心目中已经模糊不清。

徐万茂想了解学校到底发生了什么，他转而向那些已经离开学校的老师了解情况，询问他们“出走”的理由。

大约一个月，当他把各方面、各层次的反馈信息拼在一起时，他心中惊诧不已：学校人情化管理代替了人性化管理，组织趋向官僚化。

徐万茂不动声色，他知道，“冰冻三尺，非一日之寒”，而要改变现状，非一日之功。

一直以来，教育集团对学校的管理职能是“空”的，只体现为“公章”和“财务章”，徐万茂首先在主观上找原因：如果内控机制缺位的话，华外的这种纯粹以信任为基础的高度授权的管理方式，就很难行得通，制度不到位，人是会变的，造成这种情况，作为董事长，他是第一责任人。

早在经营竹编厂的时候，徐万茂就练就了一副“火眼金睛”，他相信绝大部分问题，都能在账目上体现出来，于是他让华茂财务人员到华外财务部门索要账目，他要一看究竟。

当时学校教职员工的队伍里隐藏着“帮派”，他们在权力上角逐，在利益上争夺，但面对教育集团的管理，却是齐心协力地设置阻力，甚至不惜公开叫板，集团财务人员竟然一度无法进入学校开展例行工作。

徐万茂最终还是看到了账目，从整体上看，当时的华外就是一个大锅饭的分配方式，不论能力高低、工作好坏，报酬、待遇都差不多。

分配方式是生产关系，必然影响生产力的发展。大锅饭式的生产关系，使老师们的积极性、创造性受到压抑，组织失去内在活力。

徐万茂用了两个月左右的时间，基本掌握了内部情况，得出了两个结论：第一，学校的“一本率”和“中考分数”处于历史较高位，这体现了学校管理团队的尽职尽责，要充分肯定；第二，华外在战略上偏离了航向，组织上失去了活力，文化上没有以学生为中心。

此时，徐万茂面对的已经是一家拥有5000多名学生、近千名教职员工的华外，华外这艘船已出海，不可能掉头驶回船坞，卸下乘客，重新打造，这意味着华茂必须在确保安全航行的前提下，调整航向，并再造出一艘支持正确航向的新船。

天下大事必做于细。

了解了大致情况之后，徐万茂并没有放什么“大招”，只是投出了一颗小小的“石子”。他促动教育集团董事会出台了一项规定：一般性质的招待吃饭要放在学校餐厅。

规定一经出台，立刻引起争议：有人说，学校菜品质量不行；有人说，在校内招待客人，不上档次；等等。

不久，开始有各种流言：“（徐万茂）这时候来学校，是集团效益不好了，要从学校来捞钱。”“他懂什么教育，外行管内行！”徐万茂不理会这些，这是他在投石问路。

他开始反省自己：信任过度，授权过度，就等于放任，大家已然不习惯有老板，不习惯有约束，首先的责任，应在自己。

他别无选择，他必须改变这个局面，他必须领导华外进行一次彻底的变革。

在实施变革之前，徐万茂在6个月内，连续吹了4次“风”。

第一次吹风：稳军心

老子说，“曲则全”。意思不是“委曲求全”，而是善于包容事物的正反两面，并积极推动反面向正面转化。

面对令他时而“心寒”，时而“愤怒”的现状，徐万茂并没有“拍桌子”或者“大开杀戒”，他没有“新官上任三把火”，而是“吹了四次风”。他“吹的第一次风”用来稳定军心，并切实地告诉大家“华外为什么而存在”。

2006年6月5日，一年一度的华外教职员工代表大会上，徐万茂首次向大家详细讲解了三张蓝图——华茂“三三一”战略、“三大工程”和华外“十年发展规划”的重要性。

“三三一”战略是华茂于2002年开始制定的、当时还未正式发布的一项百年发展战略，它对百年华茂应该“做什么以及怎么做”进行了基本规定。

“三大工程”是“三三一”战略的一部分，它描述的是教育作为华茂主产业的三项具有支柱意义的工程体系，即做有规模的教育装备生产基地、做有特色的民办学校、做有影响力的教育论坛。

华外“十年发展规划”对华外教职员工来说并非新鲜事，它规定了华外从2002年9月至2012年8月这十年间的发展方略，“十年发展规划”由上海市教科院民办教育研究所的专家小组与华外管理团队共同制定，于2002年制定完毕并经董事会通过，正式确立了十六字办学理念，提出了“健全董事会领导下的校长负责制”“理顺学校的财务管理制度”等制度建议。

徐万茂向老师们讲解上述三张蓝图，是为了让大家知道，对华茂来说，什么是“正确的事”。只要在做正确的事，华茂就绝不会动摇；相反，如果做了违反发展蓝图的事，做了“错误的事”，那就要调整和纠正。

徐万茂特地强调，南洋等民办学校倒闭或深陷财务危机，主要是由于它们融资或钻政策空子，也有地方政府、校长对学校管理不力等原因，而华茂办学，与这些学校有着根本的不同，要做百年华茂，教育是主业，创办华外是整个集团在发展战略上的需要，是实施“三大工程”的需要，是构建产、学、研高端产业链的需要，在华茂教育板块中，学校起到的是核心作用，华茂办学全部用的是自有资金，没有一分钱来自融资。“我们绝不搞急功近利，绝不做损害下一代华茂人的事。”他说。

第二次吹风：照镜子

想要脱线的风筝，憧憬的是自由，结果却是迷失自我。

徐万茂“吹的第二次风”，目的是让华外管理团队加深对华茂的认知，真正理解“华外应该是什么”。

2006年7月30日，杭州西湖国宾馆，华茂董事局会议，徐万茂邀请了华外管理团队列席会议，还专门为他们详细讲解了华茂究竟是怎样一个集团。

谈到华外的赢利问题，徐万茂说：“作为一个企业来说，什么产业、什么时候应该以赢利为目的，什么产业、什么时候不能以赢利为目的，这是一门很深奥的学问，这个学问掌握好了，对社会、对企业都有利，把握不好，对下一步的发展非常不利。”

这实质上揭示了华外最基本的经营逻辑和定位：首先，华外本质上是企业，是要赢利的；其次，只有教学质量上去了，家长认可了，收费才能提高，企业才能赢利；其三,一直以来，华茂不要求华外重赢利，目的是给大家充分的时间把学校做好。

华茂作为华外的投资人，华茂董事局还特别提出了要求：“管理人员必须深入了解华茂，只有了解华茂，大家才能理解华茂，唯有理解华茂，大家才能有用武之地。”

这实质上是传递了一个鲜明的信号：华外是华茂大家庭的一分子，华外必须遵从华茂的使命、愿景、价值观，必须协调思想、统一行动，“华外人要做真正的华茂人，只有做了华茂人，才能在这个平台上有所作为”。

以往，徐万茂一直为华外团队保留着绝对的自治空间，这次会议，他真正地帮助团队按照华茂的标准“照了照镜子”，希望他们检讨自身的行为并加以修正。

徐万茂的管理风格是外柔内刚的，他不喜欢把想法强加于人，他不会直来直去地告诉你，你做错了，应该怎么去做，而是通过这种方式潜移默化地启发、引导团队：如果团队获得了启发和引导，由此产生行为上的改变才是真正的改变和成长，反之，如果强令团队做出改变，那就不是真正的改变和成长。

第三次吹风：压力测试

压力测试是对团队协调思想、统一行动意愿的检验。

2006年8月8日，教育集团校董会，徐万茂邀请了浙江省内教育领域的两个正厅级干部、两个副厅级干部、三个县区级教育局正副局长、三个重点中学校长、一个市文化局局长以外部顾问的身份列席，民办学校组织如此高规格的校董会，在全国较为罕见。

此次校董会的核心议题是，就教育集团开发的数项专题报告和议案进行表决。

表决结果是，通过了8项专题报告以及4项核心议题，包括“创建外语特色”和“第一个10年发展规划”，这表明全体教师在发展方向和发展纲领上能够达成共识。

但是，更为关键的问题随之而来——《华外教师年薪改革试行条例》（以下简称《年薪改革条例》）没有得到表决通过！

为什么这个问题极为关键呢？因为方向达成共识了，就要通过切实的执行，方能落实，而分配方式从根本上决定了执行力，也就是说，分配制度的问题不解决，方向上的共识，就是水中月镜中花。

NBA（美国职业篮球联赛）为什么成功？一支球队当中，薪资最高的球员，差不多是第四高的2倍，是普通球员的数倍。大家同样在场上跑，为什么差别这么大？区别在于贡献。

徐万茂拿出的《年薪改革条例》，确立了“多贡献多得”的分配原则，而不是“没有功劳，还有苦劳”或者简单的“多劳多得”，旨在改变华外已经根深蒂固的大锅饭思想和分配方式。

过去两个月来，徐万茂经常看到这样的现象：一些干部明知有些教师的行为不利于学生的成长，却情愿牺牲学校的利益，也不敢得罪这些老师，理由是“没有功劳，也有苦劳”。

“这其实是不负责任。”徐万茂说，“我们必须把教师工作量与提高教师待遇这两件事紧紧联系在一起，让优秀教师因‘勤’和‘能’而有可观的收入。”

“只有树立全新的用人观和利益分配观，并健全考评体系，才能打破‘温水煮青蛙’的局面，让优秀员工招得进、安得住，让不适合华外的人不想留、出得去。”他说。

在这次压力测试中，《年薪改革条例》被校董会否决，意味着华外的变革阻力重重。

第四次吹风：三大行动纲领

2006年是华茂历史上最平凡的一年，也是最不平凡的一年。

这一年既没有烽火硝烟，也没有灿烂鲜花，集团刚刚经历首次亏损，一些重要的投资布局尚处于培育期；但这一年，整个华茂稳住了底盘，教育集团开始全面修正航向。

2006年9月10日，中国第二十二个教师节，教育集团召开庆祝大会。

徐万茂开门见山地说：大家只要忠诚于华外，具有开拓创新精神，即使工作上有点失误，理念上有点分歧，都是很正常的，可以进一步沟通，进一步统一，进一步改进，学校一定会按规章办事，对教职员工负责，领导要对下级负责，绝不会随随便便辞退一个员工，绝不搞家长制的管理模式。

这段话，实际上提了三点要求：要忠诚于华外，要具有开拓创新精神，不要搞家长制的管理。这是“信任”的前提。

徐万茂进一步提出了三大行动纲领，也是他对自己的工作立下了的三条规定。

第一，勇于从主观中找原因。这实质上在强调自我批判的重要性，如任正非所说，“正因为我们长期坚持自我批评不动摇才活到了今天”。自我批判首先是一种有效的即时纠偏机制，可以帮助人们找对问题，追根溯源，看到问题的本质，然后才能正确地面对挑战，变革自救；其次，对于管理者来说，徐万茂认为，如果不敢于从主观上找原因，永远认为自己是正确的、人家是错误的，最后结局是大家都讲奉承话、不讲真话，身边的人看起来挺多，但没有不同意见进来，创领者实质上就是一个“光杆司令”。

徐万茂深谙变革之道，但变革绝不是通过他一个人的意志或者少数人的意志就可以达成的，变革要调动每一个人的主观能动性，否则无论变革模型做得多么美好，也落不了地，这就首先需要领导者自身要有自我批判的意愿和勇气。

自此，徐万茂提出的第一条行动纲领——勇于从主观中找原因，催生出了华外的一个治理机制，学校任何制度的出台，必先经过教师全体讨论，然后由教代会投票表决。

第二，善于从困难和问题中找答案。这实质是在强调面对问题和解决问题的重要性，不能光在主观上表决心，还要伏下身子，切实地面对问题，一个一个地解决问题。企业当中的很多的问题，是由不当的管理和错误的决策所衍生出来的，徐万茂说，在事物的变革和发展过程中出现困难和问题并不奇怪，也并不意外，是比较正常的，解决问题才最重要的，要解决问题，首先要正面面对，找到问题的源头，有的放矢。

比如华外在发展过程中出现了部分学生流失、外语特色弱化、有的岗位人浮于事、固定资产闲置浪费等问题，这些问题的源头在哪儿？如果是管理团队自身的思想不协调、行动不统一的问题，那就要着手修正。

“最可怕的是，是非不分，不从主观上找原因，只从客观上找理由，难以找到问题真正的根源和正确答案，使困难和问题无法得到及时控制与根本解决。如失去人心、失去对一个企业的信任，这种损失是无法估量的。”徐万茂说。

徐万茂还特别强调了底线思维：“如果纪律不严、赏罚不明，就难以培养一支好的教师队伍，对严重触犯法律问题和违反师德问题，比如欺骗学生家长和学生、造谣生非等，都不应谅解，必须坚决抵制。”

主观上找原因，客观上找答案——徐万茂给出的这两条行动纲领，在本质上是一体两面，只有同时做到，同时发力，才能找到对的问题和对的解决方案，这是徐万茂解决问题的基本思维。

第三，要敢于在逆境之中找机遇。这实质为大家点明了机遇的逻辑。

徐万茂不说虚言，哪怕是一些耳熟能详的“鸡汤”类的话，从他的口中说出来，也往往是具体而实在的。

当时，整个民办学校基本处于“优势渐渐消失，劣势慢慢抬头”的状况之中，这是华茂面对的外部的逆境；华外要变革，每个人都要改变既往的思维方式和行为习惯，这是华茂面对的内部的逆境。内、外部逆境的叠加，一定是让人难受的。

但彩虹往往就在风雨后，徐万茂把“敢于在逆境之中找机遇”这句话作为第三条行动纲领，用意在于，激励、激活团队中的一切正能量。

何谓正能量？正能量就是思想上认同华外十六字办学理念并愿意为之付诸实际行动。而负能量就是思想上和行动上都不认同华外十六字办学理念，或者思想上认同但行动上并不认同。

徐万茂很明确地告诉大家，眼下的逆境，对于大家和华外来说，就是机遇，抓住机遇，就能获得“高质量、高收入、高待遇”，就能“实现自我，成就自我，发展自我”。

连吹四次“风”，体现了徐万茂的领导艺术，面对排斥，他没有简单地利用资方的“生杀大权”，把华外变成“正反”两个阵营，而是力图把大家重新团结起来，最大化地激发、激活正能量。

变革是从改革开始的

变革是过程不是目的，华外变革的大部分时间是在改革，华外变革的逻辑是从改革到变革，这实质是一个从量变到质变的渐进过程。

这次由徐万茂亲自领导的华外变革，从2006年开始至2019年基本结束，历时14年，整体上分为两个阶段：第一个阶段从2006年至2016年，核心是4项改革，即管理体制改革、用人机制改革、学制一贯制改革、三课（课程、课时、课堂）改革；第二个阶段从2016年至2019年，核心是组织结构变革，直到2019年“英才教育”的提出，标志着这场变革基本完成。

徐万茂为什么要采取渐进式的变革方式，而不是直接进行结构变革？

但凡变革，决胜在人。《大学》有言：“有德此有人，有人此有土，有土此有财。”

在商业的语境中，这句话的意思是，做一个企业和事业，要首先立下正当的理念方针，以此创建、培养团队，方能创造出价值，进而获得财富的回报。

徐万茂很清楚，要办好一所纯民办学校，最关键的是，要有一个坚定的目标与理念，要打造出一支能够与时俱进的优秀的教学管理团队和教师团队。

但是，由于历史的局限性，2006年徐万茂所面对的这支团队，还无法齐整地、有决心地与他一起面向未来。

创办初期，公办和民办并存的教育体制处在模糊状态，民办学校待遇明显高于公办，设备设施建设优于公办，一下子吸引了很多有公办学校经验的管理者、教师投奔。

这导致了正反两个方面的结果：正面的结果，是它解决了民办学校的燃眉之急；反面的结果，是它也埋下了“穿新鞋走老路”的“病”根——方向和理念是新的，路线和方法却是旧的。

而随着政府对公办学校的财政投入不断提高，民办学校的优势逐渐减弱，这个时候，此前留下的“病”根开始发作了，不少教师“人在曹营心在汉”——想方设法回流到公办学校，有的教师甚至在学期中途突然离校，严重影响了学校正常的教学工作。

如何在团队不整、人心浮躁的情况下推动变革呢？

如果说徐万茂的四次“吹风”，目的在于强化目标、理念，凝聚共识，那么接下来他着重要做的就是筛选、培养一支改革、创新型的教师团队，“试玉要烧三日满，辨材须待七年期”，这无疑是一个漫长的过程。

徐万茂为华外需要的优秀教师画了一幅“画像”：第一，与华外办学理念同行的人；第二，求精务实自信的人；第三，有道德底线并且坚守诚信的人。

“人才无对错，只有适合与不适合，对于在漫长的改革、创新过程中不能‘同舟共济’的人、突破‘道德底线’做事的人，无论资历有多深，学历有多高，都会成为变革的阻力，都不是适合华外的人，道不同不相为谋，志不同不相为友。”

就是这个思路下，徐万茂开始推动四项改革（管理体制改革、用人机制改革、学制一贯制改革、三课改革）。在他眼中，四项改革的过程，也就是磨炼人才、筛选人才的过程，只有完成了这个过程，最终的全面组织变革才有人才保证，十六字办学理念的落实才能水到渠成。

管理体制改革

管理体制决定了一个工作系统中纵向的互动关系，核心问题是，谁来指挥以及如何指挥。

华外的管理体制改革，其实是针对当时的管理体制的纠错，目标是真正实现“董事会领导下的校长负责制”，让董事会真正成为决策机构，由董事会决定华外的战略规划等重大经营事项，由校长领导管理团队负责执行。

2006年的民办学校倒闭潮，给徐万茂提出的警示：如果再不加强科学化、制度化的管理，华外照样可能失去航向，不知不觉就会走向死路。

但是，授权容易收权难，毕竟，时间一晃，整整8年过去了。

在2006年徐万茂把工作重心转移到教育集团之前，1999年由华茂全资成立的教育集团只体现为法律意义上的实体，并没有设立执行机构，华茂和教育集团是华外的投资方，徐万茂作为两个集团的董事长，对以校长为核心的管理团队，采取的是充分信任、充分授权的管理方式，只通过校董会对华外施加影响。

这最终导致了“董事会领导下的校长负责制”形同虚设：由于管理职能集中在“学校”，班子又由校长一手组建，“人、财、物”大权集中于校长一人，集团对学校又没有管控和监督机制，时间一长，组织开始固化，致使徐万茂以及他所代表的华茂，在学校渐渐失去了影响力，至徐万茂“空降”华外时，董事会以及他这个董事长，已基本上处于被架空的状态，大家只是知道徐万茂创办了这所学校，但不知道他应该与学校的发展和日常运作有什么关系。

表面上看，这似乎只意味着没有了资方的约束，实质上却意味着企业的失航，企业的失航与飞机在空中、轮船在大海中的失航一样，是致命的。

华外的管理体制改革，包含三件事：第一，收回指挥权；第二，业务重组；第三，管理职能重组。

这三件事并不是做完一件之后，再做另一件，而是并行的——边收权，边建机制，边充实职，边做教育改革，以此不断巩固成果，循环往复，不断向前推进。

这种渐进式的做法，是徐万茂一贯的风格，有利于把变革的成本减到最小。若追根溯源，这种风格与他从小在家庭中接受的“和合精神”的熏陶有着极其紧密的关系。

第一件事：收回指挥权

回顾为期近三年“收回指挥权”的过程，徐万茂用了一个词——“血淋淋”。

这绝非虚言。

战略与组织是相生的，组织与职权是相生的，文化与组织是相生的，职权“授”出去太久，组织结构趋向于固化、文化趋向成熟，再往回“收”权，就不那么容易了。

此次“收权”，自2006年下半年始，到2008年结束，历时两年多，行至中局，演绎成了教育“路线之争”。

徐万茂追求的是从差异化到特色化的发展路线，即沿着“因材施教”的主线向前不断探索，但校长们却回归到应试教育的老路上去了。

徐万茂一度非常迷惑：他们都是公办学校的出类拔萃者，来到华外当校长，除了想获取更高的经济回报之外，也是受到教育理想的内动力驱使——他们想更尊重学生的天赋，他们想为学生的多样化发展做出贡献。

但当他们真正转型为纯民办学校的管理者之后，却要么改弦易辙，要么铩羽而归，这又是为什么？他们的困境到底是什么？是意愿不足吗？是资源不足吗？是能力受限吗？是知识不足吗？是品德不够吗？

恐怕都不是。

在“路线之争”的过程中，徐万茂慢慢找到了答案——底层思维困境。

校长们要转变自身的底层思维真的非常难，他们的理念、价值观、体系、方式、方法都来自公办学校，这些底层思维与他们的经验、知识、人脉、社会声誉等相互联系，已经构成了一个应试教育模式的闭环，而中国家长们根深蒂固的望子女成龙凤的传统观念，与“唯分数论”的高考指挥棒，又共同强化了这个“闭环”。

结果就是，99个孩子（特指大多数不擅长学科考试的孩子）被1个孩子（特指极少数的学霸）“绑架”到同一辆“战车”上。而华外确立的“因材施教”路线又没有成熟的模板，需要经营者、管理者、教师共同地、不断地探索，这种底层思维的转型，对于校长们来说，确实太漫长、太难。

华外走的素质教育路线，追求以教育为中心、以市场为中心，管理者不能单靠“职权”来领导，要靠“权力”来领导。在管理学中，职权与权力是两码事：职权是赋予某个正式职位的合法权利；权力则泛指改变个人或团队行为的能力，权力往往是职权和领导力的综合体。德鲁克认为，管理者能否有效运用职权取决于他的领导力，一个拥有职权的人，有可能没有真正的权力，原因是下属不接受或没有理解他的指令。

为此，徐万茂特地在一次会议上对大家说：“领导的‘职权’的确可以被授予，但‘力’要靠自己去利用，‘威’要靠自身去树立，如果有‘职权’没有‘力’，自然就没有‘威’了。‘力’和‘威’需要领导者有智慧和领导艺术。”

其实，2006年之前，徐万茂之所以长时间无条件地授权给校长，一个很重要的原因就是，希望给足时间，支持校长们探索出一条新路，逐步建立和发展自身的领导力。

而随着管理体制改革的深入，徐万茂越来越意识到，光靠校长们去探索是不行的，正如管理学家艾尔弗雷德·钱德勒所说“结构追随战略”，关键是“建章立制”，形成规范化的管理体系，以此为基础，共同去探索才行。

“既然是探索，就需要争论，‘路线之争’其实本身并没有错，关键是要把‘路线之争’放到科学的管理体制和制度框架中去，这样的‘路线之争’才是服务于战略的，这是其一；其二，有了制度框架之后，无论校长如何调换，华茂的办学目标始终是明确的，管理体系始终是清晰、完整、自洽的，这样就能保证这种探索始终朝着一个方向不断地积累和深入。”

基于上述思想和逻辑，徐万茂持续推动了华外管理体制改革，用了不到三年的时间，渐渐理清了“法人治理、专家治校”“条块结合、各司其职、各负其责”的管理体制，并辅之以“两个严格”来保障这一体制的有效运行。

第一，严格实行“董事会领导下的校长负责制”，对于董事会通过的各项决议，校长作为第一责任人，必须层层落实；

第二，严格执行“预、决算制度”，把预算切块到各部门，从而有效实现三大管理功能。具体来说有以下几点。

首先是把校长的权力关进了“笼子”，避免权力滥用。

其次是为学校实施扁平化管理创造条件：对各部门定人、定编、定岗、定责，真正做到职责明确、任务明确；使教职工真正成为学校的主人。“学校与教师的关系不只是简单的劳资关系，而应是平台与人才的关系，是相互成就的关系，只有让教职员工成为学校的主人，才能更快、更好地实现我们共同的教育探索。”徐万茂说。

最后是严格控制住学校规模。

在整个“收权”的过程中，徐万茂没有输入任何一个“空降”干部，而是相信“道不孤，必有邻”。徐万茂相信在既有团队中，会有越来越多的人和他一道站在真正属于华外的方向上，比如前副校长郑璧如就成了他的得力助手，他们相互信任，配合默契。“郑老先生正直坦诚，我在他身上学到很多东西，他提出的干部竞聘上岗等重大议题，都与我不谋而合。”徐万茂心怀感激地说，“他还提出了教育规律与市场规律相结合的办学原则，我将其视为指引华外变革的信念、原则和行动指南，郑先生是我的知音。”

第二件事：业务重组

徐万茂进驻教育集团之后，没有选择“流血式革命”。

在为期两年多的管理体制改革的时间里，一边逐步收回华外的“指挥权”，一边推动具体的规范化改革，工作异常艰苦。

但这是他的选择，改革肯定会让人感觉不如以前舒服，他想尽量让相关各方慢慢调整到正确的方向上。

学校业务，整体上分为两大块，教育、教学业务，以及非教育、教学业务。

改革之前，校长大权独揽，人财物一把抓，两大块业务皆由校长统管，这导致了很多不良后果。

最不好的后果是，校长本来是教育界精英，但是慢慢地用在教育、教学业务的时间越来越少，用在非教育、教学业务上的时间越来越多。

对于业务重组，徐万茂提出了一个原则——让专业的人做专业的事。

以此为原则，将学校业务划分为两条线：教育、教学是一条线，后勤、服务是一条线。这两条线的性质不同，内在规律不同，运作模式也不同。

校长集中精力管教育、教学，教育集团则专门成立后勤实业公司，统一接管原来由学校总务处负责的保安、食堂、通勤车队、维护、住宿等业务，实现两条业务线的分离。

改革蓝图一分钟就画得出来，但改革却用了两年，改革目的真正实现，竟然用去了整整12年。

改革起跑之前，徐万茂为改革定下的规则是民主议事规则——按照这一规则，凡事先统一了思想再说。

投石问路，是徐万茂一贯的做法，这符合事物运动变化的规律。

但按规律办事，却常常并不容易，华外的很多改革和制度，就是硬生生被磨出来的。

“校园机动车管理制度”就是一例，核心内容是，不许机动车进校园。

提案一出，随即遭到反对，被否决了。

此后，每次会议，徐万茂都拿出这个提案，每次都被否决，整整两年时间，不断讨论这个事。

反对者有时是校长、副校长，有时是总务处下面各个实业公司的负责人，他们是负责推行、执行制度的人，他们如果反对，制度就执行不下去。

反对者的理由很多，“撒手锏”是：家长有意见。久而久之，家长就成了上访专业户了！

徐万茂反问：到底有多少家长有意见？是5%还是95%？不如我们一起做个科学的调查。

调查结果出来了，原来反对这项制度的家长数量，总计不到5%。

“什么家长有意见，我看就是你们有意见！”徐万茂在会上反驳道。

徐万茂说，既然95%以上的家长都认为校园安全更重要，我们就应该下定决心，把这个制度真正落实。

在改革过程中，反对者动辄就拿出“家长有意见”这块挡箭牌，已经成习惯了，甚至有的时候还要挑唆家长向董事会施压。

就这样锵锵了近三年，徐万茂终于有理有据地“亮剑”了，他诘问：

请大家仔细思考一个问题，到底是谁在办学？是家长在办学？是少数家长在办学？还是我们在办学？这个问题一针见血，直接点出了问题的本质。

正当讨论悬而未决之时，突然发生了一个意外事故：学校西门主干道，一位家长的车子出了意外，把一名学生拖行了30多米远，好在有惊无险，学生毫发无损。

没想到该事故倒成了决定这项制度去向的转折点。

徐万茂质问反对者：如果再有这样的事故发生，你们谁来承担这个责任？

没有人敢站出来说愿意承担责任。

至此，“校园机动车管理制度”方得以表决通过。

就这样一个充满正当性，又几乎没有触及既得利益者的小小的制度改革，都要耗时两年之久，足见当时华外改革之艰难。

其背后是无法回避的大背景：教育是中国最不市场化的领域，这些老师的思想观念深深地刻着公办学校的胎印，随着民办学校战略变革的任务越来越紧迫，民办学校创业初期被掩盖的矛盾越来越凸显：战略变革首先需要组织变革、制度变革，变革所面对的人是直接决定学生命运的校长和老师，而校长和老师的观念又是拒绝这种变革的。

徐万茂必须面对这种深刻的矛盾，他必须像“拆雷专家”一样小心翼翼地解决这些矛盾，一点一点地实现学校的制度化，民办学校的变革远比其他领域的变革更为艰难，好在徐万茂从来不惧怕挑战。“问题总是要解决的，回避是解决不了问题的。”徐万茂说。

2008年，以“两条线”分离为核心的业务重组基本完成，相关的制度也在不断建立，但是，在民办学校的校园里，制度建立并不意味着它能够有效执行，教职员工的制度意识和制度文化，仍然需要很长时间来形成。

对华外来说，一直到2018年才实现政令畅通，教育集团发出的任何制度或者通知，都能得到尊重和有效执行，这意味着教职员工的制度意识和制度文化基本形成了。

第三件事：管理职能重组

如果说，徐万茂和董事会是四项改革的CPU（中央处理器），那么教育集团就是四项改革的底层操作系统，而四项改革中的管理体制改革的目的，就是要打造出这个操作系统。

如果说，管理体制改革的第一件事，真正做实了“董事会领导下的校长负责制”，第二件事明确和落实了“两条线”分开的业务运作原则，从而使学校专注于教育和教学，使教育集团更好地发挥对学校的产业服务功能，那么第三件事——管理职能的重组，则意在推动核心业务改革，即学制一贯制改革和三课改革。

2006年改革之前，华外旗下各个学部的管理职能是“麻雀虽小，五脏俱全”。

当时的结构是，总校下辖三个学部，即小学部、初中部、高中部，每个学部独立配备管理职能，分别设教务处、学生处、总务处，每个处室下面，又分设多个具体职能部门。

这是一个典型的从公办学校拷贝过来的、以学校为中心的控制型职能架构，还不是一个华外应该秉持的——以教育为中心、以市场为中心的服务型职能架构。

徐万茂的改革思路是，最大化地把各个学部的非教学类的服务性职能剥离到教育集团，并纵向整合成职能中心，让学校变成真正的学校，只负责教学，教育集团则负责推动基于长期的教学改革，并向学校提供平台化服务支持，这是一个“一石三鸟”之策：第一，职能中心作为教育集团推动学校核心业务改革的抓手；第二，为各个学部减轻教育、教学之外的工作压力；第三，减少管理成本。

在这个思路下，教育集团相继成立了人力资源服务中心、家校服务中心、新闻宣传中心、课程研究中心、监督中心，这些中心核心功能有两个：面向学校教学，提供日常的业务支持；面向学校未来因材施教的发展方向，由这些职能中心牵头，将改革项目化，一个项目一个项目地落实，一旦成熟，迅速总结经验，将其制度化，然后再推一个，以此循环往复——看起来，这就是一场“滚雪球式”的改革。

其一是人力资源服务中心。学校人事处以前的办公室在行政大楼四楼，高高在上，改革之后，变成了教育集团的人力资源服务中心，办公室改设在一楼。为什么从楼上搬到楼下了呢？因为这样更方便为老师们提供服务，这就是从控制型职能向服务型职能的转变，该中心负责教师的招聘、配置、培养、调动、职业生涯设计、考评和激励，包括绩效改革，是改革的核心抓手之一。

其二是家校服务中心，它与人力资源服务中心是“邻居”，该中心的主要职能是招生，并且随时响应来自学生或家长的各方面的日常需求。这是典型的“以市场为中心”的职能配置，以前，学校响应市场的职能部门只有“招生办”，是一种“朝南坐”的“内向”的控制型机构，改革之后则完全不同，“家校服务中心”变成了一种开放式的服务型机构。

其三是新闻宣传中心，该中心的职能是负责公共关系沟通，通过增强学校的开放性和透明度，提高组织对于环境的适应性和预测力，从而强化学校的影响力和品牌力，提升组织效能。

其四是课程研究中心，该中心相当于研发部门，是三课改革的智囊机构和核心抓手。

其五是督导中心，该中心是内审、内控机制的核心抓手，主要职能是促进改革的落实，包括服务于改革的制度、文化的促进与强化。比如对于华外著名的“三风建设”——干部作风、教师教风、学生学风——的督导，再比如对于华外制度建设与落实的督导。该中心会对学校执行集团出台的相关政策的到位与否进行例行审查，包括对学制一贯制改革和三课改革的执行情况进行审查。

总体而言，对于学校来说，产业性业务和非教学类服务性职能的先后剥离，使其真正专注于教学，而从学校剥离出来的业务和职能注入教育集团之后，也使教育集团真正发挥出自身作为企业的优势，推动整个华茂教育从“以学校为中心”的结构，向“以市场为中心的”“以教育为中心”的结构转型。

提高改革音量

在深入华外实际工作五个季度且教育集团的职能有了基本的充实之后，徐万茂渐渐提高了改革的音量，他在2007年7月19日的华外三届一次董事会上，用力地踩一脚改革的“油门”。

在发言中，他首先回顾了华外的“磨合之旅”。首先是管理理念的磨合，主要体现在“公办”思想和“民办”思想的冲突和磨合上；其次是办学理念的磨合，主要体现在应试教育和素质教育、特色教育的不同主张上——作为民办学校，华外主张积极探索素质教育，培育学校特色，形成华外核心竞争力，避免随同部分公办学校单一搞应试教育。

“这个磨合是学校发展过程的客观需要，因为华外创办的时候，民办学校还是新鲜事物。华外的管理人员、教职工都是公办体制下培养出来的人才，在管理理念、办学理念方面都有个转变和适应的过程。任何思想观念的转变，任何目标的达成，从客观上讲都需要时间和过程作为保障，华外的发展也不例外。”

徐万茂突然话锋一转：“但要有‘度’，否则，不换思想只好换人，我们已经用了8年时间，从‘公办’到‘民办’的管理理念的转变才开始有点起色，从‘应试教育’到‘素质教育’‘特色教育’的办学理念的转变也才刚刚起步，所用的时间实在太长。”

徐万茂进而对校级领导提出了“三点要求”：

第一，坚定不移地执行董事会通过的各项决议，包括以往董事会做出的决议尚未执行的部分；

第二，必须尽快转变观念；

第三，提升领导力，加强管理。

对于学校的管理者，徐万茂提出，需要提升五个方面的素质。

第一，选才用才。在人才选用上出现失误而又没有及时纠正，对华外带来严重损失的，领导要负主要责任，不能推脱。

第二，信息畅通。如果信息不畅通，就容易做出错误决策。

第三，钻研本行。把本行都丢了，领导能当好吗？

第四，诚信处事。无论发生任何事情，诚信不能丢。

第五，理财清财。要树立成本意识，有理财清财的能力。

最后，徐万茂强调：“华外绝不能做办公学校的‘跟屁虫’。在取长补短的基础上，充分发挥民办体制和机制优势、培育本校特色、走自主发展之路是我们发展的‘硬道理’，也是唯一的战略选择。”

校长的定位

事实上，不仅仅是华外，整个民办学校从创业到发展的过程中，基本都存在着董事长与校长在合作过程中的定位不清的问题，这种定位不清的矛盾，往往会外化为职权之争，以至于演变为管理内耗，甚至导致很多民办学校的失败。

在华外历时近三年管理体制改革的实践中，徐万茂慢慢总结出了华外校长应有的定位。

第一，研究教育市场、开发教育市场。只有招到了“适量、适性”的学生，学校的办学理念、教育理想才能落到实处。

第二，在董事会决议的基础上，能够描绘出发展愿景，挖掘并提炼出核心价值，制定与学校战略规划相匹配的行动路线，凝聚团队的力量，引导学校走向良性发展的状态。

第三，提升学校的运行效率，使学生、老师各行其是，使管理者各司其职，使各个机构的运行越来越流程化和制度化，使全体教职员工自动自发地工作。

第四，提升学校的运行质量，对董事会下发的政策、管理措施进行有效的落实，对各方面的工作，既要有整体把控，又要有细节的监控，及时发现、纠正已经产生的偏差和即将出现的问题。

徐万茂的“神补位”

在管理体制改革过程中，确实流失了一些校长和教师，徐万茂曾经中肯地做过一个结论：他们很好、很优秀，只是适合的就留下来了，不适合的就离开了，只有适合与不适合的区别，没有优秀与不优秀的区别，更没有好人和坏人的区别。

什么叫适合呢？发挥出了才干，并且创造出了华茂需要的业绩。

什么叫不适合呢？发挥不出才干，或者不能按照十六字办学理念去行动，或者创造不出华茂所需要的业绩。

徐万茂愿意给这些来自公办学校的校长、老师们充足的时间进行转型，也愿意在这个过程中，发挥自身的长处，在市场意识方面做一个“补位者”。

高考很重要，但不是华外的重点，华外的重点，是走出一条因材施教的路线，同时结合市场需要，发展特色教育。

2008年的时候，徐万茂敏锐地意识到，发展国际化教育的机会窗口打开了，他隐约看到了国际课程（IB课程）的市场前景，他要做一次补位。

徐万茂把开办国际教育部的想法说给时任校长M，M曾任浙江某著名中学校长，是公办学校系统里面非常优秀的一位校长，自2002年起担任宁波华外校长。

徐对M说：虽然宁波还没有出现国际学校，但上海已经出现了国际学校和双语学校，宁波家长思想开放，重视教育，国际化的教育需求，应该很快就会被催生出来。

但无论徐万茂怎样说，M校长始终持否定看法，觉得没有必要搞国际课程。

爱因斯坦说，要打破人的偏见比分解一个原子还难。

M校长是数学高级教师、中国数学学会委员，他一直想把数学发展成为宁波华外的特色。

但徐万茂认为，机不可失，时不再来，喝到国际化教育的头啖汤，对于华外非常重要，华外不能再等。

这场事关华外战略布局的争论，最终以M校长黯然辞职告终。

2009年3月，经董事会批准，宁波华外成立国际教育部，这是继小学部、初中部、高中部之后的第四个学部，包含了国际幼儿园，IB小学和中学，韩国部和中加班。

后来的事实证明了徐万茂恰到好处的市场前瞻性，宁波华外的国际化教育“一路开挂”，叫好又叫座，而且持续进化，目前已经进化到以“双通道”“双文化”“双教育模式”为核心特征的“双语模式”教育阶段，始终引领着宁波国际教育的潮流。

对于徐万茂的补位意识以及能力，史舟曾经做过这样的评价：“老徐总来了之后，对市场节奏把握得非常准确，校长们只懂以教学为中心的教学，缺乏市场思维，徐万茂董事长的到来，弥补了后者的不足。”

2008年，华外的管理体制改革基本完成，徐万茂曾把自己关在办公室一整天，他进行了一次深刻的总结。

“要想办好民办学校，就需要改革和创新，就要打破一部分人的既得利益，一味地保持尊重和容忍是不行的，没有一些铁腕是不行的，不付出一些代价也是不行的。”

此后，教育集团在学校的制度化建设上一直就没有松劲儿，不断地完善预算管理，始终追求用科学而又兼顾华外实际的预算制，将权力关进“笼子”，防止权力的滥用，不断推动学校治理的现代化。总体来说，通过为期近三年的管理体制改革，教育集团的功能逐步被落实，教育集团与学校的关系，演变为决策与执行的关系、由教育集团向学校提供除教学之外的专业服务的关系。集团优势得以发挥，有利于华外旗下各个学部实现资源共享和项目拓展的整体协调，为接下来的核心业务改革搭建出了一个探索因材施教之道的教育创新平台。

2008年之前，华外更换了三任校长，2008年至目前，又更换了数任校长，“路线之争”仍然存在，这是不容回避的历史。

改革从来没有完成时，2008年改革之前，华外面对的问题是校长的声音过强，2008年改革之后，华外面对的问题变成了校长的声音偏弱。徐万茂作为教育集团董事长，他的责任就是保证学校能够面向未来，实现当下的平衡式发展。

这就需要领导者具有高超的领导艺术和足以服人的人格，才能把无数的“争论”甚至“斗争”控制在良性的轨道之中，确保华外这艘大船，一边行驶，一边调整到正确的航向，更加有力、更加坚定地破浪前行。

而在这个过程中，所有华茂人都是帮助这所学校不断走向成长、成熟的贡献者，这是不可否认的事实。这就是变革，这就是代价，这就是成长。

第三节　三色灯塔

2021年夏天，北京大学教育学院副教授丁延庆的一次吐槽，使他一夜之间爆红网络。

他说，他们夫妇都是北大毕业的，他从小是神童，6岁就背下了《新华字典》，可他的孩子在班里与倒数第二都差得很远，当他给孩子辅导功课的时候，他意识到，他肯定进不了北大，怎么辅导都没用，这就是天道。

教授所说的“天道”，是说每个人的天赋真的不同，这是客观规律，人只能顺着天赋去成才。

如果从教育的角度去理解丁教授的天道论，最好的教育只能是因材施教。

华外变革的目的，正是探索教育的因材施教之道。

徐万茂通过领导华外的管理体制改革，基本打造出基于上述目的的“操作系统”之后，学制一贯制改革、三课改革得以相继展开。一方面，这两项改革无不涉及教学体制，但凡涉及体制之事，又无不牵一发而动全身，因此举步维艰，进展缓慢。另一方面，办学确实比办企业难，企业更多的是遵循经济规律，而做教育，特别是做民办教育，除了要遵循市场规律，还要遵循教育规律。

什么是教育规律？

第一，产出慢。基础教育，单看学历教育，从小学开始，一直到高中毕业，就要经历12年，要实现素质教育的提升，更需要一个潜移默化的过程。

第二，连续性。基础教育有很强的时间连续性，不能人为切割、各管一摊，各自为政。

第三，教育内驱力至关重要。教育工作者首先是人，不是机器，不能主要靠外部驱动，工作的内驱力是最重要的，而内驱力的核心是责任心和爱。

现在，徐万茂要带领一支来自“应试教育”的团队，去创造一个“素质教育”的新世界，就如大船深海远航，外（指市场和环境）有不期风浪，内（指团队）有阻力摩擦，如何确保抵达彼岸？

在不断深入实践的过程中，徐万茂找到了为华茂教育领航的“三色灯塔”，一盏灯一个颜色，分别是：十六字办学理念、以艺术教育为核心的环境育人模式和立足本土的国际化教育模式。

其中，十六字办学理念作为战略方针，它引领长期目标的实现，而以艺术教育为核心的环境育人模式和立足本土的国际化教育，既能支持长期目标，又能引领以市场为导向的特色化教育的实现，这显示了徐万茂坚决放弃与公办学校死拼应试教育的意志。

牵一发而动全身

学制一贯制改革与三课改革都是对传统教学体制的改革。

首先，“学制一贯制”就是进行跨学段的一体化教育。

其中，九年一贯制，指小学和初中施行一体化的教育；十二年一贯制，指小学、初中、高中一体化的教育；十五年一贯制，指幼儿园、小学、初中、高中一体化的教育。

传统升学制度下，基础教育阶段的学生，通常要经历三个学段——小学、初中、高中，参加三次关键考试——小升初（小学升初中）、中考（初中升高中）、高考（高中升大学），学生在每个学段，都要拿出一个学期以上的时间准备考试。

而实施“学制一贯制”，将会给学生带来三项“教育红利”。

第一，省下备考时间，用来提升素质。由于实现了自动升学，免去了升学考试，学校可以把省下的备考时间投入素质教育之中，实现学生“德智体美劳”全面发展。

第二，从“以考试为中心”到“以学生成长为中心”。由于扩展了教育周期，不同学段老师可以针对学生的特点，有的放矢地制定成长解决方案，挖掘学生的天赋，解决学生的问题，匹配跨学段的纵向课程体系，实施因材施教。

第三，促进不同学段之间学生的交流，有利于孩子们的社会化成长。

其次，三课改革就是对课程、课堂、课时的改革，课程改革涉及教材，课堂改革涉及教学方法，课时改革涉及不同课程学时的长短。

如是观之，学制一贯制改革与三课改革是相辅相成的关系，前者变，后者也要跟着变，它们又共同涉及对传统教学体制的改革，都是“牵一发而动全身”的事儿，这意味着围绕这两项核心改革，教学的方方面面都要跟着改革。

推不动就“硬推”

2006年年底，教育集团成立教科研所，这是三课改革的智囊机构。

当时在教育领域已有“课程改革”之说，但没“三课改革”之说，后者是徐万茂提出的，他认为，只要不违反国家有关规定，华外可以按照自身的办学方针缩短学制，设置课程，整合教材。

教科研所专门从外部组建了一个专家小组，研究落实九年一贯制，拿出的方案是，小学从六年制改为五年制，把小学六年的教材，整合成五年的教材，把初中四年的教材，整合成初中三年半的教材，如此一来，腾出一年时间增加素质教育科目，腾出半年时间专心准备中考。

三课改革的方案，既美又有温度，但遭到老师们的抵制：首先，老师们认为这违反了教学规律，六年的教材整合成五年，考虑到学生的接受能力了吗？其次，老师们需要改变多年的教学习惯，要重新备课，尤其是在小学与初中衔接方面，需要投入额外精力。

三课改革从2007年开始实施，由于缺乏老师的积极配合，推动得相当艰难，老师、学生、家长都感觉不习惯、不舒服、不愿意，这些负面意见每每反映到徐万茂这里，他都给挡回去。

民办学校有一个极为复杂的“影响链”：第一，学生影响家长，家长影响老师；第二，老师影响学生，学生影响家长；第三，老师影响家长，家长影响学生。在这个“影响链”下，有的老师便以学生和家长的名义抵制三课改革。

徐万茂和当时主管小学部的副校长郑璧如、教科研所所长李庆才形成了“课改铁三角”，咬紧牙关，硬推三课改革。“人的本性是拒绝跳出舒适区，不想创新，但作为企业领导者必须去持续推动创新。不创新，不持续做出特色，华外就没有出路。”

“改革本身就是破旧立新，企业每到成长的关键阶段，都要通过改革来实现突破，文教下山，十六字办学理念的深化，三课改革，还有接下来的用人机制改革、绩效考核改革等，进入到落实阶段，都免不了硬推。”

“硬推”不是掰手腕，不是比谁音量大。三课改革初期推不动，徐万茂对李庆才说：“推不动没关系，关键是一直推，只要一直推，就会暴露出阻力所在、问题所在，把阻力和问题当作抓手，能解决自然好，解决不了，就等待时机，时机到了，总会推得动。”

“硬推”也不是急功近利。教育是一个慢的艺术，就跟农民种田一样，一项改革对应着一个实验，每个实验周期至少三年，结果出来，筛选出问题，找出解决方案，再做下去，又要三年后才能看到结果。这个过程，想快也快不得，关键要坚持，不能中断，行远者无大步，不疾而速。

“第二盏灯”

徐万茂一边基于十六字办学理念硬推三课改革，一边为华外“灯塔”点亮“第二盏灯”——以艺术教育为核心的环境育人模式。

早在20世纪80年代末，徐万茂就开始收藏书画艺术品，他平时生活节俭，手里只要有了钱，基本拿去买字画，随着藏品越来越多，还专门聘请著名油画家全山石和浙派山水画家童中焘做艺术顾问，帮助他制定收藏战略。

到了2008年，徐万茂的私人藏品不但数量可观，而且集成了多个体系。

11月某日清晨，全山石、童中焘一行人行色匆匆地进入四明山徐家老宅，同行者还有拍卖行的鉴定师，他们此行的目的是为徐万茂20余年的藏品做鉴定，然后将把所有真品全部运往刚刚落成的华茂堂美术馆——徐万茂做出决定，将它们悉数做教育之用，一件不留。

此前，徐万茂没有将这个决定告诉徐家任何一个成员，包括自己的夫人。

看到专家们一件一件地为艺术品做鉴定和估价，夫人好奇，凑上前一听，很是惊讶：“就这么一幅画，竟然价值上千万元！”

夫人小声与徐万茂私聊：“你这是要干什么呀？”

徐万茂说：“全部给华茂堂美术馆了。”

夫人：“全部？”

徐万茂：“对啊。”

夫人：“多少给孩子们留一点也好啊，况且家里的资产也有我的一份！”

徐万茂：“不，一件不留！”

夫人知道徐万茂的脾气，只要决定了，就很难改变，于是生气地离开了房间。

这么多年，她始终默默地支持着丈夫，包括当年自己在华茂做得好好的，却让丈夫逼着辞了职做起了家庭主妇。

到了晚上，人都散去了之后，徐万茂单独找到夫人：“留下一些容易，但你给孩子们怎么分？这件好一点，那件差一点，大家争起来，就会影响和睦，你说对吗？”

看夫人没吭声，徐万茂继续说：“这件事情我没有告诉你们，告诉了你们，你们一天到晚是要担心的，我才一个人顶着。”

这么大的事，之前没有告诉她，夫人其实只是一时气不过而已，可话又说回来，在一起这么多年，有谁比她更了解和理解徐万茂？

见夫人不说话，徐万茂笑了笑：“我是喜欢这些东西的，但仔细想一想，我做收藏，目的不是投资，而是教育，我建美术馆，目的是育人，把藏品放到美术馆，这些目的不就都达到了吗？而且我出差的时候，再也不用担心家里的安全了呀！”

听到这儿，夫人也舒心地笑道：“你做得对，把这些留给子女干什么呢？他们又不是很懂，懂的可以到美术馆去看嘛。况且放在美术馆，还可以有专业人士打理。”夫人知道在徐万茂的心里，没有什么比“家和万事兴”更重要，她也知道她接下来的任务是去做好其他家人的思想工作。

2008年12月4日，坐落于宁波华外中轴线上的华茂堂美术馆正式开馆，这是中国最大的校内私立公益性质的美术馆，也是中国首家专为中小学美育教育服务的校园美术馆。

馆内收藏了近千件中国自元代至今著名书画家的艺术珍品，价值数亿元，包括明朝唐寅的《草堂话旧图》、近代齐白石的《水墨牡丹图》、现代潘天寿的《朝日艳芙蕖图》等作品。华茂堂美术馆建筑的设计者是普利兹克奖首位中国籍得主王澍。谈到设计思想，王澍只说了10个字：书藏天一阁，画集华茂堂。足见这个作品在其心目中的历史定位。

开馆前几天，时任浙江省委常委、宁波市委书记、宁波市人大常委会主任的巴音朝鲁专程考察华茂堂美术馆，徐万茂恳请巴音朝鲁为美术馆题词。

巴音朝鲁谦逊地问：“徐总，你让我题什么词好呢？”

徐万茂回答：“‘取之于教育，用之于教育’，是我们一贯的坚持，美术馆也一样，收藏为了教育，建馆旨在育人。”

巴音朝鲁听后，欣然命笔，写下“收藏为了教育，建馆旨在育人”。

2008年，中国房地产市场进入火爆期，关于华外和她所拥有的500亩土地，宁波城里正流传着这样一个故事：某地产企业老板找到华茂，希望能以50亿元买下华茂这500亩地，让华外搬迁到郊区，甚至政府某领导也出面动员华茂出让土地。但徐万茂却说：“我们要这个钱干什么？那么多钱，对于我们来说，只是一组阿拉伯数字，但这个学校却是孩子们的一个根，这个根我不能卖掉。”

故事传开，了解徐万茂的人，知道他说到就会做到，但绝大部分人将信将疑，徐万茂一向极为低调，即便在宁波，真正了解他的人也很少。

华茂堂美术馆开馆之后，相信华外不会搬迁的人就越来越多了，为什么呢？因为华茂堂美术馆出自世界级建筑大师之手，按照相关规定，不能随意拆迁！而华茂堂美术馆又处于宁波华外校园中轴线上，等于对坊间传言做出了不言自明的答复。

从这层意义上看，华茂堂美术馆可以说是华外的“镇校之宝”，而对于整个华茂教育来说，她的使命还在于点亮了“艺术教育”之灯。

华外的“艺术教育”，并不是狭义的“艺术专业的教育”，而是“以艺术教育为核心的环境育人模式”，这实质是一种美育教育，它追求将美学原则以潜移默化的方式注入学生的成长历程当中，不仅提高其道德情操，还能促进其智力、体力的发展，培养其想象力和创造力。

这么多大师的作品与学生们近在咫尺，供学生们随时来临摹，美术馆还会定期举办学生美术作品展，将学生的作品与大师们的作品一同展出，这对于青少年学生来说，会对其一生产生震撼性的影响。“给孩子们舞台，给孩子们聚光灯，给孩子们荣誉，激发孩子们的潜能，让孩子们用潜能去照亮他们的未来，这是更为重要的教育。”徐万茂说。

说来也神奇，自从有了美术馆，在美术教育方面，华外并没有投入额外的资源，但华外每年考上美术学院的学生却越来越多，熏陶的力量确实大得匪夷所思。

随着“书藏天一阁，画集华茂堂”这句话慢慢叫响，徐万茂还仿效天一阁“代不分书，书不出阁”的管理原则，为华茂堂美术馆制定了相关的保管条例和管理制度，保证藏品不私自外借，即便是徐万茂本人，也概莫能外。

这体现了徐万茂做事的一贯风格，绝不搞噱头和形式主义，做任何事情，都要抓住本质，做到极致：他做美术馆，目的只有一个——世世代代点亮华茂教育的美育之灯，最终打造出华茂教育的第二大特色。

“第三盏灯”

华茂教育灯塔上的“第三盏灯”是立足本土的国际化教育。

华茂的国际化教育经历了一个漫长的演进过程，主要包括三个发展阶段。

第一阶段是1999年至2009年的“国际处”阶段。

这也是一个基于国际化的“跑马圈地”阶段，体现为由华外旗下各部的“国际处”致力于宁波国际化教育发展，不断组织各种中外教育交流和实践活动，包括组织夏令营、成立“多元文化教育中心”“韩国部”“国际幼儿园”“中加高中实验班”（华外与加拿大哥伦比亚国际学院联办）等。

第二阶段是2009年至2014年的“国际部”阶段。

2009年华外国际教育部（以下简称国际部）的成立，把国际化教育从“处级”提升到了“部级”，国际部成为与小学部、初中部、高中部平级的一级学部，这一阶段，华外不仅在宁波兴办国际化教育，而且立志将华外品牌推向世界。

以前，小学部、初中部、高中部下面都设有国际处，国际部把这些国际处、韩国部、多元文化教育中心、国际幼儿园等教育资源都整合了起来，开始实施品牌化、统一发展的国际化教育战略，也标志着“跑马圈地”阶段的结束。国际部的定位是华外的国际教育中心、国际文化交流中心、国际事务联络中心、外语特色创建中心和国际幼儿教育中心。

第三阶段是2014年至目前的“国际学校”阶段。

华茂无论做什么事情，都有一个特点，就像四明山的竹子一样，前期不惜耗费漫长的时间和成本，打基础，摸门道，积累知识，网罗资源，一旦破土，就目标很高，长得飞快。

2014年，华外国际部从宁波华外剥离出来。次年，国际学校通过中国教育部资质审查，被正式命名为宁波华茂国际学校（NBHIS），教育集团也由此从“三校”进化到“四校”的事业格局，即宁波华茂外国语学校、宁波华茂国际学校、衢州华茂外国语学校、龙游华茂外国语学校。

这不是一个形式上或规模上的裂变，放在华外大变革的背景下，国际化教育实质上承担了整个华茂教育的“特区功能”，为华外教学改革提供启发和经验，就像当年深圳之于整个中国经济一样，除了谋求自身发展，同时也作为全局的试验田，为全局的改革探路。

国际学校执行的课程体系是IB体系，IB课程的全称是“国际预科证书课程”（International Baccalaureate Diploma Programme），学生在IB体系中修读相同的教材，包括小学、中学、大学预科三个国际课程项目，毕业时参加全球统一考试，试卷命题及批阅均由国际文凭组织（IBO）总部直接统筹规划，全世界IB学生学术水平因此得以统一，牛津、剑桥等世界一流大学都很欢迎IB学生申请入学。

国际文凭组织开发IB课程，初衷本是解决各国外交官子女的教育问题，他们随着父母游走于世界各地，是全球迁徙式人群，不但需要就地接受教育，还需要一个全球统一的课程体系和评估体系，便于其教育历程的衔接。重要的是，IB课程在内容上有一个特质，它不拘泥任何一个国家的课程体系，又包容任何一个国家的课程体系，它是开放式的、探索式的、全球性的，它追求把全球各国最好的办学理念、方式、方法融合为一体，从而培养跨文化、全球化的精英人才“胚子”。

而全球化浪潮的背景下，市场对跨文化人才的需求越来越多，IB课程和文凭的含金量也越来越高，目前已有超过5000所IB学校遍布全球，其课程体系和考核分数在欧洲国家、美国、澳大利亚、加拿大等国名校的认可度也就越来越高，全球知名高校基本上都认可IB学校学生的成绩报告单。

有了之前丰富的国际化教育积累，国际学校在创办之初便获得了IB认证，而且国际学校没有止步于此，还追求把中国文化的优势部分融合进去，尤其是三样东西——节俭、淳朴、孝敬，而这三样东西，恰恰是西方教育课程所相对缺失的价值元素，这使国际学校培养出来的孩子除了具有批判思维、创新思维、合作精神之外，还兼具中国传统美德修养。

国际学校董事陈京波说：“国际学校探索的是‘双语教育模式’，我们所定义的双语教育模式包括双语言、双通道、双文化即东西方两种文化的融合，以及双教育模式即国内国际两种教育模式的融合，使中国学生既有颗中国心，也能真正理解国际文化，做国际人。”

在没有“双语教育模式”之前，中国学生在初中阶段就要做一个选择：未来是申请国外大学还是国内大学？双语教育模式下，既可以在教育过程中整合国内教育、国际教育的优势，又可以在未来报考学校方面无缝接轨国内、国际两个通道，不用提前做出赌博式的选择。

中国越来越多的精英阶层家长有了一个共识，国内国际两种教育模式各有优缺点：国际教育模式过于强调素质教育，弱化了基础学科能力；国内教育模式则反过来了，过于强调基础学科能力，弱化了素质教育。而把二者的优势融合起来的双语教育模式，正是他们所需要的。

“我们所做的一切工作都是围绕着把国际、国内两种教育模式的优点整合到一起，帮助学生在基础学科能力和素质教育方面实现平衡发展。”陈京波说。

如何实现东西方两种教育模式的整合呢？

首先是管理。

与宁波华外一样，国际学校实行“董事会领导下的校长负责制”，董事对国际学校的经营负责，包括重要人事任命和制度制定，校长则负责教学管理。

国际学校有两位校长，一位是中国人，另一位是外国人，中外校长合作管理学校。在华茂办学理念的指导下，引领中外融合的团队，将国际先进教育教学理念和方法在本土文化土壤中融合发展。整个管理团队和决策团队，在日常工作中各有分工，在政策制定上，基于共同的目的和目标，共同讨论来完成。

其次是教学。

以前，国际学校在教学上是中外两条线，各自独立教学、独立备课。现在完全不同，两条线融合成一条线，所有的课程和主题教学，都是中外教师合作教学、合作备课。

最后是创新。

“我们正在探索‘跨学科教学’，要超越单一学科的边界，整合两个或多个学科的专业知识体系进行授课，教育部有领导专程来参观过，我们在这方面的研究和实践处于比较领先的地位，这也将成为国际学校的特色之一。”陈京波说。

双语教育下的成长

徐钰程是华茂双语教育模式的试验者，徐万茂让自己的长孙参与这项“教育试验”，既有可信度又有说服力。

2008年，徐钰程6岁时，母亲带他远赴加拿大，进入温哥华一所社区公立学校的学前班，用了半年时间学习语言、适应环境，然后进入该校读小学。

“开课没多久，我就开始困惑，甚至接受不了——孩子来学校读书，没有教科书，也没有考试，那么如何评估学生的学习情况？”

陈京波就去找校长沟通，校长没有马上告诉她原因，建议她再看一看。

爱子心切，真的怕上错了学校，耽误了徐钰程的学习进程，陈京波不停地找校长一问究竟。

慢慢地，陈才了解：学校不是没有教科书，只是没有像国内那样的统一教材；学校也不是没有评价体系，只是不采取分数式的评价标准。

这个班级20多个人，来自世界各地，只有3位是华人，其中一位连中国话都不会说。

每天上课之前，教师都会根据当天的授课主题，查阅很多文献，也会从互联网上拷贝一些内容，然后把这些内容整合起来，作为“教材”，完成当天的教学。这是一种开放式的授课方式，整个过程贯穿了与学生的互动，老师的角色更像是学习引导者和启发者，他循循善诱，激发了孩子们的学习兴趣，久而久之，学生养成了自发学习的习惯，而不是被动学习。

徐钰程在加拿大这所社区小学读了一段时间之后，陈京波明显感到，儿子的知识面变广了，比如生物进化方面的知识，在国内要读到很高阶段才能学习到，在这里小学一年级就涉及了。这种授课方式对培养孩子的创新思维和创造力非常有益，这种“从主题出发，进行跨学科式的知识整合”的授课方式，让孩子们知道学习的目的是什么，牵引着孩子进行主动学习，有利于激发孩子们的想象力、思考力和创造力。

2008年11月的一天，陈京波正在海边陪儿子踩水玩，一个60岁左右的加拿大老太走了过来。老太友善地问道："孩子什么时候来这里的？"

陈京波："刚刚过来的。"

加拿大老太："很好啊，这么小就过来，学英文很快就能学会，呃，不过……"

老太似乎还想说什么，欲言又止。

陈京波："您还想告诉我们什么？"

加拿大老太："我是想提醒你，千万不能让你的孩子忘记自己的语言和自己的文字。"

忆起当时场景，陈京波说："到现在，我还记得老太说这句话的时候，那种认真的眼神。"

后来，随着自己做教育的深入，她越来越觉得这是一句很有哲理的话："她给了我巨大的启示，作为中国人，如果从小接受了西方教育，却失去了本土文化的哺育和熏陶，在跟外国人交流的时候，就没有自己的文化。西方社会尊重差异，他们对差异感兴趣，而你却没有自己的故事可讲。"

陈京波又陪读了一阵子，她更加有意识地对比她所体验到的两种教育模式。她进一步发现：在国际教育模式下，三年级的孩子通常只能做20以内的加减法，但在中国，乘除法都早早学完了。徐钰程的数学运算能力在班级特别突出，老外的孩子都很崇拜他，有问题就请教他。运算能力是怎样来的呢？因为她早就让孩子把乘法口诀背下来了。

"这让我思考，国内教育模式当中的一些精华的东西也不能丢失，中国传统的教育，很强调对语文能力和数学运算能力的训练，这是中式教育的优势。"

然后，陈京波为孩子做了一个学习规划：半年在加拿大，半年在宁波，半年一周期，横跨东西文化，走读式地实现小学前三年的教育。转眼间，到了三年级下半学期，徐钰程的英文已经很好，基础素质也打下了不错的底子。而到了三年级以后，国内教育的语文、数学难度开始提升，如果徐钰程继续两边跑，国内课程落下两三年，就很难补回来了。陈京波于是决定结束孩子在加拿大的走读，让他回国完成小学教育。

"来回折腾了三年，没想到折腾出了一个奇妙的结果，看来，中西方两种教育模式的优势是可以融合起来的。”陈京波总结道，“我们还发现，他既有西方孩子那种独立思考、乐于表达和合作的习惯，又有中国孩子的谦逊和集体主义精神。这的确很奇妙，两种文化底色自然地兼容了。”

徐钰程小学毕业后，陈京波又考虑送他去国外念书。一次全家人吃晚饭时，大家又在饭桌上讨论起这件事来。当时徐钰程就坐在徐万茂身边，徐万茂想听听孙子自己是什么意见，结果徐钰程态度坚决地说：“我们自己有学校，为什么还要把我送到国外去？我不去！”徐万茂听了孙子的话，竖起大拇指说了一声：“好！”自此，再也没有人提起这件事了。

就这样，徐钰程继续在宁波华外读了初中，并于初三转入了华茂国际学校。2019年徐钰程高中毕业，先后拿到了全球17所名校的offer，其中包括美国伊利诺伊大学香槟分校、伦敦大学、英属哥伦比亚大学、纽约大学等，最后他选择了全美哲学排名第一的院系——纽约大学哲学系就读。

徐钰程所完成的这个充满探索意义的基础教育历程，使他不仅仅成为徐家的一颗饱满而健康的“种子”，还为华外双语班、国际学校双语教育模式，甚至为华茂教育探索出一条特色之道。

陈京波回国后，在教育集团从事行政工作。2013年，陈去北京参加教育领域级别很高的一个国际交流会议，得知教育部推出了一项名为“国民教育过渡班”的国际化教育试点项目。“国民教育过渡班”，顾名思义，就是用来帮助海归解决子女从西式教育到国民教育（中式教育）的过渡问题。促进海归回国是一个很大的政策导向，但归国之后的子女教育已经成为瓶颈。

基于加拿大陪读过程中的切实体验，陈京波意识到这是一个大机会，最终她协助华外争取到了国家教育部首批“国民教育过渡班”的试点资格，当时全国只批准了两个示范区，一个在上海某校，另一个就在宁波华外。

紧接着，宁波华外推出双语班，加入双语班的同学，不用像徐钰程那样两边折腾，就可以接受两种模式的教育，但学费是普通班的两到三倍。

接下来，国际部又与教育部合办了“中加合作”办学项目，再次旗开得胜，既引导潮流，又能喝到市场头啖汤。

2015年，国际学校正式成立，陈京波以执行董事的身份，全面负责国际学校的行政管理工作，华茂的国际化教育由此走向成长期。

相比于国内传统教育模式下的孩子，国际学校的孩子具有显著的不同：他们擅长提问和思考，他们思维活跃，有想法，有主见，非常开放，没有束缚感，他们更活泼、更阳光，他们的创新能力、合作能力、动手能力更强。

目前国际学校的双语模式教学，在教育评估体系、教育模式以及文化上，全方位地实现了国内、国际教育模式的优势互补，中、外学生形成了相互熏陶的氛围，学校里的很多外国孩子都在学习中文，很多中国孩子都能讲一口流利的英语。

“国际学校的使命是培育未来的全球领袖，从本质上说，双语教育模式也就是以培养全球领袖为目标的素质教育，需要从小培养孩子们的全球视野、多元文化能力以及综合素质。”陈京波说。

国际教育的反哺

在华茂成长史上，常会看到这样的情况：一个看似与整个棋局毫不相关的“落子”，走着走着，与其他棋子相互强化，最后一通百通，满盘皆活。

国际教育就是这样的“落子”，它扮演的是一个“特区”的角色，在华茂教育体系内，它从“处级”到“部级”再到“校级”，一步步高升，一步步成功，同时也通过自身的成长，不断地反哺华外的改革，为华外的改革给予启发和示范。

如何反哺呢？人人愿意往高处走，所以榜样的力量非常大，眼看着国际化教育越办越好，一个项目一个项目地推出来，叫好又叫座，改革就会容易得多。

第一是双语教育。在国际化教育的带动和示范下，宁波华外成为宁波市教育局批准的宁波市唯一一家双通道学校。宁波华外高中部也开设了双语课程，实施双通道，学生既可以在国内参加高考，也可以出国留学。

这形成了一种非常有趣的格局：华外和国际学校基于不同的立足点，同时在探索双语教育模式，华外是以国内教育模式为基点来探索双语教育模式，国际学校是以国际教育模式为基点来探索双语教育模式。

具体来说，华外学生的主要目标是参加国内中考和高考的选拔，兼顾素质的全面提升；国际学校的主要目标是赴海外上大学，同时融合东西方两种文化。

陈京波打了个比方："如果说国际学校是在比萨上放葱花，华外则是在阳春面上放奶酪，两个都进行双语教育，但文化重心不同。"

第二是走班制。作为一项教学体制上的创新，在华外却整整经历了7年时间，至2014年才得以实现，其核心是推动"兴趣导向"的学习。在传统教学体制下，只有大学才开始走班，高中都很少能实现，但在国际化教育的国际部阶段就很容易地实现了。国际学校从幼儿园阶段就开始实施走班制，而在国际学校的示范下，华外的走班制的方案几易其稿，目前已经比较成熟，并且做出了自己的特色。

第三是学制一贯制。国际学校已经实施了从幼儿园到高中的"15年一贯制"，为华外实施"12年一贯制"和"初高中一体化"的弹性学制积累了很多经验，起到越来越大的促进作用。

第四，就是接下来需要重点解读的用人机制改革。用人机制改革的核心目的，对于学校来说是落实战略；从老师的职业发展角度来说，"学校与老师的关系不应只体现为简单的劳资关系，而要调整为平台与人才的相互成就的关系"，徐万茂说。

用人的秘密

只有信仰相同，才能一起坚持到最后。

2008年至目前，华外的改革未曾停止过，"教育要发展，根本靠改革"，徐万茂说。

纵观华外整个变革脉络，一条核心线索是推动组织向因材施教和素质教育转型，为此目的，华外陆续展开了管理体制改革、学制一贯制改革、三课改革、用人机制改革，由改革"事"到改革"人"，最后完全整个组织的互动方式即结构的变革。

从2007年到2009年是管理体制改革、学制一贯制改革和三课改革的"硬推"阶段，推不动就"硬推"，是徐万茂亲自定下的改革策略，意思是，边改革，边修正，继续改革，继续修正，继续做。

"硬推"当然也不是瞎折腾。"要尊重学生成长的规律、教育的规律以及教学的规律，而不像当时的公办学校那样——只尊重教学的规律。”徐万茂说。

这一阶段的改革，只对事，不“动”人，为什么不“动”人？原因有三。

首先，改革初期，“找出问题”“找对问题”是关键。

其次，在“硬推”的过程中，识别出哪些是能够拥抱变革的人才。但凡变革，最关键的不是蓝图多么完善，而是选对人、用对人，所以一个成功的变革型领导，首先要善于组建变革型团队，从外部空降一支变革团队的做法往往不适合中国文化，在持续的实战中，不断从内部识别出合适的人才并委以重任才是行稳致远之道。

再次，在徐万茂的底层思维中，“和合精神”和“责任精神”所催生出的“以和为贵”“对员工负责”等管理观念，对华茂成长的影响已经根深蒂固，这使他在变革中，不会轻易动“人”，给“人”留有充分的时间和余地，期望把“负能量”转化为“正能量”。

这与西方主流的管理观念有着鲜明的不同，后者以“股东利益最大化”为第一原则，主张“快刀斩乱麻”式的变革，出了问题，裁员、解雇是家常便饭，但这样的管理理念移植到中国后，就经常会显得水土不服，原因很简单，它是根植于西方文化土壤中的管理手段，而在中国社会中，不但要讲“法”，同时要兼顾“情”和“理”，裁员、解雇往往被理解为企业对员工不负责或者公司经营不善，影响企业形象，甚至会对企业的持续成长形成障碍和打击。

改革的开端是“小升初”衔接。当时的管理团队中，时任小学部副校长的郑璧如是坚定的改革派，虽然一些老师态度消极，但他硬是把“九年一贯制”做了下来。

但接下来做“初高中衔接”时，就变得阻力重重，寸步难行。

课程研究中心是三课改革的研发部门，徐万茂为课程研究中心定了三条原则：

第一，除了坚持采用国家规定教材以外，还要基于学校的定位，不断开发、优化原创教材；

第二，引进国际先进教育教学理念、方法以及公正的评估体系等；

第三，科学地进行课时改革很重要。

徐万茂认为，教学改革，最核心、最简单也最深奥的部分基本都在三课改革里面，“因材施教”与“三课改革”到底是怎样的关系？这值得教育工作者持续去探究。

他认为三课改革是一项长期工程，但“天下大事做于细”，要从最简单的“课时”入手，一步步展开改革。

比如，当时全国中小学校的惯例，小学每堂课40分钟，中学45分钟，为什么要搞一刀切呢？有些课是不是25分钟就够了？有些特别需要连贯性的课程，为什么不能连上80分钟？三课改革能不能从缩短5分钟开始——将每节课由45分钟改成40分钟？

能不能把每天下午3点50分至5点10分，确定为校本选修课和社团活动时间，让同学们尽情享受这丰盛的80分钟？

凡此种种，面对徐万茂的这些改革思路，一些老师心里嘀咕：你又没当过老师，懂什么三课改革呀！

结果是，从校长到老师，基本没人响应徐万茂的想法，更不用谈落实了。

到了2010年年初，宏观面和政策面已在酝酿着实质性的变化：消息称，《国家中长期教育改革和发展规划纲要（2010 — 2020年）》即将出台，该《纲要》将实质性地加大国家对公办教育的投入，为中国向创新型经济体的转型做长期性、基础性、战略性的人才准备。

这将意味着民办学校第一阶段的使命——让更多的孩子能上学——彻底宣告完成，公办教育的财政投入充沛之后，民办学校必须做出与公办学校“不一样的教育”才能生存和发展。

公办教育体制下，追求的是高考成绩，高考是一种有效的、公平的竞争机制，如果缺少了这个竞争，社会底层就没有了通向高层的通道，无论是政治意义、社会意义还是经济意义上，现阶段的中国，都没有废除高考的可能。

在这个大逻辑下，如果说公办学校更多的是按照高考指挥棒去培养人才，民办学校则更多的是按照市场的指挥棒去培养人才，这就是新时代公办教育与民办教育的分工。华外必须加快向素质教育、因材施教的方向转舵。

霹雳手段

这次，华外全体教职员工真正体验到了徐万茂的“霹雳手段”。

从2009年下半年开始，教育集团就开始推动“干部竞聘上岗”的筹备工作。2010年年初，教育集团董事会组成了考核组，对华外校领导进行考核，考核对象包括校长、副校长、党总支书记、党总支副书记，尽管从形式上是例行，但从徐万茂在领导干部考评会上的讲话中，人们觉察到了不同，这一次考核，更像是用人机制改革的发令枪。

徐万茂在讲话中说：“民办学校的用人机制是‘公开、公平、公正’，招聘教师、任用干部、考核教师、考核干部都采取同样的机制，今年，中层干部将全面推行中层干部竞聘制。”

“这些工作始终是为了一个目标——成为‘中国最具特色的民办名校’，考核工作也要围绕这个目标，按照这个目标对照校领导干部的工作。”

中层干部竞聘制，实质上是要打破“干部终身制”，真正实现干部“可上可下”。

尽管当时华外已经开办了十余年，但管理模式基本上是照抄公办学校，一个人进入了干部序列之后，要么横向调动，要么向上调动，很难向下调动。

具体来说，干部在任期结束后，参加公开竞聘，获得评委通过，就继续做干部，通不过就要下来。

2010年3月13日，华外举行了第一次中层干部竞聘会，这也是一次思想上和行为上的“热身赛”。

此次竞聘会，推出了三个管理岗位，包括校教务处长兼教科所长、校学生处长和校招办主任。

徐万茂首先定了调子：“3个岗位都是关键性岗位，学校要更好地发挥12年一贯制、15年一贯制的优势，要创特色、成名校，需要各学部在校部引领下高度统一，各尽其职，贯彻执行。”

评委会由教育集团总裁、学校董事长、学校首席顾问、校长、副校长和学校各学科骨干教师组成。

竞聘规则简单明了：不设预案，不论资历，不搞层层审定。说白了，

“英雄不问出处”。

第一次竞聘会中，总计21位教师通过自荐、他荐的方式走上演讲台，最终顺利实现了三个关键岗位的竞聘目标。

竞聘会首战告捷，让德才兼具、年富力强的中青年教师头一次感受到“阳光打在脸上，温暖照在心里”的舒爽，纷纷摩拳擦掌。

2010年4月17日，第二次中层干部竞聘会举行了。

这次竞聘会的目标是为刚刚成立的宁波华外国际部招聘中层干部团队，包括国际部办公室主任和副主任、国际课程研究中心主任和副主任、国际文凭中心主任5个管理岗位。总计有13名教师参加了竞聘。

打铁需趁热。此前推不动的“12年一贯制”，到了真正解决问题的时候！

2010年9月17日，第三次中层干部竞聘会开始了，义务教育部拿出了18个管理岗实施竞聘上岗，总计27名教师参加了角逐。

此前的6月9日，华外将一直做衔接实验的小学部和初中部正式整合成了“义务教育部”，由此形成了一校三部（国际部、高中部和义务教育部）的构架。

2010年11月28日，华外又举办第四次管理干部竞聘会，这次是“杀青之作”，除了后勤负责人岗位之外，华外中层干部全部实现了竞聘上岗，再次印证了徐氏风格——要么不做，要做，就做到彻底。

“通过这次用人机制改革，要让能人有显示能力的机会，让愿意干事的人找到干事的平台，让更多有创业激情的人，有实现理想的机会。”徐万茂说。

事实证明，通过竞聘上岗的中层干部，总体上做到了尽职尽责。干部任期结束后，再进行公开竞聘，通过的话，继续干，通不过，就下来。这种能上能下的机制，有力地推动战略目标的执行，学制一贯制改革和三课改革得以持续推进，干部作风转变之后，“三风”焕然一新。

在徐万茂眼中，学制一贯制改革是没有终点的：这两个学部衔接好了，再衔接那两个学部；这两个学部的衔接问题解决了，那两个学部的衔接又需要重新调整。

“教育有其规律性，学生成长有其规律性，教学也有其规律性，不能单纯以教学为中心，进行人为切割，然后各自为政。改革的最终目的就是保持三大规律实现动态平衡。”

在这个逻辑下，在过去的十余年来，各个学部分分合合，改革反反复复，不知不觉地锻造了组织的柔性，打通了学部之间的“部门墙”，避免了组织僵化，为后来的组织结构变革创造了条件，最终的目的，则是为真正做好“12年一贯制”和“初高中一体化”的弹性学制创造基础条件。

与此同时，素质教育方面的内容得以不断充实，十六字办学理念越落越实，结果是学生们感觉学习生活变得丰富有趣，选择的自由度越来越大，学习的自主性越来越强。

2012年7月，华外启动了首次“教师优化”行动——果断解聘了18位老师。

从2006年至2012年，整整7年时间，徐万茂终于展现出作为领导者的杀伐果断。

事关华外的前途命运，变革是一件“行百里者半九十”的事，他必须让组织当中的“正能量”越来越多，让“负能量”越来越少。

这种“敲掉饭碗”的事情，在公办学校，做梦都发生不了，但现在终于在民办学校华外发生了。

无论从规模上看，还是从影响力上看，华外无小事，这件事迅速在民办学校的圈子里炸开，一时间引来各种议论。

2013年发生了十几位初中老师集体辞职事件，这对于刚刚升任初中部副校长的史舟来说，无疑是一次巨大的挑战。

史舟说，他一辈子都会记住“天不会塌下来”这句话。史舟2000年加盟宁波华外时，正好赶上华茂遭受着那场著名的春季风波，当时风波惊动了中央，影响波及了全国，甚至有从社会事件上升为政治事件的趋势。

最人心惶惶的时刻，史舟清晰地记得徐万茂对大家说：“天不会塌下来的。”

现在徐万茂的这句话再次激励了史舟。“那么大的风波都会过去，眼下的这些困难又算得了什么呢？”史舟说。

最后，当时的宁波华外校长张宝云带领管理团队比较好地处理了2013年这次教师辞职事件。

刀尖上的变革

从2006年至2016年，华外总计用了11年的时间，基本完成了管理体制改革、学制一贯制改革、三课改革和用人机制改革，为接下来的全面组织变革打下了坚实的基础，做好了组织、制度、文化上的准备。

“经过持续的改革，变革成为华外的文化，我们已经习惯了改变。”华外中学部副校长史舟说，“我们始终知道因什么而改变，始终知道我们要去哪儿。”

这的确是一个中国教育史乃至商业史上极为少见的漫长的探索之旅。

向前延伸到1998年华外创办之初，徐万茂的教育梦，从最开始朦朦胧胧的一个“因材施教”的想法，然后“摸着石头过河”，然后“摸着一个信念（教育规律与市场规律相结合）过海”，然后又陆续找到了“三色灯塔”（十六字办学理念、以艺术教育为核心的环境育人模式和立足本土的国际化教育）。

“三色灯塔”（华茂教育内部将其称为“三个坚持”）由此形成了长、中、短期兼顾的战略组合——既能呼应市场对于特色化教育的需要，又能基于长期目标形成合力，持续引领华外通过学制一贯制改革、三课改革、用人机制改革，进而探索因材施教之道。

至此，华外这场“一边航行，一边拆旧船，一边建新船”式的深海远航，已经隐约看到了彼岸，这注定是一场“刀尖上的变革”，最大的挑战仍然在下一站，下一站即将拆掉旧的结构，兴建新的结构，所面临的风险将是整体性的，而非局部性的，只能通过使命感、决心和韧性来最终实现。

无论如何，徐万茂很可能已经成为在“因材施教”之路上走得最远的一位企业家出身的现代教育探索者。

第四节　结构与战略的对白

美国企业史学家钱德勒说：结构追随战略。

在深入华外整整10年之后，徐万茂终于启动了“结构追随战略”之旅。

本节用来解读华外2016年开始的全面组织变革以及徐万茂团队最终找到的“英才教育”。全面组织变革的核心目的，就是将责任、权力、资源下移，让“听到炮声的人呼唤炮火”。

什么是“英才教育”？核心就是“德、智、体、美、劳”五个字。“公办教育只做到了其中的十分之一，只是对学生进行了基于考试的学习训练，只做到了‘智’的上半节即知识的传授和‘智力’的开发。‘智’的下半节是‘智慧’的开发，而‘智慧’的开发又与‘德’‘体’‘美’‘劳’四个字有着密切的联系。”徐万茂说。

迫在眉睫

基于长期实证研究，英国历史学家诺斯古德·帕金森在《帕金森定律》一书中阐述了机构臃肿、人浮于事、相互扯皮、效率低下的成因。

帕金森发现，一个不称职的主管，可能有三条出路：第一，主动申请退职，把位子让给称职的人；第二，请一位更适合的人协助自己工作；第三，任用两个比自己水平更低的人当助手。由于第一条路会使主管丧失权利，第二条路会让能干的人成为对手，因此绝大多数主管会选择第三条出路，让两个平庸的助手分担他的工作，他自己则高高在上发号施令，这样一来，助手不会对自己的权利构成威胁，但两个助手既然无能，也就上行下效，再为自己找两个更加无能的助手。

从某种角度上来讲，2006年徐万茂所面对的华外，就是一个类似于患上了“帕金森定律”的组织。但徐万茂没有采取“西医”的方式，直接撤换“主管”，而是用“中医”的方式，慢慢调理、慢慢转化，通过增加正能量来减少负能量，通过增加“对的事”来减少“错的事”。

“受教育并非学生的专利，终身教育也包括老师，我们也有义务教育老师进步。”徐万茂说。

在体制上重建了教育集团对华外的控制力和影响力之后，基于十六字办学理念，徐万茂推动华茂教育展开了包括学制一贯制改革、三课改革、用人机制改革在内的教学体制改革。

在学制一贯制改革中，国际学校的15年一贯制已经实现，华外从“9年一贯制”到“12年一贯制”经历着反反复复的磨合和经验积累。比如，华外的初高中一体化的弹性学制，可以让学生可以根据学习能力和进程的差异，选择各个学段不同的学习时间。

在三课改革中，华外精心开发设计并丰富了“班型”——小学有标准班、双语班、实验班，中学有实验班、创新班、公办班、民办班——各种班级的规模不同，教学生态也不同。

在“中层干部竞聘上岗”制度下，有的人上岗，有的人下了岗一直待岗，其中极少数人对于失去职位耿耿于怀，经常爆发负能量。“最恶劣的莫过于个别人把家长和学生作为法宝，暗中闹事儿，还有的甚至把学生作为专属市场，推销商品和有偿服务。”徐万茂说。

看来结构变革已经迫在眉睫，为了真正实现核心业务改革的成果，真正把民办学校的优势即灵活的机制发挥到极致，真正避免组织内部“癌细胞”发展成“恶性肿瘤”，徐万茂意识到，华外到了展开以结构变革为核心的全面组织变革的时候了。

如果说此前10年的改革是全面组织变革的“热身”，那么接下来结构变革，则是全面组织变革的“高潮”。全面组织变革意味着从架构到体系到制度都要变革，涉及组织结构、人员薪酬体系、绩效考核问责机制以及配套的制度和流程等方方面面。

在2017年年初的学年学校工作部署会上，基于这次全面组织变革，徐万茂特地强调了四个“彻底”：彻底改变“温水煮青蛙”式的工作作风；彻底改变吃老本、不愿上进的守旧作风；彻底改变面对新目标、新举措，一味“找困难，找理由，找借口”的思维习惯；彻底改变责权利不清、赏罚不明的管理局面。

“当然要触及利益关系，也会触及思想理念的碰撞，但只要秉持‘一切为了学生，为了家长，为了全体教职工’，我们的改革就一定能赢得更多的理解、认同、参与和支持！”徐万茂说。

结构变革

结构变革的本质就是责任、权力、资源基于战略的再分配，在全面组织变革中，结构变革通常最为艰难，难在打破既得利益格局。

2016年之前，华外的结构与公办学校基本一样：

第一层，校长，下面分设教学副校长、后勤副校长、政工副校长；

第二层，每位副校长下面，又分设多个处长，分管相应的处室，每位处长下面，又分设两位副处长。比如，教学副校长下面有教务处和学生处，教务处处长下面配两位副处长，学生处处长下面同样配两位副处长；

第三层，再下面就是教研组、年级段长、班主任。

2016年结构变革之后：

第一层实现了根本性的简化，后勤及政工的职能全部归并到教育集团，校长直接管理三个学段部长，即高中部长、初中部长、小学部长，更利于发挥12年一贯制的优势；

第二层同样实现了根本性的简化，原来的教务处和学生处虽仍由副校长管理，但皆只保留一位处长，原来副处长的责任和职权，直接下沉到教学业务层（原来的第三层），在教学业务层形成了“三级责任体系”（部长—段长—班主任），部长下面是年级段长，年级段长要对该年级所有事务承担责任，年级段长下面则是班主任。

此次结构变革，从根本上实现了为教学前线“配责”“配权”，也就是给直接担当教育责任的人“配责”“配权”，使整个组织从管控型结构向服务型结构转型。

新的结构下，年级段长实质上从之前的基层业务骨干提升为中层领导，属于中层正职，相当于之前的教务处处长或学生处处长，由此承担了更多、更重的责任：年级段长要对整个年级的学额、学费、三风、教学质量、三课改革、安全管理等方面的业务担起责任；而之前只是以普通老师的身份担任教研组长，只需对教学担当指导责任。

新的结构搭建完毕之后，接下来的工作是，制定、推行新的考评机制和激励机制，重点是基于全新的“三级责任体系”，提高部长、段长、班主任的薪资待遇水平。

还记得2006年8月8日被当时的董事会否决了的《年薪改革条例》吗？教师薪酬体系改革是华外涉及面最广、最敏感、最重要的改革之一，它直接决定了“三色灯塔”的“灯光”能否真正“照亮”华外的每一个学生，决定了素质教育和因材施教能否最终落实到教育的每一个细节上。

2017年5月初发生的一件事，更让徐万茂感受到华外的教师薪酬体系改革是一件箭在弦上的事。

那天深夜，时任教育集团董事会秘书兼办公室主任的王行松突然收到徐万茂的一条微信，是一张华外公章的截图：“你帮我辨别一下这印章的真假。”

兹事体大，王行松一下子睡意全无，仔细地打量之后，回复老徐总：“假的！”

徐万茂没有继续说什么，回复道：“明天再处理。”

难道有谁伪造学校公章？这可是违法的事，谁有这么大的胆子？

次日一早，王行松迫不及待地找到老徐总问个究竟。

原来，宁波华外的一位年轻老师，为了报考公办学校编制，私刻了公章。

此前，宁波市教育局为了对民办学校教师流失问题加以限制，出台了一项制度，要求报考公办学校编制的民办学校老师，提交本校出具的“同意报考证明”。

宁波华外的这位老师，应该是考虑到学校可能会“不同意”，于是加盖了一个“假公章”去报考，这件事从一个侧面折射出教育体制内外的差距，已经导致民办学校的一些教师产生了严重的心理失衡。

这种状态已经持续发酵多年了，在中国GDP基数的持续增加导致教育经费等比例持续增加和国家教育经费改革的合力推动下，从2010年开始，公办学校的教师收入大幅提升，到2013年，公办学校教师的平均工资水平彻底超越了民办学校的教师。

数据显示，2019年宁波市公办学校每位教师的人力成本平均已经达到了28万元，这个数字已经远远高于了民办学校，而这只是在职收入的差距，退休收入的差距更大。

就拿宁波华外来说，最高等级的教师，在职期间，学校参照事业编制教师的水平为其缴纳养老保险。退休之后，表面上看，他拿到的退休金与从公办学校退休拿到的退休金一样，实质却差了不少，因为当时宁波会对公办学校的退休老师按月发放一笔2600元左右“退休生活补贴”，这对于退休教师来说，是一笔很大的收入。

华外早期的一批教师都是来自体制内的精英，仅仅十余年的时光轮转，体制内外教师的收入待遇水平竟然产生如此巨大的差距，让很多教师在心理上无法接受。

而对于年轻教师来说，师范大学毕业之后，由于公办学校的编制越来越紧，进不了公办学校，就先进民办学校，但从进入民办的第一天开始，他们就“身在曹营心在汉”，他们目标往往是在35岁之前，拼命地考一个公办学校教师的正规编制，民办学校由此成为很多年轻老师的“垫脚石”。

一个刚毕业的年轻教师进来，学校要花费很大成本培养他，到了30多岁，该挑大梁、出成绩的时候，他却走了。

就是在民办学校中青年骨干老师大量回流公办学校的大背景下，宁波华外发生了这起老师“私盖公章”事件。

如果严加追究，这位老师涉嫌违法，但华外最终采取了“宽容”和“软着陆”的态度和措施。“根源还是在于体制内外的差距太大了，不能全怪老师，当务之急，华外必须加紧实现教师薪酬体系改革和绩效改革！”徐万茂说。

可没想到的是，事隔11年之后正当徐万茂组织团队意欲再次启动教师薪酬体系改革的时候，一连串意料之外又在情理之中的事件突然爆发，直接导致这项改革再次被搁置了一年有余。

养老金事件

2017年5月某日上午，华茂堂美术馆门前的气氛有几分异样，陆续聚集起了30多位宁波华外高中部老师。这些人先是静坐，随着人数越来越多，他们打出横幅标语，有人站出来开始演讲，言辞激动地“控诉”学校“骗”了他。

这场风波的导火索是：最早来学校的一批教师中，有的到了退休年龄，这一退休才发现，民办学校教师的退休待遇与公办学校教师的退休待遇不一样，拿不到政府给体制内教师发放的“退休生活补贴”，一想到曾经的公办学校的同事，比自己多拿了很多退休补贴，他们心理就失衡了。

这些老师先是到教育局、市政府去上访，未果，便组织策划了此次集体示威行动，目的是通过这样的极端行为，引发一场社会事件，向政府和华茂施压。

从整体上看，民办学校教师占宁波市教师总量的8%~10%，华外是宁波民办学校的老大，此事件一出，迅即成为“风暴眼”，全市的民办学校教师都想利用这次机会解决他们退休后的切身利益和身份认同问题，于是通过各种方式推波助澜，希望把舆论搞大，逼业务主管部门出面解决问题。

宁波华外当时总计有500余名教师，由于养活金问题确实关系到每个老师的切身利益，架不住核心组织者的鼓动，前前后后有100多位老师直接参与了这次事件，有的是退休教师，有的是在职的骨干教师。

此前，确实有一个先例，宁波某民办高校，由于教师群体性地示威，影响很坏，最终导致政府出面，收购了该校，使该校从民办转为公办。

事件核心组织者主要是高中老师，对学生家长拥有很大的影响力，于是鼓动了很多家长也参与其中。哪个家长不担心孩子的学业呢？讲到忧心处，有的家长竟在媒体面前痛哭流涕，于是该事件在社会上进一步发酵。

那么现在的问题是：华外为什么没有及时加以制止，而让事件演变到如此程度呢？

其实，徐万茂在事发当日第一时间便得知了此事，可想而知，这对于血液里都流淌着“和合精神”的他来说，内心到底遭受了怎样的刺痛，恐怕只有他自己清楚。但在同事和家人眼中，他好像没什么事情发生一样，在整个事件发展演变长达半年的时间内，任何人都没有听到他抱怨过一句。

对于该事件的态度，徐万茂自始至终的态度非常明确，他同样提出了十六字方针：合法合规，合情合理，公开透明，双向选择。

他知道，这件事情表面上发生在华外，这些教师的背后是整个宁波民办学校的教师群体，如果为了息事宁人，听从校内外很多人的劝告去“破财免灾”，那是对整个行业不负责任，这不是华外一个学校的事情。“对于老师们的诉求，首先需要坚持的原则是合法合规。如果国家相关的法律政策确实规定华茂应该支付教师们的损失，华茂一分钱都不会少；反之，一分钱都不应该付。”徐万茂说。

“我从来不讲教师们的不好，教师们归根结底关注的是自身的利益，他们对政府提出要求，但政府不理他们，他们只好归咎于企业，如果我开了先例，做出妥协，满足了教师的诉求，其他民办学校该怎么办？后面要退休的教师怎么办？这都会产生负面的影响。”

伴随事件越演越烈，很多同事心急如焚："这对华外造成的舆论影响太坏了，以后招不来学生怎么办？"徐万茂说："好的事情是广告，不好的事情也是广告，关键在于自己能不能立得正、立得正！当然，这件事在短期内对学校是有影响的。"

什么叫"立得正"？徐万茂坦言："两点：第一，在良心上，我有没有对不起这批教师？这是一个基本定位，要想清楚；第二，这个责任到底是谁的？是学校的，是体制的，还是闹事教师自己的？"

"对于第一点，我在良心上是对得起老师们的；对于第二点，这个责任不是学校的，而是体制的，如果有相应的法律规定能证明责任在学校，只要讲清楚，我们一定会承担的。"

很快，一周过去了，离高考日期越来越近，事件还在延续。

为了让学生有一个平静的环境备考，5月17日晚间，在宁波市教育局的积极推动下，华外董事会临时做出决定，校方愿意先行有条件地垫付这些"生活补贴"。

到了9月，在各方的努力下，"养老金事件"暂时得以平息，但问题仍需要时间从根本上解决。不料，一波未平，一波又起。

教师公寓事件

2017年9月30日下午，天下着雨，由少数教师发起的新一轮"静站抗议"，由华茂堂美术馆转移到了学校大门口。

聚集示威的事由从"养老金问题"改为"买了教师公寓，却没有得到土地证"。

原来，在华茂创校之初，位置较为偏远，为了解决教师的住房问题，学校按照政府相关政策，在附近申请了教育划拨用地，建造了总计241套教师公寓。

公寓造好后，学校以每平方米2000多元的价格，将其中的120套卖给了骨干教师作为福利，不过，按照当时全国统一的政策，用教育划拨用地建造教育公寓，只有房产证，没有土地证。

此后，其实华茂一直试图解决土地证问题，2009年，华茂通过参加公开拍卖，前后耗资3400万元，将教师公寓的土地性质由"国有划拨"转为

"国有出让住宅用地"，但按当时的政策，仍然无法将土地证分割到每户。

到2017年，教师公寓附近的房价暴涨10倍以上，宁波华外也有了第一批退休教师，这些老师基本上都在当年购买到了这批福利房，有的老师有意将房子挂牌出售，但没有土地证，房子不能出售。

教师们遂要求办理土地证，直到2017年9月，经多方努力，国土部门同意进行土地证分割，并进行了现场的分户测绘，各种费用分摊到户，每户房主需交纳30万元左右，用以办理土地证。大多数教师房主接受了这个解决方案，但少部分退休教师房主却拒绝接受，他们认为，当初购房总价只有20万元左右，现在却要花30万元换取土地证，仍然不合理，由此有了9月30日下午开始的"静站抗议"。

徐家有一个规矩，在家里不谈工作，但在此次风波的压力下，一天吃晚饭时，徐立勋还是忍不住说："爸，这个事影响太大了，我们得要考虑清楚。"

那些日子，家族所有成员都在为徐万茂揪着心，但在家里从不讲看到了什么、听到了什么。

2017年10月的一天，下个月就要正式退休的宁波市北仑区教育局局长胡小伟突然接到一个陌生电话，后7位是3个6、4个9，"应该不是骚扰电话"，他一边寻思着，一边按了一下绿色的接听键。

"胡局长，我是华外的徐万茂，听说你马上要退休了，我们能不能聊一聊？"电话那边传过来的是一口明显带有四明山口音的宁波话。

胡小伟是教师出身，然后"学而优则仕"，在宁波北仑区当了11年的教育局局长，因在"义务教育均衡发展"方面贡献突出而获得了国务院表彰，并因此获得了"庆祝中华人民共和国成立70周年"纪念章。

2017年10月27日，教育集团董事会正式聘请胡小伟为教育集团教育总裁，徐万茂精心为他举办了一个聘任仪式，浙江省教育厅原副厅长黄新茂、宁波市教育局原局长、教育集团原副总裁岑申、宁波市教育局原局长沈剑光等人参加了聘任仪式。

正式上任没几天工夫，胡小伟就了解到5月以来发生的这些事。

熟悉了教育集团和华外的基本情况之后，胡得出一个基本判断：当务之急，华外有三个问题需要解决——教师公寓问题、养老金并轨问题、绩效工资问题，其中，前两个问题需要彻底解决，第三个问题也需要及早“破土动工”。

对于教师公寓问题，胡小伟说：“老先生建公寓的出发点是好的，但事情闹得这么大，主要是没有跟老师讲清楚这件事情，上下之间、内外之间信息不对称，结果造成了内部的对立，大家应该一起争取政策才是解决问题的关键。有了政策，集团进一步配合，才能解决问题。中国40年的改革开放就是这样走过来的嘛，不断发现问题，再不断解决问题。”

2018年元旦过后，上班第一天，迎接胡的是《教师关于土地证的第二份公开信》。

随即，在董事会领导下，教育集团土地证处理协调小组成立，胡小伟任组长，同期推进解决土地证、养老金并轨、绩效工资三件大事。

三管齐下

首先是土地证问题。

教育集团基于实际情况，与政府相关部门进行了更为充分的沟通：

“集团本来是一片好心为老师们解决住房问题，结果20年后被人举着标语咒骂，闹得最凶的时候，有的老师竟然当面指着徐万茂董事长的鼻子骂脏话。

“董事长习惯在教师餐厅或学生餐厅和大家吃饭，学生们都喜欢和徐爷爷坐一起，叫声徐爷爷，老先生很开心很享受，这件事情发生后，很多学生的心理都蒙上了阴影，这对老先生的打击是巨大的，他把学生看得最重。”

……

在这种情况下，宁波市教育局领导亲自出面，向涉事各方解释了土地证问题的根源。

徐万茂则一如既往地展现了他的豁达大度，积极地配合政府达成解决办法：集团一次性拿出886万元，作为120套房已售公寓的土地证分割成本，占总额的50%以上，政府同时做了一部分的减免，如此一来，老师只须支付剩余的一小部分。

2018年3月15日与4月18日，鄞州区政府两次召集区府办、国地税、国土、住建等部门进行专题协调，最终形成鄞州区政府2018〔50〕号会议纪要，并开通了办理土地证的渠道。

5月29日，华茂向宁波华外下发了《关于做好华茂教师公寓土地证分割工作的通知》。

5月31日，华外分别向宁波市教育局和鄞州区政府进行专题汇报，双方领导都一致表示要积极推进这项工作。

经过了半年的积极推动，2018年6月2日上午10点，在宁波华外河西中学部（初中）阶梯教室，教育集团要在这里彻底地解决教师公寓问题。

胡小伟首先代表教育集团向与会教师通报了相关情况：为了解决这个问题，华茂确立的原则是“保障教师权益、尊重历史沿革、维护社会稳定”，基于这个原则，徐万茂董事长一直催促集团各部门和华外与市局、鄞州区政府汇报沟通，与此同时，在宁波市教育局和鄞州区政府的共同建议下，为了顺利推进土地证问题的解决，减轻教职工办理土地证过程中的经济负担，支持教育事业的发展，华茂同意为购房教职工办理土地证分割提供一定的经济支持。

会议要求，购房者需在2018年7月底之前，凭“土地证分割单”和契证、契税发票，到鄞州区行政服务中心缴纳契税补差款和印花税，然后领取不动产权证。

至此，已经出售的120套教师公寓有了土地证，可以上市交易了，另外121套作为教师公寓使用。

其次是养老金并轨问题。

事实上，民办学校教师养老金与公办学校养老金的差额问题，是中国教育改革的遗留问题，此前多年，教育集团始终在试图通过人大、政协等多种渠道推动解决这个问题，但在这个过程中，部分教师产生了误解，误认为就应该由教育集团支付这个差额。

在华茂积极的推动下，政府方面意识到在民办教师养老金的问题上存在政策缝隙，经多方通力协作，民办学校教师与公办学校教师实现了养老金并轨。

历时一年多的教师风波终于过去了，老师们的心很快安定下来了，教学活力也逐渐恢复了过来。

老师是纯洁和可爱的一个群体，只要他们想通了，心安了，感觉被人尊重了，职业情怀、精神追求就会充分释放出来。

回头看那场风波，宁波华外小学部校长助理邵静芬早已云淡风轻，时间越久，事情看得越分明，她说："教师风波实质是学校一直以来的变革所积累起来的诸多不满情绪的集中释放。一部分被调整下来的老师，把合理的也想象成不合理的，什么事都往坏里想，这两件事其实是改革不满情绪的导火索，导致学校的气氛非常紧张。"

其三是绩效工资问题。

教师薪酬改革及绩效考核的核心目的是，要把教师利益与集团发展紧紧地捆绑在一起。

从2017年12月起，教育集团开始着重研究绩效工资的问题，差不多用了一个半月的时间完成了新的改革方案。

2001年1月中旬，胡小伟组织召开教代会，他特别强调了"程序的严谨性"，一切做到公开、透明、合情、合理、合规。

会议通过了以"多劳多得，优质优酬"为基本原则的新的绩效评估方案，方案获得了68%的赞成率，按规定，50%赞成率即视作通过，68%可谓是高票通过。

何谓"多劳多得，优质优酬"？比如，同样是语文教师，如果是班主任，每个月会多拿3000元左右，如果再评上了"骨干老师"，每个月又多出1000元，如果还能开发出课程，也可以得到相应的收入，当然，学生成绩对老师的收入也有很大的影响。

在新方案下，华外的绩效评估体系与公办学校或者其他民办学校已经有了显著的不同：公办学校基本上是"以分数论英雄"，以公开考试的平均分作为核心指标，对老师进行绩效评估，而且总体而言，公办学校老师的收入待遇水平相差不大，好老师与一般老师的收入，从整年来算，差距不会多于2万元；但在华外，即便是同样的学科、教龄、职称，收入也可能相差1~2倍，绩效好的拿高薪，有的教师的收入甚至比校长还高，相反，如果绩效一般，收入可能连教师的平均水平都达不到。

至此，在教育集团董事会的支持与协助下，胡小伟上任教育集团总裁的几个月时间，带领班子团队基本解决了引爆教师风波的三大问题。他接下来的计划是，加强中层管理队伍的建设，把双语教育、艺术教育、立足本土的国际化教育、双考核体系等大事一件一件办好。

2018年6月底的一天，胡接到了一个来自“上面”的电话，来电方是北仑区某部门：“胡局长，听说你在教育集团工作，但浙江省委、省政府有文件下来了，政府退休干部不得在企业兼职。”

胡找到徐董事长：“老先生，政策限制了，我不能在这里当总裁了。”

胡小伟在教育集团教育总裁任上做了短短8个月，徐万茂对此非常惋惜，但也无法挽留，就此互道珍重。“华茂有一种淳朴而真诚的文化，我离开之后，无论是老师还是老先生，我每次想到都感到很温暖。”胡小伟说。

痛下“杀手”

2017年至2018年的教师风波，基本中断了改革进程，有人说，如果不是这场教师风波，改革可能已经完成了，但徐万茂认为，这也是好事，至少通过这次风波，改革的阻力，有些已经自我“挥发”掉了，有些已经完全暴露了，否则，总是以“暗潮”的形式存在于组织当中，早晚都有问题。

教师风波之所以来得这么猛烈，根本原因是在持续的组织变革中，华外的管理团队、师资队伍内部分裂了，一部分管理者和老师在观念、能力、发展理念等方面与华外的战略转型是相悖的，这是必须面对的客观现实。

教师风波直接导致宁波华外2018年高考成绩成为历年来最差的一次，做有害于学生利益的事，这触及了徐万茂的底线。

2018年7月，华外突然宣布，解聘16位在教师风波中担当骨干的宁波华外高中部老师，其中的15人在宁波华外任职10年以上，包括多名班主任以及下学期就要教高三学生的任课老师。

这次痛下“杀手”，阻力主要来自家长，被解聘的这些老师都是资深老教师，在家长圈具有很大的影响力，家长们的想法很简单也很短期，只要是有名气的老师教他们的孩子，他们就安心。

但一个老师，不管多资深，教学水平多高超，如果他只为实现自身利益，罔顾学生利益罢课，甚至利用学生、家长来要挟学校，算得上是一个好老师吗？

2018年9月1日，徐万茂在华外教职工全体会议上说：“我们要有忍受刮骨疗伤之痛的思想准备，克服一切困难，排除一切干扰，真正建立起能够知行合一的、有创新精神的管理团队和师资队伍。”

此后，一直到2019年，华外教师队伍一直在调整，力求彻底做到统一思想、团结正能量、排除负能量，从2006年开始，13年过去了，变革太久了，付出的成本太大了，现在终于到了全面、彻底变革的时候，所以宁可流失了一些业务能力不错的老师，也要真正地建立能够一起、愿意一起拥抱未来的组织。

事实证明，学校教学气氛自此焕然一新，当年参与教师风波的老师仍有一部分留在了华外，但这些老教师与新加盟的中青年教师一样，都满怀热情甚至是拼命地将自己投入教学当中，大家的目标只有一个：一定要在2019年打出翻身仗！

在教师风波中，曾有一位闹得非常凶的教师，本来已经离开华外，后来不知道什么原因，又找到徐万茂，承认自己错了，希望再给他一个机会。

徐万茂就此事征求董事会的意见，有人认为这样的人坚决不能要了，但徐万茂还是觉得知错能改就好，便先行将其安排在教育集团董事会办公室工作。

没多久，该教师向学校公开承认自己当初的错误，而且还去了宁波市教育局，要求撤回当初对徐万茂的投诉，并向教育局承认自己的错误。在董事会工作的半年里，这位教师对工作也投入了极高的热情，后来又加入了教师的队伍当中。

祸兮福所倚。如今，这场风波已过去一段时间，但徐万茂在风浪中所体现出的对办教育的坚定信念、临危不乱的镇定以及风消雨歇之后的宽广胸怀，始终震撼着风波的亲历者。当年那些场景早已潜移默化地积淀成了某种不灭的文化记忆，刻录在了华茂的历史年轮当中，转化成了激励整个华茂继续成长的精神财富和成长智慧。

对于华外的这次全面组织变革，徐万茂以“爱心、创新、恒心”作为总结，他认为：“做任何事，首先要自己喜欢，要有爱，有爱就会不断去追求创新。创新就会遇到意想不到的困难与挫折，尤其是在面对成败压力时，要有坚定的信念和永不言败的恒心。回顾华外这次长达十余年的漫长变革，最终之所以走过来，从根本上还缘于我内心深处对于教育的爱，以及由此衍生出来的追求和包容。”

2019年，宁波华外果然打了一个彻底的翻身仗：高三毕业生总计431名，100%考上大学；其中，进入一段线的有122人，二段线的有331人；毕业生包晗获得2019浙江省音乐联考第一名，焦心悦获得中国美院校考全国第二名。

中考同样硕果累累：体育成绩史上最好，中考游泳满分率100%，长跑满分率近60%；在87名学生已经保送的前提下，中考600分以上的仍有44人，而且其中大部分同学都选择留在宁波华外读书。

徐万茂对大家推心置腹地说：“外界曾担心闹事的教师走了之后，华外会很惨，事实证明恰恰相反。那么究竟是好教师留下了还是好教师走了？我认为是真正优秀的教师留下来了，认同十六字办学理念、对华茂有益的教师留下来了。”

2006年徐万茂刚刚进入华外时，在一些保守的校长或老师的眼中，徐万茂是一个不懂教育的人，此时他们才发现，徐万茂已经神奇地转型为一位具有企业家思维的教育家，他不但具有先进的教育思想，还具有实现这些教育思想的逻辑、手段和胆略。

英才教育战略

2019年对于华茂来说，还有一个重大的收获，就是终于提出了“英才教育”。“我们要培养什么样的人才？现在我终于可以回答，我们要培养的是英才。”徐万茂说。

什么是“英才”？徐万茂为“英才”画了一幅“画像”：英才就是在“德智体美劳”全面发展的基础上，其优势智能得到充分发展，成为个性鲜明、能力突出、具有领袖品质、社会责任、家国情怀、国际视野，能主动适应和引领社会发展的一代新人。

“英才教育”是怎么来的？为什么直到2019年才最终提出？“这20年来，我们一直苦苦摸索，怎么样办出一家与众不同的学校。首先我们要按照国家的教育方针——德智体美劳全面发展，然后先后找到了十六字办学理念、以艺术教育为核心的环境育人模式、立足本土的国际化教育模式，边实践，边积累，最后形成了英才教育战略。”徐万茂说。

其实，“英才教育”作为一个概念，徐万茂很早就开始思考了：“每个人都有天赋灵性，也就是潜能，它需要教师与学生共同合作，把它们启发出来、发挥出来，这就是因材施教式的教育。”

徐万茂带着这个朴素的教育思想一路探索，在与校领导班子充分讨论之后，在教育集团正式提出了以“100个学生，100个世界”为口号的“英才教育”，然后在管理层达成了共识，直至2019年12月20日，以“多才多艺”为核心特征的“英才教育”正式得到了华外教代会通过，并进一步将过去20年积累起来的理论和实践成果整合成“三三五”发展纲要：

第一个“三”，即“三个坚持”：坚持十六字办学理念、坚持立足本土的国际化教育、坚持因材施教的英才教育；

第二个“三”，即“三大特色”：双语教育特色、艺术教育特色、环境育人特色；

“三三五”当中的“五”，即“五条通道”，包括国内“两条”——文化高考和艺术高考，以及国际“三条”——IBDP课程（国际文凭课程，即IB课程）、美加合作课程、国际艺术课程。

徐万茂说：“我们现在搞英才教育，不要追求包装上的高大上，让孩子会学习是英才教育，爱劳动是英才教育，会跟人家交流也是英才教育，我们就是要通过因材施教，把平凡的人育化为人才。”

并不是所有的量变到最后都能发生质变，由量变到质变的过程是漫长而艰难的。

如果说中国传统的教育观是“学海无涯苦作舟，才高八斗高才生”，徐万茂提出的“新教育观”就是“学海无涯‘乐’作舟，多才多艺英才生”。“高才生的评判标准只有分数，而对于英才生来说，分数不是唯一，只要有一个学科是他的特长，我们都认为他是英才生，也就是‘三百六十行，行行出状元’。”徐万茂说。

徐万茂已经成为“英才教育”的领跑者，通常外界对行业领跑者进行的评价，都是落后于实际的，评价者如果不是身在其中，很难设想被评价对象所面对的真正的问题是什么，他们只能拿自身过去的体会来评价领跑者，所以就难以获得全面的认识，由此徐万茂才遭受了一次又一次“反对”，经历了一次又一次“风波”。在徐万茂看来，这也是品牌在打造过程中必然要面临和经受的考验，渡过难关、涅槃重生，关键在于是否有信心、有战略定力。

我问徐万茂先生："你20余年办学的核心经验是什么？"

他先是直截了当地从反面总结了一条经验："在复杂的教育教学背景下，要想办一所好的纯民办学校有多难啊！没有信仰、追求不要办，没有理念不要办，没有深入下去的社会担当和坚韧不拔的决心也不要办。"

他接着又从正面总结出了一条经验："我最重要的一条经验是，既要按教育规律办事，也要按市场规律办事，要处理好经营管理、资源配置、投入产出、市场竞争、可持续发展等问题。"

现在，请把掌声送给所有为华外做出贡献的人。华外不是一般意义上的民办学校，华外所有的实践都激荡着华外人对教育价值的探索。在这个探索的旅程中，无数人为之付出心血与热情，才有了今天华茂教育博览园的百花齐放。

第八章 DEF的逻辑

惊艳亮相

2020年10月23—10月24日，首届东钱湖教育论坛（以下简称DEF）在浙江宁波的东钱湖召开，该论坛由希腊前总理乔治·帕潘德里欧（George Papandreou）和博鳌亚洲论坛原秘书长龙永图共同担任主席，由中国教育学会常务副会长杨念鲁担任论坛秘书长。

DEF由浙江东钱湖教育研究院主办，每年举办一届，“东钱湖教育论坛·会议中心”将成为永久会址。浙江东钱湖教育研究院由国家教育体制改革领导小组办公室副主任、国家教育咨询委员会秘书长袁振国担任院长。

龙永图——这位中国入世谈判首席代表曾就长达15年的中国入世谈判说过一句名言，“黑头发都谈成白头发了”。当他得知徐万茂为了做DEF已经用了18年，自然能体会到对方经历了怎样的心路历程。

龙永图习惯于称小他两岁的徐万茂为“老徐”，他说：“老徐，如果你一定要做，我肯定会支持你。”

“我从事了很多年国际经济贸易的工作，特别在国际贸易谈判中，我深刻地体会到国与国之间的竞争，特别是大国之间的竞争，关键就在于教育，（而）教育和教育家不（应）是独行侠，（我看到）科学家、政要、诺奖获得者、企业家都来了。”龙永图说。

DEF最与众不同的特点是，它不限于“就教育论教育”，更在于“跨出教育看教育”，通过搭建全球跨界平台，立中国教育之魂，合世界教育之道，为建立人类命运共同体尽责任。

对此，DEF秘书长杨念鲁说：“让教育不再独行，正是论坛的要旨。只有抛弃功利主义，教育才可以真的为每个人的成长助力。”

DEF创始人是华茂董事局主席徐万茂和华茂执行董事、总裁徐立勋，父子二人成为联名创始人，这对于华茂来说，意义非同小可。这是他们在华茂传承过程中最重要的一次合作，也是在徐万茂的意识中必须进行的合作，这是华茂创领者企业家精神的一次联袂实践。

从结果上看，DEF的最终成功标志着华茂实现了虽历经艰难曲折但近乎完美的企业传承。

“18 年磨一剑”之谜

徐万茂主政华茂40年间，他与华茂董事局发生过五次决策上的重大分歧，其中前两次本书已经呈现：第一次是1988年至1989年，他决定把企业从四明山迁移到山下的宁波郊外望春工业区；第二次是1998年，他决定投资教育而不投房地产。

第三次就是2002年他决定投资DEF。历经整整18年的设计和筹建，总投资20多亿元，DEF一直到2019年启动，2020年才正式亮相，其间来自内部和外部的负面评价五花八门，让一向举重若轻的徐万茂也感到“压力如山”。

“18年”是什么概念？2002年，中国GDP是12万亿元，到2019年已剧增至99万亿元，18年间增长了7倍多，而DEF项目到2019年时已累计投入18亿元，却始终没有创造营业收入，凡此种种，意味着华茂为DEF项目的付出包括：巨大的财务亏损、高昂的机会成本以及这18亿元的真金白银的投入。这种长期投资，在全球来说，也极少有企业能够做得到。

华茂做事情有一个特点，特别强调使命驱动，愿景定得很高，咬定目标不放松，从不怕慢。DEF承载的是华茂教育的第二个愿景——做有影响力的教育论坛。为了能有一个成功的开局，华茂人埋头苦干了整整18年，这也是华茂发展史上的第四次转型，被徐万茂称为“一次升华型的战略转型”。本章将揭示DEF的底层逻辑，解开DEF耗时18年之谜。

本章分为三节：

第一节“蓄势”用来解读DEF从2002年至2014年如何在天时、地利、人和等三个维度进行蓄势。

第二节“DEF的算法”用来解读2014年至2021年徐氏父子如何在DEF项目上形成了日月同辉式的默契合作。

第三节“英才教育生态呼之欲出”用来解读DEF最终催生出来的英才

教育生态，以“三园”为基本载体的英才教育生态，是华茂在教育领域近50年经营成果的整合与升华，也为传统产业生态化成长给出了基本思路。

第一节　蓄势

DEF 的势、道、术

DEF致力于创建高品质的国际艺术和教育交流综合体，其宗旨是“构筑一个激发中国艺术、教育理论的创新并促进中外先进教育文化思想交流的平台和基地”。

从本质上看，DEF是一个“软硬件综合体”：“软件”部分定位为一个以学术交流、研究和发布为核心功能的非营利性国际民间组织和平台，侧重于创造社会价值和无形资产；“硬件”部分定位为一个基地型综合服务商，侧重于创造商业价值。

人们见惯了瓜熟蒂落和水到渠成，往往容易忽略瓜熟蒂落和水到渠成的过程，然后又喜欢戴上“时代的眼镜”或“自身的偏见”去判断这个过程。

因此，理解DEF“不是什么”，会更有利于真正理解DEF“是什么”以及“怎么是”。

外界之所以很长时间看不懂DEF，核心原因有两个。

第一，DEF既有公益属性，又有商业属性，不太符合“公益的归政府，商业的归企业”这个通常的认知。

2007年，徐万茂到青岛参加教育行业内的一次级别很高的会议，主要目的是向教育部老领导们征求关于成立DEF的意见。白天的会议结束后，他们利用晚上的时间一个一个地拜访。

结果发现，老领导们没几个赞成老徐总搞DEF的想法。

“你是做工厂起家的，又有了三所学校，已经很不容易了，论坛这种事情，像博鳌亚洲论坛，那是政府做的事，是烧钱的，不赚钱的，民营企业就没必要做这个了。”

徐万茂深知领导们是关心爱护他才说出这些话，事实上，他的绝大多数朋友，包括同事，都对这种半公益、半商业的想法不太理解，也找不到清晰对应的规则和标准来证明这个想法的可行性。

第二，“时代的眼镜”。DEF不易被读懂，还缘于“时代的眼镜”所导致的偏见。所谓“时代的眼镜”是指在一个较长阶段内，人们对于某种商业现象的一个主流看法。

DEF是一个基地型的服务机构，需要大块拿地，滚动开发。

而在当时，国内地产商通常会在拿地之后，快速开发，通过高周转获利，这种地产开发模式被称为“快开发”模式；与之相反，还有一种开发模式被称为“慢开发”模式，由李嘉诚旗下长实系房地产企业所创，体现为企业拿地之后，缓慢分期开发，坐等周边配套成熟后，靠土地增值获利——俗称“捂地”。

据报道，2004年，李嘉诚旗下公司以21.35亿元拿下成都市城南新区1036亩土地，至2020年的16年间，始终没能完成开发，直到2021年将剩余土地资产打包卖给了国内一家集团，李嘉诚旗下公司全身退出，总计获利近百亿元，其中绝大部分收入来自捂地。

上述两副地产时代的“眼镜”，一副是“快开发”，一副是“慢开发”，第一副显然戴不到DEF的头上，于是一些人索性戴上了“慢开发”的眼镜来看DEF。

某部电影中有这样一句台词：任何复杂的事情或事物，都蕴含着一个简单的中心思想。这为我们区分DEF与“慢开发”模式提供了一个解决方案，那就是对比二者的中心思想。前文提到，DEF的宗旨是“构筑一个激发中国艺术、教育理论的创新并促进中外先进教育文化思想交流的平台和基地”，其软件部分定位为一个以学术交流、研究和发布为核心功能的非营利性国际民间组织和平台，其硬件部分定位为一个基地型综合服务商，侧重于创造商业价值。这就是DEF的中心思想。而地产商的“慢开发”模式，其中心思想很简单——利润最大化。前后两者的中心思想是完全不同的：前者强调的是为社会创造价值，同时获得合理的利润；后者则优先甚至单纯追求利润最大化。

界定完DEF不是什么进而使人们去除对DEF可能持有的“偏见”之后，接下来，我们用中国传统管理思想中的“势、道、术”思维框架来解读

DEF方法论，具体解读则按照“势、术、道”的顺序展开，这样更有利于读者理解DEF内在的发展脉络。

蓄“势”

“势、道、术”，“势”是大前提，“势”不到位，“道”和“术”再好，也很难发挥作用。

在徐万茂眼中，“势”就是天时、地利、人和，这三者缺一不成“势”，三者合局才能成“势”。

虽然从形式上看，1981年的教学具项目、1998年的华外项目和2002年开始的DEF，分属于产、学、研三个领域，并共同构成了一套产、学、研教育产业体系。但从创新的本质上看，三者都属于“特色创新”，而非简单的“差异化创新”，它追求的不是“把现有的事情做得更好”，它追求的是“做出现在所没有的东西”。

特色创新是技术、价值、系统“三位一体式的创新”，就需要“蓄势”，而“蓄势”就是要完成“天时、地利、人和”三者合局的过程。

“只有到一定火候，天时、地利、人和凑在一起了，才能成事，所以越是大事，着急硬来越是不行呀。”徐万茂说。

何谓天时呢？就是政治面、经济面、社会面对这件事情的正向认知积累到一定程度，也就是“天时”来了。

DEF的起步是从2002年收购东钱湖酒店开始的，正所谓“项庄舞剑，意在沛公”，华茂此次收购，真正看中的是东钱湖酒店所属的地块。

收购完成后，2002年年底，华茂再次决定把开发范围拓展至东钱湖酒店北侧湖滨的砖瓦厂地块，并邀请设计院着手做出了概念性规划。

就这样，在一年之内，华茂迅速地迈出了两步。不过，此时该项目的投资主题还不是“教育论坛”，而是“与教育相关的文化休闲类项目”。

虽然2000年春季风波早已平息，但教学具主产业正在遭受着政策调整所带来的冲击，整个华茂又处于企业传承的进程当中，所以至少在外界看来，华茂的发展存在着很多不确定性，这些因素为DEF的前期筹备工作带来了一些阻力。

经历了近两年的反复沟通之后，华茂与东钱湖旅游度假区管理委员会

（以下简称东钱湖管委会）终于达成意向，将东钱湖酒店所在的半岛整体创建为“国内第一、世界著名的文化休闲项目”所在地，此时尽管DEF的概念在徐万茂心中基本成形，但出于种种原因，并未被明确地提出来。

直到2004年年末，华茂才正式提出了DEF的概念，将该“文化项目”的内涵进一步锁定于“教育理论的研究与发展”。在取得了东钱湖管委会的认同之后，华茂顺势迈出了第三步，将项目规划范围增加至由原来的浙江省财政厅培训中心、青山岙村砖瓦厂和东钱湖管委会办公地（茗湖山庄）所构成的湖弯带状水岸地块。如果上述拿地“三步走”都能顺利实现，意味着连心路以南——总计276亩的整个半岛都已包含在DEF项目中。

上述蓝图轮廓确定之后，接下来的工作是科学论证与规划，徐万茂从四明山一路走来，一条核心的、不变的思路就是注重外脑，每当开启新的战略，首先要网罗可能触及这一领域的最好的知识资源和人才资源，并一步步构建价值网络，他不是用金钱开路，更多是用诚信、事业和平台聚人。

项目组马不停蹄，赶在2005年元旦到来之前，分别在北京和杭州举办了两场专家论证会，并组织项目相关人员到海南考察博鳌亚洲论坛。

2005年元旦一过，时任宁波市委书记的巴音朝鲁率领宁波市四套班子（市委、市政府、市人大、市政协）领导到东钱湖考察，听完管委会关于东钱湖诸多文旅开发项目的陈述之后，巴音朝鲁特别提到：“DEF是好项目，文化教育定位高，要抓紧开发。”

赢得了“大本营”的“势能”之后，DEF团队旋即北上，于2005年4月11日，在北京举办东钱湖教育论坛专家恳谈会，听取专家们对论坛内涵的设想。

基于上述各级领导、专家的认同，管委会当即落实了DEF项目的用地指标。

2005年6月，华茂正式举行了DEF项目设计国际招标会，来自澳大利亚、日本、法国、加拿大、美国等多国著名的建筑设计公司参加了竞标，该事件标志着DEF在“硬件”建设上的启动。

2006年1月，时任中国教育基金会理事长、国家教育部党委副书记、常务副部长的张保庆专程到宁波视察论坛项目；2006年5月，徐万茂带领团队专程赴京向教育部和全国人大等部门的领导柳斌、李连宁等人汇报DEF

的深化设想。

2006年7月30日，DEF迎来了“实锤”，当日下午，华茂通过竞拍，获得了论坛项目核心地块109亩土地，这是一个好消息，当然也是个坏消息：此前达成意向的总计276亩规划用地，由于种种原因，只拍得了不到一半，这直接影响了项目前进的脚步，是项目受阻的一个原因。

导致项目受阻的另外一个原因是，在当时DEF的规划中，有一个子项目叫作“中国教育博物馆”（暂名），但按照有关文件规定，它必须由中央直属部委提出和主办。2007年1月，国家民委主管的中华民族团结进步协会终于有意出面为DEF“站台”，解决了这个“背景墙”的问题。

但土地的问题仍然很难解决，一直到2009年12月26日，276亩规划用地余下的部分才得以正式挂牌拍卖，要知道，为了DEF整体规划中这一半多土地，华茂苦等了近3年半。

回头来看，DEF项目之所以用了18年才搞起来，主要原因之一就是因为在当时的环境下，社会更愿意追求做短平快的“产品”，这些产品能迅速提高GDP，华茂追求的却是做出“艺术作品”，华茂的土地需求自然得不到优先满足。

徐万茂说：“我是一介草民，只能等，在坚持中等待。好事多磨，做一件反常规的事情，总有旁观者、机会主义者甚至反对者。把困难当成乐趣是人生中最大的福利！”

当然，人们都知道好事多磨的道理，但当面对极大的困难时，能撑到最后的却总是寥寥无几，这就需要企业有信念模型作为支撑。

徐万茂的信念模型也就是前文所述的华茂企业行动框架——“四个对得起”。他说：“我做这个项目，上对得起天，对得起国家政策、法律、规定；下对得起这片土地，土地是社会的，是国家和社会发展的本钱，是稀缺资源，要对土地有敬畏之心，我们有责任用它创造出最好的价值；前面对得起祖宗，做教育也是父亲的遗愿；后面要对得起靠山，市场是我们最好的靠山。我们不是为某一个领导做事情，也不是为某一个人做事情，人这一生，只能把一两件事真正做好，我选择了做教育，因为我要对得起天、地、祖宗和靠山。每一天都在拼命想：究竟国家需要什么样的教育？究竟社会需要什么样的教育？”

2010年1月29日，华茂正式取得了DEF项目的全部土地，以此为标志，DEF进入了实质性建设阶段。

拿齐土地之后，徐立勋也积极地投入进来，并于2010年2月主持举行了DEF奠基仪式。按照设计蓝图，DEF项目分为三期工程滚动开发：一期工程包括国际会议中心、五星级会议酒店；二期工程包括艺术教育博物馆、创意工美院；三期工程包括总部机构群和大师创作室。

日月如流，此时距收购东钱湖酒店已过去了整整8年。

龙永图之问

同样是在2010年，中国经济总量超过日本成为世界第二大经济体，从此开始坐二望一，进入到全新的发展阶段，也走到了转变经济发展模式的十字路口。

当年，在一次演讲中，原来的国家外经贸部副部长、中国复关及入世谈判的首席谈判代表、博鳌亚洲论坛原秘书长龙永图提出一个问题：什么时候全球的精英会把孩子送到中国留学，而不是像今天这样，中国的精英把他们的孩子送到美国、欧洲留学？

从某种程度上讲，“龙永图之问”意味着对文化教育软实力的关注和需要，已经从政治面、经济面，上升到社会面，这正是徐万茂所期待的。

综上，至2010年，政治面、经济面、社会面的蓄势已经基本到位，意味着DEF基本进入了“天时”窗口期，那么“地利”呢？

从宏观上来看，徐万茂认为在宁波办DEF有三个优势。

第一是东钱湖的环境优势。

第二是宁波从古至今孕育出的文化底蕴，无论是明清时期的进士数量还是新中国成立后的“两院”院士数量，宁波都居于浙江省乃至全国的前列。

第三就是华外20多年的探索与沉淀。教育集团一直在探索和实践如何把传统思想——像孔老夫子的因材施教、王阳明的知行合一、北大蔡元培提倡的兼容并包等这些中国传统教育思想精华与现代教育紧紧地嫁接起来。

再从微观上来看，从2001年开始，东钱湖地区在宁波市发展蓝图中一路“开挂”，连续迈出了三大步，地位持续提升。

第一步是成立东钱湖旅游度假区。2001年8月，宁波市委、市政府为了加快东钱湖地区的开发建设，将包括鄞州区东钱湖镇、天童寺、阿育王寺、天童森林公园等地在内的约230平方千米范围确定为东钱湖旅游度假区，并成立了东钱湖管委会，目标是将东钱湖打造成“宁波后花园”。

第二步是将东钱湖旅游度假区升级为国家级旅游度假区。2015年10月，东钱湖获评首批国家级旅游度假区。

第三步是升级为宁波城市客厅。2017年宁波市第三次党代会指出，要高起点、高水平地谋划东钱湖的发展，将其建设成“国内一流的生态型文化型旅游度假区”“国际知名的湖泊休闲新城”，从“宁波后花园”转变为“宁波城市客厅”。

既然天时、地利皆已“在线”，“人和”又处于一个怎样的状况呢？

在事物的发展变化过程中，这三个要素并不是孤立的，而是相互影响的，随着天时、地利方面的“势”越来越显现，在华茂内外部利益相关者的层面，DEF也越来越得到认同。此时，DEF面临着的一个最为关键的挑战是，华茂总裁徐立勋参与DEF的兴趣和意愿。

自从徐万茂2006年把办公室搬到了教育集团之后，这对进入了“交班周期下半场”的父子慢慢形成了新的默契：徐万茂基本上把全部的精力投入学校和DEF上面，徐立勋也不太过问学校和DEF的事情。

而徐万茂对子女向来采取的是一种“熏陶+尊重”的教育方式，从来不强求孩子做他们不愿意做的事，徐万茂也知道徐立勋对教育不太感兴趣，但教育是华茂的主产业，DEF又是关乎教育主产业未来的一步“重棋”，这个责任必须由徐立勋担当起来，怎么办？徐万茂只能等，等到他感兴趣的那一天，等到他有意愿承担DEF的那一天。

“阳台请战”与“约法三章”

2010年2月，DEF一期工程在一片喜气洋洋中破土动工，但进展颇为缓慢。

一期工程包括了DEF项目的两大核心项目——国际会议中心、五星级会议酒店。

DEF是百年大计，不但事关华茂品牌、教育事业，还事关国家形象，绝不能有半点儿马虎，徐万茂决定亲自挂帅，并搭建了一个一切追求可控性的组织架构。

过往的经验和种种教训，不断强化着徐万茂在管理上的一个明确而坚定的信仰，那就是“深入”。不深入，就无法掌握事情的规律性；什么都不懂，就会成为“光杆司令”。而两大工程的基础建设，专业性极高，系统性极强，对管理专业化水平要求极高，无数工程模块需要像齿轮一样环环相扣、密切高效地运作。

“时间就是生命，效率就是金钱”，这句商界口头禅其实就是以深圳蛇口的一个工地为起点传遍大江南北的。这句话实际上也说出了建筑工程行业的行规——效率优先。

但对于DEF，徐万茂宁可把精品性和可控性放在第一位，也不想把效率放在第一位。举一个简单的例子，单是艺术教育博物馆的设计，他就三次推翻了原有设计方案，最后请到葡萄牙建筑师西扎来担纲设计。

这样做，意味着工程成本的提高，但其精品性可以得到最可靠的把控。同时，徐万茂也需要时间为“人和”蓄势，也就是等待徐立勋参与进来，这事关DEF的传承。

而从徐立勋的角度来讲，他需要在这样一个平台上造就自己，只是徐万茂从不点破这层意思，他想让徐立勋自己去悟出来这层意思，直到他真正悟到这一层，才会真正从内心起意，才会真正爆发出内在的潜能，真正把这份责任担当起来。

这就是徐万茂作为一个资深领导者的高明之处，他做任何事情，都会想到三步以上，都会想到如何尽量避免下一步可能产生的风险，都会想到很久以后事态未来的走向，因此他从不会为眼下的利益得失去计较，他关注的永远是战略上的利益以及基于使命和愿景的目的的实现。

如此一来，至少在表面看来，DEF一期工程以一种很不被人理解的、缓慢的方式进行着，这种状态一直持续到2014年，土建工程总算完成了，但接下来的装修工程直接决定着用户体验，到底该怎么做？徐立勋感觉父亲似乎也没谱儿。

徐立勋结婚之后，一直与父母同住在一套公寓里，父子二人都不喜欢在外应酬，阴天不见晴天见，白天不见晚上见，二人有很多的见面机会，但徐万茂从不和徐立勋谈工程上的事儿。“有很多人来跟我说工程管理上出现的各种各样的困难，建议我去接手。”徐立勋说。

看着自己快到70岁的父亲一边要忙于学校的改革，一边又要为工程的事情亲力亲为，徐立勋终于看不下去了，2014年国庆节，他决定找父亲谈一谈。

四明山徐氏老宅三楼有一个很大的阳台。10月2日那天，一起吃过午饭，徐万茂与徐立勋站在阳台上一边观赏楼下池塘里的锦鲤和鸭子，一边聊起工程的事。

徐立勋对父亲说：“爸，工程的管理模式与教学具的管理模式不一样，工程项目的决策点多，决策速度要快，不然会影响整个工期，每一个小环节进度的滞后，都会抬高整个工程的成本。”

徐万茂笑了笑：“你对工程管理有研究？”

徐立勋回答：“我有省建筑公司的朋友，我们的工程进度太慢了，他指点了我一下。工程管理最怕的是决策机制迟钝，多头管理，谁都不敢拍板，最后都要找到你来拍板，而你又对酒店行业不了解。工程的根本问题是在组织架构上，导致问题千头万绪，久议不决。”

徐万茂认真地听儿子讲完，点了点头，但也没有直接同意他的判断，而是意味深长地说：“那你说该怎么解决呢？”

其实徐万茂知道徐立勋至少在此时还没有真正理解DEF是质量优先于效率的，但他相信只要立勋尽快入局，总归会理解的，凡事只有真正干了才能摸到门道，没动手干之前，怎么讲都是门外汉。

徐立勋坦率地说：“爸，我来做吧，不过，我们搞个约法三章行吗？答应了我就干。”

徐万茂眼睛一亮：“说说看？”

徐立勋说：“第一，你亲自组织开个会，明确这个工程由我来负责；第二，政令要统一，有关工程所有的决策权都在我这里，做好做坏我负全责；第三，如果你对于我的某些做法有意见，单独跟我说。就这三条，答应了我就做，不答应我不做。”

徐万茂微微皱了一下眉头，说道：“我肯定你的决策权不就行了吗？”

徐立勋坚决地说：“不行，必须在会议上宣布，人权、事权、物权统统归我。”

偌大的阳台，突然安静了下来，父子二人默默地望着池塘里的锦鲤和鸭子在一起游来游去。

平心而论，徐万茂对儿子站出来要担当这个工程是满意的。“我知道，他想尽儿子的责任。”接班以来，他们朝夕相处，他最欣赏徐立勋身上的两点：第一，在用钱方面，把关还是把得紧的；第二，对公与对私，还是分得清楚的。有了这两点，就不会犯大的错误。

但徐万茂对徐立勋提出的这个“约法三章”又是不满意的：一个企业，当然要政令统一，但一个接班人在接班的过程中，在政令不统一的条件下，还能尽可能地把大多数的人团结起来，把事情做对做好，只有这样才能成长起来，谁让你是接班人呢？接班人就得承受一些委屈甚至是不公！

徐万茂心里这样想，照例，他不会说出来，他要让儿子去悟，悟出来的东西，才是真正属于自己的东西。这是他的哲学。

徐万茂最终接受了儿子的“约法三章”，但徐立勋能感觉到，这不是一次皆大欢喜的谈话。他接班已有14年了，这次决心要在DEF项目上一显身手，向父亲证明自己另一面的实力。

其实这也是徐万茂让步的根本原因，当务之急是让徐立勋参与进来，这对华茂的未来很重要，眼瞅着儿子在接班苦旅中一步步地熬过来，此时的徐立勋在他眼中，距离一个成熟的领导者似乎“只差一层窗户纸”了。知子莫若父，徐万茂太了解儿子了。

至此，DEF蓄势阶段“天时、地利、人和”基本齐备，徐万茂为帅，徐立勋为将，父子联袂结成的“将帅”组合终于得以登场。

慢时不急，机来则快。何谓“机”？天时、地利、人和一旦合局便是“机”：时机到来之前，不急不躁，严格按规律、规则去做事；时机一到，百花齐放。这便是徐万茂称之为“慢养”的创新哲学，也是DEF之道。

第二节　DEF的算法

“蓄势”完成，终于可以开始做“正确的事”。要想把“正确的事”做出成果，接下来的挑战就是“正确地做事”，解决好“术”的问题，也就是

“算法”的问题。

会议酒店诞生记

接班是个苦差，苦在精神上。只要长辈还在体系内，别人就总把你当孩子看。关键是你怎么看、怎么对待这件事情。看对了、做对了，就成长；看不对、做错了，就要付出代价。

2014年的徐立勋，已入不惑之年，拥有一种混合着内敛、斯文、坚定和不羁的气质，这些气质元素通常是相互冲突的，不大容易兼容在同一个人的身上，但偏偏能够在徐立勋身上共处，这可能是接班这种极为特殊的“工种”所导致的。

心里若没谱儿，徐立勋不会“请”这个“战”。

会议酒店装修工程，整体上包括设计、原材料采购和装修三大环节，在找父亲“请战”之前，他已经看穿了决定会议酒店装修工程成本的两个关键因素：一个是材料成本，一个是人工成本。材料价格与宏观经济走势密切相关，人工成本与工程管理效率密切相关，归根结底就是对时间的把控。

基于对宏观经济走势的预测，徐立勋判断，当时装修材料正处于难得的历史低位，顶多有半年的时间窗口（后来的事实证明徐立勋的判断完全正确，当时的螺纹钢采购价是1700元到1800元每吨，项目完工后，2017年1月螺纹钢的价格已经飙升至3600元每吨，上涨了整整1倍还多），因此，时间是所有因素当中最关键的因素，必须抓紧时机，咬死每一个重要的时间节点。

徐立勋续用了原有的泰国的设计团队，并请他们进一步深化设计方案，为了避免时间上的延误，他让相关负责人专门在泰国盯着，图纸不出来就不能回来，保证图纸在限期之内完成。

在流程管理上，按照工程模块的轻重缓急，边设计、边采购、边施工，三个团队相互协同，绘制一张图纸，并按这张图纸施工。

施工方面，项目方通常采取分包方式，通常这样大的工程，至少要被分成两个“包”，可以尽量降低总的施工成本，同时避免“一股独大”，但徐立勋不这样做。

“我清楚地知道自己要什么，自己的定位是什么，我要的是一家五星级会议酒店，我要的是时间，我不要参与到协调各项工程的工作中去。”

通过招标，徐立勋只选择了一家总工程承包商，该公司的总经理是徐立勋的朋友，他对这个朋友说：“我的工程只给你一家做，你们的报价也相对高一些，但你得给我立‘军令状’。第一，每个星期你必须亲自来一次工地；第二，每个环节的问题由你们去协调，不要闹到我这里来，出了任何问题，我只找你一家算账；第三，有一个雷打不动的目标——2016年年底，会议酒店必须开业。”

这个决策是整个工程无数决策当中最关键的一个，虽然要多花200万元左右，但好处是，把工程管理的风险都转移到总工程承包商身上，如果分包给两家施工单位，相互之间会存在很多交集，你推给我，我推给你，你等我，我等你，效率会降低很多。

但“一股独大”的风险是如果这家公司操盘失误，则没有太多补救的余地。徐立勋如何熨平这个风险呢？“也没有什么特别的办法，就是靠眼光，靠信任，我相信我选择的是宁波最好的一家建筑承包公司，如果我不信任这个朋友的话，我绝对不会这样孤注一掷。”

接下来，在制度设计上又如何保证咬死时间点呢？关键是责任到位，而不是控制得有多细多严。

工程是一个复杂的系统，一环扣一环，环环相扣。徐立勋把整个工程切分成若干系统，在每个系统之内，又继续切分一块块的任务，然后给任务配权，也就是给任务配责。这样一层层细分，形成了一张以项目经理为节点的责任网。

在这张责任网上，所有成员都是靠内驱力在做事，而不是靠主管的督促在做事，在管理上，徐立勋给自己的定位就是监控整张责任网的运行，咬死时间点，保质保量地完成工程进度，还有就是请大家吃吃饭，多买些香烟，发发红包。

基于这个管理思想，徐立勋搭建了一个完全扁平化的组织架构，充分授权给各个项目经理：“你不需要向我请示，你想怎么干，我不干预，加不加班，你自己定，我只要结果，我只有一个标准，在规定的时间完成任务。”

整个责任网只经过了短时间的磨合，便开始高效地运行。徐立勋每天都看图纸，盯着时间节点。在接手项目之前，他咨询过一些要点，但也基本上是一个外行，进入实操阶段后，他需要快速学习。他学习的方式是咨询外部专家，尊重专业意见，“但也不能完全拘泥于专家的意见，还要结合自身的体验，探索创新”。

徐立勋特别强调自己作为项目第一责任人的判断力，包括对装修风格、材料等，要有自己的看法和判断力，这来自体验积累、认知积累、审美积累和知识积累，不能因为自己是外行就拱手出让决策权。

比如会议酒店大堂的地砖，徐立勋亲自拍板，采用了苏州金砖，这种砖每块都是纯手工制作，集高水平的保温性、耐磨性、耐久性于一身。

徐立勋刚开始提出来采用苏州金砖的时候，项目经理不信，徐立勋就说：“我要的就是内外兼具的与众不同，不信你去做实验，如果我说的不对，就听你的。”实验结果出来了，项目经理想不到这位外行的老板居然对地砖都有这么深的研究。

再举个例子，会议酒店大堂原来设计的堂高是18米，徐立勋将其改为了13米，该想法一经提出，就遭到设计师的反对，大堂堂高足够高才显得有排场嘛。但徐立勋优先考虑的是降低能耗和绿色运营，“用堂高来显示排场已经是一个过时的概念，绿色运营越来越成为全球高级酒店业的大趋势，还是你设计的东西，我只是把高度降低了，是好，是坏，我说了算。”徐立勋态度坚决地说。

徐立勋和徐万茂都喜欢研究美学，都喜欢收藏油画。“美本身没有对错之分，它只体现为你对某个事物的观照，通过你的一种判断来实现。”他说。基于自身的审美标准，徐立勋把原来的很多室外设计给否掉了，比如室外灯光、绿植等，尽管设计者都是著名的设计师，但只要他不喜欢，他就会否掉。他相信自己所接受的一流的审美熏陶，相信自己拥有跨界的知识储备，包括酒店室外每一个位置种什么树，都是徐立勋亲自设定的。

这些例子足以表明，徐立勋从父亲那里继承了一个企业领导者所必须具备的素质，大局和细节都能拿捏得死死的。

转眼就是一年，2015年秋天，一个项目经理曾对徐立勋说：“我从业20多年，但这一年晚上开会的次数，比之前20多年加起来都多。”

如此高的效率，徐立勋究竟靠什么驱动大家奋斗？升职？加薪？奖金？

徐立勋说话很少绕弯子，甚至坦诚得令人惊讶，他淡然地说："我没给大家加工资，也没有加奖金，你只要把管理稍微向人性化的方向推动一点，绩效就会增长很多。"

徐立勋具体是如何推动向人性化管理前进的呢？

首先是以身作则。原来，在徐立勋的字典里，以身作则是人性化管理的前提。"做工程，领导不能做甩手掌柜，高高在上，不去跑工地，不了解关键节点是不行的。"

徐立勋基本上每个星期有两到三天会在工程现场办公，哪个节点出了问题，他会当机立断，现场解决，最后大半年时间，徐立勋更是每天都要去现场两三趟。"越到关键时刻，你自己越要深入进去，不能觉得大家都熟了，一切按部就班就可以了，不能认为做老板的只需要袖手旁观了。老板就是第一顾客，要在现场体验，要在现场感受，现场拍板。"

其次，让大家吃好。大家工作节奏紧张，通常在家吃饭都很简单，如果在单位也吃不好，那实在是不人性化，徐立勋特别注意吃的方面，持续改善伙食，让大家吃得舒服。

比如晚上开会，就会嘱咐办公室人员，饼干、蛋糕、面包、水果之类的，都要妥妥地准备好、准备足，不可马虎。"人心都是肉长的，现在谁都不缺一口吃的，但缺的是在恰当时间、恰到好处地得到关心和爱护。"

再次，真诚地尊重。

尊重不是态度而是行动。2016年秋天，工程到了冲刺阶段，徐立勋对项目组成员以及施工团队说："只要我们能够在规定的时间实现试营业，我会首先邀请你们的家人来享受我们的劳动成果，包括会议酒店的第一顿饭也用来宴请你们！"

这种激励员工的办法，如果不是为人真诚的老板是很难想出来的。"大家在一起摸爬滚打将近两年，家里老婆孩子的意见都很大，请大家一起来开心一下，体验大家两年奋斗的成果，顺便来做质量检验啊！"

事实上，2016年春节过后，徐立勋就开始着重考虑会议酒店验收完工之后的运营问题。

徐立勋找到时任希尔顿酒店集团公司（以下简称希尔顿）中华区总裁陈平（化名），请他帮忙物色总经理，陈平给他提了一个新思路："不如把会议酒店交给希尔顿来运营。"

双方一拍即合，华茂作为业主，与希尔顿酒店管理有限公司签订委托运营管理协议，委托运营管理费为营业额的5%~8%，管理引入希尔顿全球统一的标准。这次合作，合同叠在一起足有半尺厚。

通常，希尔顿与国内合作伙伴的相关谈判要用一两年时间，但与华茂的合作谈判只用了三个月，这并不是意气用事，他们是相互信任的朋友，背后还是华茂品牌和华茂文化的影响力，这些东西加在一起，极大地提升了谈判效率。

2016年9月底，DEF一期工程顺利完成验收，具备了开业条件。

徐立勋带领工程项目团队，用了不到两年的时间，打了一场漂亮仗：由于在建筑行业最低迷的时候开工建设，整个工程成本节约了30%以上，工程效率也创造了浙江同业之最。很多人惊讶于这个速度，这个团队核心成员只有六七个人，每个人都可以独当一面，随时可以启动高水平的外协网络，具备了管理高度社会化协作体系的能力。

"我们做的是大师设计的作品，在宁波找不到第二支这样的团队，这支团队就像特种部队一样，操盘能力非常强，如果再去建一个酒店，完全是一件轻而易举的事。"徐立勋说。

2016年12月18日，DEF一期项目正式落成，宁波东钱湖华茂希尔顿酒店（以下简称华茂希尔顿酒店）也正式开业，成了东钱湖畔的艺术新地标。

徐万茂一有空，就喜欢去DEF走走看看，在他心目中，这才是儿子最重要的作品。他嘴里从来不说他很满意，不过，徐万茂曾对太太说过一句："立勋成熟了。"

徐万茂对徐立勋做出与希尔顿合作的决策是比较满意的，他认为国际品牌对品质的要求高，经营合规、透明，可以把酒店放心交给后者运营："他们通常不会来虚的，企业经营最怕就是弄虚作假的，会后患无穷。立勋主导了这次合作，说明他在美国读书的时候，对这方面的事情已经有研究了。"

如今，希尔顿已经把华茂希尔顿酒店当作一个标杆，希尔顿中华区的很多会议都会放到华茂希尔顿酒店来开，用以表达支持。

华茂希尔顿酒店总投资9亿元，按照行业规律，开业头3年要“养人气”，徐立勋预期头3年亏3000万元，结果开业第二年（2017年）就实现了业主回报580万元，这不得不说是一个小“奇迹”。

盘复时，徐立勋总结出三个关键词：第一是定位；第二是华茂品牌；第三是人脉。

关于品牌和人脉的作用，徐立勋对下属说，华茂品牌和人脉能为一项新业务带来大量的首批顾客，但能否让首批顾客成为老顾客，能否让首批顾客传播好口碑，靠的是你们，检验的也是你们。

关于定位，徐立勋拿华茂希尔顿酒店中餐厅举例。开业时，刚好碰到中央出台“八项规定”，公务消费一下子被限制住了，整个宁波的五星级酒店餐饮都受到了很大影响，很多酒店把定位往下拉，向平民化餐饮市场发展。

徐立勋却反其道而行之，将华茂希尔顿酒店的中餐厅——钱湖阁的定位进一步调高，坚持做本土高端市场，“一定要把菜做好，我们不要政府公务消费的市场，我们要的是真正的商业市场”。

出乎大多数人的预料，钱湖阁成为当年宁波高端餐饮界的黑马，跃身于五星级酒店著名餐厅行列，被评为“黑珍珠级别餐厅”。

从整个华茂希尔顿酒店的业主回报来看，2017年是580万元，2018年是1300多万元，2019年则超过了2000万元。华茂希尔顿酒店基本上步入了良性发展轨道。

相比于经营业绩，徐万茂更在意的是徐立勋在这一过程中由于深入实践而获得的成长，徐万茂说：

“做工程和做企业一样，每一个东西，每一个地方，你自己必须要知道和掌握，如果你掌握不了，就会跟我做文教的头8年一样。当年我就是没有深入进去，只听汇报，这是导致文教8年亏损的更重要的原因。而下山以后，我自己跑业务、跑市场，搞市场调研，两年就扭亏为盈了，这是真正深刻的教训，你一旦深入了，业绩就会上来了。

“再比如早期做竹编，我为什么能从设计员、业务员一直做到厂长？要深入企业的方方面面，相关的人、相关的事，都了解得清清楚楚，每个业务的门道在哪儿、成本是多少、利润是多少，都要能算出来。

“做学校也是一样，如果不是2006年我亲自深入学校，我又怎么会学到这么多？经过十多年时间，这里面的东西我才能真正掌握。”

需要指明的是，一个企业家的管理思想和方法论与他对自身的基本定位和追求本就是毛和皮的关系。徐万茂在管理上的“深入”思想，与其定位和追求是密切相关的。

徐万茂定位于价值创造，而不是纯粹做生意；他追求教育事业，而不是纯粹用教育赚钱。而不同的企业家，其定位和追求是不尽相同的，你只有理解他的定位与追求，才能真正理解他的思想，才能有效吸收他的方法论。

往生意里头放一颗事业心

有的企业家透过生意，只看到生意，有的企业家透过生意，还看到事业，后一种企业家更容易掌握持续成长的钥匙。

自打2016年12月18日DEF一期项目落成之后，徐立勋慢慢发觉自己对教育的理解发生了变化，他开始对教育感兴趣了。

“栽下梧桐树，引得凤凰来”，如果说这是徐万茂始终秉持的商业哲学——“人财两旺”的真谛，那么DEF就是华茂在东钱湖畔栽下的一棵“梧桐树”。DEF集聚了越来越多的艺术大师、教育大师、建筑大师、美育从业者。这些来自社会各界的领袖级人物，是由共同的教育理念和追求所凝聚起来的，而不是由特殊利益所驱动的；大家在一起不是基于短期名利，而是基于共同信念和理想，众擎共举，相互衬托。

作为工程操盘者和联合创始人，徐立勋越来越多地感受到了很多超越生意本身的社会反馈，这使得他对生意的理解产生了跃迁式的变化。

他意识到，只有在生意里头放着一颗事业心——而不只是对金钱的追逐心，这个生意才更有可能成为一个持续兴旺的生意，这个生意才会有更多的社会意义，才能产生更为广阔的社会影响力，而这种社会影响力又能反哺企业家为社会创造更多的价值。

从宏观上看，从2002年到2016年，中国经济发展的态势发生了巨大的变化。到2016年，中央已经开始酝酿“高质量战略”，宁波市也正在酝酿着将东钱湖的定位从“宁波后花园”升级到“宁波城市客厅”，东钱湖畔正在成为宁波发展的新焦点和新亮点，种种迹象表明，DEF历经14年蓄势，即将进入势如破竹的新发展阶段。

知子莫若父，两年前徐立勋初在老宅阳台上“请战”时，徐万茂心里很清楚，儿子从内心是不愿意做教育的，完全是想尽做儿子的责任，但到了2017年启动二期工程、2018年启动三期工程时，徐立勋已经不仅仅是为了尽儿子的责任了，他对教育的兴趣越来越大，对教育承担责任的意愿也越来越强烈了。

DEF二期工程包括由葡萄牙建筑师西扎设计的华茂艺术教育博物馆，这也是国内首家以“艺术教育”为主题的博物馆，二期工程还包括创意工美院；DEF三期工程包括由西扎、坂本一成、张永和联袂设计的22幢大师创作室。

其中，西扎曾获得过世界建筑界的诺贝尔奖——普利兹克奖，坂本一成曾获得日本建筑最高奖 HOUSE F，张永和是普利兹克奖历史上第一位中国评委，三位世界级大师分别设计22幢大师创作室中的5幢、3幢和14幢。

之前提到过，徐万茂开展一个新的项目，经常是在朦朦胧胧时入手，不惧反对，把种种反对当作向前探索的反作用力甚至是路径，同时，注重慢慢“蓄势”，而蓄势又特别强调“天时、地利、人和”的齐备、互动直至合局。而到了2018年的时候，徐万茂明显感觉到“天时、地利、人和”各个方面的反馈越来越积极向好，到了2019年年底，以前卡在那里的很多事情，都水到渠成了，“不得不信，冥冥之中是有天意的，有些事情急不来，只能慢慢去运作”。

据说，2018年，大师创作室刚开始动工的时候，就有本地富豪过来打听，愿出高价购买，徐万茂听到后，坚决地说：不卖的，卖了以后就把整个生态氛围破坏了。

在徐氏父子眼中，DEF本身就是一个完整的艺术品，尤其在二、三期项目中，父子二人建立了充分的共识与默契：徐万茂侧重于DEF的“软件”部分，徐立勋侧重于DEF的“硬件”部分；徐万茂侧重于“势”和“道”的构思和化育，徐立勋则侧重“术”的操持与运用。他们实现了中国家族企业传承史上难得的日月同辉式的合作。

父子二人已经实现了一种相互补位的默契，徐立勋不太愿意去做的事情，徐万茂就去干，徐万茂有时会笑着对大家说：“现在我是在给立勋打工！”在DEF项目中后期，徐万茂整天想的是框架蓝图，徐立勋整天想的是如何把框架蓝图落地，有的时候徐立勋分身乏术，徐万茂也会顶上，父子二人就像打双人网球一样，相互补位，相互促进。

徐立勋说，我们的DEF，不谈教育体制的问题，不谈其他的问题，我们就从体、美、劳这三条线，特别是从美育去谈。

第一是体育。体育培养孩子的进取心、团队精神和冒险精神，现在我们的孩子普遍存在以自我为中心、自私自利的问题，这与考试制度有着很大关系。独生子女，父母宠爱，使孩子失去了培养团队精神、冒险精神的环境，学校也没有这样的环境，慢慢地，孩子们连坚强、坚持的精神都弱化了。

第二是美育。人类文明的进步源自哪儿？是意识，是想象力和创造力，这些都与美育直接相关。我们为什么要巨资打造艺术博物馆、美术馆？一个核心目的就是做美育，唤起孩子们内心深处的真善美，再不唤起就晚了。

第三是劳育。劳动培养和激发的是动手能力，动手能力是创造力的根本，现在的孩子都是衣来伸手，饭来张口，久而久之，孩子们的创造力被严重限制，有的孩子四体不勤、五谷不分。现在很多的孩子鞋带松了，都是父母蹲下来帮他系。

很显然，徐氏父子二人在教育思想和认识方面建立了越来越多的共识和默契。

2019年9月28日，DEF正式启动，徐立勋在启动仪式中发表了简短的演讲，他用少有的充满激情的语调说：“我们希冀通过DEF，与世界发生更高、更远、更深的互动对话，在宁波这片土地上，向世界发出中国教育的声音，打造一张响亮的国际名片。”

2020年10月23日，首届DEF终于召开，论坛高高举起了“德、智、体、美、劳，一个不能少”的教育价值观取得了与会者极大的共鸣。

与会的各界意见领袖在论坛上还达成了一系列教育共识，核心是“三个整合”：把德智体美劳，尤其是体育、美育、劳育整合起来；把学校教育和社会教育整合起来；把国内教育与国外教育整合起来。

“我希望DEF能够研究开发出一套面向英才教育的全球通用的国际化标准和教育体系，我只能尽微薄之力，不知道能不能做到。华茂做教育不能以年计算，要以代计算，要一代一代向这个方向推进，总能做得好一点。”徐万茂说。

第三节 英才教育生态呼之欲出

在完成了“蓄势”并成功运转了“算法”之后，DEF之“道”便越来越清晰。

从1981年到2021年，华茂用40年打造出了一个追求英才教育的产、学、研一体化的教育体系，从物理空间来看，“产、学、研三大根据地”自西向东依次分布在宁波市鄞县大道两侧的三点一线上。

企业家是一种职业，也是一个群体，他们是永远把眼光投向未来并付诸行动的人。如果一个企业家不再将眼光投向未来，从某种程度上讲，就意味他的职业生涯已经终止。

自从2019年9月28日DEF正式启动那一天起，徐万茂就开始寻思——如何展开新一轮破局——更好地激发产、学、研一体化发展的潜能呢？

面向生态经营的跃迁

2019年年底，75岁的徐万茂召集董事会核心人员在教育集团五楼会议室开了一个小会，进一步明确了即将于次年召开的首届DEF的筹备工作的分工。谈到自己的工作分工时，徐万茂首次公开地提出一个新想法——“三园规划”，即教育产业园、教育博览园、教育研究园的规划，他把自己未来的工作重点调整到“三园规划”。

徐万茂奉行“不跟风，不眼红”的经营原则，做事从来不玩虚的，从不空喊新概念，他一旦把一个事情公开提出来，通常意味着：第一，这个事情里头有乾坤，是一个大事；第二，他会一直做下去，目标不会变，但方法经常变，他会想方设法把事做成。

“三园”到底是什么？用徐万茂的话说，“三园”是DEF的载体。

随着该规划的内容陆续展开，人们发现，它更像是一个英才教育生态战略1.0版。看来，把产、学、研体系“熬”了出来之后，徐万茂并不打算继续按传统企业的打法——关起门来、自成一统、自我强化，而是要以论坛开幕为契机，推动华茂教育主产业从价值链经营向生态经营跃迁。

传统的价值链经营是通过打造一个封闭的能力体系，来满足顾客一种或几种需求；生态经营则是通过打造一个能力型生态体系，赋能生态伙伴，形成共生、互生、再生的利益共同体，持续地满足顾客的多样化需求。

三个现象背后的生态观

需要指出的是，传统产业的“生态观”与互联网公司目前流行的“生态观”有着很大的不同，后者的根本目的是追求平台垄断，前者的根本目的是追求价值创造，实现企业的永续经营。徐万茂推动生态经营，并非来自互联网公司的启发，而是源于对一些现象的反思和感悟。

现象一

2008年，徐万茂把30多年来的藏品捐赠给华茂堂美术馆供学生免费参观、免费临摹，结果很神奇，华外学生考入美院的比例大幅度提高。

现象二

DEF从整体上来说，由三位国际顶尖的建筑大师（张永和、西扎、坂本一成）共同设计，这些大师对项目非常挑剔，为什么愿意共同参与DEF的设计？因为他们参观了华外、参观了华茂堂美术馆等之后，认定华茂是一家非常有内涵、有情怀、有未来的企业。像他们这个级别的大师，不是项目方主肯出钱就能来做设计的，要与他们在理念和思想上达成共鸣才能吸引他们来，如果不是有学校这个平台，他们不会来设计的。

现象三

普利兹克奖获得者、有“永恒建筑的缔造者”之称的伊东丰雄有一句名言：“20世纪的建筑是作为独立的机能体存在的，就像一部机器，它几乎与自然脱离，独立发挥着功能，而不考虑与周围环境的协调；但到了21世纪，人、建筑都需要与自然环境建立一种连续性，不仅是节能的，还是生态的、能与社会相协调的。”

2015年徐万茂偶然读到这句话，产生了极大共鸣，于是亲自邀请伊东丰雄来华外参观，邀请他为华外设计国际图书馆。与华茂堂美术馆一样，国际图书馆仍将跨河而建，坐落于校园的南北中轴线上。

伊东对项目的文化底蕴要求极高，从未在中国接过项目，徐万茂和伊东于2015年在华茂堂美术馆第一次见面，没想到一见如故。伊东接下国际图书馆的项目之后，其他在华项目一律不接，有人问为什么，他说："要在华茂项目做好之后才能接。"

接下来，我们来解读一下上述三个现象。

第一个现象叫"环境育人"。华外这种"以艺术教育为核心的环境育人模式"，实质上一种美育教育，潜移默化地熏陶学生的成长，不仅提高道德情操，还能促进智力、体力的发展，培养学生们的想象力和创造力。

第二个现象叫"生态引力"。教育吸引艺术，艺术反哺教育。华茂艺术教育博物馆、华茂堂美术馆等项目都是英才教育生态的基础资源。按照传统的经营观来看，这些基础资源不但投资巨大，而且维护成本极高，都是亏本买卖，比如美术馆每年的运营费用和维修折旧费用就达上千万元，DEF中的艺术教育博物馆，每年的运营成本需要700万元，但这些基础资源会提升整个社区、社会的品位，产生极大的社会影响力，为企业创造无形资产回报，能够吸引越来越多的优质生态伙伴，进而反哺学校追求的核心价值——环境育人。

第三个现象叫"理念牵引"。正如徐万茂所说："我交往的人很多，但朋友是不多的，伊东和坂本都是我的朋友。"他与伊东，语言不通，文化不同，却在合作过程中，快速地建立了信赖和默契，究竟是什么神奇的力量在驱动？是信念，是追求，是教育理念的共鸣。

基于这些现象，徐万茂的生态观是，确定一个方向，打出一个理念，搭建一个平台，大家认同，就一起来干：方向就是英才教育，理念就是"德、智、体、美、劳，一个都不能少"，平台就是"三园"。

教育产业园

教育产业园并不是说产业园里全是纯教育产品，还包括其他行业的产品和企业，但这些产品和企业所遵循的一个底层逻辑是"企业跟着教育走"。

所谓"企业跟着教育走"，就是用华茂做教育的基本法则去做其他实业型企业。这些基本法则被徐万茂总结为：教育是使命，艺术是核心，美育是信仰。

在上述总结中，徐万茂所说的“教育”不是狭义的教育，而是大教育，其核心内涵是培养人才和长期责任；“艺术”也不是狭义上的艺术，而大艺术，其核心内涵是精品化和特色化；“美育”也不是狭义上的美育，而是大美育，其核心内涵被徐万茂定义为“做好人、做好事，不要做坏事”。

“这些基本法则就是华茂发展其他实业型企业所共同遵循的，也是华茂教育产业园的基本理念。”徐万茂说。

而单从教育产业来说，华茂教育产业园之所以能够成立，是因为坚守住了传统教育装备、教学具产业，并在智能化教育服务产品领域实现了实质性的突破，为商业模式和经营模式的变革创造了基础。

2016年，在徐立勋的主导下，华茂收购了一家专攻研发学生智能桌椅的创业公司，并重新注册成立了优加科技，该公司定位为软硬件一体化的研发型公司，致力于成为教育产业人工智能产品研发制造平台。

在2020年10月23日举行的首届DEF上，优加科技推出了七色花品牌的首款AI智能学习桌，该产品用人工智能、大数据、云计算等技术重新定义了学习桌，将学习桌打造成了孩子们专属的兼顾学习、成长、健康的智慧平台。受到爱犊之心的驱使，论坛的主要嘉宾趁着论坛间歇，纷纷前去体验。

目前优加科技基本建成了面向学生学习、成长、健康一体化场景的人工智能产品研发制造平台，未来一旦开放平台，搭建起产业生态系统，其价值不可限量，毕竟学生学习、成长、健康应用场景的市场痛点太多了，想象空间非常大。

此外，宁波曙翔新材料股份有限公司、浙江华茂航天科技股份有限公司等高新企业在“企业跟着教育走”的战略思想指导下，发展势头良好，目前正在加紧研究并落实“责权利”一体化管理制度和“产供销”一条龙服务体系。

教育博览园

华茂教育博览园之所以能够成立，来自“两校四中心”的支撑。

“两校”指的是宁波华外和华茂国际学校，两校沿着“三座灯塔”摸索了20余年，沉淀下来的以英才教育为目标的组织、文化、方式、方法等构成了“软件”支撑。

“四中心”包括以华茂堂美术馆为核心的美育中心、以科技馆为核心的科创中心、以体育馆为核心的体育中心、以国际图书馆为核心的未来学习中心。“四中心”构成为了“硬件”支撑。

2019年，徐万茂做了两件事，重新定义了“校园”，迈出华茂教育生态化的脚步。

第一件事是，华茂教育启动了一个以素质教育为核心属性的“开放特区”，开放处于宁波华外校园南北中轴线上的公共地带即华茂文创一条街，由普利兹克奖获得者王澍设计的华茂堂美术馆、由伊东丰雄设计的华茂国际图书馆都位于这条街上。

按照规划，接下来还要继续开放校园教育资源和绿色生态环境，目标是推动华外进化成为一座开放式、公园式的教育博览园：校园围墙将彻底打开，一改传统学校全日制、封闭化的特征，届时，全日制教育只是华外提供教育服务的一个选项，更多的非全日制的教育选项将被催生出来，包括游学、研学等，最终，华外500亩校园将升级成为教育、教学生态园。

“从事教育以来，我一直在思考如何对得起这片土地。以前它只用作教学，但教学只占教育的十分之一；未来它将被拓展为全面的教育中心，也就是德智体美劳式五育并举的教育，把剩下的十分之九都补充进来。”徐万茂说。

第二件事是，投资1亿元，对学校进行智能化改造，目标是将华外打造成为先进教育思想、教育成果、教育装备的实践基地和应用场所。

对于这次改革，徐万茂亲自拟定了四条原则。

第一，必须从提高教学质量出发搞改造，不追求外表华丽，追求内在的科技化和人性化，真正为了学生的学习、生活。比如，光是一个实验室的灯光装备，费用就高达2万元，灯亮着，但看不到灯，这样可以保护学生的视力；再比如，双语教室，每把学生座椅的造价高达580元，它可以避免成长发育期的学生由于不正确的坐姿而发育迟缓。

第二，必须通过使用新的技术装备提高教师工作效率。

第三，教育教学所需的一体机等信息化设备必须按需要配置。

第四，每个教师必须学会并使用新设备。

教育研究园

华茂教育研究园之所以能够成立，也来自历经18年磨砺而成的DEF的支撑。

从长远来看，全球化是不可逆转的，但全球化要想进一步发展，中西文化必须走向融合，而近年来，中西文化的低融合度，越来越成为全球化的瓶颈。

基于此，教育研究园从教育融合的角度，确立了“凝聚智慧，启迪未来”的宗旨，形成了极大的感召力。

2020年首届DEF上，很多人好奇：怎么姚明也出现在演讲嘉宾的名单里了？姚明与教育有什么关系？一向低调的华茂也开始追逐明星效应了？

其实，这正是首届DEF倡导德智体美劳全面教育的题中应有之意，虽然传统学校一直开设体育课，但我们的学生真正接受了“体育教育”了吗？体育教育的核心是体育精神，而体育精神里头有团队、挑战、坚持等决定一个人成长水平的至关重要的元素。

稍微了解华茂的与会者都知道，华茂做事的风格是能落实，这是由其诚信文化衍生出来的行事风格。

事实上，关于“体育教育”，除了姚明进行了远程视频演讲之外，与会者还包括北京奥运城市发展促进会副会长、北京奥组委原执行副主席蒋效愚，羽毛球世界冠军、国际奥委会委员、中国奥委会副主席李玲蔚等，这从一个侧面体现了DEF的务实风格，要做就要做出成果。

人们有理由相信，在不久的将来，DEF一定会成为全球最先进教育思想和教育解决方案的研究基地。

正是由于DEF宗旨的感召力以及社会各界对华茂的信任，华茂教育研究园生态伙伴已经开始扩充，其中包括DEF、浙江东钱湖教育研究院、浙江省发展民办教育研究院、宁波劳动技能教育器材研究所、华茂艺术教育博物馆等研究单位。

在徐万茂构想中，要以艺术教育博物馆为美育殿堂，以DEF为交流平台，以22幢大师创作室、宁波城市及东钱湖区域深厚的文化资源和人文景观为依托，在东钱湖打造一个世界级的美育中心。

徐万茂认为，美育会内化为创造性思维和发散性思维，丰盈人类的精神世界："我们打破了'唯分数论'的传统育人观念，深入思考'三三一'战略中艺术教育的核心地位与作用，进而将大美育事业确立为华茂未来发展的重要战略方向。"

2021年10月，华茂首次提出了"美堉"的概念，并推出了"华茂美堉"奖。该奖项是由宁波华茂教育基金会设立的一个民间性质的面向全球的奖项。该奖项将被授予在绘画、音乐、舞蹈、雕塑、建筑、文学、戏剧、电影等领域取得杰出成就并热心美育事业的艺术家、文学家和工艺大师；将被授予在教育一线几十年如一日坚持美育工作、具有感人事迹和显著成就的教育工作者。该奖项每年颁发一次，每次授予两位杰出人士，其中一位是中国人士，一位是国际人士。

首届"华茂美堉"奖评审委员会主席由希腊前总理乔治·帕潘德里欧，博鳌亚洲论坛原秘书长龙永图担任。

"美育不仅是一个审美的问题，更重要的是，通过美育改变、提升人的素质、教养，确立、夯实做人最基本的东西。我坚信：美育的最后，还是教育人、感化人，让人心灵美，这是最主要、也是最重要的。"徐万茂说。

"美堉"中的"堉"字，是由徐万茂先生专门选用的，他之所以选用这个看起来有些生僻的字，是因为"堉"字不但适用于教育行业，而且超越了教育行业。"堉，在育的左边加上了一个土，表示肥沃的土壤。美堉的意思就是，美育就像肥沃的土壤，可以滋养万物，启迪心灵，育化未来。"他说。

伴随人类越来越快速地步入信息时代，传统企业生态化已是大势所趋，传统企业面向生态经营转型，前提条件是具备体系化的核心能力，否则无法为平台赋能。而华茂教育主产业经过了40年不显山不露水的经营，在产、学、研等各个体系环节基本打造出了核心能力。华茂教育正是基于这些基础性、长期性的核心能力的支撑，英才教育生态才呼之欲出。

现在，请把掌声送给为DEF做出贡献的所有人。18年磨一剑，这是一个眺望远方、知易行难、厚积薄发、海纳百川的旅程，无数人的努力与接力，最终成就了一年一度的教育思想盛宴，培育了华茂教育研究园的丰腴土壤。

结　语

徐万茂有一句话：百年华茂看教育。

这句话有两层意思：往虚了说，意思是华茂永远会做教育行业；往实了说，至少在100年内，华茂会一直做教育，而华茂著名的“三三一”战略，更是确立了做“百年华茂”的总目标。

无论如何，这句话可以被称为“华茂宪法”的重要支柱之一，不可动摇。

“教育是言传身教，教育是万事万物，教育是角角落落，这里面需要做的事情太多了，需要一代又一代人朝着永恒的目标去努力奋斗，代代相传教育梦，我只能是一个开荒老汉吧。”

徐万茂所做的一切，都源于一个简单的初心，为了孩子更好地成长。

从这个初心出发，从1981年至2021年的这40年里，徐万茂主要做了三个产品——七色花教学具、华外学校、DEF，它们虽然看起来不像“iPhone”那样酷，但都是“从0到1”式的创新。

坚守初心是要付出代价的，不被人理解是痛苦的，被人误解更是痛苦的，企业家是为未来而活，但还没有实现的事，谁又能真正说清楚呢？只有一步步把它做出来。而在这个过程中要想守住初心，就需要一种以苦为乐的“苦乐精神”。

徐万茂说过：“我这一生，能有机会为教育事业多做点奉献，往大了说，是为社会，往小了说，也是为自身。我确实在发展教育事业的过程中收获了快乐，这种心里美的感受，是无可替代、无可比拟的。这种乐趣牵引着我战胜畏惧。外界无论有多少不理解，我都无所谓，我要把一切奉献给教育事业。”

无论是人生还是事业，徐万茂无疑是一个持续成长同时又持续成功的典范，这个过程在他自己看来，并不是一个神秘的或者说是一个先知先觉的过程，而是一个“边悟边画”的过程，他的成功故事总体看来主要包括三类：一类是“把对的做对”，一类是“把错的想方设法做对”，还有一类就是“放弃错的事”，然后总结教训，不要重复同样的错。

没错，在他看来，最后一类故事同样是他的成功的重要组成部分，因为失败以及面对失败的态度往往真正决定了一个人能否实现持续成长。

华茂做教育40年，是一个不断沉淀底蕴、厚积薄发的过程。人类从自然界得到过一个叫作“荷花定律”的启示：一个荷花池，第一天开放的荷花很少，第二天开放的数量是第一天的2倍，之后每一天，荷花开放的数量都是前一天的2倍，就这样慢慢地开呀开呀，到了第二十九天，荷花也只占据了一半池塘，直到第三十天开满了整个池塘！

尤其从2006年至2021年徐万茂深入华外的这十几年间，他坦言自己深深领悟到两点：第一，包括教育在内的所有行业都不是孤立的，而是相互联系、相互贡献的；第二，教育行业尤其不是孤立的，教育行业是全民共有的，它关乎每一个行业的发展，它支持每一个行业的发展，它受益于每一个行业的发展。

而种种迹象也表明，中国教育管理部门在政策取向上正在朝着包容各行各业的方向发展，这有利于推动教育更好地融入各行各业当中，更有效地与各行各业协同发展，使教育行业与其他行业能够“美美与共”，共同完成高质量发展的历史重任。

我们有理由相信，现在所看到的华茂在教育教学上取得的这些成就，还只是“小荷才露尖尖角”，当这“三园”所构成的产、学、研教育体系最终实现融合并催生出英才教育生态的那一天，也许更值得我们期待，因为它对中国乃至世界教育产生的影响可能会超乎我们的想象。

第四篇

时代合伙人

追求成长：华茂长期主义方法论

本篇用来解读华茂的传承。

中国家族企业传承具有探索性和挑战性，由于和文化密切相关，国外的经验无法照搬，国内的经验还没形成。

目前，家族企业传承是中国民营企业追求持续成长过程中最大的挑战之一，有学者将其称为中国民营企业现阶段“最大的困难和最终的困难”。

但反过来看，也可以将其视为衡量企业核心价值和企业家卓越性的双料试金石，其本质是企业成长过程中的一次挑战性极高的进化选择。

企业的成长不会超越企业领导者的成长：随着企业规模的增长、发展水平的提升，以及所面临的机会和挑战的内在要求，企业领导者需要始终保持客观清醒的自我认知，始终基于企业的使命、愿景、价值观，对自身的定位及时做出恰当的判断和调整。

正是基于这个“内因”，加上偶然性的外因——2000年春季风波——的作用下，华茂踏上了“传承之旅”。

企业传承的本质是在过去和未来之间铺路架桥，这是企业成长过程中的一项基础性、长期性、整体性的工作，纵观华茂截至目前长达21年的传承，它遵循着以下三条基本法则。

首先，在企业传承的旅途中，创领者需要在持续的传承实践中共同而非单方面地回答好四个核心问题：“传”什么？“谁”来承？怎样“传”？怎样“承”？

家族企业传承，核心不在于职权的传承、不在于产业的传承、不在于财产的传承，而在于权力（权力与职权是两回事儿）的传承、在于组织的传承、在于事业的传承，而首先在于文化的传承。

而简单地将家族企业的传承视为“产业的传承”“职权的传承交接班”“资产或财产的传承”，恰恰是很多企业陷入传承困境的根本原因。

其次，家族企业传承很大程度上要涉及创领者两种经营、管理范式和体系的互动与融合，以实现“双剑合璧”。这个过程需要的往往不是管理技术，而是领导艺术；它不是权力更替，而是日月同辉；它对交班人的挑战往往比对接班人的挑战大得多；它不是布满鲜花、掌声、权力与财富的站点，而是漫长、曲折、煎熬且需要坚持不懈地共同成长的旅途。

由此，我们用“创领者”这个概念来描述企业传承过程中交班人与接班人之间的这种在积极磨合过程中实现共同成长的关系。

最后，传承就是扬弃，既要有所继承，又要有所更新，企业只有成为时代的合伙人，与时代共创、共担和共享，才能持续成长。

在特种兵领域有一个惯例，每名队员都要找一个搭档，做自己的“后背”。创领者就是这样的一对“搭档”——他们是“两个人”，但目标是成为“一个人”，以此成为成功实现传承的标志。

华茂的传承，从广义的角度来看，自2000年始，至2021年基本完成，总体分为两大阶段。

第一阶段是从2000年至2008年创领者渐进式的职权交接，可称之为“狭义上的传承”，即“职权的传承”；

第二阶段是从2008年至2021年创领者的换位合作，在共同推动华茂落实“三三一”战略的过程中，完成了华茂史上最复杂、最具理性和升华性质的第四次战略转型。

本篇分为三章。

第九章“文化的传承”用来解读接班之前徐立勋所接受的家族文化熏陶，以及原生家庭给徐立勋的成长带来的潜移默化的影响，讲的是人品的扎根。

第十章“组织的传承”用来解读徐万茂如何帮助、支持徐立勋将个人的才能、魅力、责任一步步地融化到组织、社会以及其他利益相关群体当中，主要围绕华茂创领者渐进式的职权交接和“三三一”战略制定和落实过程展开。主要讲的是领导力的扎根。

第十一章“事业的传承”用来解读徐万茂为华茂事业的传承所做出的具有开创性的制度铺垫，他如何在三个维度上重新定义了家族企业，华茂创领者如何最终完成了对独特的企业形态的全面传承，主要讲的是使命与事业的扎根。

第九章　文化的传承

人类从不同的学科、角度和目的出发，为“文化”所下的定义累计多达300余种，其中，荷兰心理学家吉尔特·霍夫斯泰德将“文化”定义为“一群人所共有的心理程序”。

从这个定义出发，“家族文化”就是“一个家族所共有的心理程序”，“企业文化”则可以被定义为“企业全体员工所共有的心理程序”。

由此，徐氏家族文化中的三大精神（责任精神、和合精神、淡泊精神）和三大道德（勤奋、俭朴、诚信）就是徐氏家族成员所共有的心理程序。而华茂作为以徐万茂为代表的徐氏家族成员控股的企业集团，其企业文化的总根源也就是徐氏家族文化。

对于文化之于管理的重要性，德鲁克给出了这样的逻辑：管理涉及人们在共同事业中的整合问题，企业文化则决定了整合的质量与效率，管理要深深地根植于本土文化之中。

西方社会没有家文化的历史传统，而在中国，“家文化是中国传统文化的核心”（北大哲学系教授楼宇烈语）。从这个角度来说，对于遵循“长子继承制”传统的徐氏家族来说，文化的传承早在华茂继任者徐立勋降生那天起就已经开始了。

第一节　过平常的生活

“静以修身，俭以养德。”平凡的生活是宁静和俭朴的，徐万茂将其作为家族文化传承的首要条件。

没有负面的富二代

徐立勋，徐万茂之长子，现任华茂执行董事兼总裁，DEF联席创始人，社会职务包括宁波市政协常委（连续四届的政协委员）、宁波市工商联第十五届执委会副主席、宁波市创二代联谊会会长等。

谈起徐立勋，宁波的一位退休的政界人士颇有些不可思议地说："宁波的富二代很多，他很特别，负面很少。"

这位人士所说的"负面很少"有两层意思：在圈子里，对徐立勋少有负面的评价；在社会上，徐立勋少有负面的新闻。在现阶段的中国富二代群体中，这是少见的。

对此，徐立勋轻描淡写地说："我不是奇葩，我也喜欢穿好的衣服，也喜欢好车，只是我们家过的一直就是平常人的生活，我没那个条件。"

徐立勋讲了个故事：1999年他从美国读完书回到宁波，有一次朋友过生日，饭后一起去夜总会唱歌，他刚好在洗手间里碰到一位旧相识，于是简单聊了几句，没想到的是，第二天就有传言说，徐万茂的儿子每天泡在夜总会里怎样怎样。

当时他就想："不去夜店又不会少一块肉，何必给我爸抹黑呢？"

从那以后，徐立勋再也没去夜店玩过。如果没有特别的应酬，他晚上都待在家里。"我其实也不喜欢出去应酬，也没啥特别的爱好。白天也一样，大概有四分之一的时间放在社会活动上，其他时间基本待在办公室。"

徐立勋与太太的约定

徐家治家有道，使家庭生活成为熏化子女成长——尤其是华茂接班人徐立勋成长的温床。

1999年徐立勋与陈京波偶然相识，次年，26岁的徐立勋与24岁的陈京波闪婚，之后一直与父母合住，尽长子之孝。

婚前，徐立勋和陈京波有两条约定：第一，要跟父亲母亲住一起；第二，不能跟母亲吵架，婆媳关系一定要处理好。

这两条约定，并非父母的要求，而是来自他对徐家文化的理解以及对自身责任的担当。

陈京波不但没觉得为难，反而觉得徐立勋是一个有家庭担当的男人，爽快地接受了这两条约定。

陈从小是父母宠着长大的，母亲是教育工作者，父亲是军人出身，这样的家庭熏染了陈京波大气、自信、爽朗的性格，她从小学习成绩就很好，大学毕业后，成了深圳发展银行宁波分行的第一批员工，由于表现突出，很快就坐上了单位培养后备干部的“长板凳”。

“我从认识他（徐立勋）起，就觉得他是一个淳朴、善良的人。”陈京波说，“我相信这样的人品很大程度上来自家庭。”

宁波人喜欢买别墅，除了独立的别墅区，很多公寓楼盘也会开发别墅产品。徐家从不住别墅，这源于他们的治家理念，小家庭之间彼此留有空间，独立发展，紧密团结，所以他们选择在同一小区各自住各自的公寓。

要不是2017年宁波华茂置业发展有限公司开发的悦峰园开盘，也许徐家还住在中央花园公寓楼里。他们在中央花园住了20年，由于上下班时间到宁波华外的路越来越堵，碰到下雨天会堵上一个多小时，徐万茂才决定在悦峰园买房。悦峰园离学校很近，步行就可以到学校。

徐万茂买了5套：一套与夫人自住，面积在300平方米左右；另外4套户型相同，面积都在500平方米左右，分别赠予了三个女儿和儿媳陈京波（徐家称她们为“四姐妹”）。使用权归4个小家庭，房主却是四姐妹，这也体现着徐万茂的治家哲学——一碗水要端平。

华茂置业董事长汪乐平是徐万茂的二女婿，悦峰园就是华茂置业开发的楼盘，徐万茂按照市价交了全款，一分钱没少。

徐万茂的治家之道

徐万茂做的很多事情，都在潜移默化地向孩子们传递着他的某些治家原则和理念。

其一，女主内，男主外，家和万事兴。在徐家，女方不过问公事，这点徐夫人以身作则，自退出华茂以后，她再不过问公事。大女婿张国民、二女婿汪乐平，曾是徐万茂打天下的左膀右臂，他们的两位夫人也从不过问公司的事，不谈，不问，安心持家。

其二，小家庭各自独立，你的是你的，我的是我的，不能混为一谈，想要好的生活，就要靠自己，这是徐家开枝散叶的基本理念。

其三，公是公，私是私，公私分明。家里和公司是两码事，家里没有理，只有情。徐家的规矩是，回到家里，就不要去谈工作上的事。“公司的事或多或少都是些烦恼事，何必带到家里去呢？公司的事要自己去承担，何必带给家人承担？”

其四，每个孩子都会得到平等的尊重。徐万茂按照四姐妹的不同喜好和要求，把房子装修好。

徐双飞一直是母亲的得力助手，在中央花园时，徐双飞家住20楼，徐万茂夫妇住22楼，徐双飞可以随时帮助母亲打理家族内务。到了悦峰园，她的房子位于隔壁楼的同楼层，一有什么事，站在阳台上喊一嗓子就能听得到。

徐家就这样既各自独立又紧密融合地生活在一起，过着充满老百姓味道、亲情浓厚而又清淡平凡的生活。

2019年国庆节前的一个晚上，徐双飞夫妇带着孩子张添勇来到找爸妈商量添勇的婚事。徐万茂随口对大外孙说：“去跟你舅舅（徐立勋）商量一下吧。”

徐立勋走过来，认真地对添勇说：“舅舅只有两点要告诉你：第一点是责任，成家立业，结了婚，就要立业了，必须要对家庭负责，不对家庭负责，就是有问题的；第二点是关于老婆，如果在家里受不了老婆的唠叨，就不要讨老婆了。”

徐夫人笑道：“对啊，老婆总要唠叨的。”

徐万茂接过茬儿：“你就当成音乐来听就好了。”

治理家庭和治理企业是相通的，徐万茂经常把这两种实践的经验互用，他对干部们说：“员工偶尔发发牢骚，唠叨两句，容忍一下就好了，员工总会有不满意，不让人家发发牢骚是不可能的。”

原来如此，外人看到的是他的包容，背后其实是他的认知。

追求持续成长的卓越企业家，往往也是卓越的教育家，他们善于在日常工作和生活中熏陶自己的团队以及接班人。

在平凡的生活中，徐万茂把“巨大的财富、平淡的内心”一起传给了徐立勋，经过了日复一日的熏陶，徐立勋也自然而然接住了这对“矛盾体”，他们拥有很多财富，过的是平凡的生活，不是奢侈的生活，他们不挥霍。

“哥哥常说，钱是好东西，但钱也是害人的，关键看怎么用，把多余的钱用来回馈社会更好，我们家都一样，过的都是平常的生活。”徐万平说。

第二节　人品的来源

人品就是一个人在与他人的互动过程中，其内在品质带给他人的外在感受的总和，人品是其心理程序在社会实践过程中的外化，是领导力的根基。

束缚与自由

徐万茂从小没有挨过父母打，却打过儿子徐立勋一次，且是一个耳光，这也成了徐立勋关于父亲的最早最深刻的记忆。

孟轲在《孟子·离娄上》中说："离娄之明，公输子之巧，不以规矩，不能成方圆。"意思是，即便像离娄那样精明，即便像公输般那样灵巧，如果不凭借"规"和"矩"，也是画不成方圆的。一个人只有建立规矩意识，才能成长。

徐立勋生于1974年，有三个姐姐，当时徐万茂夫妇都在竹编厂工作，家里人口多，山上吃的东西本来就少，又没钱，生活贫困。

那个时代，孩子们没别的梦想，无非就是吃一口好的。那时候徐万茂每次出差回来都会带来上海的糖果、广州的香蕉等好吃的，于是他们从小习惯了父亲不在家，习惯了盼父亲赶紧出差，习惯了盼父亲拿回来他们的"梦想"。

徐立勋五岁那年，春节刚过，邻居邀请徐万茂去家里吃饭。徐万茂正准备出门，小立勋缠了上来，非要跟着去。

徐万茂说："不行，带小孩子去人家家里吃饭，这是占人家便宜，你的寒假作业还没做完，快去做！"

可是肚里的"馋虫"不想放过这么好的一次机会，立勋急得哭了起来。

徐万茂坚决不允，他警告儿子："带着小孩子去人家家里吃饭，是不好的，这是规矩。要是再哭，父亲可就要打你了啊！"

立勋见状，停止了哭闹。

这时，正好奶奶过来了，奶奶是家里最护大孙子的，立勋一下子有了主心骨，又大哭起来。

徐万茂二话不说，啪的一声，挥手打了立勋一个耳光，大家一时间都愣了。

在小立勋的意识里，父亲虽然严格，但却从未这样凶过。

对于这一巴掌，徐万茂多年之后才道出自己的心迹："其实这不是立勋的错，爷爷、奶奶从小太宠爱他了，我又没时间管他，打了这一巴掌，当作一个紧箍咒吧。"

而对于徐立勋来讲，他当时确实没太懂这个耳光的全部含义，只是随着年龄的增长，他越来越感受到这个耳光对他一生带来的影响：

他不知不觉地建立了"规矩意识"，又不知不觉地将其扩展为"规则意识"，无论到哪儿、做什么，都会习惯性首先了解这里头的规矩、规则。

上了大学之后，他还对经济规律、产业规律特别感兴趣。

"规矩、规则、规律都是知识，它们带来的不是束缚，而是自由。"徐立勋说。

朋友的真谛

朋友是在你需要帮助的时候能够站出来的人，那么，是什么决定了一个人在需要帮助的时候会有很多朋友站出来？

首先不是情商高，不是交际能力，不是金钱排场，而是人品。

比如，2016年年底华茂希尔顿酒店开业，按照行规，头3年要承受不小的亏损，才能把人气养起来。结果出乎意料，2017年就实现了业主回报580万元，这是怎么实现的？原来是徐立勋动员了他的朋友们，这些朋友把自己公司的年会放到华茂希尔顿酒店来开，使华茂希尔顿酒店迅速实现了"冷启动"。

成功实现"冷启动"，是因为徐立勋的情商有多高吗？知子莫若父，徐万茂这样评价自己的儿子："要说情商，立勋是有的，但也不是很高，有时候脾气也不好。"

是因为他擅长交际吗？也不是，连徐立勋自己都直言："我不太喜欢交际。"

抑或是他的排场大，引得众多朋友纷纷跟随？更不是。他的座驾也只是一辆价值不到30万元的别克商务车，之前的一辆是日本车，开了8年，2018年以28万元的价格卖掉了。

“立勋虽然话不多，但却有很多的朋友，这都是因为他有一些非常可贵的品质。”大叔徐万平说。

到底是哪些品质呢？综合、归纳30余位受访者关于徐立勋的评价，大致可以用五个词来概括他的人品：善良、率真、正直、勇敢、担当。

客观地说，对于一位中国首批富二代来说，能拥有这么多优秀的品质是非常难得的。与很多其他富二代一样，在青少年成长阶段，父亲几乎把全部心思都花在企业里。徐立勋是和小伙伴们在一起玩大的，小学三年级（11岁）之前基本上处于“散养”状态，从四年级开始，徐万茂为了让他尽可能地到好一点的学校去读书，就让他去住校，这意味着父母陪伴他的时间就更少了。

以至于当我问徐立勋“除了那个耳光，你现在能够回忆起的关于父亲的第二个令他印象深刻的场景是什么”的时候，他想了好一会儿才讲了这样一个故事。

那是1994年，20岁的他第一次跟着父亲去市场买菜，当时奶奶、爷爷都已经过世了，母亲有事不在家，父子二人史无前例地一起去买菜。也没什么话说，父亲在前面走，徐立勋在后面跟着，手里拎着菜篮子。“印象中，买了好半天，最后只买了几块油豆腐，就回来了。”

回到家，父亲淘好米，把米放在电饭煲里，放好水，按好开关键，正要准备烧菜，母亲、姐姐们回来了。母亲就开始烧菜，可是，菜都烧好了，饭还没有好，母亲仔细一看电饭煲，原来是父亲按错了键，结果一锅米饭烧了两个小时都没熟。

如此家常的生活场景，竟给徐立勋留下了这么深刻的印记，足见父子二人的相处实在太少。直到1999年从美国读书回来之前，他的人生始终没有机会与父亲、母亲长时间地在一起，这也是他与太太“约法两条”中第一条便是“要跟父亲母亲住在一起”的原因。

人品的塑造

成长阶段一直缺少父母陪伴的徐立勋是如何打下了扎实而优良的人品根基的呢？

重点就在这里——徐立勋的人品根基在很大程度上来自家族文化的熏

化和长辈行为示范的熏陶，上述两个方面的补位在很大程度上弥补了徐立勋成长过程中父母的缺位。

而近10年来，中国出现普遍性的“家族企业交班难”问题，很大程度上缘于接班人与父母在生活上疏离，在家族文化上缺乏传承，又缺乏其他家族长辈的行为示范，最终导致创领者在文化上也就是心理程序方面不能“同频共振”，无法顺利完成交接班。

回看徐立勋的成长历程，自从1982年奶奶在他8岁时仙逝之后，徐立勋的精神启蒙与道德熏化主要来自爷爷。即便是11岁开启了“住校模式”之后，徐立勋每个周末和寒暑假都会回到山上老家，跟爷爷在一起。他与爷爷感情最深，受爷爷的影响也最大，这也是徐万茂所希望的。

爷爷继承了曾祖母的（徐万茂的奶奶）乐善好施，村里经常来理发的、卖货的、要饭的，只要碰上吃饭的时间，爷爷基本上会把他们邀请到家里一起吃饭。“爷爷平时留给我最深刻的印象就是，他一有空就捧着一个大茶缸，坐在门口看书。”徐立勋回忆道。

山里面有书的人家不多，徐立勋到现在还记得，爷爷经常看的有《三国演义》《水浒传》《杨家将》《隋唐演义》，爷爷也会经常把里面的故事讲给他听。

爷爷在世时，是徐氏家族文化的首席传道人。在与徐立勋相处的近20年中，他潜移默化地将徐家的责任精神、和合精神、淡泊精神以及勤奋、俭朴、诚信的传统美德注入徐立勋的血液里。尽管这些“关键成长因子”在很长一段时间内被徐立勋因缺乏父母陪伴而产生的叛逆性格所掩盖，但这改变不了它们作为成长根基的性质，一旦条件具备，它们就会复苏，从而涌现出旺盛的生命力。

“立勋虽然脾气还是不够好，但心地善良，很重孝道。孝道与孝顺是两码事：孝道是始终尊重长辈，是走心的，长辈能感受得到；孝顺则体现为一味应允，并不一定走心。”徐万茂说。

即便是爷爷的某些习惯，也被徐立勋继承了下来，直到现在，一旦空下来，想换换脑子，徐立勋主要的爱好就是看看书，什么书都看，奇幻小说、官场小说、历史小说都看。

《论语》中说“古之学者为己，今之学者为人”，意思是，正确的学习目的是修养自身，增进智慧，错误的学习是为了向世人显摆。

在看书学习方面，徐氏父子有共同之处，他们都很少看那些在某一时段内大家都追捧的书，他们看的书，要么是经典，要么是一些很接地气的小读物，他们看书的目的是悟出一些东西，而不是向别人宣布自己有多少知识。

这使得他们说的话、做的事，总是能够自然而然地接上地气。

第三节　创领者成长的“正反合”

德国古典哲学家格奥尔格·黑格尔提出了“正反合”的思想，如果用它来描述人生，简单地说，就是每个人都要经历一个从“包容”到“叛逆”，再到“包容”的成长与成熟的过程。

能躲就躲

中国富二代在成长过程中的缺憾往往发生在青春期（又称叛逆期），这一阶段他们特别需要父母的陪伴，而偏偏他们的父母往往处在艰苦的创业期，不能陪伴他们。

拿徐万茂与徐立勋的成长轨迹来看，他们自小都接受了家族文化和长辈的熏陶，非常原生态地包容且装备了纯正的精神修养与道德修养。

不同的是，徐万茂的青春期拥有父母、奶奶的陪伴和生存的挑战，这些因素不知不觉地融化了他的叛逆，使他的心理意义和社会意义上的人生较早达到了成熟的状态。

徐立勋在这一时期却恰恰缺少父母的陪伴和生存的挑战，这两种东西有一个共通的本质就是“约束”，没有了约束，自由就成了“无底洞”，叛逆期就很难过得去。

徐立勋说：“我11岁之前，说直白一点，看见老爸，能躲就躲，能跑就跑，11岁之后，就去外面住校读书了。”

看起来，徐立勋的青春期是自由的，但他却感到非常不自由，“我的每一个轨迹都是父亲一手安排的，不停地转学，小学上了两所，中学上两所”。

初中一年级以前，徐立勋的成绩一直不错。到了初二，转学了，学习难度也大了，又刚好进入了青春期，再加上家里的生活条件越来越好，四个因素叠加，徐立勋内心产生了一种强烈的抗拒感："既然你什么都给我安排好了，那我还读书干吗？"

从那时起，徐立勋喜欢上武侠小说，如当时流行的《白发魔女传》《书剑恩仇录》《七剑下天山》等，到1989年初中毕业时，班主任在他桌子里面收缴了许多本武侠小说和言情小说。

此时，文教也已下了山，渐渐进入了高速发展期，父亲更是没时间管他了，徐立勋学业其实是"半荒废"了。高中毕业后，他进入了宁波广播电视大学学习；1996年，又在父亲的安排下，进入素有"南方哈佛"美誉的美国莱斯大学攻读商科硕士。当时出国读书的学子还不多，申请签证时，在史无前例地被拒签了6次之后，徐立勋总算是出去了。

但人是出去了，叛逆期却没有过去，回忆起那个时候的自己，徐立勋说："父亲的话我基本不听，傲气，脾气大，说话难听。"

这种状态一直持续到徐钰程的出生才开始悄然转变："我第一眼看到他，一下子感受到了责任的分量，瞬间从一个大男孩变身成了一个老父亲，这是完全不同的感觉。"

但这种顿悟来得还是晚了一些，以至于他需要经受更大的"煎熬"才能改变固有的思维状态，这一阶段又处在他与父亲交接班之时，这几重因素叠加，意味着他将接受人生中的一次巨大的精神挑战。"祸兮福所倚，福兮祸所伏"，后来的事实证明，在华茂创领者以及徐氏家族成员的共同努力下，这个挑战最终还是完成了。

随着华茂实现了近乎完美的交接班，徐立勋在历经巨大的精神苦难之后，终于完全走出了叛逆期，完成了哲学意义上的人生"正反合"，达到了更高层次的包容阶段。

尊重与成长

基于对徐立勋成长过程中曾缺少父亲陪伴的思考，徐万茂和徐立勋在徐钰程的成长过程中，给予他的不是一种"控制型的优待"，而是一种"服务型的尊重"。从根本上讲，这是由每一代人所处的社会环境和所拥有的条件所决定的。

从小学四年级开始，徐立勋每年都会抽出整整一个星期，单独陪儿子在国内走两个地方，包括一个贫困山区和一个著名文化景点，持续了七八年。徐钰程长大了之后，徐万茂又开始利用暑期陪着徐钰程去国外看博物馆和美术馆，接受世界各地的艺术熏陶。

“我会为他提供条件，扩展他的视野，同时，我让他自己去选择，让他自己去驱动，家长只做行动示范，让他自己去理解这个世界中什么是美好的东西、什么是不好的东西，自己去发现自己想要什么、自己有什么，以及为了目标应该放弃什么。”徐立勋说。

“我充分尊重他的选择，从不帮他做决定，他来问我，我会给他建议，从某种意义上来说，我吸收了我跟我爸在父子互动方面的教训。”

现在看来，徐钰程的成长历程要比父亲顺畅得多，不过，徐万茂倒是觉得徐钰程现在面临的挑战是——责任意识过重了，由于太好强，他给了自己太多的压力。

徐万茂希望孩子们只要能够继承祖辈的精神和品德，坚守住做人的底线，其他的事情都可以自己去考量决断。“前辈的所作所为，不应该成为子孙成长的包袱。”徐万茂说。

成熟的标志

2019年12月的一个晚上，徐万茂外孙女（三女儿的大女儿）来报喜，说她拿到了美国纽约的一个最好的艺术学院的录取通知书，徐万茂开心地说：“那你应该好好地去学啊！”

这时，徐立勋开口了：“你要珍惜学习的机会呀，舅舅当年没有好好学，后悔也来不及了，现在40多岁了，还要在清华（经管研修班）读，在复旦（EMBA）读。”

听到徐立勋这么一说，徐万茂似乎胸口涌起一股暖流：“立勋真的成熟了，一个人成熟的标志就是他敢于面对不如意的现实，敢于面对自己的不足。”

那天徐万茂在内心里有一种少有的开心，作为一名父亲，他等这一天，等得太久了，做一个成熟的人是很关键的。“一个人如果不成熟，你讲两句，别人就知道了”。

家族企业创领者通常要有“两张名片”：一张是企业的法定代表人；另一张则是企业的文化代表人。随着企业规模的增大，第二张名片的分量会越来越重。

家族企业创领者的传承是理性驱动的行为，不是感情驱动的行为。对于自己的接班人徐立勋，徐万茂坦言：“立勋的短板我是知道的，优点我也是知道的，总的来说，他的优点多于缺点，很难找到比徐立勋更想把这个企业做好的人了。这是继承人的长期意愿和文化传承的问题，是由他的位置所决定的。”

而福耀玻璃董事长曹德旺在谈到企业继承人的时候，也曾对管理层直言：“曹晖（曹德旺之子）论水平、论资历可能都不如你们，我也不认为他是最好的，但他有一个比你们强，他是曹德旺的儿子。”

归根结底，徐万茂与曹德旺强调的都是文化传承，本章通过三个主题，系统地解读了华茂创领者进行家族文化传承的方法论，我称其为“徐氏三宝”：过平常的生活、捍卫家族文化、家族领袖以身作则。

如果说家族文化是家族的根脉，那么平常的生活就是“合适的土壤”，捍卫家族文化就是“充沛的氧气”，而“家族领袖以身作则”则是“源源不断的活水”。正是在“徐氏三宝”的持续滋养下，徐氏家族文化才得以展现出旺盛的生命力，为华茂的持续成长创造了最基础的条件。

第十章　组织的传承

如果说“战略是企业的生存之道，组织是战略的工具”（德鲁克语），那么“组织的传承”就是企业传承的生命线。

具体来说，组织的传承，核心目的和原则有两个：第一，接班人要将个人的才能、智慧、领导力融化到整个组织当中；第二，华茂创领者在合作过程中实现“整体化”，用以保证整个决策体系、组织体系既能理解过去，又能面向未来。

本章分为七节。

第一节“探索真正的自己”用来解读2000年春季风波发生后，徐立勋火线登场主政华茂国内事务，与身在美国的父亲一起应对危机，突发的危机和根植于内心的责任感，激发了徐立勋的潜能，危机过后，父亲决定顺势交班。

第二节“磨合的艺术”用来解读华茂创领者历时8年多的磨合的目的、背景和基本逻辑，华茂创领者通过这轮磨合，基本完成了“从对立到统一”的过程，统一了思想，坚定了传承的意志。

第三节“经营基本观的磨合”回答的是“天时、地利、人和”合局下的华茂选项问题。

第四节“领导基本观的磨合”回答的是华茂创领者“用什么来领导”的问题。

第五节“管理基本观的磨合”提出并回答了一个难题：徐万茂“深入”管理哲学与徐立勋“懒”式管理哲学如何相得益彰？

第六节“天赐良机”用来解读华茂创领者2004年合作抓住了宁波银行等一系列的投资机遇，徐立勋渐渐成为全员上下希望看到、希望尊敬、希望信任的那个接班人。

第七节“解密‘三三一’战略”：“三三一”战略是华茂创领者合作开发的一项具有原创意义的、基于长期主义的企业成长管理工具，它是徐万茂领导艺术与管理艺术的结晶和升华。

第一节　探索真正的自己

历史拒绝跳跃，却也无巧不成书，人的成长，抑或企业的成长，经常充满戏剧性。

正是那场意想不到外的2000年春季风波，把华茂创领者生硬地拖进了企业传承的旅程。

火线登场

这场风波由两组事件组成，一组事件是跨国资产保卫战——华茂先后在美国发起了10余场以阻止公司资产被Y非法侵吞为目的的法律诉讼；第二组事件是Y向中央机构诬告徐万茂，企图阻止徐赴美出庭，最终“用人家的米煮他家的饭”。

一个秘书竟想“生吞”自己的东家，当“至恶”碰上“至善”，往往会发生类似的事儿，这在古代并不少见，放到现代，却很奇葩。

对于徐万茂来说，要破此局，关键是要在洛杉矶时间2000年4月13日准时出现在当地法庭上。

但是，Y早在3月初就已经通过高层的一位工作人员，把举报信送交国务院，当时刚刚发生了震惊中外的“厦门远华案”，国家对此类事件甚为敏感。

当时华茂一年能赚2亿元，算是宁波效益最好的民营企业，影响力很大。

在官方渠道，这封举报信一层一层地到了鄞县县委。

北京时间4月12日，县委书记拨通徐万茂的电话，约他晚上一起喝茶，接起电话的时候，徐万茂还并不知情。

见面后，县委书记没跟他提举报信的事，只是问他最近在忙啥，徐万茂也一五一十地把即将赴美打官司的事做了汇报。

书记的城府很深，办事也稳，重要的是，书记了解他。

临别，书记只说了五个字：“你放心去吧。”

清者自清，徐万茂没有仔细琢磨书记说的这五个字的分量。

次日晚，徐万茂顺利出关，坐上了飞往洛杉矶的航班，临行前，他对太太说："证据确凿，10天内就能回来，别担心。"

中国民营企业家整体上分两大派，一派是"聚堆出镜派"，一派是"独来独往派"，像任正非、曹德旺、徐万茂都属于后者，与企业经营无关的事，他们很少参与。

华茂不上市，也不打广告，徐万茂低调，华茂也低调。

好处是，少了很多是非，用他们自己的话讲，就是"低调经营，务实经营，诚信经营"，可以专心做企业。

天下没有只有好处没有坏处的解决方案，低调的企业一旦遭遇恶性攻击，发酵速度会很快，冲击力会更强，就像台风来了一样。

既然你神秘，人们就更愿意把你往不好的方向去想。

拿这次风波来说，"好事不出门，坏事传千里"，何况举报信是人为策划。

华茂被举报到国务院的消息很快传遍四方，人们对华茂和徐万茂都不怎么了解，自然浮想联翩，多是往坏了想。

有的说，徐万茂出事了，已被海关布控；

有的说，华茂巨额资产流失海外，企业已资不抵债，即将破产；

还有的说，不知名的华茂，凭什么这么能赚钱，一定是暗地里走私、贩毒，国家终于介入调查了！

话说徐万茂抵达洛杉矶之后，正往当地法院赶，云洲乡党委书记的电话就打过来了："老徐，你不在国内，企业需要有人主持工作，你觉得谁最合适？"

徐万茂反问："你们认为谁合适？"

书记："徐立勋合适。"

徐万茂："我同意，就请徐立勋以副总裁的身份行使总裁的职责。"

此前，华茂从未开设副总裁这个职位。

1995年华茂改制之后，徐万茂身兼集团党委书记、董事长、总裁数职，旗下各个业务板块的老总直接对他负责，整个华茂是一个高度扁平化、高效的架构。

律师刚刚跟他说过，美国的官司要连着打十几场，得持续四五年，眼下国内满城风雨，情况紧急，最适合代表他在国内“站台”的人选，也就是长子徐立勋了。

徐立勋被推进了华茂的历史

徐立勋准备好了吗？答案是，完全没有。

1999年回国之后，在父亲的安排下，徐立勋在华茂挂了个“集团总裁助理”的职位，先是参与了华外二期工程的筹建，接着又去北京负责处理经营不善的教育软件项目的善后工作，“打了一年的酱油”，一直游离于核心管理体系之外。

事实上，徐立勋一直就没有考虑清楚——要不要进入华茂？他只清楚一点——一旦进入了华茂，就没退路，就只能进，不能退，也就是说，“那将是一份终身合约”。

这不是矫情，这是徐家的文化：说到做到，还得做到底。

但徐立勋当时认为自己“很清楚”自己的性格——崇尚自由，不喜欢被管束，不善于交际，不是很主动。

由于一直过着被父亲安排的人生，久而久之，他习惯于这种“叛逆的性格”，便误以为自己就是这样的。

安排他进华茂，父亲是想让他经受各种锻炼，成熟了之后再接班。

有一件事徐万茂当时并未告诉徐立勋。

1999年，在徐立勋进入华茂之前，徐万茂亲自摆了一桌酒菜，把一些快到退休年龄的老部下请来，劝他们安心回家享清福，不用上班，工资待遇照给，有股权的照样分红。

饭后，大概三分之一的老部下选择了退休。

显然，在春季风波到来之前，徐万茂业已着手企业的传承事宜。

而徐立勋进入了华茂的战壕之后，则是另一种心境：“以我的性格和爱好，总觉得不太合适，但我真正喜欢哪一行，又没想清楚，正茫然着。”

就在这个当口，春季风波提早地把徐立勋拽进了华茂的历史进程当中。

北京时间2000年4月14日，洛杉矶那边还没开庭，在华茂总部召开的临时董事局会议已经开始了，议题只有一个：确定代理总裁。

除徐万茂之外的其他6位董事全部到场，云洲乡党委书记宣布了由徐立勋代理总裁的提议，但有几位董事表示了异议，理由是徐立勋过于年轻，管理经验不足，缺乏对公司全面的了解。

但由国家有关部门组成的联合调查组即将对华茂展开调查，华茂必须得有人负责，正值胶着的时刻，鄞县常务副县长代表徐万茂董事长现场拍板："由徐立勋以副总裁之职全面主持华茂的日常工作。"

徐立勋就这样莫名其妙、稀里糊涂地坐上了副总裁的位置，还做起了总裁的事情。

徐万平受邀参加了那次临时董事局会议，给他印象最深的是，当时徐立勋私下里对他说："大叔，我感到很惶恐。"

徐家历来长子做主，爷爷在，爷爷做主，爷爷不在，父亲做主，从小到大，徐立勋从来没做过主。

"现在让他做主，什么经验都没有，很多下属又都是长辈，他感到压力很大，这是他的真实感受。"徐万平说。

再表洛杉矶。徐万茂在美国真正打起了官司才知道，事情远没有预想的那么简单，此前计划10天之内结束战斗，那是天方夜谭。

从4月赴美，一直到7月回来，他这一出去就是三个月，实际上，徐万茂飞往美国没几天，宁波就已满城风雨，很多人认为徐万茂不敢回国了。

"华茂要倒了。"

"徐万茂真的出事了！"

"徐万茂跑了，不会回来了！"

一时间，坊间的舆论似乎开了天眼，成竹在胸地为华茂和徐万茂做着定案。

整整三个月，不得不说，华茂这支队伍真的是团结，像铁打的一般。

当时华茂大部分核心成员都是徐万茂从山上带出来的，对华茂高度忠诚，对徐万茂忠心耿耿，甚至他们对徐万茂有一种"盲信"：徐万茂指哪儿，大家打哪儿，不怕困难，坚持到底。

这不是教化出来的，也不是用金钱刺激出来的，这是历史上形成的，是不断打胜仗打出来的，是他们对领导者的一种信赖。他们相信徐万茂不会让他们吃亏，会带领他们创造出更好的生活。

如今到了危急时刻，他们愿意信赖并支持徐万茂的儿子，愈是谣言四起，愈是团结，这是一种极好的组织状态，能激发上上下下每个人的潜在能量。

探索真正的自己

徐立勋面临着三重挑战。

其一是银行。当时华茂的主营业务是教学具，资产负债率不到30%，非常健康。但由于学校的回款具有很强的季节性，如果银行突然收贷，即便应付得过去，所引发的连锁反应也将会对企业造成冲击。

其二是华外。华茂办学进入第二年，已经招收了800余名学生，教师已配备齐整，此时一旦出现信用危机，后果不堪设想。

其三是一线员工的心态。当时流言四起，各路信息真假不明，大家需要全面了解真相。

徐立勋分析了当时的形势：上述三个挑战，无论哪一个先爆发，都可能引发连锁危机；无论哪一个解决不好，都可能葬送整个华茂。

不能坐以待毙，必须主动出击。

徐立勋连续做了三个动作：第一，筹集资金，提前还清贷款，免得银行催贷；第二，把华外的注册资本增资到1亿元，给学生家长、教职员工吃下定心丸；第三，召开全体员工大会，详细通报了春季风波的情况，有问必答。

一连串组合拳打出去，迅速稳住了局面，到了2000年4月底，北京方面传来消息：举报信纯属诬告，徐万茂是清白的。

笼罩在华茂头上的乌云渐渐消散，整个事件历时近半年。

后来徐立勋去上海浦东机场迎接归国的父亲，第一眼差点儿没认出来，此时的徐万茂已然满头白发，徐立勋从未见过父亲这个样子，可想而知，这三个月父亲经受了怎样的心理煎熬。

“谁都担心无法扛过去的一场大难，我的心中却十分坦然，身正不怕影子斜，我照样既到美国出庭，又坦然回国，结果一切都有惊无险。”

华茂安全熬过了春季风波，但徐万茂却停不下往返中美的脚步，他在宁波没待上几日，就又返回了洛杉矶，他要继续赢得接下来的官司，还想仔仔细细地了解美国的教育。

“既然徐立勋已经骑上战马，那就往前奔跑吧！”

徐万茂下定决心，帮助徐立勋探索真正的自己。

职权并不是探索自身潜能的主要工具，挑战才是。徐万茂要把更多、更大的挑战留给徐立勋。但徐立勋当时并没有意识到日后的挑战有多大，他的商业实践和企业实践才刚刚开始，他还不可能完全理解企业领导者的全部含义，以及怎样成为一个真正的企业领导者。他的确赢了这次挑战，但实际上更大的挑战还远未到来。

很久之后的一次聊天，徐万茂罕见地对儿子坦露心迹：“那次意外风波，给华茂带来的影响，总体上是利大于弊的。重要的是，它给你做了一次压力测试，经验不足可以慢慢丰富，能力不够可以慢慢提高，但不能以权压人，关键是你要有责任感和临危不乱的胆气，作为一个企业负责人，这是最重要的品质。”

第二节　磨合的艺术

接班人要想将个人的才能、智慧、领导力融化到整个组织当中，关键是要实现与交班人的“双剑合璧”。

“双剑合璧”就是交接双方在保持各自特色的前提下实现整体化的过程，用以保证整个决策体系、组织体系既能理解过去，又能面向未来。

华茂创领者从2000年开始磨合，到最终实现双剑合璧，经历了两个以“整体化”为目的的合作阶段。

第一阶段从2000年到2008年，这是一个“从对立到统一”的过程，就是我们通常所说的“磨合期”，这个过程贯穿了华茂创领者渐进式职权交接的“五步走”：

第一步：2000年，徐立勋被任命为副总裁；

第二步：2002年徐立勋被任命为总裁，董事局授予其1000万元以下投资决策权；

第三步：2004年，第二届董事局象山会议，华茂创领者合作推出“三三一”战略；

第四步：2006年，徐万茂将董事长办公室搬离集团总部；

第五步：2008年，徐立勋获得董事局授予的日常管理的法人签字权以及5000万元以下投资决策权。同时徐万茂宣布自身的工作准则：第一，无特殊原因不进总部；第二，总裁不汇报，绝不过问；第三，有人反映情况当作没有听到；第四，家族中的亲戚朋友违规，全力支持总裁的处理决定。

第二阶段从2008年到2021年，是一个默契配合、相互补位、相互转化的过程，在这个过程中，华茂接班人徐立勋脱胎换骨，真正成长为华茂继任领导者。

创领者首秀

“磨”是为了“合”，这就是“磨合”的本质。

“磨合”常以“蜜月”开篇。

2000年春季风波过后，华茂悄然走进传承时代，创领者共同办了一件大事——公司转型。

2000年10月，宁波华茂投资控股股份有限公司（以下简称华茂控股）成立了，股东为鄞县横街镇资产经营投资公司和徐万茂等84位自然人。

华茂控股是一家由华茂“派生分立”出来的公司，用意在于，把华茂从实业型公司体制转型为投资型公司体制。

在实业型公司体制下，决策权高度集中于总部，优点是纵向效率极高，适合单一品类打天下，缺点是，容易造成一线团队灵活性不足。

为了弥补灵活不足的问题，徐万茂搭建了一个以“高度信任+充分授权”为核心特征的管理体系，很好地适应了20世纪90年代文教快速成长的需要，迅速收割了全国市场。

之所以要转型为投资型公司体制，是基于自身情况的变化以及对未来成长的考量。

第一，在存量上确保股东既得利益。由于华茂进入了传承周期，未来的不确定性增强，华茂控股的设立，清晰、合理地确定了当时政府持有的法人股和核心团队成员的股份，且利于股权流动和变现，对于股东来说，这也能保障利益——打下了天下，给大家明确分好田地。

第二，在增量上“加油门”。把“母分公司体制”改造成了“母子公司体制”，有条件在子公司层面引入高管持股制度，增加一线公司的自主性、紧迫感和动力机制。

第三，为引入预算管理制度、内部审计制度等科学管理制度创造条件。动力系统和制度保障系统是一对孪生兄弟，动力系统升级，制度保障系统也要同步升级。

第四，将华茂从整体上分为两层结构，一层是资本层，一层是实业层。为徐立勋提供了一个全新的资本层面的平台，使其有条件组建自己的团队，打造以自身为核心的体系能力。

从2000年到2002年，华茂总部初步实现了职能转型，总部只负责投资，将各个业务板块分别成立了子分公司，独立运营，自负盈亏。

“我很清楚当时的公司架构不适合未来的发展，在父亲的支持下，我一上来就着手干这件事，一口气成立了20多家子公司，用资本纽带把集团与子公司连接起来。”

此次转型，貌似波澜不惊，实质上与华茂以往历次转型一样，对企业接下来的成长起到至关重要的推动作用。

首先，它沿袭了徐万茂治理企业一贯的底层思维——每到公司走到新的历史节点，既要充分利用当时相关法律、规定、政策保障股东既得利益，又要为接下来的发展注入动力和做好制度准备，为公司接下来的发展换上“大一码的衣服”。

其次，这次转型是华茂两位创领者的首次合作。徐立勋在资本、实体经济、经济规律的结合与互动方面，有着深刻而系统的理解和判断，在这些方面，正好能够弥补徐万茂的不足（20世纪90年代末期，华茂连续三次投资失败，很大程度上与徐万茂在上述方面的不足有关），这次合作，意味着徐万茂接受并支持徐立勋发挥自身强项。

但徐万茂同样清楚徐立勋当时的劣势——由于缺乏产业、企业经验和沉淀，导致其领导力不足，这些正是徐万茂苦心孤诣地想帮助他建立并积累的东西。

不过，这不是一蹴而就的事，对于当时年仅26岁、刚刚走出大学校园、血气方刚而仍未摆脱叛逆性格的徐立勋来说，要想短时间建立这些自我认知和商业认知，几乎是一件不可能的事。

这就是华茂创领者需要磨合的主要原因，而徐万茂则是这场磨合的“总导演”。

德鲁克说，领导者通常要扮演四个角色：导师，用来指导；教师，用来传授知识和技能；评判员，用以评判实际情况；啦啦队队长，用以鞭策和激励。

在华茂创领者磨合中，徐万茂扮演的就是德鲁克所说的“领导者”角色。

很多家族企业创始人发愁二代“不愿意接班”或者“接不起来这个班”，究其根本，往往是因为他们自己不能胜任或者没有扮演好交班者的四个角色，以至于难以与二代完成从对立到统一的磨合。

大变局

造化弄人，又能立人。确切地说，造化通常在弄人的过程中立人，但这个人能否立得住，就只能靠自己了。

一个接踵而至的大变局为华茂创领者接下来的磨合撒了一层厚厚的盐，这层盐就是从2001年至2005年的“教育部新政”。

其间，国家教育部先后推出了课程改革、减负一费制、禁止额外收费等一系列新政策，直接或间接地给华茂当时的核心业务即教学具业务带来了巨大冲击。

这意味着华茂面临的是一个核心业务转型期和企业传承期叠加的局面，这两件事，无论哪一件都是中国民营企业成长途中的大坑，而在华茂面前，成为一个由双周期叠加而形成的巨坑。

26岁之前，徐立勋的生活风平浪静，无忧无虑，此后5年，他感觉自己被一步步推到了巨坑的边上。

按常理，核心产业突遭“灭顶之灾”，徐立勋又是企业改革菜鸟，徐万茂理应挺身而出，全力领导团队应对变局。

徐万茂也想过，但他咬了咬牙，忍住了。

2001年11月，国家三部委联合推动了“减负一费制”改革，改革历时三年，从局部试点做起，最终覆盖全国。这次改革不但意味着文教市场的大面积“蒸发”，还使教学具行业一下子取消了门槛，无数中小企业迅速涌了进来。

斯时，文教之难，可想而知。

2001年12月，华茂控股变更股东，政府法人股选择了退出，股东变更为徐万茂等84个自然人。

政府此时选择退出，无可厚非，政府要尽到保全国有资产的责任。

君子有成人之美，这是徐万茂与政府打交道一贯奉行的准则。如果没有此前及时的改制，政府此次股权退出，进行得不会如此顺利，对企业的正常经营也不会毫无影响。

徐立勋担任副总裁以来，父子二人的办公室都设在五楼，各居一头，最西面是徐立勋办公室，最东面是徐万茂办公室。

现在，徐万茂做了一个决定，把总裁的担子交给徐立勋，在外人眼中，这意味着徐立勋正式接班。

不过，徐立勋只得到了1000万元以下的投资决策权，高于这个额度，就要提交董事局讨论决定。

徐万茂也并没有将自己的办公室交给徐立勋使用，在老部下眼里，这意味着很多。

刚入职场的菜鸟，了解到这些，可能会暗忖："谁不贪恋权荣呢？恐怕老徐总也概莫能外。"

但真正了解组织和权力运作的职场老兵会理解这位老板的睿智："他可能是在等待。"

"刚接班时，立勋是懵懵懂懂的，他认为接班做老总就是他讲的话别人一定要听，光知道自己是个发号施令的人，没有把权力作为一门领导艺术，领导艺术是要靠悟的，他总要经历一个过程的。"徐万茂说。

徐立勋接班之后，徐万茂基本上把每年三分之二的时间放在了美国，虽说确有事由——要在美国打官司、研究教育，但不能掩盖他要把徐立勋放在火上"烤一烤"的真实用意。

首先是让徐立勋学会独立。

徐万茂很清楚，打懂事以来，在徐家文化的熏陶下，徐立勋脑子里已经扎根了一个意识：只要有爷爷在，凡事听爷爷的；爷爷不在了，凡事要听父亲的。

在这种意识下，徐万茂对徐立勋的独立决策能力是不放心的，如果整天待在徐立勋身边，遇到问题，他会不自觉地依赖父亲。有父亲在旁边，总感觉责任不是自己的；父亲不在身边，天塌下来，就得自己扛着了。

大树之下，寸草难生，这是一种自然现象。

人也是自然的一部分，人同此理。

徐万茂决意把大部分时间放在美国，其间，对徐立勋不管、不顾、不问、不听。

他要给徐立勋留足空间和时间，培养其独立思考和决断的习惯与能力，不要事事依赖他，要学会独立地把想法落实，独立地承担责任。

成长是要交学费的，越重要的成长，学费越昂贵。一个人要成长为企业家，学费更是巨贵。这是规律。

“很多企业家往往在自己干不动了的时候才交班，实际上是不忍心，我跑得远远的，眼不见为净，免得看到损失就心疼。”徐万茂说。

其次是给徐立勋充分的时间做选择。

徐万茂从2000年就着手交班，当时才55岁，在传统行业中，很少有这么早就交班的。

这里头更深的用意是，他把选择权交给了儿子：徐家有“父命难违”的传统，如果老了再交班，儿子不愿意接也得接。

提早交班就不一样，儿子不愿意接，他自己照样可以干，再培养其他接班人也来得及。早交班，意味着及早支付培养成本；晚交班，各种培养成本无法控制。

家族是要长子继承的，企业未必，在这方面，徐万茂想得很清楚。

从2002年到2006年，徐万茂计划给徐立勋留四五年时间做这个选择，在具体的实践中做这个选择。

“如果他感觉压力太重，可以选择放弃，我不会强迫儿子做他不愿意做的事，但违背公司的初心，我也决不允许。”

成长的过程，犹如物理学上被描述为“熵减”的运动，其间伴随着兴奋、痛苦、悲伤、挣扎和坚持，周而复始，无往不复。

当“熵减”停止，生命系统就会自我封闭，成长就会停止。

华茂创领者合作的首秀——公司转型的成功，让徐立勋感受到了小试牛刀的兴奋，岂不知，余兴未消时，痛苦、悲伤、挣扎已经在拐角处等着他呢。

第三节　经营基本观的磨合

华茂创领者的磨合，整体上经历了经营基本观、领导基本观、管理基本观三个层面的磨合。经营基本观的磨合就是创领者关于“如何经营”这一问题在基本观念上的磨合。

华茂为什么没有成为地产企业？

“教育部新政”之后，摆在华茂面前的有三条路线：

第一，最大化地挽救教学具市场，能保多少就保多少；

第二，从教学具产品向教育装备产品升级；

第三，进入其他行业，实施多元化战略。

三条路线，创领者都看得见，都有共识。关键是用什么方式去做，怎么做，能否落实。

徐万茂定下总基调：稳住文教是重中之重。

直到2011年之前，他没有把文教全部交给徐立勋，其他主要业务板块，也皆由徐万茂和几位身经百战的老部下把守。

这是一个精心安排，文教是华茂的底盘，对于处于“双周期”（第一增长曲线开始走弱，第二增长曲线正在培育）内的华茂来说，稳住底盘是第一要务。而且对于三条路线中的前两条路线，徐立勋当时仍然是个门外汉，短期内插不上手。

徐立勋此时面临的核心挑战是：必须证明自己，又必须在增量上做文章。

2001年下半年，徐立勋预测中国房地产有可能会在2002年年底复苏。

当时中国房地产行业的发展停滞多年。徐立勋在美国学到的第一条商业规律就是——经济高速增长，势必带来房地产的增长。

其实徐万茂也并不是没有看到房地产的机会。

早在1995年，华茂就成立了宁波华茂房地产开发有限公司（以下简称华茂房产），主要用来开发华茂抵债、置换过来的土地以及内部基建项目，极少介入大规模房地产开发，始终秉持稳健甚至是保守的经营方针。

说白了，华茂房产一直在用做实业的思路——也就是用做产品的思路搞房地产。

2001年，为了支持徐立勋接班，时任文教销售总经理的汪乐平主动退出文教，成立华茂置业，专攻教育房地产，从零开始二次创业。

而徐立勋接手的是整个华茂，这意味着他要思考的是整个华茂的战略路线，而这个战略路线一定不是房地产，这个决定其实早在1998年华茂决定投资华外时就做出了。但随着时间的推移，仍然有人议论：中国房地产起步时，正是华茂文教最赚钱的时期，如果华茂做了房地产，现在的规模会超乎想象。

2007年，徐万茂在华茂管理干部读书会当着大家的面，彻底解开了华茂为什么没有成为房地产企业的谜团。徐万茂说："社会上和集团内的大部分人，一直有一个遗憾，认为华茂失去了很多机会，特别是在房地产业。我也问过自己，能做吗？答案是'不能'，因为我没有这个天赋，不能实现天时、地利、人和的合局，这就不是华茂的机会。"

徐万茂认为，华茂要走自己的发展之路，只有天时、地利、人和能够合局的路，才是自己的路。教育正是这样的路，所以华茂将教育作为自己的立业之本。

"百年华茂不是靠投机、靠暴富，而要在逆境、挫折甚至是苦难中考验和锤炼出来，要靠百炼成钢的内功，这就需要一个拼搏与智慧并进的历程。"他说。

对于父亲的上述思想，徐立勋接受了，但其实内心也并不完全理解。

直到最近五六年，他真正改变了看法。

他深刻地意识到：对于企业而言，机会是永远存在的，关键是这个机会是不是处于企业的战略范围内。对于华茂来说，自从1998年决定投资学校之后，房地产就不在华茂的战略范围之内了。

"我曾经为没有进入房地产业而遗憾过，但那是我作为华茂总裁成长的一部分，包括董事局的否决，也是我成长的一部分。"徐立勋说。

"如果当年进入房地产行业，也许华茂的规模会比现在大十几倍甚至几十倍，但也有可能早就没了。对于企业来说，活下去才是最重要的，百年华茂，才是我们的选择。”他说。

“君子爱财，取之有道”——这句司空见惯的话，是徐万茂最喜欢说的几句口头禅之一。

这句口头禅只给出了原理，没有给出模型，而“天时、地利、人和”实现合局，就是徐万茂给出的模型，它给出了“取”的方式和方法。

这可以被称作徐万茂的“经营基本观”。

经营基本观没有孰优孰劣之分，只有合适与不合适之别，它是一个关乎“我们要什么，我们有什么，我们不做什么”的问题，它是一个匹配与选择的问题。

为了在企业经营最基本的观念上达成共识，华茂创领者用了差不多5年时间，而直到后来他们真正实现双剑合璧，差不多用了10年到15年。

第四节　领导基本观的磨合

领导就是组织、激励团队持续聚焦于目标。

哈佛商学院终身教授约翰·科特说，领导在本质上是一种以非强制性活动促进企业发展和变革的行为。

而领导基本观的磨合就是创领者关于“如何领导”这一问题在基本观念上的磨合。

2003年，华茂注册成立了以徐立勋为法定代表人的华茂电子，拉开了以“先分兵，后合围”的方式面向装备制造业进行转型升级的序幕，华茂电子的核心团队主要来自文教。

虽然大部分时间在美国，但只要在国内，徐万茂的工作状态变化并不大，他的办公室依旧向任何员工敞开，大家还是习惯性地向他汇报工作。

徐万茂创造、发展、壮大了这家企业，大家对他的信赖与忠诚无可替代，他有的时候也会不经过徐立勋直接干预公司大大小小的行政事务。

这种状况给徐立勋带来的是与日俱增的郁闷，父子二人由此冲突不断。

“一直以来，碰到大事或拿不准的事，我都会主动地找父亲沟通，达成一致后再做决策，但为什么父亲总是越过我干预执行呢？我真的想不通。”徐立勋说。

终于，徐立勋忍耐不住，气愤地找父亲理论。

“一个组织怎么可以有两个指挥？！”

“您那么信任别人，为什么不信任我？”

“既然把总裁位置交给我，具体业务您就不要插手了，否则我怎么干呢？”

徐万茂却哈哈大笑：“习惯了嘛，你看看我做总裁这么多年，都是这样管的，什么越级不越级的，更谈不上不信任，你是我儿子呀！”

在三大“磨合”中，华茂创领者在“领导基本观”层面的冲突最为剧烈，徐万茂对此心知肚明，他还做了一个巧妙的人事布局，用来弱化、调和这种冲突。

行政管理部秘书的挑战

徐万茂在集团办公的日子，把他和徐立勋的日常工作连接在一起的，除了一条约40米长的走廊，就是一位行政管理部秘书。

行政管理部秘书有两个特别之处：

第一，其直接上司是徐立勋，而面试、选拔与任命，则是由徐万茂代表董事局完成的；

第二，同一件事，需分别向徐立勋、徐万茂汇报，并向有关下属同时传达两位徐总的意见和决策。

行政管理部秘书有点类似于他们之间的“居间人”。

首先，要取得创领者双方的信任；

其次，要能领悟老徐总的思想和意图，还要能以小徐总接受的方式，把老徐总的想法和意图“翻译”给小徐总听；

最后，还要能够理解小徐总的想法，在督办的过程中，协调两位徐总的分歧。

总而言之，行政管理部秘书是一个非常关键且难以胜任的角色，需要有超高的情商、悟性以及超强的“向上管理”的能力。

从2002年到2005年，这个岗位平均每年换一个人，第一位行政管理部秘书半年左右就调到其他岗位上去了，原因只有一个——小徐总不满意。

客观上讲，先后离开的这几位行政管理部秘书都为华茂的传承做出了特殊的贡献，这是一段华茂“创领者共治”的时期，“一个身子，两个脑袋”本身就不是组织的常态。

站在徐立勋的角度去理解徐立勋

这种组织状态本质上是华茂在传承的特殊时期不得不采取的一种带有过渡性质的决策状态，其根本目的是让接班人徐立勋在不断的冲突与实践中真正领悟到“该如何去领导”。

没有做过学生干部的徐立勋，在接班之前总觉得做老总是很简单的一件事，动动嘴皮子、发发牢骚、骂骂人就可以解决问题。

“以前看我爸每天晚上打打麻将，办公室里面坐坐，客人来了抽抽烟、聊聊天，每月出差几趟，我没感觉做总裁有多难，只觉得做总裁是一件很拉风的事情。”

“拉风”就是“很牛”的意思，当了总裁之后，他才发现“这是一个‘很苦’的事情，是一个很大的心理挑战”。

徐万茂55岁开始交班，这个年龄往往是一个企业家兼具智慧与体力并使二者形成完美平衡的阶段。随其一路打拼的兄弟和下属们，年纪又都比徐万茂小，个个年富力强，他们中的很多人是看着徐立勋长大的，徐立勋基本上管他们叫叔叔。

“于公我毫无贡献，于私我毫无地位，即便大家不听我的，我去骂谁呢？谁都骂不得。”

事实上，只有站在徐立勋的角度去理解徐立勋，才能理解他的那段精神苦旅。

徐立勋是在一个特别强调敬重长辈的家族文化中长大的，出了校门就接班，要“领导”一批“长辈下属”。华茂大转型，他看得到脚下的三条路线——做地产，被董事局否定了；做教育装备，又经常被父亲掣肘，决策落实不下去。

越是急于做出成绩，越觉得父亲在有意无意地掣肘，这究竟是为什么？

有的时候，他能想通："这是在考验我呗！"

但大多时候又想不通："你总得让我做成事啊，否则让我当这个总裁干吗呢？！"

他变得急躁，说话难听，看他发脾气，大家就躲着、藏着，不说话、少说话。

他在内心上与管理团队渐渐产生了隔离感，称他们是"老派团队"，是父亲的团队，不是自己的团队，心想："只有老派团队退得一干二净，我才能真正接这个班，才能干成事。"

在接班的头几年，他"与父亲'小战'数不清，'大战'每年都要打一场，最厉害的一次，干脆不想干了，两三个月没和父亲说一句话"。

徐家从来不吵架，他和父亲也没有吵过架，他偶尔冲父亲发脾气，父亲就不理他，他所说的"战"也就是"冷战"。这段经历，在徐立勋内心当中，可以称得上是地狱里的煎熬。

徐万茂抛出了一道的选择题

2004年3月的一个晚上，家人照例一起吃晚饭，父子二人谁也不搭理谁，徐万茂发现徐立勋的状态实在太不好了，就把他叫到书房里。

"立勋，作为父亲来说，绝对是不会对你坏的，哪一个父母希望孩子坏？这是一个宗旨。你现在要做个选择了——究竟接不接这个班？接与不接，不影响我们的关系，你始终是我儿子，你要考虑好，我就要去美国了，你不用现在就回答我。"

久经沙场的徐万茂，决定直接把这个二选一的选择题抛给儿子。

在徐万茂的内心里，儿子接更好，不接他会另有安排，如果纯搞资本运作，不接会更好。

徐立勋没有作声。

徐万茂接着说："你要是选择接，我有一个条件，必须全心投入华茂的教育和实业当中去。不要怨爹怨娘，好好去做，不能纯搞资本运作。要是不接，我会给你一笔钱，你自己去发展，徐家人都是靠自己的，华茂从此与你无关。一人做事一人当，我做的事情，不会连累到下一代，所有的事情，我自己担。"

徐立勋没有当场做出选择，走出了书房。

向儿子摊了牌，徐万茂的内心隐隐有一丝不平静。

一个人成长的第一堂课就是学会忍耐，他确实不想看到儿子放弃，他想看到的是徐立勋尽快成长起来。

徐立勋去找了大叔徐万平。

他与大叔很谈得来，大叔在东北当兵时，每次回来探亲，都会买些铅笔、橡皮什么的送给立勋，还给他讲军队的生活，徐立勋从小就对军队充满了好奇。

那几年，徐万平成了华茂创领者之间除了行政管理部秘书之外的第二道沟通桥梁。

“他们之间有什么矛盾，时常会找我讲，我不是华茂的人，是局外人，他们都信任我，都希望从我这里得到一些相对客观的分析和看法。”徐万平说。

徐立勋开门见山地对大叔说：“您也知道，我在华茂是一个说了不算的总裁，我还要这么干下去吗？大叔，这太煎熬了。”

徐万平没有直接回答他，而是提了一个问题：“立勋，你知道军队是怎么培养领导者的吗？就是给你一个不可能完成的任务。要完成这种任务，靠的不仅仅是技术和职权，还有意志力和领导力。”

徐立勋：“嗯，就像当年四野的塔山阻击战！”

徐万平：“对，再从技术上看，华茂这么大的公司，又是家族企业，现在正处于交接期和转型期，你们这个层面做的事，都不是就事论事，都得既考虑过去、现在，还得考虑未来，你们要做的事，都是一些很复杂、很长期的事儿，如果换位思考一下，你不把父亲的干预理解为干涉，而是理解为帮助，是不是更客观呢？”

徐立勋：“但父亲干涉我，我在团队中就树立不起权威，我干不了事情啊！”

徐万平：“你是总裁呀，无论是谁指挥，只要这个事儿做成了，你的目的就达到了，不是吗？”

徐万平继续举军队的例子：“在军队，士兵们其实只认一个道理，谁能带领他们打胜仗，谁就是他们的指挥员，指挥员如何打胜仗呢？你得把你的本事融化到团队的每一个人身上去。”

徐立勋显然被打动了，追问道：“如何做到呢？”

徐万平：“首先向你身边的父亲学习呀，他就是这样的将军，你父亲从来都愿意从各个方面——包括下属那里听取不同意见，在这方面，你做得还不够，就从这一点开始学习吧。”

心转境自通。

大叔的一番话，句句戳在点子上。

大叔是局外人，这些话从他的嘴里说出来，更有力量，更容易让徐立勋接受。

领导力专家约翰·马克斯维尔说：“人们对领导力的头号误解，就是认为领导力只来自拥有职位或头衔的那个人。”

徐立勋终于读懂了这句话。

管理者拥有两种权力，一种是以职权为核心的权力，一种是以领导力为核心的权力，管理者要最大可能地弱化以职权为核心的权力，同时造就以领导力为核心的权力。

徐万茂从美国回来之后，徐立勋对他说：“我愿意接班。”

徐万茂悬着的心终于落了地。

他还看到了徐立勋有了明显的变化，变得更喜欢倾听。

大叔的点拨，让徐立勋开始重新思考父亲是如何领导华茂的，让他重新审视父亲打造出的这支铁一般的团队。

他很小的时候，父亲就把家搬到了厂子里，和大家一起打麻将，抽抽烟、聊聊天，原来，父亲不是为了玩，不是为了拉风，而是为了把自己完全融化到团队中。

只要父亲要做的事情，无论多少人反对，他都要做到底，一步一步、一件一件地做成。父亲不是因为他是厂长才干成了事，而是因为他能干成事才成了厂长。

父亲不是靠职权来领导这支团队，他靠的是慢慢积累起来的威信，正因为有了威信，哪怕父亲骂了下属，下属也服气。

这支团队对父亲忠心耿耿，但这支团队从不唯唯诺诺，个个都能独当一面。他们不会因为服从父亲，就对他的接班人言听计从，因为他们对华茂有深厚的感情，他们每个人都抱有一颗高度的责任心。

随着认识上的改变，徐立勋慢慢感受到了“老派团队”的分量，他们身上沉淀着华茂的精神和文化，这是一个企业最核心的资产。

徐立勋的领导观念由此悄然发生着转变，大家发现他讲话的方式、对人的态度、做事的方式都发生了微妙的变化。

当然，从认识的改变落实到行为的改变，是一个艰难和反复的过程，比如，当时的管理团队中，还有不少家族成员，有时候遇到争执，徐立勋仍会很苦恼。

妻子陈京波想了个办法，“先生一回到家，我俩一起打闯关游戏，暂时忘却烦恼，第二天再满血复活地投入工作，这种生活持续了好几年，是我们共渡难关的过程中最难忘的事”。

徐万茂看在眼里，暖在心里，却很少表露出来。

父亲对儿子的爱，唯有大爱，方得始终。

第五节　管理基本观的磨合

管理基本观的磨合就是创领者关于“如何管理”这一问题在基本观念上的磨合。

徐万茂的管理哲学的核心有两个字——“深入”；徐立勋的管理哲学的核心只有一个字——“懒”。华茂创领者在管理基本观上的磨合，也就是上述这两种管理哲学的磨合。

一方面，华茂创领者的管理哲学具有差异性，本就是一个积极且合理的事情。马克思说，人的本质是一切社会关系的总和。尽管华茂创领者传承了徐氏家族共有的精神修养和道德修养，但他们拥有的除了家族之外的社会关系完全不同，这决定了他们的管理哲学一定是不同的。相反，如果完全相同，企业反倒难以与时代同步发展，难以持续成长。

另一方面，管理是一种实践，其本质不在于“知”而在于“行”；其验证不在于逻辑，而在于成果。

徐万茂的“深入”管理哲学来自华茂经营竹编产业和教学具产业的管理实践，这两个产业，华茂都是从无到有，最后都获得了巨大的成功。

而徐立勋的“懒”式管理哲学在当时的华茂尚处于应用阶段，还没有在实践中体系化，更没有得到成果的验证。

正因为如此，华茂创领者在管理基本观上的磨合才是必要的，且注定是有建设性和融合性的，而不是厚此薄彼或者非此即彼的。

“深入”管理哲学的逻辑

徐万茂管理思想的起点是，市场是唯一的靠山，他将市场分为两种：第一种是理论上的市场，呈现的是概念上的需求；第二种是自己真正“懂”的市场。

首先，对于企业领导者来说，怎样才算是自己真正“懂”的市场呢？就是不但洞察到了这个市场的“概念上的需求”，还知道怎样使这个需求落地，也就是说，企业领导者要想真正懂市场，必须深入到行业和市场当中去。

徐万茂并不认为投资思维与实业思维有什么本质上的不同。“做企业本身就是投资，实业型、投资型，无论什么型，都需要深入，睡在床上等发财，是异想天开。”

他坦言：“华茂曾经经历的三次失败，根本原因就是没有深入行业，没有推进相关工作，虽然已经过去了近20年，但只有正确理解三次失败的原因，华茂才能更好地发展。”

事隔20年之后，徐万茂再次总结了从三次失败中得来的教训：第一，懒于管理，对员工过度信任；第二，自己对行业不了解，不熟悉；第三，缺少规章制度监督与相关第三方机构监督。

其次，企业领导者如何实现“深入”？

徐万茂管理思想的核心是五条法则。

第一，定位法则：在深入了解自身、深入了解市场的基础上，把资源主要集中在能够发挥自身核心竞争优势的机遇上。

第二，定力法则：任何产业选择，都要吃透产业周期规律，要在朦胧时出手，要用定力去决胜。

第三，兼顾全局和细节：要做产业领导者，就要深刻理解全局与细节互为保证、相互成就的关系。

第四，终身学习：始终保持开放的学习状态，不能终身学习，就无法持续地深入。

第五，拥抱反对：学会在反对声中成长，把反对的声音作为深入的向导。

再次，深入≠干预。

“深入”并不意味着企业领导者事无巨细地干预企业具体运营。

徐万茂说：“领导者懂一线业务与干预一线业务是两个完全不同的概念，领导者一定要懂一线的业务，否则就谈不上与一线管理者形成共鸣。形成不了共鸣，又怎能实现合力呢？”

而从更高的层面上讲，“深入”是一种管理哲学，徐万茂希望以此强调的是，企业领导者只有在深入行业和市场的基础上，才能真正做好那些有关探索性和系统性方面的事情。

“懒”式管理哲学的逻辑

再来梳理一下徐立勋“懒”式管理哲学的基本逻辑。

徐立勋认为企业的本质是获得利润，获得利润是其他一切的大前提。

如何获取利润呢？靠正确的战略。而组织是担负责任的体系，是执行战略的工具，组织通过抵消每个人的弱点、发挥每个人的长处，进而相互合作，形成强大的组织能力，从而实现战略。

徐立勋认为自己所说的“懒”与父亲所强调的“深入”，并不像字面上看起来那么“矛盾”，他的“懒”式管理哲学有三条基本法则。

第一，总裁退一步，团队进一步。

总裁的“懒”，是为了解放团队的大脑，激发团队担当责任，激励团队更加“深入”。

时代不同了，父亲带领华茂成长的时代，是中国迅速实现工业化的时代，工业化靠的是高投资。

“我们这一辈所面临的时代，将是后工业化时代，后工业化时代靠的是创新。从某种程度上来讲，父亲的那个时代，他一个人抓创新就行了，我们的这个时代，整个团队都要抓创新。”

对此，徐万茂的观点是，总裁退一步，本质上是放手培养下属，而不是意味总裁不需要去“深入”。“你不深入，你就不懂。你不懂，总裁与团队就形成不了实际的合作，团队反倒没有了快速进步的渴望；相反，你懂，团队才觉得你重视，才会持续追求做得更好。”

第二，总裁更加专注于机会、战略与组织。

新一代所面临的时代和环境出现了翻天覆地的变化，就华茂来说，已经完成了资本积累，财务结构非常健康，品牌知名度高，无形资产非常丰厚，所以新一代“深入”的方式也要发生调整，要弱化实务上的深入，要在机会、战略、组织等方面更加深入。

徐立勋不喜欢应酬，他觉得绝大多数交际应酬都属于实务，因此他在交际上很“懒”，认为过多的交际，会限制他在精神和思想方面的自由，会干扰他对机会、战略与组织的判断。

“我不希望很多杂事堆积到我这里，也不喜欢开会，尤其不喜欢开长会，有我参加的一般性会议，都要在半个小时内结束，绝对不能超过一个小时。我跟团队讲，一个小时还决定不下来的事，就按照我说的去办。”

徐立勋认为这种在决断上的自信来自他在机会、战略和组织上的“深入”，他主张自己管好分内的事，并将自身定位为消防队员式的服务型领导，下属对他的普遍评价是：擅长布局，格局大，特别有包容性和耐心。

对此，徐万茂的观点是：总裁更加专注于机会、战略与组织——这没有问题，但绝不能因此而“弱化实务上的深入”，反而要“强化实务上的深入”才对。原因是，机会从根本上来自企业领导者对实务的理解和认知，而机会的把握、战略的设计与组织的构建，也都离不开企业领导者对实务的理解和认知。

此外，徐万茂对于徐立勋所持有的“过多的交际，会限制精神和思想方面的自由，会干扰他对机会、战略与组织的判断”这样的观点，也提示他要三思：“问题的根本是华茂的初心定位，华茂的初心定位是做实业，不是搞资本运作，总裁一定要务虚、务实兼顾，总裁只要深入，虚才能转化为实际的成果。”徐万茂说。

第三，以科学的集团管控体系为保障。

集团管控体系要确保以资本为纽带联结而成的多法人经济联合体成为一个有机系统，所谓有机系统，就是各部分互相关联协调不可分，形成像生物体一样的有机联系。

集团管控体系主要包括战略管理体系、文化管理体系、组织管理体系、集团监控管理体系、集团运营管理体系五个子体系。

徐立勋虽然读了商学院，但身上却没有丝毫“本本主义”的作风，从他嘴里很难听到时兴的管理名词或概念，他务实的言谈举止经常会掩盖他的勤奋和好学。

从徐立勋对经济规律、产业规律的认知以及所设计的集团管控架构来看，他在学习方面的一个突出特点是——不注重“面子”，注重“里子”。

举例来说，设计集团管控架构时，同事问：“这件事儿的目的是什么？”“目的是尽量不要来烦我。”他只用了一句大白话，就道出了集团管控的精髓。

同事开始还没太听明白，他又补充了一句：“就是说，我做我该做的，你做你该做的。”

除了抓住精髓，徐立勋在学习上的另一个突出特点是从不生搬硬套。

仍以集团管控体系为例，从2000年到2002年，他基本完成了母子公司体制架构的重建之后，并没有全面铺开各个子系统的搭建与运行，而是着重于战略管理体系和集团监控管理体系的工作。

其中，战略管理用以确保企业在“做正确的事”，监控管理体系用以确保企业“在正确地做事”。对于后者，徐立勋通常只看三个核心指标（利润、利润完成率、利润率）和两个辅助指标（库存、资金回收），只要这些数据符合预期，他就极少干预企业实务。

总体而言，在集团管控体系变革上，徐立勋不急于追求形式上的大张旗鼓与照本宣科，他更关注架构、制度与现实的耦合，追求科学、合理、合情等三方面的兼顾，体现出了一种超越年龄的老到。

叙述至此，需做一个交代：2005年6月，华茂控股更名为华茂集团股份有限公司。字面上看，华茂又恢复了2000年10月之前的名号，近五年的华茂控股时代完成了其历史使命。

此间，华茂在体制上脱胎换骨，集团重要部门已经没有家族成员，集团整个架构从普通火车改造成了动车组。

将普通火车改造为动车组：首先是动力机制的变革，动车组不单单靠火车头的力量，每节车厢都有自己的动力（子公司团队持股）；其次是风险管控的变革，在传统架构下，决策权集中在火车头，决策失误，整列车都受影响，而新架构下，决策权分散到整个动车组，决策风险也分散了，每节动车组出了问题，都可以单独处理，不影响整个列车。

拿文教来说，文教在全国市场先后成立了四家法人持股的子公司，（2011年又成立了第五家子公司），翁国明、张国民等这些文教前“名将重臣”，先后在上海、广州开始了二次创业，为徐立勋入主文教铺上了红地毯。

集团总部彻底实现了职能转型——变身为服务型平台，从根本上释放了业务板块的发展活力。“总部减了负，分散了矛盾，分散了压力，业务板块增加了动能，这是我追求‘懒’的结果。”徐立勋说。

对此，徐万茂的观点是：无论管控体系、制度设计得多么漂亮，做企业关键是要有成果，很多管理手段，在西方行得通，在中国就未必行得通。“即便是巴菲特，如果没有真的搞懂一个行业和企业，他也是不会投资的，何况华茂与巴菲特的公司的定位也完全不同，一个是做实业的，一个是做资本的。”

“深入”与“懒”的磨合?

接下来的问题是，“深入”管理哲学与“懒”式管理哲学可否通过磨合实现兼容以及相互优化?

尊重，分享，极低的控制欲，这可能是徐立勋骨子里的天性。

在徐家日复一日的平凡生活中，这些天性没有由于家境的富有而被遮蔽和异化，而是自然而然地沉淀为现实生活中的秉性，成为徐立勋内心最深处的闪光源。

周围的人从自身的体验和认知出发，将这种秉性称为善良，由于善良是一个人在社会交往中最具穿透力的魅力元素之一，加上其他人品特质，便生出一个看似矛盾的结果：并不喜欢交际的徐立勋，朋友很多，交往时间也很长。

为什么管理学家说领导与管理首先是一种艺术呢？就是因为领导者必须从自身的秉性出发去构建他们所面对的人与人互动的世界，这决定了优秀领导者没有统一的模子。

如果非要从他们中提炼出一个共性，那就是他们能够保持率真。但保持率真与保持初心一样，是一个何其难也的事情，所以优秀的领导者往往要历经超乎常人的心理苦难，这个逻辑，在徐立勋接班的过程中体现得非常明显。

接班人有一个显而易见的优势，那就是企业已经完成了资本积累，有了品牌和价值网络，不用像创始人那样需要经历赚取第一桶金的艰难。

优势的背面自有其孪生兄弟——劣势：接班人面对的不是一张白纸，不能一上来就按自己的想法和逻辑来画画，而是要遵循两个准则：第一，要在接续已有的前提下添枝加叶或者嫁接新枝；第二，整幅画要成为一个整体。

从这个角度来讲，徐万茂的“深入”管理哲学与徐立勋的“懒”式管理哲学的磨合是不可避免的，他们必须完成创领者在管理基本观上的扬弃过程，也就是说，徐万茂必须看到徐立勋对他的“深入”管理哲学既能有所抛弃又能有所保留、既能有所克服又能有所继承，方能把担子全部交给他，不然华茂这幅画就难成为一个整体，不是整体的画很难流传后世，不是整体的企业，也很难持续成长。

这就是2002年、2003年华茂创领者剧烈磨合的根本原因。

对于是否存在“深入”管理哲学与“懒”式管理哲学的磨合，徐万茂坚定地表示，基于华茂的初心定位，这个问题根本就不存在，也就是说，无论是老一代领导者还是新一代领导者，都需要脚踏实地，只要选择一个行业，就需要深入到行业中去。

徐万茂并不排斥资本运作的手段，但他认为，要想接好这个班，仅浮在资本运作的层面上绝对是不行的，资本的本质是润滑剂，不能直接创造价值，要想做事业，还要深入到产业当中。“你要真正懂业务，你可以不做，但你不能不懂，只有深入进去，自己才能懂，否则就扎不下根。”

要想把握住华茂发展的根基，至少要在两个方面“深入”下去，并以此建立起威信。

第一，要深入到行业当中去，对行业的认知要具有穿透力，保证你的战略既能接上“地气”（顾客需求）又能接上“天气”（产业发展规律），如此才能把握住企业发展的方向。人都有屁股指挥脑袋的弱点，下属说啥你都点头，几个回合下来，下属就知道你不懂，你不懂怎么对企业负责呢？

第二，要对企业的价值网络具有掌控力。涉及价值网络的事情，不能统统交给下属去做，价值网络，是美世顾问公司著名顾问亚德里安·斯莱沃斯基在《发现利润区》一书中首次提出的概念，指的是公司为创造资源、扩展业务和交付货物而建立的合伙人和联盟合作系统，价值系统包括公司的供货商和供货商的供货商以及它的下游客户和最终顾客，还包括其他有价值的关系，如大学里的研究人员和政府机构。

徐万茂同样也不排斥企业领导者放权，但他强调放权的前提是“懂”：“不是概念和逻辑层面的‘懂’，而是实际层面上的‘懂’，如果不懂，遇到问题就不敢去面对。这时去放权，这种放权是危险的，领导者慢慢会丧失对企业生存与发展的控制权。”

徐万茂希望徐立勋能够取得两三样特别过硬的“战功”，只有通过过硬的战功，才能打造出过硬的团队、价值网络以及领导者威信，有了这三样东西，就有了根基。

正是在这个逻辑下，徐立勋接班之后，经常要面对下属给他的“难题”。

下属给上司出题，就是汇报一些他不懂的业务，看上司如何应对，如果上司用“好的、好的”或者用“你办事我放心”的态度应付了事，这个上司就很难在下属面前建立威信，有责任心的下属会拒绝真正服从你的领导，没有责任心的下属就可能在日后的工作中糊弄你。你不懂，但你要签字，你签字就代表你要负主要的法律责任，你不要去怪人家，因为你不懂。

其实，无论是下属的不断“出题”，还是父亲不断地越级“干预”，实质都是想不断推动徐立勋“深入”到教育产业当中去。

但是，徐立勋的观点是，不同的时代就要有不同的经营思路。

“我们不可能改变教育部新政，我们能改变的是自身，华茂有价值网络、有品牌、有资金积累，靠我一个人的力量是不行的，我需要团队，有的下属觉得自己懂，自己有经验，想折腾，公司体制改革就是顺势而为，为你搭建子公司平台，让你去折腾，把动力激发和释放出来。在华茂大平台上，我不想我一个人成为企业家，我想让很多人都成为企业家。”

他知道，父亲讲究亲力亲为，希望他能够下到第一线，能够跑营销，能够去做设计，能够把生产的各个环节以及成本掌控在自己手里，尽可能地做好产品、市场、渠道、服务和成本控制，这也是他们过去取得成功的法宝。

但他更知道的是，时代变了，商业正在快速地进行信息化和资本化：一方面，机会稍纵即逝，产品、产业周期极大地缩短；另一方面，社会协作化水平越来越高，商界的合法、合规意识也越来越强，企业经营的方式需要做出相应变化。面对一个新的机会，企业领导者没必要亲力亲为，而要擅用“资本+产业经营”的方式，迅速整合产业内的优质资源，把企业做大做强。

许斌，华东师大计算机专业毕业，曾供职于微软10年，于2006年进入华茂负责金融战略投资。

许斌喜欢徐立勋的领导风格：“我不喜欢有太多的框框来限制我。被限制之后，我就是做作业了；你不限制我，我才是做事情。”

许斌认为做作业与做事情是不一样的：做作业就是，你布置给我10分的工作，我就给你做10分；做事情则是，如果你不布置给我，我会做到20分。

“做作业是为了向上司交作业，做事情是为了事情本身，做作业只用脑和手足够了，做事情要用心。”

许斌完整而清晰地感受到了华茂创领者的磨合过程。

在他眼中，老一辈的最突出的特点是有吃苦耐劳的精神，但这也并不是说新一代不能吃苦，他只是觉得没有必要去吃那种苦。

“与其苦哈哈地去练一个业务领域的内功，不如站在更高的维度，利用专业的金融、资本、技术进行产业投资、并购或财务投资、并购，为企业迅速地找到资源、嫁接资源直至资源整合，高效地实施产业整合，吃透产业价值。”

他举例说，比如投资一个新业务，老一辈觉得你必须把自己也放进去，把行李箱搬到厂子里去，住上一个月或几个月，真正弄懂了才行。

而新一代会觉得不如把精力放在业务团队不能干、干不好的方面，把投资结构、产业结构、产品结构、风险结构等各种结构完善好。

“你看到一家好公司，想学会是很难的，买过来就行了，只要能够整合好就可以。新一代是产业投资家，其经营逻辑是，找对人、找对项目、看清趋势、把握机会、控制风险、强化领导力，他们所具备的本质上是一种开放的、社会化合作的经营思路。”许斌说。

许斌认为，小徐总“懒”于实际操作，并不代表他不懂：“在整个产业管控层面上，对于他关注的项目，总裁真的很勤奋，只是在实操上不出手，目的是让团队更有责任心和成就感去做。”

单从逻辑上看，华茂创领者各自的经营逻辑无疑都是正确的，而在华茂传承的过程中，创领者的任务并不是在这两种思想中做出二选一的选择。

他们共同的使命以及所面对的真正挑战是：如何将两种管理基本观所分别催生出的两种经营逻辑整合到一起。

对于许斌的观点，徐万茂认为这是资本运作的逻辑，华茂是做实业的，不脚踏实地总有一天会倒霉，从古至今都是如此。

悄然逆转

“飘风不终朝，骤雨不终日。”

2004年，尽管文教的业务仍然止不住大幅度下滑的脚步，但这一年仍然可以被视为华茂命运悄然发生逆转的一年。

这一年发生了三件影响华茂未来命运的大事，而且每一件都对华茂创领者的传承产生了标志性的促进作用。

第一件事是创领者书房谈话，徐立勋最终做出了愿意接班的选择，夯实了他接班的信心和决心。

第二件事是创领者决定入股宁波银行，成为并列第三大股东，使华茂的商誉、影响力、实力、投资收益实现了质的飞跃。

第三件事是创领者共同启动“三三一”战略，把他们的合作落实在了构建百年华茂这一共同目标之上，这意味着创领者开始实打实地共同创作同一幅百年蓝图。

正是在后两项极其关键的合作过程中，徐万茂在输出自身观念的同时，也在慢慢调整着自己对徐立勋的认知。

“我对立勋的信心是越来越足的，他对经济问题很敏感，对阿拉伯数字也很敏感。对经济问题敏感，就能看到机会；对数字敏感，企业的实际情况也就知道得差不多了嘛。”徐万茂说。

随之而来的是徐万茂有意识地限制自己的干预具体事务的行为，有时明知徐立勋的决策是失误的，他也能忍住不管。

“失败是成功之母，不付学费就不会成才，迟付不如早付，哪怕再亏多一点，只要立勋能成长起来，不伤害他的意志，我就愿意付这个学费，我认为都是值得的。”徐万茂说。

2005年9月，董事局通过了徐立勋提交的议案——成立宁波华茂国际贸易有限公司，由徐立勋担任法人，顾蔚军担任总经理，这实质上是徐立勋在华茂平台上的“处女作”。

凡此种种，意味着华茂创领者的磨合进入了一个新的阶段，而此时，一位获得小徐总认可的行政管理部秘书终于出现了。

为了找到适合这个职位的人，他们已经找了五年，作为华茂创领者之间的“桥梁”，这个岗位已经走马灯似的换了四个人。

2005年深秋，第五位还在任上的时候，华茂人力资源部悄然招聘了一位人力资源部高级主管，名字叫何玉花，她实质上是第五位行政管理部秘书的“备胎”。

何并不是宁波人，也不是浙江本地人，而是甘肃人。

入职快四个月的时候，行政管理部突然通知何玉花去参加总裁办公例会，并给她分配了相应的工作，这项工作并不在她当时的职责范围内。

工作结束后，何找到徐立勋说：“徐总，我想明确地表达几个事实：第一，我现在的编制是在人力资源部；第二，没有任何人告诉我要调到行政管理部去；第三，我要优先完成人力资源部领导给我安排的工作，然后才可以做行政管理部安排的工作；第四，我刚来华茂，不想被当作一个糊涂的人。”

听罢，徐立勋说：“这是我的失误，我马上打电话，把你的编制调到行政管理部。”

随即，当时的行政管理部秘书被调到下面的子公司，何玉花接替了这个“关键而又难干”的位置。

令人惊喜的是，这位秘书居然干满了一年！2006年年底，何被任命为首任集团总裁办公室主任。

对何玉花的大胆任用，体现了徐立勋在用人方面的不拘一格，连何玉花本人都有点发蒙，她是外地人，宁波话还没完全听懂。“我当时心想，给我一个副主任过渡一下挺好的，没想到一下子成了主任。”

如今，何玉花在集团办公室主任的岗位上工作了十余年之后，工作重心已经转移到DEF上面，回头总结自己的“桥梁”史，她觉得并没有什么诀窍，只是两条：第一，恪守职场之道，在创领者之间绝不传讹；第二，职场智慧有那么一点点就够了，关键是踏实做事，真诚做人。

徐万茂出征

从华茂传承的角度上看，2006年4月1日徐万茂把华茂董事长办公室搬到位于宁波华外校园内的教育集团，旨在真正放权，也旨在出征。徐万茂要亲自出征教育，深入教育。

现身说法地做给徐立勋看看究竟什么是“深入”以及怎样才能“深入”。

机会往往出现在此消彼长的进程当中。

华茂新架构进入了正常的运转，徐万茂的两位女婿张国民、汪乐平和妹夫翁国明相继离开集团核心决策层——进入了华茂子公司展开了二次创业、投资宁波银行大获成功、“三三一”战略即将浮出水面、徐立勋日渐增长的信心和决心、华茂国际的成立、华外变革的紧迫、行政管理部秘书岗位有了创领者都基本满意的人选……

当上述影响华茂实现史诗般进化的因素陆续“化合”在一起，徐万茂意识到，自己后退一大步的时机到了。

“没必要再在立勋身边念紧箍咒了，我们一起共治华茂6年，这是极其少见的，我知道他很难，也积累了很多能量，他需要用一次爆发来证明自己。”徐万茂说。

自此，徐万茂已经把徐立勋“扶上马”，现在要再“送一程”。

首先是表扬了“千里马”“烈马”“好马”。

徐万茂办公室搬离总部不久，华茂在杭州西湖国宾馆召开董事局会议，徐万茂罕见地为华茂的人才画了三幅画像：第一类人才是能同时为华茂创造精神财富和物质财富的领袖，叫创造伟大；第二类人才是能领导大家走上共同幸福之路的领导者，叫人才宝贵；第三人才包括两种，一种是能正确理解上司意图的忠实执行者，叫职业道德崇高，一种是勤勤恳恳的劳动者，叫劳动光荣。

2007年7月，徐万茂又在年中经营工作会议上，基于上述三类人才标准，分别树立了榜样。

其次是敲打“庸马”。

2007年9月7日，为期两天的首届华茂管理干部读书会在东钱湖酒店举行。

徐万茂在主旨发言中，直言不讳地对企业内的六种人提出了警告。

其一，心无大志，昏头昏脑，连自己在做什么工作都不知道，还希望别人也都无所上进，有人打击、讽刺先进，他就随声附和，大锅饭吃昏了头，纯属昏庸无志。

其二，不能正确评估自己，喜欢要小聪明，猜老板心思，投老板所好，往往又不得要领，做不好事情，却又挖空心思地装扮成有才、有德、怀才不遇的样子，聪明反被聪明误。

其三，热衷于打听小道消息，一有风吹草动，就制造是非，哗众取宠，当面表忠心，背地发牢骚，拿着老板的薪酬，背后骂着老板，见利忘义。

其四，刚来华茂时热血沸腾，一段时间后就意志衰退，或结伙拉帮，或不务正业，或唯恐天下不乱，或浑水摸鱼，成事不足，败事有余。

其五，到处收集信息和材料，一心想着能抓住什么尾巴，伺机进行威胁，诈你一把，牟取一点利益，道德败坏。

徐万茂表示，以上五种人，人数并不多，但都是企业肌体上的不健康部分，虽然没有明显的破坏力，摧毁力也不大，但腐蚀力却很强，就像烂水果，弄不好会烂一大片。

同时，还有第六种人。与前五种不同，第六种是好人，工作也肯负些责任，面子上绝对过得去，但是胸怀不够宽，精神状态处于“亚健康”，没有大功，也没有大错，你不指挥，他就原地肃立，拣顺手的事做，不想创大业，不想办大事，不肯花苦功夫解决难题，不愿意动脑筋突破困境，自己不想上进，也不许别人上进，做一天和尚撞一天钟。

徐万茂最后说：“我珍重这段缘分，不管怎么说，你我投缘，才会在华茂的事业平台上成为同仁。你不好好利用这个平台，表现出人生应有的价值，我心里不是滋味。我总是耐心地期待着有些人自己醒悟，但今天算是直话直说，希望大家不要去对号入座，有则坚决改之，无则引为勉励，大家各守其责，好自为之，共创前程。”

被称为“民国第一才子”的作家钱钟书说，天下没有偶然，偶然只不过是化了妆、戴了面具的必然。

多年之后，在总结从2000年至2006年这段磨合期的时候，徐万茂说了这样一句话，一语道出他一直压在心底的秘密：“2006年之前，是磨炼他（立勋）在传承过程中的意志的过程，要做这个接班人，就要经得住历史考验！！！”

在这句书面回复的最后，他史无前例地连用了三个惊叹号，不自觉地表达了这个过程的惊心动魄和内心的感慨。

“我理解立勋的压力，没有人比我更了解他，他心里有一个沉甸甸的使命，有段时间，他心里是非常煎熬的，这个企业不是他亲手一点点做起来的，他是接班的，接班过程中所经历的内心的挫折是多的，尤其是人际关系方面的挫折。从这一点来说，他的挫折感一定比我强。”徐万茂说。

很多事情，等到愿意说出来了，往往已经不是问题了，已经云淡风轻了。

谈起那段磨合往事，徐立勋一边苦笑一边摇头地说道：“那份苦是之前完全没有想到的，我其实不愿意去回想那一段，我真不愿意去回想那一段。”

尽管不愿回首，但徐立勋也已心知肚明，他终于理解了父亲、姐夫、其他家族成员和“长辈下属”是如何在暗中帮着他成长，使他真正成为时间的朋友——在不知不觉中，他从一种很“梗”的个性，变成些许“圆润”的个性。

在最初接班的那段时间，徐立勋感觉父亲什么事情都知道，猜测父亲不信任他，在他身边安插了很多眼线，后来他才渐渐明白，他误会了父亲。

华茂在创领者共治时期，慢慢形成了这样一个机制：团队成员遇到碰到拿不准的事，就去问老徐总这个“大参谋”。小徐总从最初的反感，慢慢变成了欣然接受，因为他知道，大家的目的只有一个，帮助他把这个班接好，在这个特殊时期，确保“做对的事情，把对的事情做好”。

谁说性格不可以改变？性格只是相对稳定而已，对于意志坚强的人，对于拥有爱与使命并愿意付出爱和完成使命的人，性格终将止于至善。

第六节　天赐良机

三条线决定了企业的长治久安——生命线、使命线和机会线。生命线要靠核心竞争优势来把握，使命线要靠企业坚守初心的意志力来把握，机会线则要靠前两者所积累的无形资产来催生。

宁波银行“三巨头”的突然来访

就在华茂的创领者们一边进行艰苦的交接班磨合，一边带领团队重建华茂生命线、坚守华茂教育使命线的时刻，一个天赐良机不期而至。

2004年秋季的一天，徐万茂刚从美国出差回到宁波，就接到了时任宁波市商业银行（宁波银行的前身，以下简称宁波银行）行长陆华裕的电话，说有要事相商，可否一见。

徐与陆是素旧。

印象中，陆华裕是一位作风低调、干实事的青年银行家。

次日，徐万茂在华茂总部会议室会见了宁波银行董事长、行长、常务副行长一行三人，这三位是宁波银行最大的三位领导，有宁波银行“三巨头”之称。

甫一见面，陆行长就向徐万茂连连致歉。

徐问何故，原来事出有因。

宁波银行是1997年由17家城市信用社合并而成的一家地方性股份制商业银行，由于经营不善，资本充足率低，不良贷款率高。

2000年，时任宁波财政局副局长的陆华裕临危受命担任行长，当时该行不良贷款率超过40%，净亏损近12亿元。

陆上任后，全力消化历史包袱，把每年3亿~5亿元的赢利大多用于核销坏账，并于2002年实施首次增资扩股，选定了五家民企入股（以下简称

“头五名单”）。

“头五名单”中并无华茂，尽管从企业规模上看，华茂与头五名单中的企业旗鼓相当。

至2003年年底，宁波银行资产质量得到持续改善，不过，资本充足率仍然只有5.01%，不良贷款率仍然高达8.70%。而且，“头五名单”中的企业，普遍存在入股资金不到账的情况。

2004年上半年，宁波市政府专门成立了宁波银行增资扩股领导小组，计划年底完成二次增资扩股，由常务副市长督办。

但是，“头五名单”中，有一家民企明确表示退出，还有一家正在准备退出，其他三家的入股资金也没有全部到账。

这才有了陆行长一见到徐万茂，就对宁波银行当初没有把华茂列入“头五名单”而表示歉意的那一幕。

与陆行长一同到来的宁波银行董事长与徐万茂这是第一次见面，他看得出徐万茂不是一个兜圈子的人，索性直接抛出了绣球，说道：“徐董，华茂现在愿不愿意成为我们的股东单位？”

随后，三人分别介绍了宁波银行各个方面的情况。

徐一边听，一边想：国内银行业还没有开放过，摆在眼前的是一碗“头啖汤”，应该是一个机遇。

三人介绍完毕，徐万茂业已厘清思路。

徐万茂提了三个条件：

第一，华茂与其他四家民企股东的股份要相同；

第二，华茂只要原始股，价格要与其他企业一样，华茂不要从其他企业转让过来的股份；

第三，总投资1.8亿元，需要银行给1亿元的信贷，还需要一个月的时间筹款。

徐万茂的想法很简单，毕竟是你请我入股，我总得提点条件。

至于为什么要提这三个条件，徐万茂的思路是这样的：

首先，要求银行对五家民企股东一视同仁地分配股份，是因为当时这五家民企的规模本来就差不多；

其次，非原始股不要，是因为他不喜欢过于复杂的交易，他喜欢干净清爽的交易，这是他的商业理念；

最后，向银行要1亿元的信贷额度，并非钱不够，而是以防万一。

是机遇，还是火坑？

花开两朵，各表一枝。

会谈结束后，宁波银行方面，董事长立刻把徐提出的三个条件上报宁波市常务副市长。

常务副市长很快做出了批示，大致的意思是：华茂是稳的，华茂的要求不过分。

华茂方面，徐万茂马上去征求了徐立勋等其他董事的意见，徐立勋明确表示了支持。

徐立勋支持的原因，并非缘于儿子对父亲的无条件支持，而是因为他算了两笔账。

第一笔是大账：中国加入WTO之后，国内银行业走向开放已属必然，宁波银行这样的地方性质的、资产质量欠佳的小银行很可能成为银行业改革的探路者、试验田。

第二笔是小账：动态上看，现在宁波银行的这个经营团队很厉害，既务实又有胆略；静态上看，1.8亿元的投入，减去银行贷款1亿元，实质上只投入了8000万元，用银行承诺的保底分红减去1亿元的贷款利息，随便怎么算，都是一笔划算的财务投资。

如果算上宁波银行动态的资产增值、给华茂带来的无形资产增值、一旦上市可能带来的资产溢价，想象空间是巨大的。

“之所以现在很多人在观望，是因为大家过高地估计了金融里头的风险，没有意识到金融改革里头蕴藏着的改革红利。”徐立勋说。

对于此项投资，持反对意见的董事的依据大致如下：

第一，宁波商业圈子里的人都晓得，宁波银行资产质量很差；

第二，毕竟银行的控制权在地方政府，银行的机制灵不灵，无法预期；

第三，钱投了进去，风险摸不清、不可控。

事实上，从“头五名单”中退出和想退出的企业，想必也是纠结于此，毕竟身在庐山中，难识庐山真面目。

徐万茂又单独去问华茂财务副总裁叶永庆的态度，叶也表示拿不准。

徐万茂没有急着开董事局会议，他把徐立勋叫到办公室，让他去中国人民银行宁波分行一趟，徐万茂与该行一位副行长比较熟：“立勋，你去问问行长有什么高见。”

该副行长给徐立勋的反馈倒是非常积极，大致的意思是：是投资就有风险，这项投资值得参与，宁波银行未来不排除有上市的可能。

入股宁波银行

次日上午，徐万茂召开了董事局会议。

他说，商业银行进入资本市场是一个趋势，宁波银行很可能就是一个投石问路的角色，机会难得，等到未来大家都看明白了，我们再想进去，机会就没有了。

“你们都叫我董事长，那我在这个关键时刻，就要‘懂事’了，就要为‘长’了嘛，这个事情就这样定了。”

徐万茂当即拍板——入股宁波银行。

三天后，宁波银行“三巨头”再次上门，董事长对徐万茂说，副市长说华茂不错，你们提出的三个条件也不过分。

2004年11月底，华茂与宁波银行正式签订入股协议，入股宁波银行1.62亿股，成为持股9%以上的大股东。

宁波银行这次吸取了首次增资扩股过程中个别股东资金不到位的教训，在协议中特别做了规定——华茂需两个月内完成注资。

签约仪式完成，徐万茂私下里对叶永庆说：“我只给你一个星期，要把所有钱都凑齐。”

叶永庆：“协议规定是两个月，为什么要一个星期？浪费了很大一笔利息呢！”

徐万茂：“你有你的账，我有我的账，你的账算得没错，至于我算的账是对是错，你很快会知道的。”

叶不再多问，一个星期后，1.8亿元现金凑齐，按照徐万茂的指令，马上打给了宁波银行。

此前与宁波银行约定的1亿元信贷额度，华茂也一分钱都没有动用。

单从财务上算，两项加一块儿，华茂损失的不是一个小数目。

一举三得

小账损失，大账得。徐万茂算的是一笔“一举三得”的大账。

第一，抓住了一个稀有的投资标的，打造了华茂成长史上一个具有里程碑意义的财务投资案例。

2007年7月19日，宁波银行以同类城市商业银行财务竞争力第一的业绩，成为首家在A股挂牌上市的城市商业银行，开盘价高达20.38元，较发行价上涨121.52%，宁波银行自上市以来，成了“最牛银行股”。

营业收入增长率方面，宁波银行的营业收入自2005年开始，年年正增长，且除了2017年以个位数增长，其余年份均保持双位数增长。

净利润增长方面，除了2009年出现过个位数的增长以外，其他年份均为双位数增长。

净资产收益率方面，上市以来，年年高于15%，这在A股上市公司中十分少见。

至2021年7月19日，宁波银行上市14年来，资产规模从2007年年末的755亿元增长到1.72万亿元。

市值方面，从上市初期的230亿元左右增至2021年7月19日收盘的2251亿元，市值规模是上市初期的10倍。显然，参股宁波银行，为华茂带来了巨大的投资回报和资产增值。

宁波银行一直奉行高分红政策，2006年之后，华茂基本上每年都得到1亿元以上的分红。

在这项投资的操作过程中，徐万茂清楚地看到了徐立勋的商业头脑和决断力。于是徐万茂退出了宁波银行董事会，让儿子进入了宁波银行董事会再深造。

“作为父亲，能提供这样的一个平台，让儿子在上面建立战功，让他成长起来，这是我最想看到的。”徐万茂说。

第二，在企业传承的关键时期，这项投资打消了华茂由于主产业下滑而在社会上造成的负面影响，巩固并加强了企业的商誉和其他无形资产，极大地提振了企业影响力，这也是此次投资的根本目的。

收到1.8亿元股本金后，宁波银行董事长对身边的人说，其他股东入股3年了，钱还没到账，华茂徐总这边，一个星期就到了，不是有传言说华茂不行了吗？真金白银在这里，明明是好得很嘛！

这件事很快就在宁波金融圈传开，一时间舆论斐然，原来华茂这么有钱，果真是个深藏不露的硬角色，怪不得这么多年大风大浪都挺过来了。

事实上，这种情况，对于华茂来说，在2000年之前是很常见的，但从2001年至2004年，受到教育部新政的影响，华茂的主业教学具市场持续萎缩，内外部杂音很多，徐立勋承担了巨大的压力。

“我的想法很简单，只要决定了投资，就马上把钱掏出来，这是给立勋最大的支持。”徐万茂说。

从某种程度上来讲，在当时的环境下，华茂掏钱的速度所蕴含的意义甚至超越了该项投资本身，至于为什么，徐万茂从来没有直接对徐立勋阐明。

“这需要他自己去悟，2004年是立勋压力最大的时候，我用这种办法向外界证明华茂没有不行，证明华茂还是有实力的，我想立勋心里是明白我的想法的，如果不明白的话，他就不配做这个接班人了。”徐万茂说。

第三，帮助宁波银行顺利完成二次增资扩股。

在其他投资方“你看我、我看你，谁都不想先把钱打过去”的时候，华茂在一个星期内一次性打款，客观上对宁波银行的这次“增资扩股战役”起到了关键性的推动作用。

在大多数人对宁波银行的发展将信将疑的时候，徐万茂选择了坚定看好，帮助宁波银行抓住了稍纵即逝的机遇窗口期。

以当时的实际情况，宁波银行自然无法吸引到外资，如果面向本地民营企业的增资扩股再次失败，就很难有后来“丑小鸭变身白天鹅”的市场奇迹了。

回头看去，投资宁波银行一役，是华茂创领者在华茂董事局会议上具有标志意义的合作，极大地增强了徐立勋接班的信心，徐万茂那种“超越庐山”的精神格局、思维格局以及商业智慧，潜移默化地、愈发深刻地影响着他。

徐万茂松了一下“紧箍咒”

2005年年底，徐立勋预感到中国股市新一轮行情的到来。

自古英雄行险道，非常时期，必有非常手段。

“这个时候我的胆子大了，没通过董事局，挪用了一笔资金。”

徐立勋的行动，自然逃不过明察秋毫的徐万茂的眼睛，但徐万茂知道徐立勋有这个能力，他知道徐立勋需要一个完整的、属于他自己的胜利，他更知道徐立勋急迫地想为华茂做出他必须做出的贡献。

徐万茂采取了“睁一只眼，闭一只眼”的态度。

事实上，调动资金的权力本来就应该属于徐立勋，徐立勋接班6年了，徐万茂还用这么大的一个紧箍咒箍在儿子的头上，他也觉得有点过分，不过，这是他的责任，也是一门交班的艺术，艺术很少是黑白分明的。

果不其然，接下来中国股市演绎出了2006—2007年空前的大牛市，徐立勋选准了当时的主流投资品种（有色、煤炭、钢铁、金融、地产被称为此轮牛市的“五朵金花”），躺赢大势。

徐立勋从来不赌，在商业上也没有赌性，他做的是标准的价值投资，完成的是一个机会捕手的规范动作，他知道他要的是什么——他首先要的是胜利，而不是金钱本身。胜利有时可以用金钱来表达，但两者是不一样的。

2007年春夏之交，徐立勋从股市全身而退，独立完成了一次大胜，也赚得了相当可观的利润，华茂在2006年扭亏为盈，这次股票投资利润占了当年集团总利润的80%。

当时宁波银行还未上市，华茂在2005年财政年度还出现了史上首次亏损，这次投资的胜利，有三个核心作用：

首先，扭转了财务颓势；

其次，稳定了军心，正所谓“手中有粮，心中不慌”；

最后，让利益相关者看到了华茂继任领导者的能力，看到了希望，增强了信心，这一点最为重要。

天赐良机的秘密

无论是2004年宁波银行的投资机会，还是2006年中国股票市场的投资机会，它们分别代表了企业所面对的产业市场的投资机会和资本市场的投资机会。

表面看起来，在华茂创领者最需要改善华茂财务状况的时刻，他们得到了天赐良机。

真正的问题是，企业靠什么赢得机会以及靠什么把机会落实为成果。

从华茂对宁波银行的投资来看，靠的是无形资产和华茂创领者的商业智慧。

宁波银行“头五名单”中没有华茂，徐万茂认为是合理的，它证明了华茂从不做“近月楼台先得月”的生意；后来华茂又得到了投资宁波银行的机会，徐万茂认为也是合理的，它证明了华茂靠无形资产和实力赢得机会。

2007年7月23日，徐万茂在华外第三届董事会第一次会议上向大家发布消息，华茂参股的宁波银行于7月19日成功上市，不到三年，实现净回报近37亿元。

徐万茂认为，这个投资项目的成功运作，是华茂多年来诚信、低调、务实经营的成果，也充分反映了一个企业的信誉是最宝贵的无形资产，这和华外的发展是分不开的。

从华茂对2006年中国股市的投资来看，其真正意义也远非在股市中赚了一票那么简单。

徐立勋作为华茂接班人，在这次投资战役中，初步展现了他的商业智慧，他能够敏锐地感知、认知到机会，他敢于启动，也敢于停止，他能驾驭资源，还能驾驭自我，他正在渐渐地把自己融化到人们对华茂未来的期待和信心当中，渐渐成为全员上下希望看到、希望尊敬、希望信任的那个接班人。

第七节　解密“三三一”战略

每个企业都有战略本能，但只有极少数企业具有战略意志以及持续强化的战略配称（strategy fit），而正是后两者决定了一个企业能否持续保有特色和竞争优势，这是华茂创领者共同制定“三三一”战略的核心用意。

徐万茂开题

2002年元旦，当第一缕曙光照进来的时候，虽然2000年春季风波的阴霾业已散去，但华茂大院仍然笼罩在接踵而至的教学具产业的落日余晖之内，以及创领者交接班带来的种种不确性之中。

习惯早起的徐万茂此时正坐在书房里思考着：华茂从哪里来？是怎么来的？华茂要到哪里去？

他在想：华茂从1997年开始的以多元化为特征的第二次转型，连续三个大项目先后铩羽而归，到底是为什么？

一年来，外界尤其是利益相关者也在敏感地注视着华茂的一举一动——这家年届31岁的老牌民企的未来在哪里？他们需要知道方向。他们需要方向。

善弈者谋势。

2002年刚一开年，徐万茂便做了两件大事，用以向外界释放出明确的信号。

第一件，他把华茂“总裁”的头衔彻底地从自己的头上摘了下来，然后把它戴在了接班人徐立勋的头上。

他要让人们知道，华茂交接班是明确的。

第二件，教育集团收购了东钱湖酒店，拉开DEF项目的序幕。

他意在用实力和信心一起说话：华茂要把教育做到底。

然后，在一个有着强烈日光的周末的下午，徐万茂递给徐立勋一张A4纸。

“立勋，华茂的过去都在这里头了，华茂的未来也在这里头，这算是我给你开了个头，你先看一看，未来要交给你去做！”徐万茂说。

徐立勋接过来一看，字不多，只有10行，包括3个类目、7条大纲（简称“开题七条”）。

第一个类目，三个“独特”：

独特的经营理念——以社会效益带动经济效益；

独特的产业结构——教育事业与实业互动；

独特的管理法则——制度大于总裁。

第二个类目，“三大工程”：

有规模的教育装备生产基地；

有特色的民办学校；

有影响力的论坛。

第三个类目，一个目标：商学求索，百年华茂。

这就是华茂史上著名的“三三一”战略的源起，它由徐万茂开题，交由徐立勋去破题、解题。

其中，“三大工程”还是只一个产、学、研业务架构，至于这个“业务架构”具体如何去形成一个“有机的业务体系”，需要徐立勋带领团队在深入市场的过程中，不断地去摸索和实现。

显然，徐万茂意在采用这种方式确保创领者在传承过程中实现思想上的逐步统一和行动上的逐步一致。

为传承铺设一条轨道

“三三一”战略实质上是把华茂创领者纳入了同一条轨道当中，只要双方都不脱轨，传承的成功就是迟早的事。

“三三一”战略有两个基本功能：一是为徐立勋立了一个决策标尺，来指导他在重大问题上选择什么方向，让每一个重要决策在华茂历史使命的轨道中激荡；二是给徐立勋定了一个任务，基于百年华茂的目标和定位，以五年为一个周期，滚动开发五年战略规划并执行该战略规划。

通常所说的“战略”，指的是企业基于对环境的预判而制定的阶段性的公司战略，一般来说，短期战略为1~3年，中期战略为3~5年，长期战略为5~10年，极少数西方跨国公司会制定为期30年的长期战略。

徐万茂为“三三一”战略所做的“开题七条”，并不是通常意义上的“战略”，它更像是一部“华茂宪法”，为实现百年华茂规定了目标、方式和基本原则。

目标，即百年华茂，这背后实质上也是一道选择题：有的企业选择活得爽，有的企业选择活得长，这是两种不同的追求和活法儿，对应的是完全不同的发展范式。华茂选择的是后者，追求企业代代相承，持续基于教育使命为社会做出贡献。

方式，即“三个根本”，三个根本是徐万茂在“开题七条”之前提出的，包括：诚信是生存之本，品牌是发展之本，教育是立业之本。

其中，教育在“三三一”战略里被具体规划为“三大工程”，这意味着华茂从此坚定地走上教育之路，将教育确定为百年主业。教育是直系产业，其他产业都是旁系产业。

“失败是成功之母，之前连续三次投资失败其实是为‘三三一’战略做了铺垫，自此，我们始终强调教育是华茂的主业，是华茂的灵魂。”徐万茂说。

基本原则，即“三个独特”，也可以将其理解为三条“华茂之道”。企业要想持续活下去，必须要始终保有特色，特色就是一种与众不同的存在。

其中，独特的经营理念和独特的产业结构塑造了华茂独特的“灵魂”（企业精神）和“躯体”（业务结构）；独特的管理法则重新定义了家族企业的管理模式。

“三个独特”全方位地保证了华茂的独特性，徐万茂将其放在“开题七条”中头三条的位置，足见其抓住了企业持续成长的关键。

企业精神

史学大师钱穆在《国史大纲》中说：“国家本是精神产物。”

企业又何尝不是。

华茂从哪里来？徐万茂在“三三一”战略大纲中做了回答——以社会效益带动经济效益。

这句话听起来是一句口号，挂起来是一个理念，做起来实质上就成了一个选择。

徐万茂认为，华茂就是从这个理念中催生、成长、壮大而来的，这是华茂自主选择的一条道路。

若用史学家钱穆的视角，“以社会效益带动经济效益”就是华茂的企业精神，华茂就是这个企业精神的产物。

若用佛家的“第一因”理论，这个企业精神就是华茂的“第一因”。

若再将其放在道家“道生之，德蓄之，物形之，势成之”这一万事万物的成长逻辑下，这个企业精神就是华茂之“道”。

徐万茂回顾1978年担任竹编厂厂长以来，每一个带动华茂实现持续成长的重大决策，都与这一基本的经营理念或企业精神有着深刻的关系。

1981年做教学具，1998年开办华外，2002年刚刚着手布局的DEF，这三大战略决策都是沿着“为了孩子更好地成长”这一使命，从“社会效益”的角度出发去思考，形成的在当时独一无二的创意。

这一商业模式的基本原理是：

第一步，从社会效益出发，在朦胧阶段寻找并确认机会点；

第二步，以市场为导向，且以市场为靠山，逐步展开技术、价值、系统“三位一体式的创新”，不断构建和累积企业外部的价值网络以及企业内部的战略配称系统；

第三步，随着天时、地利、人和渐渐合局，企业实现的社会效益就会带动企业实现经济效益，企业构建的事业体系与实业体系就会相互促进，实现人财两旺，持续发展。

但是，这一商业模式要想最终实现闭环，最大的挑战是：在每一个战略机会点的启动前期，要消耗漫长的培育期，企业需要不断投入资源，却又无法赢利，甚至要持续亏损。

以华茂为例，教学具产业前10年不赚钱，前8年处于亏损状态；华外自1998年建校以来，未向集团贡献过一分钱利润，如果把财务成本算进去，年年处于亏损状态；DEF更是耗时18年才实现启动，目前仍处于投入期。

那么，如何应对这个挑战呢？答案是，每到战略转型期，至少要有一个很赚钱的业务做补贴。

教学具业务在前8年，完全靠着竹编业务的收入来运营；华外靠教学具业务赢利积累起来的6.5亿元实现自我滚动发展；DEF则主要靠华茂的投资收益（包括投资宁波银行等）做投入。

接下来的问题是，这种业务发展模式可持续吗？

华茂的实践表明，答案是肯定的，其原理是，从“行业”出发而不是单纯从“产业”出发去思考和构建企业结构体系。“行业”是一个整体概念，它包含事业、产业、公益三大部分，赚钱的部分叫作产业，不赚钱的部分叫事业和公益慈善，要用产业反哺事业和公益慈善，事业反过来会为产业指引新的方向。

首先，用事业思维办产业。

这使得企业的视角更广，眼光更长远，从社会效益的视角去确立初心和使命，洞察机会点，构建业务体系。文教、华外、DEF都是沿着这条逻辑线来发展的，它可以使企业持续积累无形资产、价值网络并强化战略配称。

其次，用实业思维办事业。

这使得实业与事业相济相生，相互促进。徐万茂一直有一个朴素的理念——“取之于教育，用之于教育”，落实到运营中，就是“钱从哪儿来，要到哪儿去”。

华茂的钱是从教育行业来的，就要反哺教育行业，在纵向不断深挖产、学、研体系，在横向上不断拓展实业、事业、公益慈善的宽度。

华茂堂美术馆、华茂艺术教育博物馆、DEF等三大事业项目，光是每年的运营成本就高达几千万元，但它们反过来为华茂创造的无形资产、价值网络同样是巨大的，而且是不能完全量化的。

徐万茂认为，教育为所有行业提供人才，它处于各行业之首，因此，华茂在教育领域培养起来的无形资产和价值网络，随着中国经济发展水平的提升，会为华茂带来越来越多的其他行业的投资机会，华茂获得投资收益之后，反过来会持续地反哺教育。宁波银行就是经典的投资案例之一。

再次，始终围绕着主业进行战略配称。

“竞争战略之父”迈克尔·波特将战略配称分为三个层面：

第一层面是保持各运营活动或各职能部门与总体战略之间的简单一致性（simple consistency）；

第二层面是各项活动之间的相互加强；

第三层面是投入最优化（optimization of effort）。

波特认为，在上述三个层面的战略配称下面，整体（协同）作战比任何一项单独活动更重要、更有效，（而且）企业的竞争优势（也）来自各项活动形成的整体系统（entire system）。

纵观华茂“三三一”战略，单从战略思想和战略规划层面来看，与波特战略配称的思想与原则显然是异曲同工的，倘若从整体上看，由于华茂在“三三一”战略中进一步加入了事业和慈善公益的运营，又可以将其视为波特战略配称思想的进一步提升和发展。

最后，做公益慈善以静水流深为原则。

多年来，华茂很少面向全社会运作大规模的公益慈善活动，但从1990年年中就开始持续不断、低调务实地支持教育领域的事业发展和公益慈善项目，不仅投入资金，而且把企业能力和价值网络也越来越深地嵌入其中。

三步走

“以社会效益带动经济效益”是整个“三三一”战略的逻辑起点，这句话如果不能被继承进而被落实，后面的就都是空谈。

“以社会效益带动经济效益”在华茂不是挂在墙上的口号，它落实到了企业价值观、企业行为以至于企业整个经营管理的流程当中，并最终落实到企业成果当中。

“俗语讲，好人有好报，意思是先要做一个好人，然后会有好报。现在很多人不相信这句话，社会道德信仰在滑坡，别人滑坡了，你不滑坡，你就会有机遇——人家不想做的事，就是你的机遇。”徐万茂说。

但是，2003年尚处于内部讨论之中的这条“华茂之道”，不用说普通员工，相当多的干部在内心深处都难以理解它。

直到现在，刚来华茂的员工，刚与华茂合作的利益相关者，刚与华茂接触的社会各界人士，绝大多数人是不能真正理解这句话的。

2003年夏天，一位来自北京的高级领导到华茂视察，当他听到“以社会效益带动经济效益”这个理念时，这位领导对徐万茂说：“万茂，你这是夸夸其谈，企业就是赚钞票的嘛。”

徐万茂知道他还没有真正了解华茂，于是认认真真地回答：“您说的有道理，但我们始终认为要把社会效益放在第一位，华茂也是这样做的。”

其实，徐立勋在2002年的那个“强烈日光的周末的下午”第一次看到这句话时，心里也在嘀咕：“在商言商，我爸扯这干啥？”

对于大家的不理解，徐万茂从来不急。

“知者行之始，行者知之成”。徐万茂一贯的思路是，暂时不理解没关系，我做给你看，我做出来了，你就容易理解、容易相信了。“从了解，到理解，直到最后的认同，肯定是需要一个过程的。”徐万茂说。

当徐万茂把那张A4纸交给徐立勋的那一刻，他心中已经大致有了“三步走”的计划，这是他的“走一看三”之举——但凡要事，他通常有这个习惯。

第一步，在“三三一”战略下，与徐立勋进行经营、领导、管理等基本观念的磨合，最终看徐立勋的选择；

第二步，深入华外，身体力行地落实“三三一”战略，面向接班人实打实地进行“案例教学”；

第三步，接班人全面理解、接受“三三一”战略之后，创领者合作推动华茂第四次转型。

这是一个充满决心和耐心的交接班计划。“只要所有的行动都处于同一个轨道之中，就不怕付出多少时间。”徐万茂说。

回头来看，在华茂创领者磨合初期，徐立勋之所以面临了极大困惑和工作上的煎熬，实质上与“三三一”战略给他带来的束缚感有着深刻的关系。

“不愤不启，不悱不发。”父亲的意图是让徐立勋在高度束缚中深入到华茂当中去，以此创造属于自己的自由。

从这个角度上说，“三三一”战略也是最终促成2004年3月那个晚上他与父亲在书房“摊牌”的基本因素之一，徐立勋由此立下接班的决心。

“三三一”战略的起点

在随后召开的2004年华茂第二届董事局象山会议（以下简称象山会议）上，徐万茂做了一个“特别的安排”——由他本人负责设计、起草“三三一”战略，由总裁徐立勋公开宣读这份“三三一”战略，并以董事局决议的形式，正式委托徐立勋以五年为一个周期，滚动制定《华茂集团

“三大工程”发展规划纲要》(以下简称《纲要》),以及与之相配套的《华茂集团制度导则》(以下简称《导则》)。

这个特别的安排，标志着徐万茂2002年正式上任总裁之后，华茂创领者交接班又实质性地迈进了一步，这也是象山会议在华茂发展史上具有重要意义的核心原因。

2006年10月8日，由徐立勋亲手操刀的第一份《纲要》(2006—2010年)出炉，总计五部分：战略确定的现实基础；后五年发展的总战略和基本理念；各板块的战略描述和基本任务；教育各板块的联动框架；实施的配套措施与保障机制。

《纲要》有如下三个亮点：

第一，将“三大工程”明确为打造有规模的教育装备生产基地，打造有特色的民办学校，打造有影响力的教育论坛；

第二，将业务结构从整体上划分为主业板块和远关联产业群，明确了教育主业与兼营板块在“三三一”战略中的各自定位与互动关系。

第三，客观而明确地梳理出了华茂执行“三三一”战略的“软”家底儿：

1. 形成了诚实、守信、稳定发展的企业社会形象；

2. 基本形成了以资本意志表达为特点的战略决策监控体系；

3.“以领先一步的判断与决心”创造了战略拉动型的企业核心竞争力；

4. 基本明确了以教育为主领域的目标市场定位，开始探索三个板块联动的发展方向；

5. 正在努力倡导“以社会效益带动经济效益”的企业价值观，逐步形成了“做更有价值的事”的企业文化氛围；

6. 主业板块形成了以创造和占有市场为前导的社会资源组织手段，并开始由基础教育领域向职业教育和科普教育领域推进；

7. 教育集团开始从基础教育领域向多元领域拓展；

8. 初步形成了以品牌理念拉动品牌战略运行的框架；

9. 基本形成了集群式发展的远关联产业的第二战线，增强了集团整体抗风险能力。

整部《纲要》仅1万余字，客观明确、环环相扣、有的放矢，执行性很强。

《纲要》于2007年2月8日经华茂董事局会议决议正式通过。

如果说《纲要》是华茂五年之内的行动方案，《导则》则是行动守则，也就是制度配套，徐立勋将上述二者视为“前后脚”的关系。

几乎与《纲要》的制定并行，徐立勋也主持了与之相配套的《导则》的制定。《导则》总计9章，共45条，9章分别为：运行原则；成员企业；投资管理；财务管理；人力资源管理；行政管理；无形资产管理；风险管理；附则。

总的来说，《纲要》确定的是五年战略执行期内要“做什么”，《导则》确定的是“怎么做”。《纲要》与《导则》的形成，释放了清晰的信号——徐立勋真正地接过了华茂大旗。8年间，他通过理论上的积累和实践上的磨炼，其威信和领导地位在华茂得到基本确立。

功到自然成，2007年对于徐立勋来说仿佛是一个柳暗花明的年份。

2007年7月19日宁波银行的成功上市，使华茂的资产倏然增值，这意味着以“百年华茂”为目标的“三三一”战略有了充分的资本保障，华茂进入了一个全新的成长阶段。

2007年7月，徐立勋在华茂年中经营工作会议上，终于面向全体干部员工正式提出了“三三一”战略，此时距父亲给他那张写有“开题七条”的A4纸的日子，已过去了五年多的时间，这也从一个侧面体现了华茂创领者的工作风格——高瞻远瞩，步步为营，持续前进。

2007年9月7日，东钱湖酒店，华茂管理干部读书会。

徐万茂向干部公布了执行“三三一”战略的“硬”家底儿：至2007年，华茂拥有60亿元以上优质资产，负债率不超过30%，现金流没有脆弱环节，无库存积压产品，是一个指数健康的“企业巨人”。“我可以负责地告诉大家，现在的华茂是健康的、有活力的，产业结构是合理的。”他说。

这种状态从何而来？

首先，教育装备业作为主产业，虽然尚未完全转型成功，但已经基于未来打下了根基，并显现了反转的趋势。

其次，定位于“教育+精品”、走特色化房地产之路的华茂置业自从2001年由汪乐平创办以来，已进入快速成长期，带动了大额现金流的回笼。

最后，华外在宁波的知名度进一步提高，华外不断向创特色、成名校的目标迈进，并带动了整个华茂的士气、正气、底气呈上扬态势。

在徐万茂的企业生涯中，公开讲话极少引经据典，但这次他少有地从学术界的一项研究谈起。

他说，学术界有一个影响很广的研究结论：中国企业的平均生命周期是5~6年，而其中民营企业的生命周期更短，平均只有3~4年。但是在日本，历史最长的家族企业“金刚组”建筑企业已经有1443年历史，著名的住友集团创办于1630年，开业100年以上的日本企业有10万家。

“这两组数据使我感慨很多。其实在国外，百年企业不是一个什么严峻的课题，而在中国，说到这个课题似乎过于沉重。这是为什么？”徐万茂分析道，“任何生命历程都有一些重要的生命节点，这些节点处理得好，生命的进程就畅通，不能顺利通过，生命的健康状况就开始下滑，甚至夭折。”

具体而言，他说：“如果当初不转向教学具产业，不转向办学，从而赢得社会信誉，华茂还会是今天的华茂吗？正如常人都知道的道理——人生的关键点就在于这么几步，走对走错，全然是两种命运。”

显然，徐万茂更强调的是使命和自我约束对企业的牵引，坚守使命的战略可以保证企业做正确的事，有效的自我约束可以防止走出臭棋、死棋。

至此，华茂创领者们先后向团队亮出了“三三一”战略的“软”家底儿和“硬”家底儿，实质上为团队明确了“三三一”战略的起点。

至于华茂要到哪里去以及怎么去，则在“三三一”战略里描述得一清二楚了。

大转型

清末民初经史学家陈澹然在《寤言二·迁都建藩议》中说：“不谋万世者，不足以谋一时；不谋全局者，不足以谋一域。”意思是用未来决定现在，用全局决定局部。

“三三一”战略就是由徐万茂“悟画”、由徐立勋开发出来的粗线条的华茂的未来和华茂的全局。

从价值层面上看，“三三一”战略表达的是华茂对自身长期价值的定位及承诺。“华茂最大的特点是，说出的话一定会落地，我们会把‘对的事’千方百计地‘做对’。”徐万茂说。

从应用层面上来看，“三三一”战略不是“战略”，而是“工具”，它是徐万茂先生在企业传承管理方面的一项伟大发明。

实践证明，它不仅仅成了华茂传承的工具，还成了华茂第四次战略大转型的工具。

在这幅华茂蓝图中，徐万茂用“粗笔”，徐立勋用“工笔”，滚动实现着华茂创领者及整个组织在思想和行动上的统一，把华茂新老团队拧成了一股绳。

与以往三次转型不同，华茂的第四次转型是一次升华型的战略转型，所谓升华型的战略转型，强调的是从量变到质变，因此，这是一次不同以往的大转型，需要漫长的时间。

徐万茂在华茂管理干部读书会上说：“有人只看到2005年DEF的启动，看到三个板块并举的发展格局，但这还只是表面的，真正标志这一次转型的是‘三三一’战略以及为它配套的《纲要》和《导则》的颁行，这是华茂最具理性和最全面的转型，转型的目的是以更为完善的企业精神和发展框架，开创‘百年华茂’的前景。”

无论是“三三一”战略还是大转型，都需要一个有利于推行长期主义的体制作为保障，华茂管理干部读书会之后，徐万茂做了两个事关体制的基础性的决定：

第一，华茂永不上市；

第二，华茂敞开回购股份。

为什么徐万茂选择在2007年年底实施股权回购呢？

首先，交接班基本完成，对于徐立勋的表现，大家都能看在眼里，利于做出理性判断；

其次，“三三一”战略已经公布，华茂的蓝图摆在每一位股东的面前，供股主自主决断；

最后，华茂资产达到了史上最佳的状态，要退出的股东能有一个好的回报。

徐万茂对股东们——也就是华茂老一代团队说：“我要正式退出了，

公司的经营管理以后全交给立勋，大家也陆陆续续到了退休的年龄，未来这个公司有两个可能，要么他（立勋）把年轻人带起来，要么这个公司毁在他手里，都有可能。”

企业家做企业，靠的就是企业家精神，企业家精神的核心就是冒险去创新，从这个角度上去看，“百年华茂”就是“百年风险”，徐万茂觉得应该给跟着自己打天下的老伙伴们一个经济上的交代。

他说：“你们跟了我一辈子，我不想让你们跟着我一起承担这个风险，公司确定了一个价格，回购大家的股份，大家自愿吧，什么时候想变现都可以，大家该好好享受一下生活了！”

相关资料显示，至2021年7月，华茂共有36位自然人股东，前三大股东分别为徐万茂77.83%，陈继伦2.59%，徐立勋2.27%。

通过这次公开回购，华茂成为以徐万茂为代表的徐氏家族控股的企业集团。

“36年的风雨历程，把我们的企业锤炼成熟了，我们不但有了刻骨铭心的成功与挫折，更有了在这些经历中反省和提炼的企业理想、企业精神和企业价值观，这是第一代企业家和华茂人共同创造的财富，也是第二代企业家和华茂人需要传承的‘企业宪章’。”徐万茂说。

华茂的转型是与转制叠加在一起的：弄不好的话，转型就不仅仅是“难+难”，而是“难×难”；弄好了，二者却可以借力打力、相互促进。

在徐万茂高超的领导艺术下，华茂的传承的确“借”到了转型之力，体现为徐万茂在“三三一”战略的落实中给了徐立勋非常大的发挥空间。“天下没有一成不变的东西，‘三三一’战略并不是一个固化的教条，而是一个基本的发展框架，里头有很多的留白，需要一代又一代的继任领导者带领团队去创造和填补。”徐立勋说。徐万茂知道新一代有新一代的优势，华茂的转型必须发挥出新一代的优势，同时他更知道，必须用“三三一”战略这种强有力的工具，把新一代的优势纳入整个企业体系中来。只有这样，新一代才能融化到整个组织当中，华茂创领者才能合力带领团队产出成果，从而强化整个企业的战略配称。

反过来，华茂的转型同样也借到了传承之力。2008年，徐万茂已经能够感受到徐立勋的才能、智慧和领导力在整个组织当中的存在和渗透，他看到了徐立勋的成熟。

此后，徐立勋与徐万茂换位合作，共同推动华茂转型，而在这一过程中，徐万茂要达到的另一个核心目的是——能够看到徐立勋真正喜欢教育行业，真正把“三大工程”的班接过去，真正扛起华茂的事业。

截至目前，这次大转型仍在进程当中，这次大转型取得成功的标志应该是教育产、学、研真正实现整合和升华，也许只有达到了这个标准，徐万茂才会去过真正属于自己的退休生活。

第十一章 事业的传承

徐万茂有句名言：留下事业，不要留下财富。

事实上，家族企业传承的首要问题就是“企业到底要传承什么”，这一问题决定了企业“传给谁”、怎样“传”以及怎样“承”，而这一问题又是由创始人对家族企业的认知和定义所决定的。

徐万茂所定义的家族企业，有五条基本属性：

第一，由家族控股，本姓掌权，后继有人；

第二，有良好的家风、家规和祖训，并形成家族文化；

第三，有深厚的企业文化沉淀；

第四，有可持续发展的产业和事业；

第五，有一定的经济实力和较强的抗风险能力。

也就是说：只有保持了上述五条基本属性的传承，才是成功的传承；反之，如果没能把五条基本属性传承下去，就意味着传承失败。

本书第九章“文化的传承”、第十章“组织的传承”主要解读了华茂在第一条、第二条、第三条和第五条的传承以及怎样“传”、怎样“承”。

本章则主要解读第四条——“可持续发展的产业和事业”的传承。

“事业”这个词在中文语境中的内涵非常有弹性，广义上指的是人们所从事的具有一定目标、规模和系统的对社会发展有影响的经常活动，狭义上特指没有生产收入，由国家经费开支，不进行经济核算的文化、教育、卫生等涉及社会公共利益的业务或者个人成就等。

在本章的语境中，“事业”指的是广义上的事业定义在商业领域的应用，即企业创领者愿意且能够用长期主义的理念和行动来发展的某一产业，做到社会效益与经济效益的共同、平衡发展，而不是优先或单纯追求经济效益最大化。

华茂就是把教育当作事业来发展，所以才有了“以社会效益带动经济效益”这条经营理念作为经营总纲领，才有了“教育事业与实业互动”这样的产业结构作为基础性的方法论。

如果企业仅仅将一个产业看作赚钱的工具，这个产业就不是这个企业的事业；如果企业将一个产业看作为社会直接创造价值的根据地，愿意与这个产业“同呼吸，共命运”，那么这个产业就是企业的事业。

从世界范围来看，家族企业的魅力往往集中于两点：第一，保持传统并持续创新；第二，产业事业化，愿意把某一产业做成后继有人、代代相传的事业。

本章分为五节。

第一节“破釜沉舟”用来解读《徐氏家族共同协议》（以下简称《共同协议》），它在全球首创了“华茂传承模式”，是中国传统文化与西方契约精神紧密结合的范例，目的是保证华茂教育事业的传承。在华茂发展史上，它是徐万茂用“下山精神”书写的又一个传奇。

第二节“名利与人心”用来解读徐万茂“留下事业，不要留下财富”——这条徐氏传承哲学背后的逻辑。

第三节“制度与总裁”用来解读徐万茂在家族企业中推行“现代企业制度”化的智慧，他不仅重新定义了家族企业，而且重新定义了家族企业的管理。

第四节“三线棋局”用来解读华茂用以实现“教育事业与实业互动”的三线战略规划以及华茂独特的成长逻辑。

第五节“‘烟囱’的故事”用来解读徐立勋接班以来的四项产业投资。

第六节“领导者”用来解读华茂创领者历经15年的磨合与合作，终于实现双剑合璧，徐立勋作为华茂继任领导者真正走向了成熟，“华茂成长三角形”随之浮出水面。

第一节　破釜沉舟

《史记·项羽本纪》记载，秦朝末年，项羽率楚军与秦军作战，楚军渡过黄河，项羽命人把渡河的船（古代称“舟”）凿沉，把做饭用的锅（古代称“釜”）砸碎。后世用这个典故表达“有进无退、誓取胜利的决心和行动”。

"留下一根空心竹子"

2008年8月10日一大早，徐氏家族三代22口人（另有3位在海外留学未能出席）先是来到宁波象山瑞龙寺。

徐万茂曾以私人的名义为瑞龙寺捐赠过一座观音殿。

这次来瑞龙寺，徐家要做一场超度祖上亡灵的法事，这种仪式是中国传统文化很重要的一部分，用来强化家族的凝聚力和使命感。

随后，他们转往东钱湖酒店会议室，PPT、全程录音、全程录像、全程摄影等，都准备好了。

PPT是徐万茂亲自做的，内容一直处于保密状态，只有他的律师团队才了解情况。

PPT的主题正是《共同协议》，兹事体大，事关华茂的继承和徐氏家族财富的分配。

徐万茂宣讲PPT的时候，现场的气氛谈不上欢快，但也谈不上凝重，不过确实弥漫着几许疑惑的情绪，但这些情绪不足以转化成任何不和谐或者反对声。

徐万茂在这个家族确立了足够高的威信，即便有时候不理解他的某些做法，大家也愿意相信他、信赖他。

这份协议落实了徐万茂的那句名言：留下事业，不要留下财富。

创了一辈子的业，赚了几辈子都花不完的财富，却不把它们留给家族，在中国文化传统中，这是一件不可思议的事，但这种事确实在徐家发生了。

徐万茂说："我给徐氏家族留下的是一根空心的竹子。"

他话里有话，他这一辈子都在悟竹子的精神与竹子的智慧，空心的竹子才能有韧性向上长，地面下的根才能一片一片地紧密相连。

徐万茂宣讲完《共同协议》之后，家族成员逐一签字。

签字仪式非常严肃，在海外没能回来的三位家族成员也委托了家人代签。

徐万茂邀请了三位见证人：徐万茂之堂妹夫陈继伦、时任华茂执行总裁周时奋、时任华茂财务总监叶永庆。

《共同协议》三原则

《共同协议》确立了三条原则，在中国家族企业传承领域，每一条都首开先河。

第一，分家不分产。

徐万茂说，所谓分家不分产，家可以分，百花齐放才好，产业不能分，产业就像一艘航母，分了就不是航母了，浪大一点儿就翻了。随着时代的发展，产业只有持续做强做大才能抵御风浪，小家的基础是大家，大家不能分。

按照《共同协议》，徐万茂将其持有的77.83%的华茂股权永久性地转移至徐氏家族信托基金，徐氏家族只拥有该资产的保管权、经营权和红利分配权，并不拥有所有权，以此保证这部分股权永远不会在遗产继承过程中被子孙分掉。

徐氏家族信托基金则会根据华茂每一个财政年度的利润水平、董事局拟定的分配方案，提取分红，差不多平均分配给每个家庭。

《共同协议》既保证了家族成员衣食无忧，又像“定海神针”一样，防止了因代际传承导致企业股权分散化，确保了徐氏家族对华茂的控制权，以此保持华茂的创始人初心和意志，有效落实“三三一”战略。

第二，长子继承制。

《共同协议》确定了徐氏家族“长子优先继承”的血统继承原则，但是，实施这一原则有三个条件。

首先，徐氏家族继承人只继承华茂的资产管理权和企业经营权，担任企业法人代表与企业主持人（总裁），但不以个人身份继承华茂股权。

“如果继承的是股权，三代以后，这个企业就有可能不由我们掌控了，谁也不能保证后世子孙会不会出现‘不良者’，也无法控制后世子孙的‘不良率’。他们要是把家族股权卖掉了，徐氏家族或早或晚就会失去对企业的控制权，‘三三一’战略就会成为废纸，华茂的事业就无法得到传承。”徐万茂说。

其次，不强制长子行使“家族继承权”，如果长子放弃继承，只须本人在《共同协议》中签字确认，然后由华茂董事局另行确定继承人。

但如果继承人的素质与能力不足，董事局将另外聘请职业经理人担任总裁，行使董事局和法人代表监督下的企业管理权。

第三，承担无限责任。

《共同协议》规定，一旦华茂经营不善而进入破产程序，要优先用结余资产保住学校，所有结余资产都归华外所有。

这是什么意思呢？这意味着一旦华茂由于经营不善或其他原因而破产，徐氏家族不是优先保住家族的权益，而是用家族在华茂的剩余权益来保证华外的持续运营，实质上是对华茂教育事业承担起了无限责任。

也就是说，虽然华茂是一家股份制的有限责任公司，但在《共同协议》之下，徐氏家族对华茂担当起了无限责任。事实上，这种自觉地用有限责任公司去担当无限责任的做法，是很多人不理解、不相信、也想不明白的。

徐万茂给出的理由朴实而简单："一个企业关掉，影响不会太大，一个学校关掉，影响是不得了的，一定要保护得牢牢的。"

其实，依照《中华人民共和国民办教育促进法》，民办学校是可以合法地申请破产的，《促进法》第五十八条规定："因资不抵债无法继续办学而被终止的，由人民法院组织清算。"

无限责任的逻辑

为什么徐万茂要用家族权益去承担起对华外的无限责任呢？

在现如今的商业世界——尤其是在资本力量越来越强的商业领域里，很多企业都在想方设法地把企业架构设计成用尽量小的代价去撬动尽量多的社会资本，用尽量小的责任去运作尽量大的生意，还有少数企业是最大化地把责任推给社会，以此追求股东利益最大化。

徐万茂是上述商业思维的逆行者，他在"三三一"战略和《共同协议》中所体现出来的"以社会效益带动经济效益"的整体运营观为核心的商业思想与商业实践，已经不足以用戴维·伯恩斯坦在《如何改变世界》中所提出的社会企业家的概念来概括，也不能简单地上升到私德或者商业道德的层面去大而化之地解释。

徐万茂是一位新商业思维的探索者和实践者，他的这种商业思维的根基就是传统文化中的家族文化，他以此为起点，延伸出整体性、共生性和长期性的经营哲学。

在日常生活中，很多人都是本能地希望责任少担一点，利益拿多一点，而徐万茂从小在奶奶和父亲的熏陶下，总是愿意责任多担一点，利益少拿一点，慢慢养成责任、和合、淡泊三大家族精神，进而催生出“以无限为有限”“天下万物生于有，有生于无”“财散则人聚”这样的世界观和价值观，这是“道”的层面。

从“术”的层面来看，它注重持续地将有形资产转化为无形资产，反过来，以无形资产催生有形资产，所谓“留得青山在，不怕没柴烧”。在这种思维下，无形资产就是“青山”，徐氏家族对华茂承担无限责任，就是要“留住青山”。

举个例子，徐万茂的外孙张添勇申请了美国哈佛大学MBA。据说录取要求非常苛刻，即便成绩等各方面的要求达标了，录取率也很低，不到10%。在面试时，张添勇紧张得手心直冒汗，经过了几轮提问和交流之后，其中一位面试官对张添勇说：“你有一个很好的家族，你的家族重视教育，致力于发展教育，你的家族企业又投资了银行，你的家族对于你以后的发展有着不可衡量的助力，所以我们很欢迎你来到HBS（哈佛商学院）。”徐万茂经常拿这件事对后代说：“无形资产是无价的，这才是徐氏家族留给你们的真正的财富，我将华茂的无形资产非常公平地留给你们，你们每一个都可以用，但用得好还是用得不好，就要看你们自己的水平！”

回过头总结一个徐氏家族承担“无限责任”的逻辑。在徐万茂的观念里，徐氏家族是代表华茂掌管这份资产。基于这个定位，《共同协议》一方面强调徐氏家族对华茂的成败兴亡负有无限责任，另一方面强调徐氏家族行使自身在华茂的权利时“要有条件、有限制”，而“分家不分产”和“长子继承制”下的三个条件都是基于这个逻辑制定的。

从表层看，上述两个方面，一个是责任上的“无限”，一个是权利上的“有限”，体现出了徐万茂和徐氏家族的“高风亮节”，但其实远不止于此，这两个方面在底层是真正的相辅相成的逻辑。

基于《共同协议》三原则，全体华茂人与徐氏家族形成了一个共同认知：华茂已经深刻地成为全体华茂人所共有的赖以发展的平台，《共同协议》就像一座牢固的桥梁，从法律、传统等多个维度全面地把企业制度与家族制度、华茂员工与徐氏家族从根本上联结成为一个基于“三三一”战略之下的“同呼吸、共命运”的长期合作体，一个初步实现“共创、共担、共享”的成长共同体。

“这（意指《共同协议》）是徐氏家族为‘百年华茂’的事业做出的破釜沉舟的决定。”徐万茂说。

老子曰：“以其无私，故能成其私。”

前后两个“私”的内涵是不一样的：第一“私”指的是个人的本能需要；第二“私”指的是个人对事业的追求。

老子描述的就是徐万茂这样的人。

现在人们用到“破釜沉舟”这个成语，经常只是表达一种决绝的情怀，但徐万茂不一样，他是通过《共同协议》这样的一份法律文件，把自己一生积累起来的本属于徐家家族的坛坛罐罐（泛指财富）都“传”给了愿意为共同事业而奋斗的一代又一代的全体华茂人。

第二节　名利与人心

制定《共同协议》的目的是“留下事业，不留下财富”，接下来的问题是，“留下事业，不留下财富”的目的又是什么？

徐万茂给出的答案，既不是如史蒂夫·乔布斯般改变世界的野心，也不是如李嘉诚般永无休止地追求为股东创造财富，更不是某些企业家那样的以追逐功名与控制力为乐趣，而是简单、淳朴的四个字——保护家人。

名利是负担，人是真正的宝藏

自下山后，徐万茂就开始思考：该给下一代留下什么？

无论做什么，首先要想到保护性来自哪里，谁来保护你。比如做企业：只要产品符合市场需求，是社会所需要的，市场和社会就会保护你；如果你违背了社会，违背了市场，总是危险的。

这就是徐万茂的保护性思维，做任何事情，越是大事，越要把保护性想在前头，它直接影响决策。

所以，在做一件事之前，徐万茂会首先思考“不做什么”。

“名利是成长的负担，人是真正的宝藏，不给家族留下财富，就是对家人的保护。”他说。

这不是“凡尔赛”，更不是“饱人不知饿人饥”。

为什么说“不给家族留下财富”是对家人的“保护”呢?

这源于徐万茂对名利的认知，很多时候，是认知决定命运，认知改变命运，前提是你得为你的认知去赴汤蹈火，坚持不懈。

徐万茂的名利观归纳起来有如下四点。

其一，人不能贪图名利。名利不属于自己，名利是社会给的，它来去不由人。它说来就来，你不该有的都会给你；说走就走，本来属于你的也会拿走。

其二，名利不可传承。贪图名利往往会带来不好的后果。名利很诱人，但当一个人还没有经受足够的历练，还没有修炼出才能、智慧和领导力，还没有成熟的时候，就容易贪图它，结果就导致家族不和，导致跟风、眼红，导致安于享乐，则莫大之患，由此生矣。因此，“如果你认为名利是好不容易得来的，想把名利传给下一代，实质上是给下一代出了难题，经常是害了下一代”，徐万茂说。

其三，下一代必须自立。一母生九子，九子各不同，每个孩子的活法都不一样，徐万茂对待下一代的原则是：自食其力，各自生存，自己的未来，要自己去创造。不管你有多少钱，总会坐吃山空的，徐家家产，可能这一代人吃不完，但下一代呢？下一代也可能吃不完，再下一代怎么办呢?

有他在，粗茶淡饭肯定是有的，但徐万茂总是告诉自己，绝对不会给孩子们奢侈的生活，想要吃好的穿好的，自己去挣，他情愿让孩子们说他这个老爸小气。

大家聚在一起，讲的是亲情，徐万茂对孩子们会一视同仁，这是尽父亲的责任。“但你的生活不能靠我，你这一代靠我，那你的下一代靠谁？你只有自立，才会有真正的做人的骨气和本事。”徐万茂说。

其四，真正的宝藏，既不是家产，也不是名利，而是自己。每个人的才能都是取之不尽、用之不竭的，而一旦安于享乐，人的才能就会退化。

在名利观方面，徐立勋从小得到了家庭深刻的熏陶，他很喜欢读史，在浩瀚的史书中，他得出的第一条深刻的认识是——历代王朝、家族的兴衰，本质上取决于内部而不取决于外部。

接班以来，徐立勋也看到身边的很多家族企业中，兄弟之间为了争夺家产而最终反目成仇、人心离散，他觉得在这方面要“为之于未有，治之于未乱”才行。

保密行动

《论语·述而》中有这样一则对话。子路曰：“子行三军，则谁与？”子曰：“暴虎冯河，死而不悔者，吾不与也。必也临事而惧，好谋而成者也。”

子路问孔子说：“老师您如果统帅三军，您愿意和谁在一起共事呢？”孔子说：“赤手空拳和老虎搏斗，徒步涉水过河，死了都不会后悔的人，我是不会和他在一起共事的。我要找的，一定是遇事小心谨慎，善于谋划而能完成任务的人。”

徐万茂就是这样一位“临事而惧，好谋而成”的企业家。

2002年，徐立勋正式担任华茂总裁之后，一直到2006年，徐万茂把一年中一半左右的时间放在美国，除了打官司、研究教育、步步为营地推行企业交班之外，还构思着如何传承这份家业。

对于家族企业来说，企业的传承和家业的传承既相互独立，又相互联系、相互影响，从某种程度上讲，家业的传承比企业的传承难度系数更大。

徐万茂在国内了解到很多由于家业传承不力而导致家族四分五裂的例子，在美国打的官司又都涉及财产保护，于是很自然地注意到了美国的家族信托。他觉得这种传承方式，既有利于家族企业的传承，又能避免未来股权分散化。

问题是，中国没有《家族信托法》，这怎么办呢？

2006年年初，经朋友介绍，徐万茂聘请了中国社会科学院国际法研究所研究员黄东黎做法律顾问，开始研究起草《共同协议》，拟用这种方式弥补国内没有《家族信托法》的问题。

黄东黎有一颗商业领域的全球大脑，她曾以中华人民共和国商务部、国务院法制办公室、国家经济贸易委员会特邀专家的身份，参与了WTO谈判专家研讨会、中国补贴与反补贴措施制定、《中华人民共和国对外贸易法》的修改等重大工作。

这是一个开创性的工作，既然华茂是土生土长的中国企业，《共同协议》的底色一定要符合中国传统文化，同时，又要基于中国现有法律框架，引入并内化西方的家族信托思路，从而解决华茂传承的问题并达到使华茂传承百年的目的。

徐万茂对黄东黎说："传承不好，家业就可能是个祸，家业是我创的，祸也是我闯的，我要保护家人，传承事业，请帮助我把这个事情做好。"

这听起来又有点儿"凡尔赛"的味道，创下丰厚的家业怎么又成了"闯祸"了？能够长盛不衰的企业家确实都有这个特点，他们习惯于倒立着思考问题，擅于用逆向思维，他们这样思考的目的是避免家业成为祸患。

黄东黎是位女强人，深为徐万茂朴实而高妙的思想所震撼，愿意在这件史无前例的事情上一显身手，二人很快组建起一支包括美国律师，以及中国传统文化专家和香港地区律师在内的协作团队。

具体内容上，徐万茂主要提了一条，严格按血统传承，一代一代传下去，没有男孩，就传给女儿，就不会断。

拟定《共同协议》用时长达两年有余，大部分时间用来反反复复推敲，不敢轻易定稿，力求把当时能想到的所有可能存在的潜在问题都考虑进去。

整个过程处于高度保密状态，协议起草团队的活动像"地下工作"一样隐秘。

黄东黎来宁波，徐万茂安排她住在南苑饭店，而不是自家拥有的东钱湖酒店。要打印电子文本，黄从来都是拿着U盘到徐万茂办公室去打印，所有流程和细节要保证"绝对禁言"。

民主与集中

2008年夏，《共同协议》定稿，徐万茂开始向爱妻周菊芬和四个孩子分别"吹耳边风"，他想"各个击破"，此前他谁都没告诉。

"我对子女都是一样的，没有偏爱，我始终认为这不是他们的事，是我的事，要由我自己来解决。”他说。

爱妻第一个表示反对。“家业我有一半，你的我不管，我要把我的分给子女。”周菊芬说。

紧接着，徐万茂跟谁说，谁反对。

徐家的氛围一向如此，大家都是平等的，尊重每一个人的意见，最后当家人说了算。这是典型的民主集中。

在《共同协议》签订仪式举办之前，徐万茂召集了一次家庭内部会议，徐万茂说：“这件事情，就这么定了，我们定个日子，在祖宗面前把事办好、把字签好，你们现在不理解，将来会理解的，我是在保护你们。”

在徐氏家族中，最理解徐万茂的，除了妻子，就是二弟，但是周菊芬与徐万茂，毕竟一个为人母，一个为人父，很多事情上两个人考虑的重点是不一样的，所以相较而言，在《共同协议》这类事情上，徐万平更能理解哥哥。

他们是同代人，万平成长在部队，漫长而艰苦的军旅生涯，是哥哥一直在鼓励他。转业后万平又一直在机关部门做领导工作，这些经历所积淀的知识和智慧，使他能够更多地与徐万茂的想法同频共振。

“我哥对家有着深深的爱与责任，他一直不计代价地付出，既考虑眼下的和睦安乐，又考虑未来整个徐家的代代相传，他总是想得很远，然后一步步地去做。”徐万平说。

《共同协议》实质上把徐氏家族定位成了财富的保管员，意味着徐氏家族失去了享受这些财富的权利。身在其中，谁能那么容易想得通呢？这种协议哪那么容易通得过呢？但在徐家居然给通过了。

孔子讲：“其身正，不令而行，其身不正，虽令不从。”

徐万茂可谓是中国改革开放后的第一代富人，但他没有贪图享受，没有挥霍，这是精神、道德、价值观、责任共同作用的结果。从本能上讲，谁不想享受一下，挥霍一下呢？但他要是那么做了，威信就会渐渐失去，这种协议恐怕就很难通得过，通得过也很难落得实。

在签字仪式之前，徐万茂去征求徐万平的意见，万平坚决支持。

“当时家里很多人想不通，我认为从长远来讲这是好事，真正的宝藏是自己，每个人的才能都是取之不尽、用之不竭的，人最怕的就是安于享乐，成由勤俭败由奢，人败则家败。”徐万平说。

时间滴滴答答地向前奔流，永无停息。

时间的魅力在于，它可以沉淀出一切真理和因果。

责任是永续的动力

名利既是成功的动力，也是成功的天敌。

责任则不同，责任是一部永动机，它会输出永续的动力。在中华文化中，责任的动力来自家，责任因此成为最可靠的成长伙伴和最持久的成长动力。

《共同协议》在为徐氏家族卸下了名利包袱的同时，也安装上了责任这部永动机。

徐万茂很早就得到了名利，为什么从未受到名利所累？

原因很简单，他奋斗的首要动力不是追逐名利，而是担负责任。责任精神作为一种长期动力机制，可以帮助企业领导者超越眼下的诱惑去坚持做正确的事。

而一个人的责任精神，往往来自原生态家庭的熏陶，这体现了家族文化和家庭环境对一个人的成长的极端重要性，在很大程度上决定了一个人以及他所领导的企业能够登多高走多远。

德鲁克信奉新教，他深知美国经济奠基和成长阶段，主要靠宗教尤其是新教中的清教来激发、维系企业家的责任精神。

德鲁克深入研究了权力与责任的关系，他认为，人性经不起权力的诱惑和考验，人也就是在某一阶段、某一个事情上，由于具备了相关的品德、知识和能力而被授权，所以权力必须与责任绑在一起。

相比西方用宗教来维系责任精神，中国人有独特的文化优势，中国人靠家来培养、激发、维护责任精神，家是中国人责任精神的源头。

一个社会中信仰宗教的人可能会越来越少，但家却永远会存在，尤其对于中国人来说，家与家族文化是中国人最为牢固和持久的责任纽带。

留下事业

该为家族留下什么？《共同协议》给出了答案，留下一个可以持之以恒的教育事业。

自交班以来，徐万茂不断地把他收藏的书画精品、现金、股权分红等有形财富，都转换成华茂的教育事业，他聘请国际级建筑大师设计华茂堂美术馆、国际图书馆、华茂艺术教育博物馆等，这些主要用以创造社会效益的资产只能继承，不能变现。

不能变成钱的东西，才是真正值钱的，徐万茂这样想，也这样做。他对华外的老师们说："这些东西是不能变成金钱的，只能跟社会共享，只能为社会服务。"

顺着这个逻辑走下去，留下事业，就是留下了什么呢？

留下了事业，实质上是留下了责任——谁愿意且能够扛起这个责任，那就来干这个事业吧，举贤不避亲！这就是《共同协议》对徐氏家族成员的潜台词。

当然，如果你只是有意愿，但能力不足，对不起，这个责任不能给你。或者你有这个能力，但不想干，这个责任也可以不给你。

就这样，徐万茂通过《共同协议》和"三三一"战略，把企业继承人乃至家族成员对家族的责任精神，转化为对华茂事业的责任精神，既保护了家人，又传承了事业。徐氏家族的生存、发展、使命、责任，与华茂的事业永续地捆绑到了一起。

用徐万茂的话讲："华茂是船，徐氏家族是水手，从此往后，同舟共济。"

对于事业与责任，徐立勋也坦率地说："我现在在华茂做总裁，开80万元年薪，假如我离开华茂，一年赚上几百万元年薪是没有问题的，还用不着每天这么累。但这不是一笔经济账，这里头包含了对父母的孝顺、对家族命运的担当以及对华茂的责任，这是'三合一'的责任混合体，它从根本上决定着我的人生是否幸福，不能简单地用钱去比较。"

凝聚人心

斯坦福大学战略创新大师罗伯特·伯格曼说，取得暂时性胜利的人是机会主义者，取得阶段性胜利的人是实用主义者，而取得持续性胜利的人是战略领袖。

徐万茂追求做持续性的胜利者，无论是对于家族，还是对于华茂企业，他始终担当的是战略领袖的角色，这使得他养成了长期主义者的思维，在这种思维下，他习惯于用事业的眼光去发展生意和产业。

徐万茂为家族和华茂留下的事业，归根结底要靠团结更多的人去发展它们。

但发展事业与发展生意和产业不同，发展事业光靠双手和大脑还不够，发展事业必须要能持续地凝聚人心。

《共同协议》从根本上持续地把家族成员的心凝聚在一起，也从根本上持续地把家族与员工的心凝聚在一起。

《共同协议》公开发布之后，徐万茂马上对华茂全体干部员工提出要求。

他说，通常的公司，讲究的是责权利的统一；华茂是有限责任公司，是徐氏家族控股的企业集团，我们通过《共同协议》，实质上对华茂进行了“责权利”的革命：在责任上，这份协议意味着徐氏家族对华茂的成败兴亡担起了无限责任；在权力和利益上，这份协议又对徐氏家族提出了条件和限制。

“我们这么做的目的是什么？目的就是能够持续凝聚人心，实现华茂的长治久安。”徐万茂说。

基于此，徐万茂对华茂全体干部和员工“约法三章”。

第一，华茂员工无权干涉、评论徐氏家族的内部事务，尤其是高级管理人员，更应该严格执行华茂各项制度和董事局代表的徐氏家族的集体意志，而不是执行由徐氏家族个体成员提出的非企业组织的要求。

第二，全体华茂人都应对华茂负有创建和谐氛围、树立企业正气、共建百年华茂的共同责任，都应对华茂新的发展做出自己的努力和贡献。

第三，华茂内部的产业板块和事业板块要相互支持，推动二者的共同发展是每个华茂人的责任。

徐万茂不愧为管理大师，若把这一系列事件打通来看，从“三三一”战略到《共同协议》再到“约法三章”，三者丝丝入扣，一环扣一环，入情、入理、入法地推动着华茂创领者交接班由浅入深地实现。以“约法三章”为标志，华茂彻底地确立了徐立勋作为接班人的地位，几乎完美地实现了职权的传承。

徐立勋说："《共同协议》这件事，是我爸做的最伟大、最正确的事，现在我身边的很多二代朋友都羡慕我，羡慕我们徐家。"

徐双飞说："当时在《共同协议》上签字的时候，我们真的没有理解这么深，渐渐地我们越来越感受到父亲真正是在保护我们，他真的是用心良苦。"

现在，徐家人都理解了徐万茂所说的"保护家人"的深意——这个"保护"不是通常意义上的"保护"，他是要保护未来，而不是保护现在，他是要保护每个成员都能够顺应自身的天赋和责任去成长，保护整个家族的人心能够持久地凝聚在一起，保护徐氏家族与华茂实现相得益彰式的共同成长与发展。

徐氏名言四则

我不想让我创造的企业为儿女们带来祸患，成为他们的包袱，我想确保徐氏家族凝聚一代又一代成员的努力，实现百年华茂的目标。

——徐万茂

企业的前途归根结底是靠人心的，《共同协议》把家族成员的心凝聚在一起，给全体华茂人吃下"定心丸"，从根本上保证了华茂的未来。

——徐万茂

钱是身外物，家才是最重要的。

——徐立勋

父亲拟定《共同协议》的出发点很简单，他不希望家族成员未来因为分割家产弄得六亲不认，也不希望华茂由于被后代分割股权而传不过三代。

——徐立勋

第三节　制度与总裁

先说制度。"制度"体现为组织成员共同遵守的办事规程或行动准则。

制度经济学奠基人约翰·康芒斯把“制度”定义为“集体行动控制个体行动的一种机制”。

对于企业来说，制度就像衣服：如果太大，会行动不便；如果太小，裹住身体会限制成长。智慧的领导者，总能恰到好处地给企业换上仅大一码的衣服，既行动方便，又不阻碍企业的成长。

再说总裁。公司具体情况不同，一把手的职务名称也不同，全球没有一个公认的标准，即便在美国也没有联邦标准。在美国，CEO通常是公司一把手，总裁、COO是CEO培养接班人的过渡性岗位；在中国，董事长（或董事局主席）通常是一把手，总裁、CEO、COO则是董事长培养接班人的过渡性岗位。在华茂创领者共治的结构下，实施董事局领导下的总裁负责制，徐万茂领导的董事局通过渐进式地扩大对总裁徐立勋的授权，动态地保持民主与集中的有机统一。

制度与总裁是什么关系？

《中华人民共和国公司法》规定，董事会负责“制定”公司的基本管理制度，总裁（总经理）负责“拟订”公司的基本管理制度，经董事会批准实施后，总裁有权基于这些基本管理制度制定具体规章。

也就是说，总裁是制度的执行者，“制度大于总裁”是一个基本的管理原则。

那么关键的问题来了：为什么徐万茂又要将“制度大于总裁”置于“三三一”战略“开题七条”中的第三条，并将其称为“独特的管理法则”呢？

管理总纲领

孟子说：“徒善不足以为政，徒法不足以自行。”

意思是，仅用道德垂范不足以治理国事，仅用制度规章，它们也不会自行实施。

孟子的解决方案是，既要推行制度，领导要率先垂范，唯有如此，制度才能有效运作。

2007年，徐万茂亲自做过一项家族企业研究，并得出结论：相对于其他体制的企业，家族企业只有三个特殊性问题，分别有以下几点。

第一，家族干预企业。大量利益一致的家族股东进入管理层或者干预管理，导致内部人控制。

第二，资产分散。代际传承和婚嫁，必然导致家产分散化，如果资产成为家产的主要部分，将导致企业资产的分散化，家族慢慢会失去对公司的控制权。

第三，继承人的能力。企业继承人的候选范围仅限于家族成员，企业很难最大化地实现择优选材。

徐万茂认为，只要解决好了这三个特殊性问题，家族企业的问题就基本解决了，其他共性问题，都可以引入通用的方式、工具、方法来解决。

而将“制度大于总裁”提升到“三三一”战略中“管理总纲领”的位置上，针对的就是上述三大问题当中的首个问题——家族干预企业（对于后两个问题，则是通过本章第一、二节详细解读过的《共同协议》解决的）。

2007年9月的华茂管理干部读书会上，徐万茂首次宣布华茂为家族企业属性的同时，他特别面向所有家族成员提出了两项要求，也可以说是代表家族成员做出了两项承诺：

第一，徐氏家族成员不在华茂供职的，不能干预华茂的经营管理；

第二，在华茂供职的，必须严格执行集团各项制度，要在自己的责任范围内做出表率，绝不能超越权力或要求特权。

此时，距“三三一”战略的正式提出，仅仅过去了两个月，这两项要求实质上成为“制度大于总裁”这条管理总纲领的附则，整体上与前述“孟子方案”心有灵犀，其根本目的有以下两条。

首先，规避了徐氏家族对华茂的干预——作为企业最高执行长官的总裁都要在制度的框架中行使权力，遑论其他家族成员。

其次，按下华茂全面、真正实施现代企业制度的启动键。客观上讲，尽管绝大多数家族企业都采取了公司制这一现代企业制度的主要组织形式，但很多家族企业还远未完成“现代企业制度化”的过程，家族干预企业、内部人控制、管理不科学等问题甚至可以说是不同程度地存在。

家族企业体制下的现代企业制度

家族企业进行“现代企业制度化”的核心瓶颈是内部控制以及家族干

预企业。现代企业制度的标准是产权清晰、权责明确、政企分开（对于家族来说，核心是家族不干预企业）和管理科学，其主要内容包括企业法人制度、企业自负盈亏制度、出资者有限责任制度、科学的领导体制与组织管理制度。

每个家族企业都会不同程度地推行现代企业制度，但制度化的过程和结果才是决定企业命运的基本因素，制度化的过程和结果从根本上取决于企业领导者的“制度观”。

徐万茂的“制度观”，归纳起来有五点。

第一，制度是集体智慧的结晶。制度不是少数人操纵的结果，比如徐万茂2006年深入华外推动制度化建设，把最终表决的权力交给职代会，切实地体现出对集体智慧的尊重。

第二，天下没有绝对公平的制度，制订制度的过程要做到公开透明，执行制度的过程要做到公平公正，制度重在执行。

在华外，规章制度一经公开，在这个制度周期内，就成了铁打的规矩，所有人都得按这个规矩行事，比如部分老师、干部想要在考核上得到照顾，徐万茂就放话出去：“定下来的东西，谁来讲好话都没有用。”

有些人觉得考核不公平，把自己的评级评低了，就向徐万茂讨说法。徐万茂回答：“只要你的评级符合现有制度的标准，考核就是公平的，我们制定制度追求公开透明，执行制度追求公平公正，但绝对的公平、公正是没有办法实现的，只能在一定的条件下实现相对的公平、公正。”

第三，制度的本质是对特权的限制。制度要想有效，必须一视同仁地施行，包括董事长、总裁在内的徐氏家族成员首先要遵从制度，团队才能遵从制度。

比如，华外出台了“机动车不能驶进校园”的制度。有一次，一位宁波市荣誉市民W写信给宁波市领导告了华外一状，说他的外孙女在华外上学，他家人接送孩子，但车子不让进校园，市里有关部门随即向华外过问有关情况。

徐万茂马上亮出态度：如果W拿出政府有关规定，证明荣誉市民可以享受这方面的特权，华外就可以放行；如果W现在拿不出这个规定，政府专门给我们一个通知函也可以，华外坚决执行。

第四，制度化是对家族的解脱和保护。“制度化意味着公开和透明，一切都摆在桌面上，什么都可以说得清楚、查得清楚。对徐氏家族来说，这既是压力和约束，也是解脱和保护。”徐万茂说。

第五，制度化管理是人性化管理的前提。徐万茂特别关注了“人性化”与“人情化”的不同。“没有制度化，必然导致人情化。人性化与人情化有着本质的不同，人性化有原则，人情化没有原则，人情化的公司将丧失凝聚力和战斗力，将走向腐败和失败。”他说。

基于上述五点制度观，徐万茂一下子捏住了家族企业制度化的“要害关口”——制度与总裁关系。徐万茂把“制度大于总裁”提升到“三三一”战略层面上，将其确定为百年华茂的管理总纲领，且谓之为“独特的管理法则”，一是彰显打通这一要害关口的决心，二是要以此为基本原则，致力于打造出一个能够支持企业持续成长的“家族企业体制下的现代企业制度体系和管理机制”。

由此可见，如果说《共同协议》意在解决名利与人心之间潜在的发展中的矛盾，为百年华茂凝聚决心和意志，那么将“制度大于总裁”确立为百年华茂的管理总纲领，则意在阻止徐氏家族在企业越权行事或要求特权，把作为家族企业的华茂彻底地推入现代企业制度化的轨道。

而家族企业一旦真正实现现代企业制度化（“化”，表示的是朝着这个方向前进但还没有完全实现的意思），既能保留家族企业独有的优势（比如凝聚力强、执行力强、心理契约成本低，有利于实施长期战略），又能有效规避掉家族企业劣势（比如人才选拔开放度不足、内部关系结构复杂，导致内部人控制），有利于企业推行长期主义发展战略，比如华茂的“三三一”战略，在非家族企业，就很难通过和执行这样的战略规划。

充分授权下的全面预算管理制度

徐万茂不但重新定义了家族企业，还进一步重新定义家族企业的管理，他以“制度大于总裁”为管理总纲领，从三个关键维度上重新定义了家族企业的管理：第一，公司治理上，实行家族体制下的现代企业制度；第二，公司管控上，实行充分授权下的全面预算管理制度；第三，用人上，实行高度信任下的现代契约制度，将传统用人方式的优点与现代用人方式的优点结合在一起，对员工职业生涯负责，长周期地培养人才，同时以人为本，将企业与员工的关系定位为平台与人才的关系。

上文已经对“在公司治理上实行家族体制下的现代企业制度”进行了详细的解读，接下来解读“公司管控上实行充分授权下的全面预算管理制度”。

“全面预算管理制度”是由徐立勋力推的一项对华茂影响深刻的管理改革。2009年年初，华茂董事局决定在集团推行全面预算管理制度，经过半年的“宣讲热身”，于2009年7月正式启动这项制度。

乍一听，全面预算管理制度只是一个财务概念，实质上却意味着华茂正在进行从传统管理模式向目标管理模式的变革，而目标管理模式的精髓在于，通过向下属充分授权，推动知识工作者自我管理和自我实现。

第一，“全面预算管理”与“财务预算管理”有什么区别？

全面预算管理以企业发展战略为导向，在对未来经营环境预测的基础上，利用预算对企业内部各部门、各单位的各种财务及非财务资源进行分配、控制、考核，以便有效地组织和协调企业的生产经营活动，完成既定的经营目标。

在“宣讲热身”过程中，徐立勋向干部员工详细解读了“全面预算管理”与“财务预算管理”的本质区别，他说，全面预算管理是集团与下属企业之间的数字化契约，是总经理（或校长）经营管理思想的数字化，是“把经营纳入有效的管理”“把管理体现为有效的经营”的有效工具。

第二，什么是目标管理？

目标管理的要义在于通过工作者的自我管理和自我实现来实现目标。

德鲁克首次提出了“目标管理”（management by objects）这个概念，他认为在目标管理下，企业通过赋予各层级管理者和员工有权限的责任，激发他们思考和行动集中一致地、自愿地、高效能地为企业做出贡献。

与传统管理相较，目标管理下的“目标”不再是命令，而是公约；目标不再是一堆数据，而是明确、简单、清晰、具体、可操作的愿景，有利于形成“千斤重担众人挑，人人肩上有指标”的工作氛围。

第三，全面预算管理的“华茂化”。华茂引入任何成熟管理思想、模式或管理工具，从不照搬教科书，而是着重把相关的思想和原则嚼透，再结合华茂实际情况将其“华茂化”，全面预算管理亦然。

首先，只选择以利润为导向的极少数关键指标进行预算管理，而不是眉毛胡子一把抓。“量化管理一旦用力过头，大家就会忘了企业为什么会存在，整天为财务数字忙活，就会埋下组织官僚化的种子。”徐立勋说。

其次，保留传统的“红包制”，还设立了“总裁特别奖”等奖项。徐立勋认为，不能把员工的绩效考核、激励以及职业生涯设计都绑定在财务指标上，避免管理人员养成短期化、局部化思维。

董事长和总裁的视角是战略的视角和全局的视角，干部员工基于公司长期战略和公司整体所做的贡献，很难马上在当期经营指标体系内显现出来，华茂创领者就会用“年终红包”和“华茂特别奖”（由“特别贡献奖”和“总裁特别奖”组成）的形式对相应的干部员工进行鼓励和激励。

最后，实行会计集中核算制。通常，一家集团公司下属子公司的总经理与会计同属于一个建制单位，“在同一个槽里吃饭”，而华茂旗下子公司的总经理与会计则是“在两个槽里吃饭”——子公司会计由集团派驻，会计属于集团编制，由集团负责会计的工资和福利。

将集团财务人员下沉到子公司，用以真正实现会计集中核算，这项制度由此成为全面预算管理制度中最为关键的配套制度，是企业内控体系的核心，内控体系越靠谱，越有利于集团在全面预算管理制度下向旗下子公司充分授权，达成统一性和灵活性的动态平衡，真正实现充分授权下的全面预算管理制度，从而挖掘出制度红利和管理红利——既提升了管理效能，又提升了管理效率。

从历史上看，此次推行的全面预算管理制度，实质上成了华茂从实业型管控体制转型为投资型管控体制——在基础制度建设方面的“收官之作”，徐万茂说：“它（全面预算管理）可以巩固投资者（指集团）和经营者（指子公司）之间的信任关系，是促进企业长治久安的一项管理手段。”

从“强推”到“红利”

一项新制度，本质上是用一套“先进的习惯”替代“落后的习惯”，所谓“先进的习惯”就是支持公司新理念、新愿景、新战略、新目标的“新习惯”，所以新制度往往要经历一个强推的过程，帮助干部员工跳出既有的舒适圈。

“全面预算管理制度”，同样经历了一个强推的过程。

2009年9月8日，经董事局批准，华茂印发了《全面预算管理办法（试行）》（简称《办法》），共计7章38条，就“全面预算管理”的组织领导、预算管理、预算编制、预算执行与调整、预算控制与分析等事项给出了具体的操作规范。

9月22日，华茂还设立了一个常设机构（预算管理部）和两个非常设机构（全面预算管理委员会和全面预算管理实施小组），专门负责指导和监督全面预算管理制度的推行。

按《办法》规定，每年进入10月，子分公司总经理们的核心工作就是制定预算：把下一年的经营目标、构思、想法、风险分析出来之后，与集团分管副总裁一起制定下一年的利润目标、销售目标、市场目标等，管理团队达成共识并确定下来之后，总经理们再回到各自的公司，与团队一起进行目标体系的分解与制定。就这样，在集团的制度之下，全员一起挑起了一根实现量化的扁担。

初期，子公司的总经理们大多不是很理解，也不是很适应，以为这是集团用来加强对子公司控制和牵制的手段。

翁虎当时在袖珍科技做总经理，公司成立仅三年，业务处于培育期和爬坡期，市场尚未稳固，业务来源和业务拓展的随机性较强。“饭还吃不饱呢，还要基于战略预期，为各项经营指标做预算，这怎么能说得准呢？”他心里嘀咕。

虽然心里一点儿底都没有，但他还是硬着头皮做了职业生涯中的第一次预算。

没过多久，他琢磨出了门道，觉得这个东西挺有用，最起码在业务上有了一个参照系。

接下来，他发现通过全面预算管理可以分析、发现很多以前不容易发现的问题。

又过了些日子，他觉得这个东西真的好用，可以轻松地把整个团队的思想和行动整合到一起，帮他在管理上省了不少力气，随时随地心中既有数又有谱儿。

再后来，他发觉自己和团队的工作思维已经发生了转变——从机会型思维慢慢转变为战略型思维。

在传统管理模式下，子公司的总经理往往是机会型思维，哪有机会往哪冲，典型的机会导向，灵活性强，战略导向弱。

现在团队开始“用未来决定现在”，自我管理意识和能力明显提升，管理成本明显降低。

经过了前期的强推，大家从最开始的种种不适，渐渐尝到全面预算管理里头蕴藏的“管理红利”。

他们理解了集团的用意，集团推行全面预算管理制度，并不是用它来加强管制，恰恰相反，而是为了更充分地授权给子公司，培养、释放、激发企业内部各个层面的企业家精神、活力和潜能。

在全面预算管理制度下，徐立勋极少干预集团职能部门和子公司的具体事务，放手让管理团队自我驱动，自我管理。

华茂不是以销售收入为发展导向的公司，而是以利润为发展导向的公司，健康的体格是前提，而健康体格的核心是保持强劲的现金流。

华茂这种公司，平日里看似保守，实则像老虎一样，绝大部分时间一动不动，不兴风不作浪，一旦机会出来，就有充分的能力抓住机会并把机会转化为成果，“猎食”效率非常之高。

经过十余年的实践，全面预算管理已经在华茂生根，在企业内控体系中发挥着核心作用，有效控制着资金的流动，控制着发展中的风险，令华茂持续保持了健康的体格。

总体而言，全面预算管理是徐万茂重新定义家族企业管理的重要支柱之一，它是华茂创领者共治阶段的一个重要成果。它既是徐万茂从多次投资失败中汲取的教训的结晶，也是徐立勋所秉持的“懒”式管理哲学的操作系统。

高度信任下的现代契约制度

如果说“家族体制下的现代企业制度”解决的是“打造一个怎样的平台”的问题，“充分授权下的全面预算管理制度”解决的“在这个平台上如何做事”的问题，那么“高度信任下的现代契约制度”要解决的就是“这个平台用什么人以及怎样用人”的问题。

什么是“高度信任下的现代契约制度”呢?

首先，现代契约精神源自西方，核心是平等、自由；其次，高度信任源自古代中国家族的宗法制度，其核心是忠诚文化，经现代化之后，它从宗法制度下的“对人的忠诚”，慢慢演变为现代企业制度下的“对文化的认同”“对企业的忠诚”“对事业的忠诚”。

在华茂创领者的共同调理下，“现代契约精神”与“高度信任”这两种东西文化的精髓在华茂慢慢实现了融合，形成了独特的组织文化和用人机制。

通常，一想到家族企业，人们会直觉地联想到“专制”“等级”“派系”“内斗”等这些描述陈旧体制的词，而华茂的组织文化却完全是一种平等、自由、宽松、信任的组织文化。

在干部任用上，华茂一个很重要的考核标准就是家庭是否和睦，对父母是否孝顺，对家庭是否忠诚。跨公司合作、跨部门合作在华茂是一种默契的、自觉的行为，一个家庭内的兄弟之间相互帮衬一下，还需要父母的批准吗?

华茂的子公司与子公司之间叫兄弟公司，部门与部门之间叫兄弟部门，子公司的老总们的相处模式类似家族兄弟+战友，直来直去，不说官话，不用以“某某总”相称。

在组织结构图上，兄弟公司之间要想实现协同，需要经过总裁批准，实际上，兄弟公司之间的很多协作，都是彼此通个电话就搞定，协作效率非常高。

在员工层面，大家都清楚地知道华茂是家族企业，但同时又会深有体验地补充道：“这是一个你有一分耕耘就有一分收获的地方。徐氏家族对我们的工作没什么影响，家族是家族，企业是企业，他们分得很清楚。不过，徐氏家族的文化倒是给他们的生活、人生乃至家庭带来了很多积极的意义。”

与同行业的民营企业相比，华茂的薪酬水平并不高，属中等水平，但徐立勋经常开玩笑似的说：“华茂的员工流动率不是太高了，而是太低了，人家发愁的是员工流动率太高了，我发愁的是流动率太低了。”

徐立勋的这种说法有七分的幽默，这其实是华茂创领者乐于看到的一种状态，这说明员工的忠诚度高，企业、事业、文化的凝聚力强。

如何实现“高度信任下的现代契约制度”呢？

第一，在选人方面要“把关严”。

很难想象，20世纪90年代中期华茂都已经是集团公司了，文教车间招收一名工人，徐万茂都要亲自面试，直到2000年企业进入交接班窗口期之后，徐万茂才把面试范围缩小到干部层面。

除了面试，华茂创领者在干部的选拔任用方面，把关更是严格。

第二，进行全职业生命周期的文化考核。引用流行的管理概念来讲，“把关严”就是实行“文化考核”，“文化考核”的基准标尺，从基层员工、中层干部到高层管理者，分别遵照的是徐氏家族文化的低阶版本（诚信、勤奋）、中阶版本（责任）和高阶版本（和合、淡泊）。

第三，不定期调岗。如果说徐立勋的上述说法还有三分实事求是的成分的话，那就是他担心干部流动率过低，会导致管理队伍思维固化，降低组织活力。

华茂创领者在用人上有一个共同的风格——用人不谈话：一旦决定让你去做什么，不会提前与你商量，没有为什么，不会问你愿不愿意，也不会谈多少收入、有什么待遇，没有讨价还价，只有立刻行动，就像军队打仗一样。

“不定期调岗”原理有二。首先，双方相互信任：下级相信上级是在因人适用，是在培养他，是在给他机会用以激发他的潜能；反过来，上级则相信下级有能力和愿意接受挑战。其次，通过干部流动，保持组织活力。

“高度信任下的现代契约制度”是如何形成的呢？

史学家钱穆说，看历史上一切制度，都该注意到每一项制度的背后当时人的观念和理论。

革命的本质，应该是推翻制度来迁就现实的，绝非推翻现实来迁就制度的。

也就是说，有效制度的背后一定是文化土壤，你现在所看到的华茂目前所实行的“高度信任下的现代契约制度”，绝不是一蹴而就的，随着企业的成长需要，这项制度经历了一个逐步演变的过程。

徐万茂主政的时代，华茂在用人上，以“亲缘+乡缘”为主要特征，其背后的文化土壤，多多少少具有家族宗法制度的影子。亲缘是枝连枝、叶连叶，乡缘则是知根知底，因此团队对领导者的忠诚度极高，领导者也敢于向下授权，团队行动集统一性与灵活性于一身，管理成本非常低。

优势过度发展之后，可能就会成为劣势，徐立勋刚上任总裁的时候，还有一些亲属在华茂旗下公司任职，徐立勋偶然间发现有长辈利用职务之便拿好处，于是痛下杀手，连续开掉了好几位。

然后徐万茂经历了三个实业项目的投资失败，尤其是创办华外之后，他深刻地意识到，华茂要想实现进一步的发展，必须用新办法来解决人才的问题，完全用老办法（亲缘+乡缘）已经行不通了。

新办法就是“使命驱动+文化考核”，也可以称之为“使命缘+文化缘”，这种办法既能海纳百川、广收人才，又能传承、发展华茂的传统文化。

这种新的用人模式是在华茂创领者共治过程中慢慢形成的。从“亲缘+乡缘”到“使命缘+文化缘”这个用人模式的切换过程，从某种程度上讲，与华茂创领者所经历的磨合是同步的——从对立到统一。所有创领者都要经历这个过程，也只有经历了这个过程并实现了统一，才意味着进步与成长。

一方面，徐万茂把华茂与员工的关系，定位为平台与人才的关系。企业人事就像大浪淘沙：一个新理念、新愿景、新战略、新目标（简称“四新”）出来之后，就要制定一系列新的制度，构造出一个新的组织，在这个过程中，能认同“四新”的人就跟上去了，不能认同的就逐步被淘汰了。“到现在还能在岗的，说明他们跟得牢，跟得上节拍，能一直跟着企业的成长而成长。”

另一方面，除非员工触犯了法律或严重违反公德，华茂从不主动解聘员工，很多老员工都是跟着文教一路走过来的，一些上了年纪的女工从大姑娘时期就进了车间。徐万茂就像个大家长，偶尔还会去车间里走走，与大家打打招呼，遇到经营不好的时候，也从不辞退员工，而是用调岗和转岗来解决问题。

唐人孟浩然云：“人事有代谢，往来成古今。”

随着岁月的洗练和制度的切换，如今华茂的重要部门早已没有家族成员的身影，但家族文化的精髓却悄无声息地浸润了绝大部分人的身心，这些元素才真正是组织的生命之种。

人力资源管理大师戴维·尤里奇说，现在唯一剩下的有竞争力的武器也只有组织了，那些传统的竞争要素，如成本、技术、分销、制造以及产品特性，或早或晚都能被复制，它们无法保证你就是赢家。

华茂创领者在漫长的组织传承和事业传承的过程中，渐渐实现了组织文化的进化，实现了东西两种组织文化精髓的融合，华茂形成了一种平等、自由、包容、凝聚、忠诚的氛围，其中有些相互对立的文化元素也能在华茂的氛围里很好地实现对立统一。

事实上，不仅是用人上的“高度信任下的现代契约制度”，公司治理上的“家族体制下的现代企业制度”与公司管控上的“充分授权下的全面预算管理制度”都是在华茂创领者共治过程中实现传承与发展的结果。

如果只用两个字来概括这一过程，那就是“进化”。而徐万茂在三个维度上重新定义的家族企业管理范式，也正是现代与传统在矛盾和斗争中实现进化的结果。

华茂创领者共治时代，徐万茂与徐立勋携手用“制度大于总裁”这条管理总纲领，解决了“家族干预企业”这个核心隐患，并且以此为主线，完成了在公司治理、公司管控以及用人模式上的现代企业制度化，他们不仅重新定义了家族企业，而且重新定义了家族企业的管理。

第四节　三线棋局

“三线棋局”（即三线规划）是徐立勋开发的一项用以落实“三三一”战略的业务战略规划，它承载的是华茂创领者在经营思想上实现深度融合的过程，是华茂事业传承的一个里程碑。

三种方式看华茂

与一些企业“优先追求速度和规模”不同，华茂50年里的大部分时间是“优先追求质量和效益，其次追求速度和规模”。通常前者遵循的是“先做大，再做强”的战略方针，后者遵循的是“先做强，再做大”的战略方针。

华茂在徐万茂手里做“强”之后，在创领者共治时期做“大”，而“三线棋局”的核心作用是，确保华茂在资本扩张的过程中，避免“为大而大”，而是“为强而大”。

这种“先强后大”发展思路，导致了华茂一直秉持着的“诚信、务实、低调”的经营风格，导致了华茂不需要最大化地获取社会资源以实现扩张，导致了华茂不打广告不做公关，导致了华茂和华茂创领者的其他一切企业行为。

当然，同样导致了外界对华茂的理解深浅不一、各有不同。

单从经营的角度上，就有三种看华茂的方式——“看”法不同，“理解”往往就不尽相同。

第一种“看”法——七大业务板块。

华茂下辖七大业务板块，第一块是产、学、研一体化的教育板块，第二块是国际贸易，第三块是医疗，第四块航天军工新材料，第五块金融，第六块是地产，第七块是其他投资项目。

这种“看”法最为表面化，看不到华茂的成长逻辑。

在这种“看”法下，华茂往往会被简单地理解为一家以机会为导向的多元化经营的家族企业，涉足多个“又深又宽”的赛道，资源难以聚焦，博而不精，难以持久。

第二种“看”法——主营+兼营+“三三一”战略。

华茂是一家主营产、学、研一体化的教育业务，兼营国际贸易、房地产、金融投资等业务的综合性产业集团，它强调“以社会效益带动经营效益”的经营理念，搭建了“教育事业与实业互动”的产业结构，以“百年华茂”为总目标，致力于打造三大教育工程——教育产业园、教育博览园、教育研究园。

这种“看”法尽管客观地传达了华茂的基本业务结构、独特经营理念、产业结构、总目标和战略，但由于华茂表面上多元经营、资源分散，这种“看”法难以让人理解上述基本业务结构、独特经营理念、产业结构、总目标和战略的可实现性。

第三种“看”法就是“三线棋局”。

“三线棋局”是由徐立勋于2010年至2012年主导开发的一项业务战略管理工具，它把华茂旗下所有既有的和未来的业务按照其在“三三一”战略框架下的战略定位分别归纳到长线、中线、短线等三个战略业务单元（简称SBU）之内，其中，中线、短线业务既相互区别，也不排除相互转化：

“长线”指的是用“事业”的逻辑和方法发展的业务，长期利益优先于短期利益，社会效益优先于经济效益并带动经济效益，这部分业务以全资、担负无限责任、永不上市的方式来发展，包括华外、DEF、医疗等；

“中线”指的是用“产业”的逻辑和方法发展的业务，以做成细分行业龙头为目标，通常以控股的方式来发展，包括教育装备、人工智能、军工新材料、国际贸易等；

“短线”指的是用“财务投资”逻辑和方法发展的业务，紧扣时代脉搏，以赚取投资收益为目标，通常以参股的方式来发展业务范围包括银行、保险、电竞椅、手游等在内的30多家公司。

创领者思想融合

家族企业创领者要想有效实现“共治阶段”，思想融合是绕不开的一道门槛，很多二代接班人倒在了这道无形门槛之下。

华茂创领者的思想融合大致经历了四个阶段。

第一阶段是2000年到2007年。这一阶段徐立勋的商业思想与徐万茂的商业思想基本不相融，他给自己定下的唯一目标就是赚钱，只有为华茂赚到钱才能服众，才能接下这个班，同时，他认为赚钱要借势，父亲的那个时代过去了，他需要在新时代浪潮下赚取新时代的钱。

第二阶段是2007年至2010年。2007年“三三一”战略的出台，成为华茂创领者商业思想融合的转折点，这一阶段徐万茂和徐立勋“父唱子和”，徐立勋紧密围绕着2007年出台的“三三一”战略，通过滚动开发《纲要》的方式落实执行。

第三阶段是2010年到2012年。2010年，徐立勋开始带领团队开发“三线棋局”，这意味着在这一阶段华茂创领者迈出了共治阶段至为关键的一步——商业思想上的融合，只有完成了这一步，华茂才能既能“继承过去”，也能“面向未来”，才能真正成为时代合伙人。

这种“融合”的核心体现是，徐万茂放松了对徐立勋投资领域的限制，一方面自身专注于深耕华外学校和DEF，另一方面给徐立勋充分的空间去探索未知，这是“三线棋局”的题中应有之意。

第四阶段是2012年至今。华茂创领者基本完成了商业思想的融合之后，着重深化管理基本观的融合，尤其是“深入”式管理与“懒”式管理的融合。

需要指出的是，“三线棋局”是一个开放的战略规划系统，长、中、短线都是开放的，而非封闭的，从长期来看，短线有可能转化成中线，中线也有可能转化成长线，都是开放的。

“当时立勋更喜欢做金融和投资，不太喜欢沉下心来做教育，我就给他追求的自由，让他去折腾，学费是要交的，但我会把教育大本营扎得牢牢的，会不断地让资本回流到华外和DEF中去。”徐万茂说。

而对于徐立勋来说，“三线棋局”体现了他在商业思想上有了“归根意识”。

徐立勋说：“‘三线棋局’的最终目的只有一个——实现华茂主产业的全面转型，我们从投资上、从实业上赚钱，最终目的是发展教育事业。”

这句话非常关键，也就是说，华茂七大板块业务、近百家子公司，实质上都聚焦于一个目标——实现华茂教育产、学、研体系的深度融合，以此“三生万物”。

“三线棋局”下的成长逻辑

用“三线棋局”看华茂，可以清晰地理解华茂的成长逻辑。

第一，结构上，华茂的成长，源自主产业教育板块（包括事业、产业）的成长与投资板块（产业投资、财务投资）的相互赋能。

徐立勋说：“华茂的财务投资板块纯粹是为了抓准机会获取投资收益，在合适的时机，会挑选一些资产被低估的项目，买过来捂着。”

其中最有代表性的就是宁波银行的投资和DEF的开发，为什么华茂老是能抄到底？究其根本，投资抄底得益于华茂无形资产的赋能。

徐万茂给出的无形资产赋能的原理是：“吃亏就是福，你越想赚钱，就越赚不到大钱，你越看重社会效益、越负责任、越讲诚信敢吃亏，反而越能获得超越预想的利益。”

第二，整体上，华茂的成长体现为战略成长与机会成长的“一体化成长”。战略成长即“三大工程”的成长，机会成长即兼营板块的成长：战略成长为华茂创造并积累无形资产（社会声誉、商业信誉等），为华茂带来更多、更好的投资机会；机会成长则为华茂获取时代红利，增强企业实力和活力，进而反哺华茂的战略成长，提升企业的核心能力。

这种发展模式被徐万茂称为“有主业深度的主题型多元发展”：“主业深度”指的是产、学、研一体化，事业、产业一体化的教育业务；“主题型多元发展”指的是以教育为主题发展其他行业。

比如，华茂置业主打以“教育”为主题的精装修房地产，经过近20年发展，在宁波地产的细分市场做得风生水起，赢得了很好的口碑；再比如，华茂国际在达到了一定规模之后，开始朝着以“教育装备”为主题的国际贸易方向发展。“有了主题，就有了根据地，就容易立得住，只有立得住，才有开枝散叶的可能。”徐万茂说。

徐万茂首次提出了“主业深度”这个概念，它不仅仅强调产业思维下的产、学、研一体化，还强调事业、产业的一体化。

最高明的商业逻辑在商业之外。做企业首先要有一个价值定位——你要为社会创造什么价值，华茂选择的是教育，教育就是华茂的价值本位，一个企业要有一个传世功业，教育就是华茂的传世功业。

正所谓“爱出者爱返，福往者福来”，这个古老的世界观，在华茂50年的成长过程中，也已被反复地证明。

企业家白天要想想“钱从哪里来”，晚上就要想想“钱到哪里去”。把企业做成功，考验的是你赚钱的本事，但要想持续地成功，考验的则是你花钱的本事。

华茂是在产业里赚钱，在投资机会中赚钱，再把赚来的“产业钱”和“机会钱”高质量地投入教育事业里去。

“往事业里投钱，短期、中期都是亏钱的，但它创造的是社会效益，社会效益从根本上会带动企业的经济效益，会给企业创造出长期价值。”徐万茂说。

事业的扎根

老子说，夫物芸芸，各复归其根。

何谓“根”？在商业上，“根”就是企业的价值定位。

而企业的传承，就是企业创领者与时代同步地、持续地强化这个价值定位的过程，根扎得越深，越有利于企业持续成长，以至于生生不息，就像一棵大树一样。

重要的是，这个价值定位不是从企业自身出发的，而是从顾客需求出发的，因为顾客需求就是企业之树赖以生存和成长的土壤。

原因很简单，顾客买的从来不是一件产品本身，他们买的是一种对需求的满足。20世纪30年代，通用旗下凯迪拉克品牌掌门人尼古拉斯·德雷斯塔特说过，我们的对手是钻石和貂皮大衣，我们的车主购买的不是一个“运输工具”而是某种“身份”。

再来看华茂，其价值定位是“做教育”而不是“做学校”。“教育”是从顾客需求出发的，是永不落幕的行业。“如果华茂的价值定位是办学校，我们现在可能已经开了几十所学校，很多开发商找我们要合作办学，我们都拒绝了。”徐万茂说。

选择可以扎根的事业并不是企业家灵机一动的结果。对于华茂来说，直到2007年出台“三三一”战略，明确提出“教育是立业之本”，才真正意味着华茂决定扎根于教育事业。

徐万茂认为，将教育确立为华茂的“立业之本”，这是华茂50年来最有价值的一个认识，也是华茂50年以来经验与教训的结晶。由于找到了“产、学、研一体发展”的总思路，整个企业就形成了日益凸现的“主业板块”。

“尽管发展还有这样那样的问题和困难，但是这根‘脊梁骨’一旦支撑起来，企业的社会形象和商业信誉就完全不可同日而语。”徐万茂说。

事业如何扎根？

至少到目前为止，绝大部分企业没有用事业思维来经营自己的产业，还有很多企业只是用简单的生意思维来经营产业。根基不牢，地动山摇，这是中国企业普遍“短命”的根本原因之一。

“三线棋局”的目的是使华茂教育事业能够扎根，如何持续地确保这一目的实现呢?

徐立勋给出了一般情况下需要遵循的三条原则。

第一原则，主要用自有资金做投资，严控负债率，保证战略重心不偏移。

经营企业，最麻烦的就是忘记了自己的定位，华茂投资业务的定位是服务于华茂主产业的战略转型或者说是持续地服务于华茂事业的扎根。

投资人都是怎么死的?遇到好的年景，疯狂加杠杆。年景突然不好了：资产价格跌10%，本金可能就会损失50%；资产价格跌到20%，资本金就清零了。

华茂一旦遇到看得特别准的项目，也会加杠杆，但杠杆一定会加在企业可承受的损失范围之内，且要做好充分的保护，绝不贪心，绝不眼红，绝不跟风，大鱼大肉吃不上，吃到荤也行，这是由华茂投资业务在“三线棋局”中的定位所决定的。

第二原则，产业投资遵循“烟囱理论”。

为什么有的企业能够抓住机遇，而有的企业抓不住机遇，或者最终被自己抓到的所谓“机遇”压垮了呢?

徐立勋“烟囱理论”回答的就是这个问题。“烟囱理论”的基本逻辑是，每个企业的成长都有其自身的客观规律，企业走到一定阶段时，一定会有不曾想过的机遇出现，所以企业领导者要有纪律意识，只追求真正属于自己的机遇，在下一根烟囱的机会出现之前，专注于打造好现有的烟囱，烟囱越高火越旺，先把一根烟囱做扎实、做好，再做下一根，以此实现企业的行稳致远。

在实际应用上，“烟囱理论”奉行两个基本原则。

第一，企业领导者要时时清楚地认知自身的体量。

徐立勋认为，社会资源在一刻不停地分配着，社会资源的分配所遵循的原则是，多大体量的公司获取多大体量的资源，如果一个5000万元营收的公司，非要拿到5亿元体量公司的资源，这就违背了客观规律，一个风浪打过来，船可能就翻了。

“你做到了10亿元的体量，相应的社会资源自然而然地会与你匹配，如果你方方面面都准备好了，机遇就会很容易地转化为成果，这远比你拼命强求要省力得多。”徐立勋说。

所以企业领导者要有纪律意识，自身拥有多大体量，就去做多大体量的事情，把与目前体量相匹配的事情先做好是最重要的。

第二，企业领导者要时时对自身的操盘能力有清醒的认知。

“比如你现在能操100亿元的盘，却要硬着头皮去操500亿元的盘，那就走在了悬崖边上，很容易就没了。”

徐立勋认为，在“烟囱理论”下，基于上述两个原则，当机遇、企业的实际能力与相应的社会资源匹配起来，企业就会实现一个显著的成长，这种成长既包含“量的成长”，又包含“质的成长”，而只有包含了这两种成长的成长，才是可持续的成长。

“就是这样简单的道理，很多人却不懂，即使懂了，也管不住自己的贪心。所以企业无论何时何地，都要量力而行。”徐立勋说。

第三原则，打造韧性企业，核心是财务健康和柔性组织。

对于韧性企业来说：首先，机会一出现，马上能配备现金流、人才以及其他相关资源；其次，能与风浪共舞，经济动荡期，华茂整体抗风险的能力很强，员工也有安定感，始终能够按部就班地去做该做的事。

华茂从不追求排名和名气，这些东西都是附加在规模上的，如果企业为了规模而规模，这种规模就是假的，就会成为企业成长的负担甚至是地雷。华茂始终追求质的成长和量的成长的动态平衡。

至于投资项目的选择，华茂通常有三个标准：第一，标的公司创造的是“正在发生的未来”；第二，快要倒闭的企业；第三，与华茂“以社会效益带动经营效益”的经营理念相一致。

徐立勋认为，在“三线棋局”之下，只要坚持用上述三条原则做投资，坚持用上述三个标准来选项目，最后，需要的就是运气了，但运气从哪儿来呢？恐怕只能像老祖宗说的，运气是积德积来的。“我没见过声名狼藉的企业能有什么好运气。”他说。

总体来看，“三线棋局”是徐万茂放手让徐立勋在“三三一”战略之下拥抱新时代的一项战略规划。在“三线棋局”所规定的战略规划下，华茂已经开疆拓土了10年。

2021年7月19 日至7月28日，华茂50岁生日刚过一个多月，徐万茂就率领董事局成员对华茂下属企业进行了一次详细的调研，结合15年来华茂“三三一”战略实践过程中的经验和教训，徐万茂正式提出了主题为“企业跟着教育走”的“三个三”规划。“三个三”规划的出台，从某种程度上讲，意味着“三线棋局”完成了历史使命。

第五节　“烟囱”的故事

“烟囱”指的是徐立勋在华茂创领者共治时期主导的产业投资，本节讲述的是其中主要的四项，它们在“三线棋局”之内拥有不同的定位、承担着不同的使命，徐立勋秉持着“烟囱理论”和“懒”式管理哲学培养着它们。

它们大多数处于成长期，未来的命运仍存在不确定性，它们身处不同的行业，有的前卫，有的现代，有的传统，有的保守，但它们的经营风格与华茂出奇的一致：诚信、低调、务实。这种风格不能保证成功，却可以最大可能地保证不败。

华茂国际：一支团队的起承转合

进入职场之后的很长一段时间，顾蔚军喜欢一大早先去星巴克买杯咖啡，然后再去上班。但从2000年开始，她突然喜欢上了普洱茶，于是开始收集各种优质老茶，还经常将藏品拿出来与茶友分享。

她的一位好友在华茂工作，经这位好友引荐，她与华茂总经理徐立勋成了茶友，有时间他们常在一起品普洱茶。

华茂创领者用人——至少在子公司老总这一层——很少对外招聘，他们喜欢通过朋友介绍，或通过茶友这样的社交圈来结识，他们相信，人与人之间从了解到理解，从理解再到认同，是需要一个过程的。

2005年的一天，徐立勋、顾蔚军等几位茶友照例聚一起在品茗，顾蔚军的电话响了，对方问她有没有兴趣加入某某公司。

当时，顾蔚军在宁波韵升股份有限公司担任中层。打完电话后，徐立勋直接对她说：“干吗舍近求远？不如来华茂吧，有很大的空间给你。”

根据当时华茂发展的形势，徐立勋认为华茂早晚需要开发国际贸易业务，以形成与文教业务协同发展的态势。国际贸易是一项能迅速做大体量的业务，可以在较短的时间里培育起竞争力。对于华茂正在进行的多元化经营的转型升级而言，国际贸易业务做出快速而稳定的贡献显然是可以想象的。

宁波是中国外贸重镇。2001年加入WTO之后，中国定下了雄心勃勃的战略，要把这个古老的国家打造成世界工厂，这为宁波对外贸易打开了快速发展的通道。徐立勋商业思维最明显的特点就是"顺势而为"，面对宁波国际贸易欣欣向荣的形势，他内心时常升起一种激情。"华茂发展进出口业务的时机到了。"徐立勋当时不断在脑子里头强化着这个想法。但当他把这个想法拿到了董事局会议上，却迎来很多反对的声音。反对者认为：这不是一个小项目，注册资本要5000万元；业务运作初期，银行开具信用证还需要华茂做担保；最重要的是，控制住风险不是一件容易的事情。尽管多位董事反对，徐立勋一直在争取。

2005年9月，在徐万茂的支持下，华茂国际贸易有限公司（以下简称华茂国际）终于成立，顾蔚军任总经理，徐立勋为法人代表。创办华茂国际是徐立勋接班担任集团公司总裁以来的"处女作"。

徐立勋为华茂国际制定了"两步走"的发展战略：

第一步，通过传统的外贸合营业务，把规模、团队、能力培养起来；

第二步，服务于华茂主产业，培育自营教育装备及其他大宗商品的进出口业务。

基于这个发展战略，以五年为一个战略周期，华茂国际经历了四个发展阶段。

第一阶段：初创期（2005—2010年）

"初创期"的主题就是打天下。起步头两年，不设核心方向，埋头做规模，把规模做上去，才能自主进行银行授信，而不用集团做担保。

徐立勋给予了顾蔚军充分的授权，华茂将华茂国际业务范围内几乎所有的信用证保函的最终签字权都授权给顾蔚军，而顾蔚军在华茂国际内部同样推行了分权化管理：按业务金额设限，给予业务经理充分的自主审批权。

这种分权化管理在当时的外贸公司中并不多见，徐立勋却敢于将签字权全部授给管理团队，这不仅给予了团队自主性，还激发了团队的责任感，华茂国际很快就成为宁波外贸领域的一只黑马。

但华茂国际的成长并非一帆风顺，有时也会遇到挫折。2007年，某业务经理做了一单6000吨船舶的出口代理业务，船造好了，海外船东却突然弃购。由于风险管控没做到位，船压在了自己的手里，华茂国际不得已变成了船东。

当时民间资本造船热正在浙江兴起，华茂国际决定将错就错，进军造船业。造船是一项资本密集型业务，受国际经济和贸易形势影响巨大。2008年国际金融危机的爆发，让公司的造船业务陷入困境，难以为继。

这是一次重大的挫折。华茂没有对华茂国际采取放任不管的态度，而是加大了对其授信额度。徐立勋也力挺顾蔚军，在当年的年终大会上，他对华茂国际整个团队说："顾总是一位女性管理者，女人的天性是包容、细心、责任意识强，这也要求你们在业务、行为规范上要更加自律。"

团队很快从失败中恢复了斗志，公司迅速成长了起来，2010年做出了20亿元的出口代理业务，形成了初步规模。

第二阶段：成长期（2010—2015年）

"成长期"的主题是：从追求速度和规模调整为速度、规模、利润并重，健全制度，完善内控和管理。

马儿初长成，只有好马配好鞍，方能远足。"配鞍"就是配制度，华茂国际成立了风控部，一方面完善了职能部门的管理，同时对业务进行了细化，便于分类管理，比如把监管分为财务监管、储运监管等。

华茂国际在这一阶段开始大力发展进口代理业务，到2015年，进出口业务总量冲到了50亿元。

第三阶段：成熟期（2015—2020年）

"成熟期"的主题是：追求内涵式发展，挖掘管理红利和创新红利。

在达到50亿元规模之后，徐立勋对顾蔚军说："我们不要再追求规模了，现在是优先追求利润的时候了，因此公司要逐步追求内涵式发展。"

在这一阶段：华茂国际一方面在业务规模上"慢踩刹车"似的进行结

构调整；另一方面，随着与华茂结合得越来越紧密，先后多次参加世教联组织的教仪展、俄罗斯莫斯科教育技术装备展、美国NEST自然科学展、GESS教育仪器展等国际教仪展会，这有利于华茂国际将自身培育了长达15年的国际贸易能力越来越深入地融化到华茂产业体系之内。

第四阶段：转型期（2020—2025年）

“转型期”的主题是：从合营模式向自营模式转型，拓展新的发展平台。

随着跨境电商越来越普及，进出口合营业务的利润空间越来越小，同时风险却越来越大，外贸公司向自营模式转型是大势所趋。

自营进出口贸易的核心挑战是工贸一体化，企业只有打造出自己的核心产品，才能把利润空间撑开，但这也正是华茂国际的优势：其背靠华茂，有着丰富而厚实的产业基础，而服务于华茂主产业的转型，也正是华茂国际的初心。

“我们将与集团结合得越来越紧密，为集团旗下的企业开拓全球市场，使华茂国际团队成为集团核心能力的一个组成部分。”顾蔚军说。

所谓转型，归根结底是“人的转型”，“人的转型”的首要问题是“人愿不愿意转型”。

华茂国际的团队很稳固，现在的管理团队就是当初的创业班底，当年由顾蔚军组建的“学生兵”团队，如今个个都已独当一面。

徐立勋虽说是个70后，为人处世的风格却与80后、90后差不多，活得比较自我，既不做作，也不端着，和大家相处比较随意。

在顾蔚军眼里，老徐总和小徐总是两位淳朴的老板，能遇到这样的老板是一种幸运。她和她的团队能够从华茂创领者那里感受到真正的尊重，正是这种尊重，塑造了团队的凝聚力，现在华茂国际依仗着这种凝聚力一步步地实施着面向自营模式的转型。

如今，经过16年发展，截至2020年华茂国际已经位列宁波外贸36强（宁波拥有1.3万家外贸企业），在不断总结经验与教训的基础上，基于“企业跟着教育走”这一战略思想，持续发力自营贸易和自有产品的海外市场拓展。

2021年9月，华茂集团（上海）有限公司在上海成立，华茂国际计划以此为契机，在上海设立的全球贸易总部基地，上海与宁波实现优势互补，资源共享，用国际化视野拓展新的利润增长点。华茂创领者对华茂国际的期待是：在推进自营模式转型的同时，始终认真研讨“如何推进教育仪器产品的国际化”这一课题，在不断总结经验与教训的基础上，在华茂产、学、研一体化的高端产业链上找准位置，不断提高品牌知名度，实现稳健发展。

宁波曙翔：是什么造就了命运转折？

2007年元旦刚过，上海铁路局的一位老友来宁波找郑保琪喝酒。

酒过三巡后，老友从皮包里拿出一张照片，是刚从奥地利拍回来的，照片上的是一个用新型复合材料加工制作的铁路扣件的样品。“这个东西很重要，用量大，你能不能干出来？”

郑保琪，出生于1963年1月，早期在宁波鄞州区科委工作，2006年创办了宁波曙翔铁路设备制造有限公司（以下简称宁波曙翔），早期的宁波曙翔是一家类似于研究所的机构，专门为铁道部门提供非标准服务，铁路系统有什么与材料相关的疑难杂症都来找他们。

但老友这次要的显然不是非标服务，尽管一高兴喝了半斤酒下去，但郑保琪有种直觉，大好的机会来了！

第二天，他把整个团队三四十号人都动员起来，花了不到一年工夫，居然把这个产品给做出来了。

以前，这种铁路扣件都是用金属材料制作的，这次他们用高强度树脂复合材料替代了金属材料，解决了绝缘问题，具有颠覆性意义。

其原创性的核心技术体现在三个方面：独特的复合材料、独特的工艺以及前两者的匹配。这看起来是一个小产品，但其技术门槛其实很高，难以破解。

产品一炮打响，订单火速飞来，宁波曙翔产销两旺，但郑保琪很快遇到了新问题：回款难。

当时铁道部的资金被集中投入高铁建设当中，传统铁路的资金捉襟见肘，没多久，光是上海铁路局的欠款就将近1000万元，郑保琪发现，企业的资金周转不动了。

也就是在这个节骨眼儿上，手里有钱的徐立勋，也正在四处寻找技术含量高的产业投资项目，在一个朋友的接洽下，2008年的一天，素昧平生的徐立勋和郑保琪坐到了一起。

徐立勋问："这个材料是新材料，除了铁路，我们还将它可以用于其他市场吗？"

郑保琪回答："这项发明本质上是用高强度树脂复合材料替代原来的金属材料，作为一种创新的基础材料，它提升的是相应功能材料的基础性能，具有颠覆式的价值，不但重量轻，而且绝缘、耐腐蚀，不但在铁路上用量大，在其他工业领域的应用空间也很广泛。"

徐立勋又问："你有没有考虑过公司上市？"

郑保琪愣了一下，答道："上市？一个破材料也能上市？我没这个概念。"

徐立勋没有直接回答，而是继续问："如果华茂投资宁波曙翔，你要多少股权？"

郑保琪没有丝毫迟疑："这个无所谓，你们看着办吧，我的目的就是能把这个材料做出价值，如果现在没有钱进来，就等于零了。"

郑保琪身上有一种江湖气，不过他说的是实话，来见徐立勋的路上，他就在寻思：无论是哪家公司，只要愿意接盘，能把这件事情做下去就行。

徐立勋看着眼前这位年长一轮的骨灰级创业者，思考了一会儿，然后说道："我们要投的产业，一要跟国家的宏观战略相关，二要有自主创新，而不是模仿。我看好你，看好这个产业，看好这个项目。"

很快，华茂投资团队完成了对宁波曙翔的尽职调查，2008年双方签订了投资协议，华茂投资1000万元，成为占股65%的控股股东，其余股权由郑保琪与团队分享。

入主宁波曙翔之后，华茂只派驻了一名财务经理，其他一切照旧。

徐立勋对郑保琪只说了两句话。

第一句："不用急，慢慢做。"

第二句："有事汇报，没事最好别来烦我。"

华茂总裁班子包括徐立勋在内总共五位成员，每人至少分管着两家企业，所谓"分管"，并不是参与企业日常管理，而是服务和风险把控，分管宁波曙翔的是投资副总裁许斌。

2014年以前，宁波曙翔只做铁路扣件这一项业务，每年着保持30%到40%的增幅。2014年，销售收入突破2000万元，这个数字还只是中国庞大铁路市场中一个极小的部分，这个小产品的市场还远没有爆发。

此时，宁波曙翔又迎来命运的另一个转折点。

2014年的一天，一位做军代表的朋友对郑保琪说："你们做复合材料，国防科技大学也有一个复合材料研究团队，你们是做工程技术开发，他们是做科研开发，你们双方应该有合作的基础。"

郑保琪对市场相当敏感，他马上找到徐立勋："现在国家正在推动军民融合，你有没有兴趣向军工领域拓展？"

徐立勋眼睛一亮，干脆地答道："好啊！"

军民融合是一项影响力很大的政策，徐立勋又从小有军队情结，对于要不要做军工，他已经考虑很久了。

军工产业的特点是：企业要基于军方特定的需求，定向地、个性化地提供产、学、研一体化的产品和服务；前期投入大，回报周期长，动辄三五年甚至更长的开发周期；一旦开发成功，市场就具有垄断性，很稳定，没有对手来抢，但做不成功，前期投入就打水漂了。

徐立勋深知军工产业是一个高投入、高风险的行业，之前他还专门找许斌商量，两个人用了各种战略模型来分析，最后徐立勋说："做成了最好，做不成，就算为国家做贡献了。"当年徐万茂在众人的反对声中做教学具，最后也是抱着这种想法下的决心。

基因是神奇的，基因偏爱传承那些最深刻的东西。

在军代表的引荐下，郑保琪团队在长沙与国防科技大学周永江团队见了面。

周永江教授正领导着一个关于材料的国防科技重点实验室，他的团队在该领域应用研究方面处于国内顶尖水平。

以前，实验室只是关起门来搞研究，军民融合后，一个巨大的军需市场即将横空出世。科研开发与工程开发只有充分结合起来，才能把科研成果向经济成果转化，才能把握住这个巨大的时代机遇。

能力互补，相见恨晚，双方越谈越投机。

双方当即决定为空军预警机装备研发一个关键部件——“天线罩”，这个项目是军方委托给周永江团队研发的，周永江团队已经研发成功，正苦于找不到合适的企业伙伴做工艺开发。“天线罩”要求强度高，透波能力还要好，之前周永江将“天线罩”的工艺开发委托给几家国有企业，但它们做出东西都达不到指标。

回到宁波，宁波曙翔团队立刻展开技术攻关，只用了半个月就拿出了解决方案，获得了周永江的认可。

然后宁波曙翔正式立项，从2015年开始研发，一直做到2018年完成产品中试，该项目总计投入了3000多万元研发费用，其中，华茂投入了2000多万元，占到了总投入的2/3，其余1/3的投入由空军预警机主机制造方负担。

要知道，华茂投入的这2000多万元都是前期投入，也就是说，如果失败，或者由于其他不可抗因素导致订单取消，这些投入随时都会打水漂。

“我挺佩服徐立勋总裁的，他总是考虑得很长远，他很有魄力，只要认定了一个战略方向，就愿意一直投入，愿意先创造一个比较好的平台，而不是首先想在短期内看到利润。”周永江说。

就这样，空军预警机的“天线罩”把宁波曙翔牵引到了军品领域，宁波曙翔从此开始从事与复合材料相关的军事应用开发，产品将被应用于隐形战斗机、军用雷达等领域。

2015年，中国首次提出把军民融合发展上升为中国国家战略，水涨船高，徐立勋决意把宁波曙翔定位为拥有自主知识产权的民品、军品新材料产业平台。

前景越光明，道路越曲折。

持续巨大的研发投入，导致宁波曙翔从2008年至2017年亏损了整整10年。

其间，华茂不断地为公司增资。

为了不负信任，郑保琪领着团队玩命地干，有一次，由于连续三天没怎么睡觉，和大家开会的时候，当场晕倒在办公室。

2019年，宁波曙翔的军品业务终于爆发，从2018年的2000多万元营收增长到2019年的将近6000万元，2021年有望达到1亿元以上。

“中国很多企业习惯了投机取巧，很少能像华为那样持续高强度地投入研发，我们要向华为学习，做实业要守得住初心，耐得住寂寞，才能够有所成效。”徐立勋说。

2020年年底，宁波曙翔正式进入了上市辅导期，目标是科创板。

这与此前华茂和华茂教育做出永不上市的决定并不矛盾。科技企业拼的是研发，拼的是市场，上市对于科技企业说是一个关键的成长手段。

还有一个方面是华茂创领者更为看重的：“企业上市的过程，是一个实现管理规范化的过程，上市之后，有人监督着你，你就不会乱来，总归是好的。”

2021年，宁波曙翔成功入选国家工信部第三批专精特新“小巨人”企业名单。

经过了长达12年的持续投入，宁波曙翔在技术、人才等各方面的储备已经非常深厚，综合实力上，全国能够与之比肩的不出三家，而市场已经处于一个爆发式增长的前夜。

在徐立勋的构想中，如果军工新材料发展顺利，华茂“三线棋局”中，中线业务将呈现“双主业格局”，即教育装备业和军工新材料产业。

华茂航天：徐立勋的产、学、研思维

2014年12月的一天，在郑保琪的安排下，周永江从长沙来到宁波面见华茂总裁徐立勋，目的是签下宁波曙翔的一项技术服务采购合同。

按照惯例，他事先把核算好的报价调高了一些，留出砍价的空间。

国家对军工企业管理非常严格，企业需要事先申办“军工四证”，宁波曙翔刚刚办齐了“军工四证”，开始筹备开发“隐身导弹材料伪装网”项目。

徐立勋邀请周永江来甬，目的有两个：一是有意把该项目的应用研究工作委托给国防科技大学的周永江团队；二是想亲自与周永江教授谈一谈。

核心目的其实是后者，徐立勋想亲自感受一下周永江是怎样的一个人。

按照约定的时间，周准时来到徐立勋办公室。

见面时，徐立勋早已放下手中的工作，安静地坐在茶桌旁边等候。

这次谈判给周永江留下极其深刻的印象，通常，无论切入正题之前的沟通铺垫有多么“抒情”，在商言商，谈到价格的时候，甲方总要讨价还价的，仿佛不这样做就不诚心似的。

让周完全没想到的是，徐立勋一分钱都没有砍。

周永江内心有一丝感动，像他这种高级知识分子，往往把被尊重和被信任看得比什么都重要。

他突然委婉地提醒徐立勋："徐总，要想把这个'伪装网'项目整个做下来，可不只是这一项研究，单就研发来说，要涉及好几个项目，估计还得投2000万元左右。这都是前期投入，做军工很费钱，你得仔细评估！"

徐立勋看着他说："周教授，我们一直想给国防贡献一些力量，现在又致力于新材料产业的发展，你不要有太大的压力，研发嘛，避免不了失败，华茂一贯的风格就是——要做，就坚定地做下去。"

此次会面，二人都给对方留下了深刻的印象。

对于市场而言，政策就是"天"。

2016年，军工科研工作者头顶上的"天"开始剧烈变化了。

自2015年军民融合升格为国家战略之后，作为这项重大改革的配套改革，2016年年底，中央下达了政策，国防系统内的科研院所停止一切对外有偿服务。

且按照上级指示，周永江所负责的国防科技大学国防科技重点实验室隐身功能研究室的定位，也将从应用研究导向过渡到基础研究导向。

这项改革的题中应有之意，就是想把"久在闺中"的军事科研工作者向市场的方向推一把，鼓励他们与民营资本去结合，激发他们的企业家精神，提升他们发明创造的效率和有效性。

周永江面临着人生中的关键选择：是继续"无风无浪"过一生？还是勇敢地走出校园"到中流击水"？

就在周永江左思右想犹豫不决之际，华茂向他抛来了橄榄枝，邀请他加盟华茂航天。

2016年11月，华茂注册成立浙江华茂航天科技股份有限公司（简称华茂航天），致力于打造军工新材料自主研发和工程技术开发的平台。

2017年3月，周永江结束了长达23年的军龄，走马上任华茂航天CEO，华茂求贤若渴地拿出了华茂航天51%的股份给了周永江及未来的团队，并由周代持，周由此开始了军人向企业家的转型。

企业与大学的机制和氛围，果然完全不同。

宁波曙翔与华茂航天虽然是两家独立的公司，实质上共用一个工作平台，二者共同面向军工新材料领域，宁波曙翔的定位侧重于“产”，华茂航天的定位侧重于“研”。

就这样，本是上下游关系的两家公司，通过共用平台，实现了团队的融合以及业务的无缝对接，从本质上弥补了传统军工产、学、研分割式发展模式的不足，极大地提升了效能和效率。

至目前，华茂航天研发团队已突破了百人规模，这些科研人员绝大部分来自全国各地，整体能力在国内民营军工企业群体中处于一流水平。

从投资和能力上看，华茂航天成立不到三年时间，硬件投入就达到了2亿元以上，研发费用投入则达到了4亿元，与之相应的是企业能力的快速提升。

目前，从光学到红外，从雷达波到微波，无论是雷达性能测试，还是天线罩测试，华茂航天在国内都已处于领先地位，已建成了国内领先的光学电磁目标特性评估与应用技术实验室，并与多家国家级重点实验室以及航天科工207所建立了紧密的合作伙伴关系。

该不同的不同，该相同的还是要相同，上述的不同，是因为要遵循市场规律，下述的相同，是因为要遵循科研规律。

科研有科研的规律，学院派科研团队进入了民营企业，最忌讳企业以绩效考核的名目，杀鸡取卵，急功近利。

华茂航天所有研发人员都是按照年薪制来发放工资，公司处于投入期，经济效益没有释放出来之前，不设绩效工资，也没有考核，不用考勤，也不用打卡。

军民融合浪潮下，很多民营企业进入军工领域，往往用短平快的思维，到各个科研院所挖技术大咖，谈个年薪，同时配上考核指标，如果没有达到经营指标，就不会发满薪。“华茂航天不这样做，我们年年发满薪。”周永江说。

在徐立勋充分信任和放权的氛围和机制下，科研团队完全在靠自驱力工作，为追求成就和自我实现而工作。

团队成员们不是在公司搞研发，就是在外面与客户搞技术对接，每个人都专心沉浸于目标和使命当中，他们把公司当家，把工作当家务，没有了加班的概念。

团队配备了7个研发方向的技术带头人，周永江身为CEO，一年要飞行80多次，他可不是到处去演讲赚名声，而是埋下头来带项目、谈对接，他的出差次数在团队当中还不是最多的。

徐万茂做教学具，市场刚一起来，就开始投资教研所，学校刚一开办，就开始投资民办教育研究所，紧接着又上马DEF。

徐立勋做军工，宁波曙翔刚熬过亏损期，就开始投资华茂航天。

虽然这两个行业相距十万八千里，但他们都是在用长期主义思维，以破釜沉舟的心态与意志去打造产、学、研一体化，真正是本着一颗事业心去做，而不是本着追逐短期的政策红利或行业红利而做。

华茂创领者的管理风格看起来有很大不同，实际上他们的经营思想、思考方式已经潜移默化地实现了传承。

徐立勋的计划是，首先把宁波曙翔推向科创板，接下来再考虑华茂航天的上市。

按照徐立勋的推断，2025年左右，华茂的教育板块与科技板块有望实现两翼齐飞。“教育给我们带来的是庞大的无形资产和社会效益，科技给我们带来的将是财富，那时我们员工的收入水平也会得到改善。”徐立勋说。

优加科技的“慢成长”

命运这个东西，有其定数，也有其变数。

徐立勋没想到与华茂航天几位军工技术大咖的一次聊天，最终会改变优加科技的命运。

2017年春，几个雄心勃勃的年轻人创办了一家公司，专攻人工智能电子设备，不幸的是，仅仅一年之后，公司便陷入困境。

2018年，华茂收购了该公司72.5%的股权，并将其更名为宁波华茂优加科技有限公司。

徐立勋的这次出手，有其更为深刻的背景和更为深远的想法。

华茂教育装备业“四驾马车”，无论是技术、组织还是文化，支持和匹配的是传统的教育装备业。

华茂教育产业板块需要一个全新的平台——要用全新的技术、组织和文化来匹配互联网时代和人工智能时代的教育装备业的发展。

徐立勋果断地收购了优加科技，并萌生了第一个产品概念——智能桌椅。

但他没有越俎代庖，在为优加科技招聘了一位新总经理C之后，他对C说："你可以考虑一下是不是做智能桌椅，但具体做什么，你来定。"

徐立勋没有就此放下这个想法，2019年年初一天，在与几位军工技术大咖聊孩子的话题时，他偶然提起了一件事。

原来，两年前他投资了一家医院，医生知道他小儿子五岁了，就跟他讲，现在亚健康的孩子特别多，这与坐姿有着很大关系，学生如果长期保持不正确的书写姿势，连内脏都会发生微小的移位，只要做一下磁共振或者拍一张X光片就可以检测出来。

"我要做一套智能桌椅，让学生们从小就养成最正确的书写姿势和坐姿，你们能不能用军工技术为这个产品设计一套算法？"徐立勋对军工大咖们说。

这些大咖们家里也都有小孩，对此亦有感触，都说这个想法好，愿意试一下。

两个多月过后，一位大咖回复徐立勋："原理上能实现，但需要算的东西太多，技术难度很大，急不得。"

徐立勋高兴得直拍大腿："OK，算法这块就靠你们了！"

花开两朵，各表一枝。

话说优加科技总经理C自到任后，想快一点出业绩，便把智能桌椅的想法放到一边，确立了其他短平快的产品方向。

直到2019年4月的一天，C才对徐立勋说："我想把产品研发的重点转移到智能桌椅的方向上。"

徐立勋"扑哧"一下忍不住笑了："我本来就是想请你来做智能桌椅的，你非要往其他方向走。"

C不解地说："你怎么不早跟我说呢？"

徐立勋说："如果我强令你这么做，你能有这样深刻的教训吗？现在你自己摸索过了，切身体验到了哪儿深哪儿浅，这样才可以静下心来，专注在这个方向上。”

自此，军工技术团队与优加科技团队开始协作开发七色花品牌的智能桌椅。

在2020年10月召开的首届DEF上，优加科技推出了全球首款AI智能学习桌的样品，论坛主席龙永图参观时对其喜爱有加，主动为这个极具人性化的创新产品签名留念。

该产品已经进入紧锣密鼓的商业化进程当中，其定位是“学生书房里面的智能终端”。

“在真正进入市场之前，我们计划首先在华茂旗下的四所学校试用。”徐立勋说。

在这个“10倍速”时代，别人崇尚的是“快种快割”，华茂崇尚的却是“慢养放养”。

华茂“慢养”的是什么？是“天时、地利、人和”的合局，是“远行者无大步，不疾而速”的成长。

在徐立勋“烟囱理论”指导下的四项产业投资，分别发生在2005年、2008年、2016年和2018年，作为华茂继任领导者的徐立勋，就是这样从一个胜利走向另一个胜利，虽然它们还没有完全实现自身的目标，但也就是在这个过程中，徐立勋一步步实现了自身的成长，领导了企业的成长，实现着华茂事业的继承与发扬。

第六节　领导者

领导者分为两类：第一类是基于使命的变革型领导，即战略型领导；第二类是基于权力的交易型领导，即战术型领导。德鲁克认为，真正决定企业未来的是战略型领导。

绝大多数交班人选择的是以交易型领导作为接班人，这类接班人上下通达，左右逢源，擅长把企业的当下打理得风调雨顺，却往往不擅长未雨绸缪地领导变革，开拓未来。

徐氏家族文化、徐万茂的个人意志以及百年华茂目标决定了华茂所需要的继任领导者是第一类领导者，也正是基于这一需要，才演绎出华茂创领者长达20年的传承剧情。

华茂企业的传承剧情是在创领者之间的互动与合作中完成的，他们从冲突、磨合、相互补位直到实现双剑合璧、共同开疆拓土以至于相互成就。

伴随这一过程，接班人徐立勋完成了从总裁到领导者的蜕变，从而把自己不断增长的才能、智慧、领导力慢慢融化到组织以及企业内外部环境当中。

大参谋

在2007年出台的“三三一”战略为华茂铺就了通向未来的轨道、2008年秋天签署的《共同协议》清楚地界定了徐氏家族与华茂的关系及华茂传承的基本规则之后，徐万茂便把华茂的实权完整地交到了徐立勋手中。

徐立勋拥有了最终签字权以及5000万元以下的投资决策权，徐万茂给自己定下四条纪律：无特殊原因不进总部；总裁不汇报，绝不过问；有人反映情况当作没有听到；家族中的亲戚朋友违规，全力支持总裁的处理决定。

华茂创领者转换了定位：徐万茂全身心投入华外的变革当中，成了一位在一线作战的创业者和变革者；徐立勋虽然在职位上仍然是总裁，但实际上真正成为主掌华茂全局的CEO。

这就是华茂企业传承或者说中国式企业传承的艺术，职位还是那个职位，但职位里的职权却可以有丰富的变化，这种变化取决于在位者的才能、智慧和领导力到达了哪个阶段。

“接班人永远没有羽翼丰满的时候，该放手就要放手，当时我最大的期待就是有一天立勋能够对教育感兴趣，能够真正明白‘君子爱财，取之有道’的道理，担起华茂教育的责任。”徐万茂说。

斯时的徐立勋，再不用厌烦手下越级汇报，再不用担心父亲越级指挥，再不用烦闷想做的事情推不下去。

不过，随之而来的是，他感受到了CEO独有的那份孤独和责任的沉重。

“每做重要决定，别人不能给你多少帮助，思考方向不太一样，你只能自己扛。”徐立勋说。

2008年年底，一位朋友给徐立勋介绍了一个基金项目，项目操盘人是一位很有来头的高干子弟，有背景，有实力，市场机会和商业逻辑都很好，有意邀请华茂投资，只需3亿元。

徐立勋非常看好这个项目，但总是隐隐约约地觉得有什么问题存在，又不知道这个问题到底在哪儿，他觉着应该去问问父亲。

听完徐立勋的介绍之后，徐万茂略加思索，微笑着说："立勋，我不看你的商业逻辑，只问你三个问题。"

"第一，你做这个投资，究竟要达到什么目的？是收益还是广告？第二，合作方背景深厚，认识的有钱人那么多，你与对方非亲非故，为什么专找你？我只知道一条，天上不会掉馅饼。第三，假设你投了这个项目，你是否具备控制结果的能力？如果没有掌控权，这就是一项不公平的投资，你拥有的只有风险。"

徐立勋被问得有点懵，论证了半年，没想到被这么几个简简单单的问题给攻破了。

他没有坚持去投，搁置了这个项目。

后来他得知，那个项目出了很大的问题，假如当初贸然介入，不但3亿元会打水漂，恐怕也会令华茂品牌受损。

"姜还是老的辣，多亏了那三个问题。"徐立勋说。

那以后，他把父亲当成了"大参谋"，而不光是手握一票否决权的董事局主席，遇到拿不准的事情，就去问一问父亲怎么看。

他发觉自己性格中的叛逆元素不知不觉就挥发了，他变得更愿意倾听，乐于面对反对的声音，面对别人反对，他不再急躁，而是包容各方面的想法，推动事情往前发展。

本书前文提到过，我们从德鲁克的领导者理论中提炼出这样的一个公式：领导力等于资质、经验和系统的学习的乘积——资质主要包括道德和诚信；经验顾名思义，指的就是对于成功的经验和失败的教训的总结；系统的学习指的是以人为出发点和落脚点的多学科知识的掌握、运作和领悟。

从德鲁克领导力公式来看，华茂创领者在资质方面并没有存在太大差距，主要的差距在于经验和系统的学习，徐立勋把父亲奉为"大参谋"，解决的就是经验差距和系统的学习的问题。

2012年，宁波市委统战部领导邀请徐立勋做宁波市创二代联谊会会长，该联谊会由三类人组成：海归创业者占80%，其余是二代掌门人和大学生创业者。

可徐家有“不从政”的家规，如何拿捏这个分寸？徐立勋又去找“大参谋”咨询，“大参谋”这次拿出了两条建议。

第一条：“和政界的人打交道”与“不从政”并不矛盾，这个职务不负责分配社会资源，只要事先做好你自己的定位，与政界打交道，可以多历练自己、多长见识，总归是好的。

第二条：关键是做这个会长只能吃亏，不能占便宜，如果你是想通过做会长去达到自己的什么目的，那你就不要干。

从上述这两个案例可以看出，徐万茂从来不试图教给徐立勋解决问题的技巧或手段，他只是在思维方式和价值观上进行点拨，就像武学大师带徒弟，给的是内功心法，而不是一招一式。

徐立勋上任会长之后，精心策划了一个外出活动，通知发出去，只有10个人报名，可至少要14个人才能成行。第一次做活动绝不能打退堂鼓，他挨个给各个区、县的分会长打电话，分配名额，让他们必须拉人过来，还好，第一次活动勉强办成了。

此后，徐立勋开始用心挖掘大家的需求，根据大家的关注点来组织相关课程活动，诸如：如何管理好资产？如何在新媒体时代进行媒体公关和危机处理？新形势下如何做好营销？如何与父辈相处？帮助大家解决新时代面临的新问题，除了上述颇具时代性和技术性的课程，他也会设计一些人文和管理哲学方面的课程，帮助大家提升个人修养和管理素养。

几个回合下来，会员们对于联谊会活动就变得非常积极踊跃了。“当你真正为大家提供了他们所需要的服务，你会明显感受到，组织凝聚力很快就起来了。”徐立勋说。

按照宁波创二代联谊会的章程，每五年选举一届会长。2017年，徐立勋任期结束之前，他个人给每个会员准备了一份“礼物”——带领大家去戈壁徒步拉练，50多公里，用时两天，目的是让大家体验什么是团队，什么是坚持，什么是合作。

也是赶巧，一直体质不错的徐立勋，偏偏那两天生了病，医生告诉他不适合徒步拉练，但他坚持陪着大家完成了拉练。

拉练结束之后，徐立勋本想就此卸任，但统战部领导又找到他，说应会员们的请求，非得要他接续第二任期，见领导言辞恳切，徐立勋只好继续干下去。

第二任期一开始，徐立勋就定下了整个任期的总目标——帮助大家学会如何学习、如何思考。“己欲立而立人，己欲达而达人。”2017年，移动互联网革命基本达到了最高峰阶段，知识更新太快，要学习的东西似乎太多。徐立勋认为，越是这样，你越不能乱学习，不能四处赶场式地学习，而是要参加一些高质量的系统的课程。比如他自己在2018年就参加了中央统战部、全国工商联与清华大学经管学院联合举办的一个班，为期一年，感觉收获很大。

在徐立勋的操持下，宁波创二代联谊会如今在国内同类组织当中已经声名鹊起。

蜕变

徐立勋究竟是哪一天真正从总裁蜕变为领导者的？

总裁更多的是使用以职权为核心的权力，领导者更多的是使用以领导力为核心的权力，这是德鲁克领导思想中对于拥有职权的管理者与拥有领导力的领导者的基本界定。

也就是说，从管理者蜕变为领导者，就是持续弱化以职权为核心的权力，同时强化以领导力为核心的权力，这是一个从量变到质变的过程，也是管理者在不断的实践中完成自我觉悟的结果。

从上述角度看，2014年徐立勋“阳台请战”是他最具标志性的蜕变：尽管当时徐立勋的关注点和兴趣点仍然不在教育上，尤其是DEF，他是一直不愿意接手的，但当他看到DEF一期工程进展缓慢、关键决策久拖未决时，他勇于向前一步，担负起责任，这是从管理者到领导者蜕变过程中最具标志意义的升华。因为领导力首先是责任，只有勇于担负起责任，而不是“不在其位，不谋其政”，他的品质、技能、魅力等这些领导力因子才能逐渐发挥出效能，并获得强化和积累，他才能真正实现从管理者向领导者的蜕变。

从2014年接手DEF一期工程，直至2016年顺利完工，徐立勋只带了7个人进驻，其他人员全部都是原班人马。两年间，他把自己的才能、智慧和领导力迅速融化到整个组织当中，并最终达成了目标。

领导者是由外部定义的，而不是由自身的职位、头衔、特权甚至是财富定义的。

2015年、2016年之后，在下属眼中，小徐总整个人仿佛脱胎换骨一般。

在领导力实现了质的飞跃的同时，徐立勋对教育的兴趣也悄然发生了实质性的改变。

2015年之前，徐立勋一直有个观点：教育从整体上受政策影响太大，企业抗风险能力弱。对于教育装备产业这块，他也只听汇报，不表达想法。

从2015年开始，他突然开始关注产业了，并陆续地讲出了自己的想法，比如他认为，华茂要发展教育生态战略，就能增强抗风险能力，华茂完全有条件和能力打造出中国最大的教育产业生态，这是华茂独有的优势。

自然科学家有句口头禅，如果你想要学习某个领域最好的知识，动手做一遍你就全会了。

回头来看，徐立勋把自己下沉到DEF一期工程的那两年，确实帮助他飞速地改变了对教育的态度和看法，让他直接感知、认知到价值和意义对于企业领导者的极端重要性。

此前，他只是单纯地认为自己的使命有三个，赚钱，赚钱，赚钱，没有其他。即便有其他，也是虚的，是说给人家听的。

他真正深入教育价值体系当中之后，才越来越深刻地体会到社会效益、无形资产对于企业长期发展和持续成长所起到的基础性、历史性作用，也才真正理解父亲经常说的“人财两旺”的深刻内涵。

随着徐立勋对教育的兴趣和关注度越来越高，华茂创领者之间的合作越来越默契，不用对方开口，就知道该怎么做。

讲同一件事情，徐立勋的定位比较靠前，要开拓局面，调子往往会拔高一点。徐万茂就会直觉地加强一些保护性，把调子拉低一些。

如果说徐立勋想得更多的是把一件事办好了意味着什么，徐万茂想得更多的则是这件事办砸了该如何善后。

华茂创领者就像网球双打运动员，他们相融共生，相互启发，相互补位，不会计较哪个工作应该总裁去做，哪个工作应该董事长去做。有时也会像一对特种兵搭档，自觉地担当彼此的“后背”。

“我最关注两个数字”

领导风格没有统一的标准，领导力却有，领导力的唯一标准就是能够带领团队取得一个又一个的胜利。

徐立勋从2002年正式担任总裁，用了12年时间致力于教育主产业之外的中、短线业务开拓和布局，持续累积小胜、中胜。

就在徐立勋的威信和领导力突飞猛进、华茂组织凝聚力越来越强的时候，徐立勋不顾移动互联网深耕中国经济的投资浪潮，于2014年年底出人意料地提出：华茂要放弃扩张性发展，实施内涵式发展，从追求“量”的增长，转向追求“质”的增长。

这是徐立勋作为领导者开始走向成熟的标志。通常，“企二代”的通病是经不住吹捧，盲目铺摊子。

“我们不追求规模的扩张，华茂必须持续增强核心竞争优势，这是‘活着的原则’。企业运营中的所有东西，离开了‘活着’就都没有任何意义。灭顶之灾从来不是突然降临的，而是从你忘记‘活着的原则’的那一刻才开始悄然降临并慢慢积累的。”徐立勋说。

徐立勋认为，如果优先追求规模，华茂很快就可以做到100亿元，那不是华茂所追求的。“我最看重两个数字——利润和税收：利润的增长表明华茂的核心竞争优势和管理水平在增强，表明企业的能力和价值在提升；税收的增长则表明华茂对社会的贡献在增大，这是华茂成长的核心价值所在。”他说。

在全面预算管理制度下，以利润为导向是基于华茂整体来讲的，在结构上，徐立勋注重保持灵活性。

首先，以利润为导向，并不意味着“唯利润是求”，而是追求以利润为导向的全面平衡发展。比如产品品质、应收账款、企业运营的健康水平、口碑、研发投入水平等。

徐立勋严格防止利润过度增长，某公司某年的利润目标是1000万元，结果搞出了2000万元，对不起，如果其他方面不符合要求，还要罚。“我不要急功近利的增长，急功近利对企业整体的伤害更大。”徐立勋说。

其次，板凳要坐十年冷。对于“三线棋局”中的产业投资，徐立勋通常设定10年的培育期，10年以内，“好好地活着”是最主要的事情，集团不要求你有多少利润。

什么是“好好地活着”？在不景气的环境中，如果你刻意去追求利润指标，就会去做一些冒险的事情，就会透支企业生命力；在景气的环境中，你也要定下心来提升产品品质和企业品质。这就是好好地活着。

在内涵式发展战略下，华茂在整体上把收入与利润的增长率控制在20%左右，这是典型的长期主义下的利润管理哲学——首先追求利润，并且是追求适当的利润，以此保证华茂在健康的前提下，实现中高速、有机的增长。

产业维度下的内涵式发展战略

迈克尔·波特说，在影响战略的诸多因素中，强烈的增长欲望也许是最危险的，追求增长的努力往往会淡化企业的独特性，以致产生妥协、破坏配称，并最终削弱公司的竞争优势。

这句经典的管理格言真正的魅力是，它不但告诉我们什么是最危险的，还告诉我们规避了最危险的事情之后，真正该干些什么。

比如，华茂国际在内涵式发展战略下，停止了对于规模的追求，开始在第三个、第四个五年规划中，持续挖掘管理红利、创新红利，启动从代理模式向自营模式的转型。

再比如，宁波曙翔在内涵式发展战略下，催生出了军工业务，又从军工业务中催生出了华茂航天，迅速构建起了产、学、研一体化业务体系。

徐立勋还将军工技术定位为整个华茂的“科技池”，站在战略的高度推动集团的科技化程度，也正是在这一思想下，才有了军工科技团队与优加科技联手开发智能学习桌的标志性案例。

上述产业维度下内涵式发展的具体实践，最终落实为“适当的利润增长”。

企业推动实施内涵式发展，主要指的是产业维度下的战略考量和行动，徐立勋超越了这一单纯的维度，基于华茂的实际情况，将其扩展为从四个维度来启动华茂的内涵式发展，除了产业维度，还包括企业社会责任维度、企业文化维度和公司管控维度。

企业社会责任维度下的内涵式发展战略

企业社会责任一直是华茂持续成长的动力源头之一，之所以要站在企业社会责任维度下来解读内涵式发展战略，是因为在这一阶段成长起来的很多项目，成为华茂在企业社会责任方面的传承与发扬之作，也成为徐立勋作为华茂继任领导者在企业社会责任方面实现了完美传承的重要标志，比如华茂教育基金会旗下的"华茂·彩虹计划"。

回望华茂公益慈善之路，早在20世纪90年代就开始起步，主题是捐资助教，背景是国家教育经费短缺。1993年，首届全国教育工作者大会在北京召开，刚刚摆脱连年亏损的华茂文教就向国家教育部直属的6所师范大学捐款120万元，这在当时是一笔巨款。此后，华茂一直本着"取之于教育，用之于教育"的理念，持续地进行此类方式的捐资助教，至今，华茂累积捐资助教资金达1.3亿元。

这种单纯以事件性、临时性为特征的捐款赠物式的企业社会责任行动，在2008年汶川地震之后进入调整期。汶川地震之后，华茂有意捐助一所希望中学，便与四川省教育厅取得了联系，对方颇有些"傲慢"的态度让华茂对这种捐赠方式的实际效果有了担忧。

对方发来3个文档，捐建小学要200万元，初中要500万元，高中要800万元。华茂方仔细研究了一下"配置清单"，觉得有些虚高。这样的捐赠意义有多大？最后华茂决定不捐建学校了，改为单纯为灾区捐资300万元。

此事之后，华茂企业社会责任团队进行了反思：这种事件性、临时性的捐赠，落实过程不透明、不可控，效果怎样不知道。2006年华茂为中国某某教育基金会捐了1000万元，钱打过去了，后续的进展如何不可知；华茂为鄞县同济中学捐资500万元建了一座教学楼，后来华茂想组织员工去操场搞一个小活动，却要经过学校的层层审批，左等右等，都没消息。

这样的捐助，真的温暖了这个世界吗？真的增加了人与人、单位与单位之间彼此的关爱了吗？真的启迪孩子、激励孩子、引领孩子的心灵了吗？

徐立勋认为，华茂做公益项目，除了重大事件性、临时性的捐赠之外，还应该从自身特色出发，主动营建一个可持续性的公益项目，可以切实地、可控地担当企业社会责任。

2012年，社会普遍关注到中国有一个由4000多万名孩童组成的群体，由于他们的父母在城市打工，这些孩子当中：一部分人随父母生活在城市，被称为“小候鸟”，成为成长在城市边缘的一个特殊群体；另一部分留在农村，成了留守儿童。

2012年7月，在徐立勋的支持下，华茂企业社会责任团队决定投石问路，面向暑期来甬的“小候鸟”，邀请并资助他们观看小剧场话剧《田螺壳的姑娘》，“小候鸟”犹如过节般兴奋，孩子们体验到了他们真正需要的温暖，他们不想游离在城市的边缘，他们想拥抱真正的城市生活。

2013年3月，华茂·彩虹计划出炉了，该计划旨在为乡村留守儿童与城市儿童搭建一个以“互学共享，同行成长”为理念的平等的交流平台，这是一个前所未有的创意。

它的一个基本观点是，城市儿童和乡村留守儿童是平等的，是各有优势的：城市儿童见识广、条件优越；乡村儿童淳朴自然、阳光灵秀。华茂·彩虹计划淡化了以往的“强帮弱，富帮穷”的公益思路，而是把关注点聚焦于更深处，力求帮助孩子们在相互融合过程中实现心灵的共同成长，这与华茂教育的理念是相通的。

老徐总和小徐总，这对父子表面上看，不一样的特点多，一样的特点少，他们在很多具体问题上的看法也常常不一致，但当他们分别收到华茂·彩虹计划方案时，第一反应却出奇地一致：“这个事，由华茂教育基金会出钱，要做就要坚持做下去，如果仅仅做个两三年，那还是不要做了。”他们所说的华茂教育基金会，是华茂旗下的一个地方性非公募的基金会，建设宗旨是动员、鼓励华茂所属企业、各类社会团体或个人捐资捐物，为振兴教育事业、培养人才贡献力量。基金会业务范围是：扶持教育事业，奖励对教育事业有突出贡献的团体和个人，开展与其他公益组织的合作和交流。

当年夏天，首期“彩虹夏令营”一炮打响，宁波副市长主动提出前来“开营”，媒体纷纷报道，来自全国各地的“小候鸟”与宁波本地的“小主人”相互牵手，总计168个孩子在宁波华茂外国语学校进行了为期 8 天的夏令营生活，费用全部由华茂教育基金会承担。

捐钱是相对简单、风险小的公益活动，但也是相对粗放的公益活动。2014年之后，华茂的内涵式发展战略同样覆盖到企业社会责任方面，要求在企业社会责任在运营上追求精益化、实效化和长期化。

华茂·彩虹计划就像一粒种子，从彩虹夏令营起步，不断衍生出以“彩虹”为主题的系列公益项目，构成了一条由不同年龄段孩子群体参与的公益项目组合：“彩虹夏令营”和“彩虹奖学金”主要面向初中生和小学生；“彩虹生”主要面向高中学生，高中学生可申请成为“彩虹之家”的“彩虹志愿者”。

“彩虹之家”有三重“身份”。

首先，它是由华茂独家发起的非营利性公益组织，宗旨是“动员、鼓励华茂所属企业、各类社会团体或个人，为发展教育事业、培养人才贡献绵薄之力”。

其次，它是帮助城市孩子和农村孩子实现互学共享的平台。

最后，它是面向华茂员工搭建的企业社会责任根据地，华茂员工可以在“彩虹之家”担任“彩虹助教”。

曾多年担任华茂文教行政副总的张红波就是彩虹之家的彩虹助教，她负责根据不同学校的需求，设计、配置彩虹之家的硬件装备清单。装备一个彩虹之家成本通常在15万元到30万元之间，由华茂教育基金会出资并安排供货。至2019年年底，华茂彩虹之家在全国已经建立了10所，皆位于贫困地区的小学。

第十所是位于新疆阿克苏地区库车县乌尊镇的色根苏盖特小学，这所小学缺的并不是钱。该校位于地广人稀的地方，该学校建筑规模很大，但只有890多名学生，很多教室都处于闲置状态，里头也没什么设备。学校不缺各方捐款，而是缺少实际的设备以及相关的服务。拿彩虹之家硬件装备来说，2019年10月15日从宁波发车，只能走公路运输，直到22日晚上才到达目的地，路上耗时整整一周，安装人员也是华茂从宁波派出的。

安装完毕只是故事的开头，落地之后要生根，生根才能有实效。彩虹助教会定期用微信群的方式与彩虹之家保持沟通，并定期进行实地回访，了解应用效果并安排设备维护，目的是真正让彩虹之家对学校的教育产生作用。用宁波话讲，就是把每个细节都扣牢了，真正实现“互学共享，同行成长”的使命。

华茂的公益部门不是临时建制，而是常规建制，按日常工作去运作。把所有员工都动员起来，并形成了机制，这在国内非常少见。

在公益的实际运营上，从捐钱捐物开始，华茂一步一步探索，越来越实际，到了彩虹之家这个阶段，通过整合整个企业的资源参与企业社会责任的运营，把企业思维和企业能力注入企业社会责任的事业当中，既追求使命、效能，也追求质量、效率，把华茂的企业社会责任提高到了一个新的层面。

徐立勋说：“企业公益不是用一笔钱换来一个证书，不是把这个证书挂墙上，我们把企业公益当作企业社会责任甚至企业运营中的一部分。彩虹是一粒种子，我们整合企业的人力、能力、品牌、社会资源去浇灌、培养这颗种子，它把企业和社会有血有肉地结合在一起，华茂与社会是共生的，这是我们所追求的。”

企业是社会的器官，它不是以占有财富为目的而存在，而是以“为社会创造什么价值”为目的而存在，因此企业要想持续成长，必须与社会相融共生。

徐氏家族与社会的关系以及华茂与社会的关系，已经超越了简单的慈善，而是实现了从经营理念、产业结构到资产继承，再到企业社会责任、产品社会责任、组织社会责任、员工社会责任与社会的全方位的深度嵌入，从而实现企业与社会相融共生。

其一，华茂的经营理念是“以社会效益带动经济效益”，产业结构是“教育事业与实业互动”，上述经营理念和产业结构，共同催生了华茂企业事业化的发展模式，用事业思维发展企业，用企业思维发展事业。

其二，在资产继承方面，华茂确立了“分家不分产，所有的资产不为任何家族成员所有”的原则，实质上实现了“资产准社会化”。

其三，在企业社会责任方面，华茂通过产品、组织、员工全方位地与社会深度嵌入，实现了企业与社会相融共生。

事实上，彩虹公益组合只是宁波华茂教育基金会支持下的“一朵浪花”，该基金会每年都会通过很多类似于彩虹公益组合这样的项目，把华茂自身的人、财、物、能力深深地根植于社会的土壤之中。

目前宁波华茂教育基金会已经确立了四大服务体系：

第一，教育思想智库。以基金会为纽带，连接世界前沿教育思想，通过DEF向世界发出中国教育之声。

第二，推动教育创新。发现培养有国际视野的优秀教师，推动本土化的国际教育，促进国际交流。从小培养孩子的美学修养、道德修养与公益意识。

第三，教育反哺社会。通过基金会让华茂的师生、家长、校友与社会公众相连接，实现华茂教育资源最大化，提升基金会的社会服务力。

第四，教育服务华茂。发挥华茂教育资源优势，为师生、家长、校友提供参与教育类公益活动的机会。

正如徐立勋所说："华茂要做有人格的企业。要想做有人格的企业，首先要做有社会责任心的企业，只有被社会所承认、所尊敬的企业，才有长生的可能。"

企业文化维度下的内涵式发展战略

还是要再重复一遍德鲁克那句老话：领导者首先意味着责任。那么对于徐立勋来说，除了要承担产业责任，承担企业的社会责任，还要承担企业文化的责任。

2015年冬天，华茂国际总经理顾蔚军向他汇报工作，谈到了一个华茂国际做了快满一年的项目，徐立勋立刻来了兴致："这么好的项目，怎么不早跟我说？我要在集团推广。"

这个项目，名叫"家基金"。

2016年是华茂成立45周年，华茂总裁徐立勋面向全体员工发出了一个倡议，成立华茂"家基金"。

从2016年开始，每年元旦后上班第一天，华茂总裁徐立勋要做的第一件事就是以个人的名义向华茂"家基金"投入200万元。

对于其他干部和员工来说，只要工龄满一年，即可自愿申请加入"家基金"，每月从工资中拿出10元，一年只需120元。

"家基金"筹这些钱用来做什么呢？就是紧密围绕员工的家庭生活，

做有利于“家和万事兴”的事情。

对于华茂员工来说，重阳节、结婚纪念日、小孩出生日、孩子上小学、孩子上初中、孩子上高中、孩子上大学等，每逢这些重要的日子，时间一到，“家基金”的“红包”就到。

举个例子，每到重阳节，华茂员工的父母就会收到华茂“家基金”送上的500元红包。“父母收到的时候，他们心中的那种喜悦，远远超越了金钱本身，这就是‘家基金’的魅力。”张红波说。

再举个例子，“家基金”还提供针对孩子升学的“助长金”和“助优金”：“助长金”，只要孩子升学就有；“助优金”则只针对高考取得优异成绩者发放，以此激励孩子努力学习。

华茂做事情，从不搞形式主义，只要做了，就会不断地深入它、发展它，徐立勋继承并发扬了这种做事风格。

与彩虹公益组合的成长机制一样，“家基金”也持续根据员工家庭生活的具体需求，不断地增加新项目。

2017年，一位基层员工的先生去世了，住院期间，花了很多费用，儿子又刚要上大学，经济负担很重。华茂工会得知了这个情况，每年都会给这位员工发放“帮困金”，资助她儿子上大学，直到大学毕业。

2020年，基于员工家庭生活中的突发性不幸事件，华茂“家基金”陆续推出了“员工意外保险”“大病补助”等项目。比如，员工本人或配偶生病，如果自费超过1万元，对于超出的部分，“家基金”就会根据具体情况给予一定比例的补贴。再比如遭遇父母去世，“家基金”也会送上“慰问金”，表达对员工长辈的感恩和哀思。

家基金把企业、员工以及员工背后的大家庭温暖而持久地联结在一起，它让每位员工感受到自己有两个家——一个小家，一个大家。

很多人一提起家族企业文化，会本能地认为家族企业文化是封闭的，但在华茂，其文化的开放性，其公司的透明度，从某种程度上看，甚至比很多上市公司都做得好，低调经营与开放透明在华茂身上同样实现了自然的兼容。

华茂围绕“家基金”进行的管理实践为企业界提出一个新命题——企业文化的责任是什么？企业文化仅仅是提高执行力的工具吗？企业文化仅

仅是降低管理成本的手段吗？建设企业文化仅仅是出于品牌建设和传播的目的吗？企业文化仅仅是实现企业使命的工具吗？

事实上，包括“家基金”在内，华茂在近20年创领者共治期间的很多涉及企业文化方面的管理实践已经超越了上述目的，比如早在20世纪80年代就为员工办理商业保险，凡此种种，这里头真正隐藏着企业有效传承以及企业持续成长的秘密。

有这样一个故事。华茂下面有一个小公司，年头很久了，亏损了好几年，按照通常的商业原则，理应关闭，徐立勋却对集团负责此事的责任人说：“不能解散这家公司，剩下的几十名员工，年纪都比较大了，如果解散掉，他们在社会上就找到不到工作了，他们跟了华茂这么多年，为企业做过贡献，不能老了的时候就把他们推向社会，那样他们的家庭该怎么办呢？”

“华茂有一份责任养到他们慢慢退休，我给这个公司的目标就是能够自己养活自己，集团不靠他们赚钱。”徐立勋说。

以此，这位责任人深有感触地说：“他们父子不是纯粹的商人，他们是有情怀的企业家，有一种强烈的社会责任感，他们做的很多事情，与当下中国企业界的商业氛围和商业逻辑不太一样，他们现在是特立独行的，但也许他们代表着未来。”

公司管控维度下的内涵式发展战略

公司管控维度下的内涵式发展，最终的目的就是建立一个以投资为纽带、以人才为根本、以制度为保证、一切服从于华茂事业的整体发展的企业管控体系。

具体体现为，强化集团对产业平台的管理赋能，核心是制度化、动力机制建设以及内部审计，包括帮助旗下主要子公司构建并落实“责权利”一体化管理制度和“产供销”一条龙服务体系，把集团五年规划按年度分解落实到各个子公司。从某种意义来说，这也是徐立勋通过科学管控手段对一线企业实现“深入”的方式。

事实上，在“三线棋局”下，华茂针对一线业务实体的资本纽带和以全面预算管理为核心的管控体系是建立起来了，但该管控体系基本上是较为粗放的：从上往下看，缺少深入了解和理解，造成“知识浪费”；从下往上看，缺少管理赋能，造成“资源浪费”。

徐立勋要求集团有关负责人与一线公司的总经理们一起确定合适的目标，制定相应的制度和流程，输入合适的激励机制。

像优加科技、宁波曙翔这样的企业，内部一直保持着创业文化，大家仍然处于一种只顾拼命干活的工作状态。但这些企业重业务、轻管理，对于集团的赋能，刚一开始时一致的反馈是：“我们自己的利益先不用考虑太多，把企业做大了再来考虑这些吧。”

言外之意：“你不要来管我，你又不懂这一行，帮不上忙，弄不好还会添乱。”

有人把意见直接反馈到徐立勋那里，徐立勋对他们说：“依照你现在的管理，做1亿元可以、2亿元也可以，但等到你做5亿元的时候，流程化、规范化管理体系如果还没有被建立起来的话，你遇到的麻烦就大了，你的质量、成本、效率将得不到有效保障，到时候再搞，你的损失就大了。”

当然，制度是用来适应现实并引领现实朝目标发展的，而不是反过来——把现实装进一套制度当中，好的制度应该是集团与一线团队共同研发出来的行动准则和经验框架，而不是集团把紧箍咒强行套到员工头上。

说到底，管理是为经营服务的，是为了更好地达成经营目标。你如果强行推出一套制度，人家不按这个来做，你就相当于失败了。不被执行的制度就是失败的制度，制度化只能慢慢来。

基于此，集团的策略是步步为营——与一线公司商量着办，商量出一条，推出一条，再商量一条，再推出一条，这样日积月累，集团对一线公司的“深入”程度和“管理赋能”的水平逐步提高。

整体来看，徐立勋提出的“内涵式发展”，本质上是“晴天修屋顶”式的企业变革，是“不流血”的变革，如果等到“大雨来了”再去修屋顶，那就成了“流血式”变革，“结果是把更多的代价转嫁到员工和社会的头上，这不是华茂的选项”。

通常而言，员工更喜欢企业采取扩张性发展战略，跑马圈地，容易出业绩，而内涵式发展战略下，就不那么容易出业绩，日子也就过得不那么舒服。

但华茂员工普遍没有这种感觉，在浓厚的民主氛围和家文化的熏陶下，华茂员工有一种非常内敛的主人翁精神，这种主人翁精神能够自然而然地消解由变革给他们带来的不适感。

目前中国企业整体上处于变革期，很多企业家在推动变革时苦不堪言：有的临时抱佛脚地参加各种课程，甚至去学习打着“心智成长”旗号的“洗脑”课程，然后再去给员工“洗脑”，实质上是“有病乱投医”；有的采取暴风骤雨式变革，最终越变越乱。

企业变革是保证企业持续成长的基本功，起关键作用的不是员工的“聪明”，而是“人心”的凝聚。“人心”的凝聚，需要领导者对价值观的坚守和践行，需要企业文化的土壤，需要共同使命的牵引，需要切实的战略保障，没有一项不是慢功夫。

在上述所有这些核心关键当中，最为关键的是哪一个？是领导者，对于华茂而言，只有继任者徐立勋真正在实践中把自己锻造成了领导者，才意味着华茂成功地实现了使命和事业的扎根，实现了教育事业的传承，进而实现了企业传承。

至少在目前，有一点可以肯定的是，徐万茂不会给徐立勋打100分，尽管他亲口承认：“立勋成熟了。”但追求完美的他同时也在强调立勋还是“不够深入”，应该更坚决地做减法，这样才有更加深入的可能。

不过，徐立勋正在用实际行动证明他采用的是更科学的制度化和体系化的方法来实现“深入”。

至少在目前，华茂创领者在“深入”方面的管理观念与方法的冲突，还未实现完全的统一。

不过，2021年9月我在本书截稿之前对华茂进行的最新采访中得知，徐立勋已经把自己的部分工作重心下沉到主要一线公司当中，正在着手帮助宁波曙翔构建适应其未来快速成长所需要的运营系统。

无论如何，徐万茂认为，接班20年来，周边的人是质疑的目光也好，赞许的目光也好，都不重要，重要的是用一个或几个响当当的战功来证明自己。

他特别希望徐立勋能够单独拿下至少一个像当年华茂文教那样的令人信服的产业级的胜利，也许是宁波曙翔，也许是优加科技。

华茂一直是这个样子：短期一切变化缓慢，长期一切皆有可能。

徐氏名言各一则

我整天这样起早贪黑的，你以为只是因为乐趣？我是在做给你看！做什么都要深入下去，希望徐立勋深入重要行业中。

——徐万茂

企业不可能永远存活，可能有一天华茂也会倒，这是自然规律，但这个城市、这个社会会更长时间地存在下去，华茂倒下之前，能够留给宁波这座城市、这个社会一些什么东西呢？华茂不在了，华茂留下的这些东西还在，这就是我所理解的社会责任。

——徐立勋

结　语

2021年秋季的某一天，徐万茂拉着长子徐立勋、长孙徐钰程一起在华茂艺术教育博物馆照了一张合影：徐立勋在“C位”，徐万茂在其右手边，徐钰程在其左手边。

这是一张内容丰富的照片，它至少释放了一个定论和两个猜想。

一个定论是，徐万茂成功地将华茂掌门人的位置传承给了徐立勋。第一猜想是，再过几年的时间，从海外留学归来的徐钰程可能会回到华茂开始他的接班之旅；第二猜想是，“华茂两代共治”——这种传承模式很可能会继续下去，这的确是一种浸润着中华传统智慧底蕴的传承模式。

自从中国在1995年至2010年间快速发展成为世界工厂之后，中国改革开放以来第一代家族企业集中地遭遇到了发展瓶颈，由于这个发展瓶颈是由企业传承与转型升级叠加而成的，因此令很多企业陷入停滞，甚至干脆转行，或者单纯玩起了资本游戏。

从某种程度上讲，企业的传承已成为从中国制造升级为中国创造的过程中，中国家族企业所面临的核心挑战之一。

我将华茂创领者20年的成功传承实践提炼为8条传承法则，希望能给更多的中国家族企业带来启示。

第一，家族企业≠家庭企业。

家族企业与家庭企业是完全不同的两个概念，核心区别是，家族企业有严格的文化传承，家族文化本质上是一种出世精神，家族企业领导者是在进行由出世精神引领的、规范现世的实践。华茂是家族企业，不是家庭企业。

第二，在最风光时交班。

2000年，徐万茂只有55岁，这对于一位企业家来说，是人生中最年富力强、最有魅力的阶段，但他没有贪恋权力和荣誉，坚决地开始了交班旅程。单就是这一点，在中国家族企业群体当中就极为少见，要是没有一种淡泊精神，就很难做得到。很多企业家都是在自己已经老了的时候才开始考虑交班，但是，企业家年纪越大，交班就越难。从某种程度上讲，企业传承考验的是交班人智慧的上限。

第三，奠基人精神。

徐万茂将自己定位为一个“开荒老汉”，这实际上体现了他的一种奠基人精神，华茂产学研一体化的教育布局、“三三一”战略、《共同协议》等这些保障企业代代相传的事业根基以及基础性规则都是徐万茂的奠基人精神的体现，奠基人精神的核心内容还包括作为精神领袖的责任担当。

第四，要打造出可以传世的功业。

只有精品企业才值得“传”，下一代也愿意“承”。在企业高度资本化、知识化、信息化的今天，如果一个家族企业没有建立起核心优势，就称不上是一个值得传世的功业。对于二代来说，即便有意在本行业继续经营，也不如买个新的更有价值的企业。

华茂传承的一个独到之处是，通过创领者共治，两代领导者共同打造出一个产、学、研一体化的——而且是实现了“事业化”了的精品华茂，在这个过程中，实现了继任领导者的成就以及企业的传承。

第五，接班人的家族文化底蕴至关重要。

接班人首先是家族文化代表和企业文化代表，这是接班人构建自身领导力的根基所在。如果徐立勋从小没有受到爷爷、父亲、大叔等重要家族成员的潜移默化的熏陶，就很难熬得过最为艰苦的创领者磨合期，很难成长为足以服众的华茂继任领导者。

第六，企业只有一个团队。

华茂传承有交接人和接班人之分，但华茂始终只有一个团队，这是一个原则。华茂创领者进行文化传承、组织传承、事业传承，靠的同一支团队，为的也是同一支团队。华茂从来不搞“一朝天子一朝臣”，只搞与时俱进，相融共生。

第七，做时代合作人。

企业在传承过程中，做到三个确保：其一，企业要做时代合伙人，与外部环境相融共生，与时偕行；其二，企业内部要实现新旧咬合、平衡发展，而不是说要么都是传统的，要么都是现代的；其三，要用一条事业主线把企业的过去、现在与未来自然地贯穿起来。

第八，华茂成长三角形。

只要你细心阅读本书就会发现，华茂成长三角形深藏于本书的每一个故事、情节甚至细节当中，它荡漾在本书的每一个知识点以及逻辑当中。

华茂成长三角形三个顶点分别是“家族文化传承”“企业永续经营”“企业与社会相融共生”，三个顶点相互连接，构成了一个稳定的等边三角形结构，我也将其称为“华茂成长基因组”。

华茂成长基因组内在地包含于华茂的企业行为、组织行为以及员工行为当中，时刻主导着企业的进化与发展。

附录一　平凡之路

徐万茂/文

1945年8月20日，我出生于宁波鄞县大雷乡马联村。4岁时，新中国成立。

9岁到邻村上学，13岁时遇上“大跃进”，15岁小学毕业，遇上了“三年困难时期”，后来又遇上“文化大革命”。我一边读书，一边干农活、做竹编，为求生存，吃过草根树皮，从小深受耕读文化的熏陶。1971年我进入鄞县云洲乡竹编工艺品厂工作至今。

总结反思我的人生重要经历，可用“四三六五五”来概括，无论喜悲，无论是坦途还是坎坷，我都做到了坦然面对。

“四”次风波

第一次风波，1966年“文化大革命”爆发，当时我22岁，父亲的遭遇导致一家人受到牵连。

第二次风波，1989年文教下山，当时我44岁，带领员工走出四明山。

第三次是1998年，当时我53岁，国家审计署深圳特派办黄特派员被当地政府部门安排到来华茂进行审计，审计结果抹去了华茂偷漏税的嫌疑，还了华茂清白。之前之所以存在嫌疑，是国家在税收相关法律规定方面尚不健全所致。

第四次是2000年春季风波，当时我55岁，此事引起中央的关注，他批示派员来查明真相，市、县四套班子为华茂解释并作担保，华茂终于平安无恙。

小结：做人做事讲诚信，有惊无险求无恙。

“三”次投资失败

第一次投资失败是节能灯项目的失败。从1995年至2003年。

第二次投资失败是酒店项目由于被暗箱算计而失败。

第三次投资失败是北京软件项目的失败，从1997年至2002年。

小结：坦然面对不推责，善待挫折买教训。

“六”个坚持

第一，坚持诚信经营，质量第一。

37岁，1982年一批当时价值10万元的工艺竹编产品小苹果存在质量问题，当时脑海里只考虑产品上贴的标签是“中华人民共和国制造”，国家信誉至高无上。面对外商，我当机立断一把火烧掉10万元的小苹果，最后赢得了外商高度赞赏，外商后又增订一批500万元的产品。一个诚信即换来了如此大的回报，证实了老祖宗传承下来的“诚信、勤俭”的家训是多么有价值，最后我把“诚信”确定为华茂事业发展的“生存之本”。

第二，坚守8年亏损的七色花，终于等到了柳暗花明时。

44岁，1989年开始为七色花品牌教学具产品的审定而六上北京，1992年得到国家教委教材审定通过后，又成立了劳动技能教育器材研究所。此时七色花品牌产品的市场占有率已达到70%以上，填补了国家素质教育配套产品的市场空白，并荣获了联合国教科文组织颁发的儿童智能开发金奖。

第三，坚持乡镇企业体制改革创新。

华茂先后经过四次所有制形式的改革，从最初的社队企业最终改制为徐氏家族控股的企业集团。

第四，坚持教育行业发展之路。

2003年华茂“三三一”战略开始策划，2006年经华茂董事局会议审议，正式确立了华茂“三三一”战略地位。

以艺术为纽带的华茂教育产业园、华茂教育博览园、华茂教育研究园“三园”规划逐步落地，产、学、研一体化发展模式基本形成。

第五，坚持深化十六字办学理念，立足本土搞国际化教育，制定“英才教育”实施方案。

第六，坚持三条原则：追求理想，相信自己；知行合一，言而有信；伤痕累累，挑战自我。

小结：坚持是成功基础，放弃是失败根源。

“五”次决策上的意见分歧

第一次分歧是1989年企业从四明山迁移到宁波郊外望春的决策上；

第二次分歧是1998年企业在投资教育与投资房地产之间的选择上；

第三次分歧是2002年企业投资东钱湖教育论坛的决定上；

第四次分歧是2004年企业投资宁波银行1.62亿股的投票上；

第五次分歧是2008年《共同协议》的签订上。

小结：咬定青山不跟风，淡泊明志不眼红。

“五”个首创

第一个首创，1981年创造了七色花品牌的教学具产品，成立了全国第一家劳动技能教育器材研究所，填补了中国素质教育填配套产品市场的空白，同时荣获了联合国教科文组织颁发的儿童智能开发金奖，是全国首创。

第二个首创，2002年确定了“承认差异，提供选择，开发潜能，多元发展”的十六字办学理念，是全国首创。

第三个首创，2008年签署了“分家不分产”的《共同协议》，是全国首创。

第四个首创，2011年浙江华茂民族教育博物馆揭牌，后改名为浙江华茂艺术教育博物馆，是世界首创。

第五个首创，葡萄牙建筑师西扎为华茂艺术教育博物馆设计的“黑兰颜色”，是这位国际级建筑大师一生中的首创。

小结：深以为然教育梦，坚持理念创特色。企业只有创特色才能发展，对于企业家来说，实践与探索永远在路上。

以上就是我的“四三六五五”之路，也可以说是我的“平凡之路”，祖上传给了我一颗淡泊之心，让我始终用平凡的心态走这条路，没想到几十年工夫走了这么远，创造了虽然谈不上巨大，但也是一笔不小的财富。

这并不表明我个人的能力比祖上前辈强，我只是赶上了一个伟大的时代，得以将家族传给我的精神财富转化为物质财富。

拥有了这份资产之后，我给自己的定位是“资产的保管员”，这种想法，在这个功利氛围很重的时代，别人可能是无法理解的。

在过去的15年中，我接受了各种挑战，特别是对“自我”的挑战，默默地“悟学”。与当年创业时一样，我千方百计地解决这些挑战，履行自己给自己提出的承诺，力求当好这个资产保管员。

我所追求的也就是实现父辈留给我的夙愿：耕读造林栋梁材，华茂教育代代传。

附录二 徐万茂眼中的32步成长“流程”

人的成长，是有流程可循的。

尤其对于一个成功的人，当他回首往事，那些最让他记忆犹新的历史片断连在一起，就构成了他的成长“流程”。

以下是76岁的徐万茂先生最挂心的33个历史片断，也可以称之为徐万茂的33步成长“流程”。

1. 出生在日本人无条件投降的年月。

2. 童年时光，光着脚踏雪去上学，小学毕业后开始务农，穷乐。

3. 在1966年“文化大革命”时家庭受到冲击。

4. 1971年进入云洲乡竹编工艺品厂负责设计，也做一些销售工作，1978年起担任厂长。

5. 1981年受到一篇有关素质教育的文章启发，创办了文教科技器材厂，开发七色花品牌产品，填补中国素质教育配套产品的市场空白。

6. 1985年成为宁波市第一个出访澳大利亚考察的农民企业家。

7. 1989年文教器材厂下山迁移到宁波望春，1991年搬到新厂区。

8. 出山闯关：秉持着浙江民营企业的“四千精神”起航——“千水万山”调研市场，“千言万语”拜访全国客户，“千辛万苦”地六上京城，“千方百计”地实现了教学具产品的审定通过。委托新华书店在全国统一发行，七色花教学具一举占领了全国三分之二的市场份额。

9. 1993年完成了股份合作制改造，成立了全国第一家劳动技能教育器材研究所。

10. 1995年成立华茂集团，又改制为华茂集团股份有限公司。

11. 1998年华茂外国语学校“第一根桩”落地，1999年华茂外国语学校落成，开始招第一批学生。

12. 2000年春季风波。

13. 2002年开始酝酿东钱湖教育论坛，在京特邀宁波院士论证。

14. 2003年，正式启动华茂“三三一”战略。

15. 2004年投资宁波银行。

16. 2006年，在董事局会议上正式宣布交权，自此“弃商从教”专注于教育事业，深入探索实践“三三一”战略和十六字办学理念。2007年徐万茂在华茂管理干部读书会上做了“传承百年华茂：敢问路在何方”的讲话，反响强烈。

17. 2008年，中国最大的私立公益性美术馆华茂堂美术馆隆重开幕；中国第一份以“分家不分产”为主旨的《徐氏家族共同协议》在东钱湖酒店举行签署仪式。

18. 2009年徐氏家族马联村老家新宅落成。

19. 2010年2月，东钱湖教育论坛项目奠基开工。

20. 2011年，时值华茂40年之际，《阳光道上：40年华茂的100个关键词》《商学有道：徐万茂与华茂的教育之路》两本著作出版。

21. 2014年，赴葡萄牙拜望阿尔瓦罗·西扎，赴日本拜访坂本一成、张永和，与大师们先后确定了大师创作室、华茂艺术教育博物馆等项目的设计。

22. 2015年，华茂外国语学校分立为“两校一公司”，华茂国际学校正式被国家教育主管部门批准成立。

23. 2015年6月15日，日本建筑大师伊东丰雄来华茂实地考察国际图书馆项目，12月13日，赴日本拜访伊东丰雄。

24. 2015年8月16日，带领孙子徐钰程、陈琦赴俄罗斯考察。8月25日在圣彼得堡与全山石老师会面，随大师班旁听全山石老师讲课，参观当地各大博物馆。

25. 2016年，伊东丰雄两次来宁波进行概念方案论证，12月15日，伊东丰雄在刚刚开业的华茂希尔顿酒店下榻，进行了国际图书馆的设计方案论证，并得到了通过。

26. 2016年7月13日至8月13日，携孙子随同全山石老师一行进行欧洲五国博物馆艺术的学习考察，这是一次终身受益的高品质艺术教育游学，收获良多，终生难忘！

27. 2016年12月18日，宁波市重点工程东钱湖教育论坛·会议中心落成，以艺术教育为特色的华茂希尔顿酒店隆重开业。

28. 2017年1月14日，在华茂45周年庆典仪式上，徐立勋获得了“品牌建设”效益奖，项丽君获得了“创新求变”效益奖，汪乐平获得了“求精务实”效益奖。

29. 2018年10月，东钱湖教育论坛筹备小组在北京成立。

30. 2019年9月28日，东钱湖教育论坛发布公告暨20年校庆隆重举行，同年12月20日，华外教代会正式通过了旨在培养多才多艺学生的“英才教育”方案。

31. 2020年10月23—10月24日，首届东钱湖教育论坛成功举办，主题为“面向未来——疫情中的教育思考”。

32. 2021年10月29日，首个“华茂美堉”奖颁奖仪式在东钱湖教育论坛·会议中心举办，获奖者一西一中，分别为建筑教育大师阿尔瓦罗·西扎和艺术教育家全山石。

诚然，每个人在成长过程中所面对的环境、所获得并领悟到的知识是不一样的，这决定了每一个人的成长“流程”注定是不一样的。而对读者来说，要想从华茂创领者以及华茂的成长历程当中真正汲取到有利于自身成长的营养，就需要找到暗隐于其的底层逻辑。从整体上看，本书致力萃取的正是徐万茂先生以及华茂持续成长的底层逻辑。

致　谢

创作能达到怎样的高度和深度，从根本上取决于创作者既有的认知储备和认知能力，比如，在我眼中，华茂是这样的，在其他创作者眼中，华茂可能就是那样的。

万科董事长郁亮曾经对我说：通常外界对行业领跑者进行的评价都是落后于实际的，评价者如果不是身在其中，就很难设想被评价对象所面对的真正的问题是什么，他们如果只拿自身过去的体会来评价领跑者，就难以获得全面的认识。

在我花了整整两年时间完成了这部管理类著作之后，我首先要感谢的是那些在管理思想和实践方面给我核心认知储备、帮助我提升核心认知能力的人。

“这一帮人”加起来有近千人之多，他们多数是在不同时期在所在领域站在最高点或较高点的人，他们不断地奠基、刷新着我的核心认知储备，这是我们这个行业所独有的“行业红利”。

在这个群体当中，我要特别感谢我们一起合作产出过重要成果的企业家、职业经理人、教授和咨询专家，这些成果先后发表在SCI期刊《哈佛商业评论》（中文版）上，他们分别是：沈文荣、汪群斌、罗德侠（Paul Laudicina）、宋志平、季琦、徐乐江、谢德荪、汪建、郁亮、魏玉林、吴晓波（浙大管理学院前院长）、梁信军、戴维·哈丁、刘积仁、金井政明、碓井稔、戴志浩、邓德隆、马祺（Barns Mitch）、张云、吉美莉（Mireille Gillings）、沈晖、石德瑞（Daniel Starta）、Kai Engel、徐直军、张雷、曲向军、蒋志兴、梁华、彭博、戢仁贵、Joy Tan、陈龙等（排名不分先后）。

感谢华茂董事长徐万茂先生、总裁徐立勋先生，作为华茂创领者，他们是这本书的主角，他们有着不同的领导风格，他们最大的共同点是流淌在血液里头的责任精神——对家庭家族的责任、对企业的责任、对社会的责任。

徐立勋说过这样一句话令我印象极为深刻：“企业不可能永远存活，可能有一天华茂也会倒，这是自然规律。但这个城市、这个社会会更长时间地存在下去，在华茂倒下之前，能够留给宁波这座城市、这个社会一些什么东西呢？华茂不在了，华茂留下的这些东西还在，这就是我所理解的社会责任。”

感谢50年以来，参与华茂教育产、事业的所有人。感谢参与调研的华茂受访者。

感谢布克加团队的王留全、余燕龙、叶赞以及浙江大学出版社的编辑。

还要感谢读者，如果您能从本书中汲取一些关于个人或企业持续成长的“营养”，那将是我最大的欣慰。如有疏漏之处，也请多多指正。

最后，我想真诚地祝愿徐氏家族未来能够成为中国家族的典范，祝愿华茂能够代代相传，实现百年华茂的宏愿，为中国乃至世界的商业思想和管理实践做出伟大的原创性的贡献！

王 丰

2021年仲秋于上海